寺田詩麻
Terada, Shima

# 明治・大正
# 東京の歌舞伎興行

## その「継続」の軌跡

【龍谷叢書48】

春風社

# 明治・大正　東京の歌舞伎興行――その「継続」の軌跡

# 目次

付章　歌舞伎の興行と資料

# はじめに――近世の残滓と近代の変容

本書は、明治・大正期の東京における歌舞伎の劇場経営について考察を試みるものである。特に重視したのは、経営代表者としての座元が興行内容と収支の責任を取る明治初年頃の体制から、会社方式を導入していく過程で、どのような新たな劇場や団体が出現し、何が変わったのかという問題である。

最初に、先行研究についてのあらましを記す。書誌については、煩雑になるため巻末の主要参考文献一覧を参照されたい。

まず、歌舞伎の興行の変遷について、近世初期から近代まで目配りをしながら「興行史」として学問的に位置づけたものに、守屋毅『近世芸能興行史の研究』がある。本書の対象とする時期は、直接にはこの守屋氏の著作に続いている。

明治・大正の東京の歌舞伎研究で基礎となるのは、関根只誠纂録・関根正直校訂『東都劇場沿革誌料』下、田村成義編『続続歌舞伎年代記　乾』、伊原敏郎（青々園）『明治演劇史』『団菊以後』『歌舞伎年表』（特に第六巻から第八巻まで）である。『年代記』については利倉幸一による坤巻がある。秋庭太郎『東都明治演劇史』、河竹繁俊『日本演劇全史』第八篇以下は、明治以降の演劇史をたどる通史である。「新劇史」とはしているが、秋庭『日本新劇史』上下も歌舞伎と新演劇（新派）や新劇とのつながりを考えるうえで重要だ。

また、本書で考察の具体的な対象とした十二代目守田勘弥（守田座・新富座）、明治座、歌舞伎座、田村成義（市村座）、帝国劇場、松竹についてはそれぞれまとめられた文献資料がある。主なものだけを順に並べてみる。

・守田勘弥（守田座・新富座）……少女庵主人「守田勘弥」（新聞連載）、大槻如電『第十二世守田勘弥』、木村錦花『守田勘弥』
・明治座……木村錦之助（錦花）『明治座物語』、藤田洋『明治座評判記』正続
・歌舞伎座……木村『近世劇壇史　歌舞伎座篇』『歌舞伎座』『歌舞伎座百年史』本文篇上下・資料篇
・田村成義（市村座）……『歌舞伎　研究と批評』二十三、特集「二長町市村座」
・帝国劇場……杉浦善三『帝劇十年史』、帝劇史編纂委員会『帝劇の五十年』
・松竹……白井信太郎『白井松次郎伝』、城戸四郎編・脇谷光伸『大谷竹次郎演劇六十年』『松竹七十年史』以降の社史

複数の人・劇場を扱う研究として、木村『興行師の世界』、阿部優蔵『東京の小芝居』、円城寺清臣『東京の劇場』などがある。年表に小宮麒一『歌舞伎　新派　新国劇　上演年表』第六版、『歌舞伎・新派・新国劇　配役総覧』第七版がある。新劇を対象とはするが、歌舞伎との関わりを見るうえで、田中栄三『明治大正新劇史資料』も必要である。

一次資料としては劇場の発行する番付類や定期刊行物、特に『歌舞伎新報』『読売新聞』『都新聞』『演芸画報』『新演芸』などがある。これらを参照し、紹介しながらまとめている先行研究として、松本伸子『明治前期演劇論史』『明治演劇論史』、小櫃万津男『日本新劇理念史――明治の演劇改良運動とその理念』明治前期篇・明治中期篇（正続）、倉田喜弘『日本近代思想大系　十八　芸能』『芸能の文明開化――明治国家と芸能近代化』『東京の人形浄瑠璃』（一部歌舞伎に関連する記事がある）などがある。

近年の主要な研究成果として、書籍は、渡澤その子『明治歌舞伎の成立と展開』、神山彰『近代演劇の来歴――歌舞伎の「一身二生」』『近代演劇の水脈――歌舞伎と新劇の間』、佐藤かつら『歌舞伎の幕末・明治――小芝居の時代』、日置貴之『変貌する時代のなかの歌舞伎――幕末・明治期歌舞伎史』、後藤隆基『高安月郊研究――明治期京阪演劇の革新者』、論文は神田由築らの諸論考がある。これらを踏まえたうえで問題点を摘出せねばならない。

しかしその前にここで、まず前段となる江戸の大芝居の、天保の改革以降の概要をまとめるところからはじめなければならない。歌舞伎の興行は、江戸時代から引き続いた問題を抱えたまま明治に続いていくからだ。

「大芝居」とは幕府の公許を受けた劇場である。寛永期以降多くの歌舞伎の劇場が消長するが、江戸の歌舞伎で官許を受ける江戸四座、すなわち中村座、市村座、森田座、山村座の四座が出揃うのは、寛文・延宝期（一六六〇～七〇年代）のこととされる。(1)正徳四（一七一四）年、江島・生島事件によって山村座が廃絶して以降、三座が奉行所の管轄を受けて興行を続けることになる。

官許を受けた中村座・市村座・森田座を「本櫓《ほんやぐら》」と称するが、引き継ぐ座を「仮櫓《かりやぐら》」または「控櫓《ひかえやぐら》」と呼ぶ。享保二十（一七三五）年、森田座が経営の悪化で興行継続が困難になったとき、都伝内、桐長桐の二人とくじを引き、興行権を引き当てて仮櫓の先例を作ったのは河原崎権之助の河原崎座である。都座は中村座、桐座は市村座、森田座は河原崎座と交代しているが、都座は市村座と交代したこともある。また市村座は、文化十三（一八一六）年に「玉川彦十郎座」という名義を作り、そちらへ名義を移して経営を継続したこともある。(2)

仮櫓に興行が引き継がれること、また仮櫓の行う興行を、各時代の『撰要類集』などの公文書では「仮芝居」と呼び、興行ができる状態になったらまた本櫓に交代すること、という言い渡しが定型文のようになる。仮櫓はあくまでも代替として興行を行うのであり、興行は本来本櫓が継続して行うべきものであるという奉行所側の考えがうかがえる。

櫓の持つ興行権は株として世襲的に相続されることが前提となった。適当な実子がいない場合には養子を取って相続しなければならず、相続人がいない場合、また借金の累積で経営が不可能になった場合には、やはり世襲で株を持っている別の座元が替わって経営を引き継ぐ。交代の際には正統な後継者であるかどうかの身元調べが行われる。

しかし、上方の劇場における名代・座本の移り変わりの激しさと比較すると、江戸の劇場の櫓の交代は比較的固定した人々の間で循環的に行われている。特に本櫓は、形式的であっても世襲相続が動かないことにその理由が見られよう。

江戸の大芝居の歌舞伎興行は、中心に座元がいて、帳元《ちょうもと》を頂点に置く仕切場《しきりば》（札場《ふだば》）が実務を行った。

座元ははじめ、劇場と興行権のみを所有し、興行主としての職能は親族の別の人物が行っていたようだが、元禄期以降に興行主の職能も兼ね備えるようになっていったと考えられている(3)。座元は出資者である金主や、帳元の配下に複数の手代を置く仕切場と相談しながら興行を行った。金主は利益が出ればその配当を受ける。ただし後代になると、興行主の職能を帳元が握ろうとすることもあった。帳元の家出身の狂言作者で、中村座の乗っ取りを二度図った人物として金井三笑を挙げることもできよう(4)。また、文政年間に、水戸出身で芝居についての知識がなかったらしいにもかかわらず、直接興行・経営に参画した金主として、大久保今助が挙げられる(5)。

劇場は、建物は座元の持ち物だが、天保の改革前は複数の地主が土地を所有しており、座元は地主に賃料を払って土地を借り、劇場の建物の責任者となった(6)。

天保の改革の際、『天保撰要類集　第百一　下』によれば、天保十四（一八四三）年二月、奉行所は猿若町に移転する河原崎座に「永代芝居地」として土地を下げ渡した。しかしそこには、「万一坐相譲候節者新坐元江地所可相譲」という付加がある(7)。また「壱町目弐町目之振合に見合」とあるので三座とも同様であったことがわかる。ここから見ると、三座の土地は座元の所有となったようだが、本書の第一章第一節に述べる安政年間の守田座の櫓交代に関係する資料を見ると、「地主」が現れる。どのような内訳になっていたのか、現在筆者にはわからない。ただ、もし劇場の土地の所有が座元の権利と一体化していたのであれば、櫓交代が揉める理由に、土地という実体のあるものが絡んでいた可能性は考えてもよいだろう。そして、劇場の建物が座元の名義で建てられるのが明治以降になってからも継続するのは、本書の第一章

第三節に述べる、明治十一（一八七八）年六月に再開場する新富座の資料を見ると明らかである。

劇場で働く人々の職掌は、名称と内容に時期や場所によってずれがある。弘化二（一八四五）年に脱稿される三升屋二三治『賀久屋寿々免』[8]には、大まかな記述ながら当時の劇場内の主な職掌の紹介がある。筆者が考察したい天保の改革以降の時期に江戸で成立した資料でもあるので、ここで抜粋する。

帳元は「惣芝居の掛り・表方・楽や・役者其外の抱入・給金等まで渡し、諸勘定元〆の役」、つまり座内の経理責任者とされる。その下役として、役者に関する事務を扱う奥役がいる。「当番といふ帳元の下役にて役者の抱引身上を引受、狂言の納かた、楽や中のもや〱なと納て取扱ふ役」という記述があり、これは明治以降の劇書で知ることのできる奥役の説明とほぼ同じだ。

仕切場には複数の人間がおり、そのなかの何人かが「高場金子目代上に下タの高場と上り、日々見物をしらへ」るという。場代（入場料）の収支と入場状況を場所ごとに調べるということである。仕切場には日用を払う役目の大札《おおふだ》もいる。

そのほか「七口の出方《でかた》」と総称される、留場、火縄売、きせる、半畳、仕切、楽屋口、かんてらというような人々もいる。入場管理と観客の具体的な要望（落ち着いて座る、たばこを吸う、場内を明るくする等）に応える仕事である。出方について、二三治は次のようにも言う。

七口の出方、いつれの口にても芝居中は、座元の焼印付たる小札を渡す。其太夫元の家来同様也。口々の役は殊の外あれと、表方の作法しりかたく、聞き伝へし事あらましにしるす。又仕切場の人に聞てよくしるへし。芝居内出方に払取分あれと憚る事故爰に略す。

焼印をつけた小札を渡し、太夫元（座元）の家来同様であるが、詳しいことはふれられないと言う。たとえば、『天保撰要類集　第百一　中』にある天保十三（一八四二）年九月町年寄舘市右衛門から奉行所への申立書[9]には、「芝居出方」はよそから通ってもよいのに、猿若町にひとまとめに住んでいるのと同様で「何れも其日暮し困窮之もの共に而　芝居興行而已を目当に致し罷在　休日之間与而も余業可致元手心懸等も無之もの共」であると記される。伊原『明治演劇史』の、明治五年の守田座開場に関する記述には、劇場内で働く者の一部に給金を出したことが特筆される。これらからは、出方はもともと正式に劇場に雇われる者とはいえず、明治五年以前は無給で、祝儀そのほかによって生活していたと考えられる。出方の問題は東京の多くの劇場で、「誰が（入場料以外の余分な金を取らずに）観客を劇場内で案内するのか」という問いとして明治以降も残っていく[10]。

やや話がそれたが、劇場にはこのほかに衣裳、髪結などの業務を行う人々がいる。『賀久屋寿々免』では揚幕（一人）、楽屋小遣（楽屋番）、衣裳着（四、五人）、床山、大道具（三、四人）、茶番（二人）の名を見ることができる。そして、もちろん役者、狂言作者がいる。

さらに劇場の周囲には、席を劇場から割ってもらい販売し、客の飲食そのほかの便宜をはかる芝居茶屋の人々がいる。芝居茶屋は地主・家主から営業のための土地と家屋を借り、座元に櫓銭と称する営業料を払って営業する。また、借金の際には助力もした。規模はさまざまだが一つの劇場に何十軒も茶屋が付属していた。これらの人々が集まり、直接には名主を通して奉行所の支配を受け、形成されているのが「芝《しば》居町《いまち》」である。

天保の改革は、役者にとっては過酷な取締が行われたが、永代芝居地と元地の地主に払うべき地代も下げ渡されたことから、三座の座元にとっては有利な改革であったとされる。[11]しかし、以降の経営は好転しない。

その理由は第一に、火事による類焼が相変わらず頻繁であることだ。猿若町に劇場が集められたため、いったん火事が発生すると三座の興行が一斉に不可能となることが多い。寛政六（一七九四）年の三座規定証文以来、三座の経営は相互扶助的に行うと取り決められ確認されてきたが、劇場の立地が集中したことによってかえってそれが困難となった。

第二に、借財の大きな原因とされてきた役者の給金の問題が根本的に解決されていないことである。改革の具体的な施策が一応終了した翌年の天保十五年には、操り芝居も含めた猿若町全体でということであろうが、三座元と役者、人形遣い、茶屋そのほか関係者一同が連署した証文[12]を奉行所に提出している。内容は大部分が役者の給金を抑え、目に立つ行動を制限することがらである。しかし、改革以前から続く劇壇の沈滞もあり、嘉永年間（一八五〇年代前半）までには、顔見世興行と、顔見世の十一月を毎年年度のはじまりとする一年丸抱え制度が完全に崩壊することは、すでに今岡謙太郎が検証している。[13]

第三に、移転により交通の便が悪くなったことだ。長文にわたるので引用は差し控えるが、劇場が江戸の中心から遠くなったことで「足弱老人女子」などは実質半日しか芝居を見ることができない。そのため、芝居茶屋に宿泊する観客がいたと、『市中取締類集　芝居所替之部　一ノ下』天保十四年三月の風聞書[14]に報告されている。

第四に、三座よりもはるかに安価で、市中の盛り場や神社・寺院の境内で見られる手近な娯楽の宮地芝居・小芝居、見世物、寄席の隆盛が三座の経営に影響を与えていることである。宮地芝居は寺社奉行、小芝居は乞胸頭《ごうむねがしら》の支配を受け、取締も厳しい。また寄席も軒数を制限されている。にもかかわらず、『市中取締類集　乞胸取締香具手踊之部　四』によれば、弘化三年十二月には三座の座元が、宮地芝居その他市中での歌舞伎狂言、芝居に紛らわしい手踊茶番に役者が雇われて減り、観客が来なくなるからと、差し止めを求める願いを出している。(15)宮地芝居・小芝居は明治以降も継続し、あるものは劇場設立の免許を受けて、官許の劇場として興行を行うことになる。

以上の状況をふまえ、安政以降明治を越え大正に至る東京の大劇場について、筆者が明らかにしたいと考えることは、ほぼ次の四点に集約される。

①巨額の負債を抱える経営難は明治以降、歌舞伎をとりまく政治・文化の状況が変わると改善されるのか。そのためにどのような試みがなされるのか。
②大芝居であった江戸三座は昭和戦前期までにすべて退転するが、それはなぜなのか。
③明治以降登場するさまざまな劇場は、どのような人々が設立し、経営に関与するのか。
④劇場は順次会社方式を導入していくが、会社それぞれに少しずつ違いがあるらしい。どういうところが違うのか。

以下は守田座（明治八年新富座と改称）、市村座、千歳座（のち明治座）、歌舞伎座、帝国劇場を対象としながら、京阪から明治四十年代以降東京に進出し、これらの劇場と密接な関係を持つ松竹についても考慮して考察を進める。

最後に、全体に関わる用語三つについてここで注記する。

江戸・東京における歌舞伎劇場の代表者の呼称は、太夫元、座元、座主を挙げることができる。検討すると、この三つの語は、場合により意味が少しずつ違うことがわかる。これらすべてに共通しながら、はみ出してくる部分を補える語を選択するのに非常に苦慮した（そしてその苦慮はそのまま結論につながっていく問題である）。本書では、「座元」がもっとも余分な意味を含まないと判断し、個々の場合で意味を補強する必要がある場合は、たとえば「名義上の座元」という書き方をした。一方、興行師もしくは興行主は、劇場を持つ場合と持たない場合があるが、興行内容について責任を持つことが主で、収支にも責任がある人物と筆者は考えている。

また、対象とする劇場すべてを包括しうる名称にも苦慮した。「大芝居」では、明治以降設立されてくる劇場や、小芝居から発祥する千歳座を含みにくい。「明治六年官許の芝居」でも歌舞伎座と帝国劇場が含まれない。やむなく、明治二十三年八月改正の劇場取締規則以降の語ではあるが「大劇場」と総称した。明治以降の小芝居・道化踊場《どうけおどりば》(16)・小劇場と並行して存在する劇場ということになる。

「役者」と「俳優」の使い分けについては、「下り役者」などの成語がまだ使用される第一章第二節、年代として明治五年頃まではおおむね「役者」、以降は「俳優」の語を用いている。

# 春風社の本
# 好評既刊

## 社会

この目録は2019年3月作成のものです。これ以降、
変更の場合がありますのでご諒承ください。

春風社
〒220-0044　横浜市西区紅葉ヶ丘 53　横浜市教育会館 3F
TEL (045)261-3168 ／ FAX (045)261-3169
E-MAIL：info@shumpu.com　Web：http://shumpu.com

## コミュニティ事典

伊藤守・小泉秀樹・三本松政之・似田貝香門・橋本和孝・
長谷部弘・日高昭夫・吉原直樹 編

いま、なぜ“コミュニティ”なのか？　時代と社会を読み解く鍵である「コミュニティ」を論じることで、社会の公共性／共同性のありようを根本から問う。15の大項目と総417項目、執筆者284名による専門知・実践知の集大成。資料編も充実。

[本体 25000 円 + 税・A5 判・1172 頁]
ISBN978-4-86110-538-8

## エネルギーと地方財政の社会学

**旧産炭地と原子力関連自治体の分析**

湯浅陽一 著

石炭から石油、原子力、再生可能エネルギーへの移り変わりの中で、地方財政はいかなる問題を抱えてきたのか。その分析を通して、財政面での自治体の持続可能性と地方財政制度全体の課題を明らかにする。

[本体 3700 円 + 税・四六判・320 頁]
ISBN978-4-86110-586-9

## 世界のメディア

**グローバル時代における多様性**

小寺敦之 編

私たちの知っている「報道の自由」は普遍的か？　アメリカ、中国からカタル、ラオスまで。世界各国のメディアの現状と報道の在り方を紹介・解説。メディアを通して世界の多様性を学ぶ。【東洋英和女学院大学社会科学研究叢書 6】

[本体 2500 円 + 税・四六判・226 頁]
ISBN978-4-86110-591-3

## アジアの国際関係

**移行期の地域秩序**

福田保 編

21世紀アジアの地域秩序とはどのようなものなのか？　覇権国と追随国との間に見られる「連合と抵抗」の力学を探り、アジアにおける秩序の移行と変容の諸相を明らかにする。
【東洋英和女学院大学社会科学研究叢書 5】

[本体 2500 円 + 税・四六判・296 頁]
ISBN978-4-86110-590-6

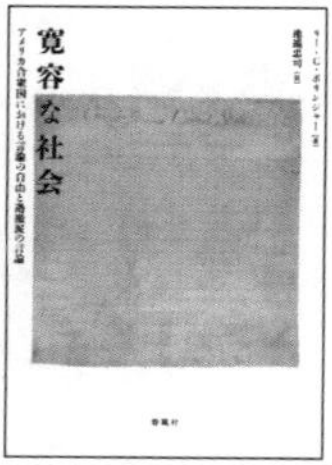


## 寛容な社会

**アメリカ合衆国における言論の自由と過激派の言論**

**リー・C・ボリンジャー 著／池端忠司 訳**

ユダヤ系住民を標的としたアメリカ・ナチ党によるデモが裁判によって保護された「スコーキ事件」などを取り上げ、アメリカ合衆国憲法修正第一条が保障する言論の自由の価値や目的を考察する。

［本体 4100 円 + 税・A5 判・392 頁］
ISBN978-4-86110-593-7

## 難民支援

**ドイツメディアが伝えたこと**

**松原好次・内藤裕子 著**

2015 年以降のドイツにおける難民受け入れの実情と変遷を、現地の新聞やブログをもとに紹介・解説。難民支援に対し否定的・消極的な見方が広まる中、一市民に何ができるのかを問う。ベルリン在住の日本人ボランティアによるルポも併録。

［本体 2700 円 + 税・A5 判・306 頁］
ISBN978-4-86110-607-1

## 都市の寺廟

**シンガポールにおける神聖空間の人類学**

**福浦厚子 著**

厳しい宗教政策を受け、生き残りをかけた取り組みを行う寺廟。盛大な年中行事は多額の喜捨を集め、タンキーによる交霊会には依頼者が日々訪れる。シンガポール道教系寺廟から、都市社会における神聖空間の役割を探る民族誌。

［本体 4000 円 + 税・A5 判・312 頁］
ISBN978-4-86110-599-9

## 海と陸の織りなす世界史

**港市と内陸社会**

**弘末雅士 編**

古代エジプトから現代のシアトル・バンクーバーにいたるまで、海域と陸域の多様な関係と人びとの交流の諸相をたどる。国民国家の枠組みを越えた広域ネットワークと地域社会の成立過程を明らかにする 17 の論考。

［本体 3000 円 + 税・四六判・356 頁］
ISBN978-4-86110-592-0

## ●食から描くインド
近現代の社会変容とアイデンティティ

編著：井坂理穂・山根聡
本体三七〇〇円＋税
四六判　四〇〇頁
ISBN978-4-86110-633-0

肉食か菜食か。飲酒か禁酒か。誰がつくるのか。誰と食べるのか。国、地域、宗教、カースト、ジェンダー……食にあらわれる「自己」と「他者」。文学・歴史学・文化人類学にまたがり、インドの食をめぐる刺激的論集！

## ●基礎的自治体と町内会自治会
「行政協力制度」の歴史・現状・行方

著者：日高昭夫
本体四二〇〇円＋税
A５判　四一六頁
ISBN978-4-86110-611-8

町内会自治会は任意の住民自治組織なのか、地方自治システムなのか。自治体行政学の立場から町内会自治会論を整理し、歴史統計と全国調査を駆使して行政協力制度の現況と課題を明らかにする。改革の方向も提言。

# 話　題　の　本

## ●グローバル都市を生きる人々
イラン人ディアスポラの民族誌

著者：椿原敦子
本体三七〇〇円＋税
四六判　三一二頁
ISBN978-4-86110-630-9

イラン革命を機にロサンゼルスへ亡命・移住してきたイラン人たち。王党派、宗教マイノリティといった異なる移住の経緯を持つ人々がグローバル都市ロサンゼルスで出会う。日々移動しながら分散して暮らすイラン出身者の民族誌。

## ●まちづくりのエスノグラフィ
《つくば》を織り合わせる人類学的実践

著者：早川公
本体三七〇〇円＋税
A５判　三二〇頁
ISBN978-4-86110-626-2

日本各地でおこなわれる「まちづくり」活動。「寂れた商店街」が「元気になった」とはどういうことか？　人びとの実践を支える論理と、そこに共有される新たなリアリティ。筑波でのフィールドワークから人類学的まちづくりを提示。

## 注

（1）守屋毅『近世芸能興行史の研究』第三章第二節「江戸における芝居町の形成」（弘文堂・昭和六十年）、小笠原恭子『都市と劇場――中近世の鎮魂・遊楽・権力』第二章五「江戸四座の確立」（平凡社・平成四年）。

（2）今尾哲也「櫓の興亡」（『日本芸能史』第六巻　近世―近代〈法政大学出版局・平成三年第二刷〉所収）。

（3）林公子『歌舞伎をめぐる環境考』Ⅰ「江戸の座元――四座の興行機構の形成をめぐって」（晃洋書房・平成二十五年）。

（4）光延真哉『江戸歌舞伎作者の研究――金井三笑から鶴屋南北へ』第一章第一節「金井三笑の事績――中村座との関わりを中心に」（笠間書院・平成二十四年）。

（5）守屋氏前掲書、第六章第三節「化政期の江戸歌舞伎興行界」。

（6）服部幸雄『歌舞伎の原像』Ⅲ「江戸時代の歌舞伎興行の機構」（飛鳥書房・昭和四十九年）。

（7）吉田節子編『江戸歌舞伎法令集成』続、三五三頁（おうふう・平成九年）。

（8）芸能史研究会編『日本庶民文化史料集成』第六巻（三一書房・昭和四十八年）所収の翻刻による。

（9）吉田氏前掲書、三一八頁。

（10）放下房主人「老出方の話」（『歌舞伎』昭和二年三・四月）によれば、明治二十年代末の歌舞伎座においても出方は経験者の紹介で入る者で、大正二年以降松竹の経営になってからも出方は「貰い」、すなわち観客からの祝儀だけが収入であった。「下足番」として給金が出るようになったのは、震災後再建された第三期歌舞伎座からであるという。

（11）守屋氏前掲書、南和男「天保改革と歌舞伎取り締り――三都と遠国奉行支配地を中心として」（西山松之助先生古稀記念会編『江戸の芸能と文化』〈吉川弘文館・昭和六十年〉所収）。

(12)『東都劇場沿革誌料』下、四七三頁（国立劇場・昭和五十九年）。

(13)「江戸顔見世の『崩壊』に関するノート」（『歌舞伎　研究と批評』十九、歌舞伎学会・平成九年六月）。

(14)吉田氏前掲書、三六六頁以下。

(15)吉田氏前掲書、五〇六頁。

(16)本書は、宮地芝居・小芝居・道化踊場・小劇場に関する記述について、また劇場に関する公の制度について、佐藤かつら『歌舞伎の幕末・明治——小芝居の時代』（ぺりかん社・平成二十二年）に多くを負っている。本文中の参照が多いが了解されたい。

# 凡例

◆歌舞伎を含む演劇作品の題名はすべて『　』で括って示した。

◆本の題名、定期刊行物の名称については『　』、そのなかに収録された記事の題名については「　」で括って示した。
また、一枚物の題名が必要な場合も「　」で括って示した。

◆「　」内に含まれる「　」は『　』、（　）内に含まれる（　）は〈　〉とする。注番号はこの限りでない。

◆参照した資料について

著者　題名　記事名（必要な場合定期刊行物の名称　出版社・出版年）の形で示す。細かな指定が必要と考えた場合は頁数を入れた。

定期刊行物については、雑誌は（号数のあるものは号数と）年月、新聞は年月日を示す。

ただし『歌舞伎新報』は、参照元であるマイクロフィルム複写によると発行年月日の確認が取れない場合が多く、また引用・参照がきわめて多く煩雑でもあり、原則として号数のみで表記している。

◆年記は表記の統一などを考慮し、すべて元号表記とする。西暦は、原則として、項ごとに初出の元号に付記する。

◆明治五年十二月二日以前の年月日は旧暦（天保暦）である。

◆資料の引用については、それぞれに元の表記の方法が異なり統一が困難であるが、翻刻の公刊されているものも含めて、おおむね以下の方針に従った。

・通行字体に直し、合字は開いた。
・カタカナのハ・ミ・ニと捨て仮名はひらがなに直していない。カタカナ表記の圧倒的に多い資料もひらがなに直さない。
・句読点のないものは適宜空白を入れた。
・表記そのほかに問題があっても資料通り引用する場合はママを付す。注記の必要な場合は〔 〕で括って示す。
◆図版には全編一括した通し番号を付した。

# 第一章　守田座から新富座へ　十二代目守田勘弥
## ――株式会社方式の試行まで

### 第一節　安政から文久年間の守田（森田）座

第一章は、江戸三座の一つであり、明治時代の東京における大劇場の代表でもあった新富座と、その座元であった十二代目守田勘弥を対象に、明治十年代までの経営に関わる問題を取り上げて考察する。

本節では、安政期に河原崎座から櫓交代後、経営的に苦しい状況が続いた新富座の前身守田座の状況を述べる。次に、市村座から招聘されて「勘弥進退人」「芝居進退人」「帳元」とさまざまに称していた中村翫左衛門の仕事を記したうえで、その実子十二代目守田勘弥が、はじめはあくまでも借財を肩代わりするための養子となったが、結果的に守田座の資金・興行内容の決定権・劇場の代表者としての名義、すべてを掌握する座元となったいきさつを述べる。

## はじめに　十二代目守田勘弥の出現以前

明治以降の東京の大劇場で行われた歌舞伎興行の歴史が十二代目守田勘弥（以下本節では「十二代目勘弥」とする）からはじめられることは、伊原敏郎、秋庭太郎以降の近代歌舞伎研究における大前提だ。理由としては、天保の改革後、囲い込まれた猿若町から新富町への移転、劇場構造の改革、座付茶屋との関係の見直し、会社制度の導入などを行い、大劇場における歌舞伎の興行方法を具体的に変えようと試みたこと、また、上流階級への積極的な働きかけによって歌舞伎に対する社会的評価の方向づけをしたことが挙げられる。

従来、十二代目勘弥が幕末期に江戸三座の一つ守田座の後継者になった事情を述べるには、田村成義編『続続歌舞伎年代記　乾』[1]、木村錦花『守田勘弥』[2]、伊原敏郎（青々園）『歌舞伎年表』第六・七巻[3]、同『明治演劇史』[4]を主資料として記述されることが多い。

そのようななかで、守屋毅は『近世芸能興行史の研究』[5]第六章第三節「化政期の江戸歌舞伎興行界」で、文化文政期以降の見物料と役者の給金の高騰、宮地芝居の勢力の増大などによる江戸三座の興行体制の内部崩壊、および金主の興行への参画が、天保の改革でいったん歯止めがかけられたとした。そして、十二代目勘弥は、文政期の金主・大久保今助のような興行企業家に後続する者と分析している。また、鈴木陽子「座元九代目森田勘弥と帳元甲子屋藤七」[6]（以下「鈴木氏論考」とする）は、九代目森田勘弥と森田座帳元甲子屋藤七について、氏の所蔵する「甲子屋文書」を読み解きながら、九代目勘弥と藤七の履歴、家業としての帳元の役割と仕事内容、森田座、市村座、結城座ほかで藤七が関わった興行経営の実態を明らかにしている。

本節は鈴木氏の扱った時期のあと、仮櫓（控櫓）河原崎座の経営時期を挟んで続く安政二（一八五五）年十月の櫓交代から、元治元（一八六四）年二月、十二代目勘弥の出現に至る時期を対象とする。そして、十二代目勘弥の出現にはどのような事情と意義があるのか、番付、手紙、証文などの同時代資料を参照しながら、彼の父中村翫左衛門の履歴と仕事を検証し直したうえで考察する。

なお、森田座は安政五年七月から守田座と改称する。本節では五年七月以前と以後で表記を分けているが、文脈上やむを得ず併用表記している場合がある。

## 一　安政三年から六年の森田（守田）座

幕府から営業を許可された江戸三座の一つである森田座の座元の名跡、十一代目森田勘弥を、四代目坂東三津五郎が相続することが許されたのは嘉永三（一八五〇）年十月であった。しかし、安政三（一八五六）年五月に櫓再興の興行を行うまでには足かけ六年かかった。その理由は、慶応三（一八六七）年七月、守田座の仮櫓である河原崎座の座元、六代目河原崎権之助が奉行所へ提出した訴状によれば、権之助が「私猿若町開発以来櫓付借財一万二千両余の大借」に及んだ借財を取捌くため、奉行所の言い渡しを受けて五年間興行を継続したからである。『東都劇場沿革誌料』(7)下に収録された、河原崎座再興を目的とするこの訴状により、櫓交代を行った前後の事情を簡略に述べる。

安政二年十月、櫓交代に際して権之助は、十一代目勘弥に借財の引き継ぎを迫った。しかし、勘弥は「損徳見込の借財」であるとしてこれを拒否した。十一月、権之助から訴えを起こし、結局「右壱万弐千両余の櫓付借財之内追々返済引、残元金八千五百両余、此内弐千四百両余私〔権之助〕引受損金に相成、六千百両余茶屋共一同にて引受」、桟敷土間一軒につき敷物代の内銀一匁五分ずつを茶屋から権之助方へ渡し、借財の済方へ振り向け、割賦済方にすることで示談にした。これを受けて、十二月二十六日、河原崎座は休座する。

「損徳見込の借財」とは興行を行っていくための借財を表すようである。猿若町移転後は、河原崎座のみが興行してきたのだから、そのために発生した借財を森田座が引き継ぐ理由はないとして十一代目勘弥が拒否したと解釈したい。

だが、返済のため五年間の興行延長を許可されているので、逆説的ながら、河原崎座の経営が、ある程度安定していたこともわかる。安定を端的に示すのは興行回数であるが、『歌舞伎年表』や石塚豊介子『続歌舞妓年代記』(8)を参照すると、嘉永三年から安政二年に限っても平均年四回興行をしている。なかには大入や、七十日間続いた興行もあった。

一方、森田座は、櫓交代が実現したあと経営不振が続く。その一端は、たとえば、次に記す、若太夫森田又三郎が座を去るまでの事情に見ることができる。

広島に帰省した門弟坂東三津蔵に宛てて、十一代目勘弥が文久元(一八六一)年正月に書いたと推定される手紙を、昭和四年に伊原が写した写本が早稲田大学演劇博物館に所蔵されている(9)。のちにまたふれるが、この本には、元治元年二月頃書かれたと推定される、勘弥の妻お仲(お夏とする説もあるが、元とする写本に従う)から三津蔵に宛てた手紙も写されている。

この二通の手紙は、どちらも『歌舞伎年表』に部分的に引用されているため、すでに知られているものであるが、ここではまず、勘弥が森田又三郎について書いた、同書に引用されていない部分を翻刻して検討する。以下、伊原が写本に付した解釈に関わる傍注は（　）付きで、また筆者の私注は〔　〕付きで傍記する。

一　巳年《（安政四年）》中再興以来借金六七千両も出来いたし　忰又三郎に万事まかせ置くところ　同人事丁内のうけもわるく内もひしとつまり申候所へ　仲ノ丁長岡屋の世話にて上州よりよふ子《〔養子〕》もらい　千両の持参金之やくそく　五百両の金子二度に受取申候へ共　よふ子は未た参り不申　少しもめ合御座候而はだん《〔破談〕》に成申候　又三郎事右養子参り候わゝ《（ハヽ）》隠居いたし　月々二両ツヽもやか《（る）》ら芝居へ出て　いせうは表へさして　子共の小遣ひ四百文ツヽも仕切場からやろふと申聞へ共　右はふしやふち《〔不承知〕》にて　金をとつて家を出て跡はふりむいても見ぬとの事　金高千両きたら五百両よこせなと法外の事申候て　百両ときめ　五百両とり候時五十両遣し候て内は出し　尤跡金五百両きたらは五十両わたすつもり　右よふ子はたんになり候てから跡はやり不申　小森に内をもち　子共つれて今は時〳〵いなかしばいつとめ居候　しかし不実なるやつ《（奴）》　孫もすこしもかわゆい事御座なく候　又三郎一件は是まで〳〵

いくつか問題がある。まず、破談になった以上返さなければならないはずの持参金から五十両を又三郎に渡しているのは不合理である。また「いせうは表へさして」とあるが、これを「衣裳」と考えると、鈴木氏論考によれば森田座の蔵衣裳は天保四（一八三三）年よりも以前から帳元甲子屋の永久持株になっているので、改めて言う理由がわからない。

伊原がこの部分を資料として用いなかった理由は、以上のような不明瞭な点があるためと思われる。しかし、不備を考慮したうえで、なお判明するほかのことがらは無視できない。すなわち、再興以来の経営の不調、上州から新たな養子を取る計画の失敗、そして若太夫又三郎と子どもの行方である。

森田又三郎は初代坂東しうか（五代目坂東三津五郎）の子であり、はじめ坂東豊三郎と名乗った。十一代目勘弥にとっては義理の甥にあたる。天保三年三月、三代目坂東簑助を襲名した。舞台で実際に役を勤めることができた役者で、役者絵も残っている。安政三年五月の森田座再興から四年末までは番付に若太夫として記載され、本来なら十二代目勘弥になるべき人物であった。また、役者評判記と番付で、又三郎とともに確認することができる若太夫森田又市は又三郎の子、十一代目勘弥の手紙の「孫」にあたるのであろう。

又三郎の人となりについて知ることのできる資料は現在見ていない。ただ、「丁内のうけもわるく」という記述と、安政四年八月二十七日初日の辻番付に見える、絵師清川重春による朱筆書入に[10]

初日前色々もめ合にて太夫元と大茶やの番所はじまり　八月十四日御番所済に成　大茶屋見世を開き番付配る

とあることはおそらく関係している。もちろん、この記述だけでは大茶屋との「もめ合」の内容は具体的でなく、以後の森田座の状態を見ていくと、茶屋が興行へ出金することに関する訴訟と推測がつくが、実証はできない。だが、天保五年以来(11)、中風で恒常的に体調不良だった十一代目勘弥に代わって、安政五年から六年には妻お仲がしばしば番所（奉行所）へ出ている。若太夫又三郎もおそらく四年に番所へ出ているはずだ。

もっとも、隠居後も金をやって役者を続けさせようとしていたという記述から見れば、当初、十一代目勘弥は又三郎と完全に絶縁する意向はなかったと推測される。上州は近世以降、特に養蚕・絹織物業の盛んな地域で、十八世紀半ばには幕領代官や諸藩の奨励で産業生産がピークに達していた。合わせて考えると、森田座が改めて上州から養子を取ろうとしたのは、それによって又三郎をどうこうするというより、むしろ新たに迎える養子の実家に期待できる資産に頼って財政を立て直すのが主な目的だったのであろう。

しかし、養子の話は破談になり、資金源を得ることはできなくなった。又三郎は隠居を断り又市とともに森田座を出て、安政五年以降番付に名が見えなくなる(12)。結果として森田座は、継続して外部から興行資金を得る手段と、義理とはいえ親族の後継者を両方とも失うことになった。

安政三年は四回興行、翌四年は、四月十四日に、出演中の三代目市川市蔵が観客の武士に斬りかけられ、火縄売、大道具などの劇場関係者が負傷するという事件があったものの、六代目市川團蔵をはじめとする上方下りの役者を加えながら、やはり四回興行を行うことができた。しかし、又三郎が去り、五年正月九日の火事で劇場が焼けたあと、森田座の経営はいよいよ困難になる。

ちなみに、この火事で市村座も類焼したが、三月に再築興行を行っている。演目は二代目河竹新七（河竹黙阿弥）の『江戸桜清水清玄《えどさくらきよみずせいげん》』で、四代目市川小團次が清玄と黒手組の助六を勤めた。この興行にはのちに守田座の経営に関与する中村翫左衛門が関わっている。安政から文久年間は小團次と新七の提携により、多くのすぐれた作品が生みだされた時期でもあり、二人の提携は文久年間以降、守田座にも影響を与える。

五月、町奉行所宛に猿若三丁目地主惣代・家主惣代・五人組が提出した嘆願書の下書が「甲子屋文書」に残されており、鈴木氏論考に内容の紹介と分析がなされている。

まず、嘆願書は以下のような内容だ。安政二年の再興以来、森田座の不繁昌が続き、火災後、劇場の家作を行うのも困難で茶屋方の二千三百七十五両の資金援助も「事態を好転させることができず」、興行再開期日を芝居町と十一代目勘弥が話し合いで取り決めても実行されない、催促をしても埒が明かず店賃・地代を取り立てにくく難渋至極であり、一日も早い興行の再開を町奉行所から要請するよう願うものであった。

鈴木氏は、櫓交代の節には地主・家主が「興行方差支有無」をただして再興願を提出するしきたりであるという原文を引いて、「芝居町が櫓交代に際して相当の発言権を持っていた」ことを指摘する。そして、芝居町が河原崎座への櫓交代を望み、翌年九月、町内が北奉行所へ駕籠訴に及ぶ経過から「興行をめぐり本櫓・控櫓・芝居町の三者が、結束と反目を繰返す図式が見て取れる」とまとめている。

以降で詳しく述べるが、「芝居町」には、分銀として興行ごとに出した累積額が二千両を超える茶屋が含まれていることを強調しておきたい。茶屋は劇場に付属する施設であり、行政上は、劇場と同じく家主・

地主によって町のなかで管理される立場である。しかし、櫓再興の際に本櫓・控櫓のどちらも負いきれない負債を茶屋が負っていることからもわかるように、あくまでも劇場が興行を行うという前提での話だが、芝居茶屋は時に地主・家主と連携し、劇場の興行に対する影響力を持ち得た。

森田座が「森」を「守」と改称して再築興行を行ったのは安政五年七月であった。この改称については、奉行所に提出された願書と改称許可の記録が残っている(13)。この興行は、五月の訴えを受けて開場せざるを得なくなった結果でもあるのだが、出勤予定の初代中村福助（のちの四代目芝翫）は出ず、初日から十日目に本値段（公式に示される値段）となった。おそらく、不入だったと思われる。次の興行は十一月、初代尾上和市、三代目市川市蔵の兄弟に福助が加わり上置きに初代坂東亀蔵などを加えたが、興行日数わずか十日間である。さらに守田座はこの年、ほかの二座では行われた顔見世の式を行えなかった。翌年の興行に出勤する役者を正式に紹介できなかったのだ。十二月、町内の茶屋三十一軒・地主八軒・家主八人は三口に分けて北奉行所へ十一代目勘弥を訴え、河原崎権之助へ櫓を交代するよう願書を出した。

明けて六年の初興行は三月である。顔ぶれは前年とほとんど変わりがない。五月は興行中に九匁の値下げを行う。番付の記載では桟敷三十匁、高土間廿五匁、平土間二十匁。場所によるが三割から五割近い値下げである。好況とは考えにくい。七月も不入であった。

九月、櫓交代の願が延引されていたため茶屋・地主・家主の行った駕籠訴は、所定の手続きを経ないで直接奉行所に出頭する非常手段であった。先立つ二度の訴え、不振をきわめる三年間の興行成績と合わせると、守田座と共倒れにならぬよう櫓交代をさせたい芝居町の強い意向が立体的に見えてくる。

ただし、この時期の守田座に関する訴訟記録は見つけることができなかった。訴訟の経過についての資料として確認できたのは、先に挙げた十一代目勘弥の私的な手紙に記した記述だけである。『歌舞伎年表』所載の翻刻と元の写本は細かな違いはあってもほぼ同文であるが、本書では改めて写本から引用し直し、勘弥が一連の経過をどのように見ていたのかまとめてみる。

そもそも十一代目勘弥は、「年〳〵芝居の出来方あしく　町内茶屋のきうけあしく　尤うしろに権之介《ママ》ひかへおり候はゝま事《（真事）》にめんとふ」と考えていた。五年十二月の二度目の訴えの際、町内の茶屋で勘弥側についたのは八軒だけであった。提出されたのは「勘弥借金は地主茶屋て引受てくらしかたをつけるから権之介へかしくれるよふとの願書」であった。「御免の本やくら《（櫓）》」への櫓交代を、奉行も「御掛り」も言いつけることはないが、金主は金を出さず、貸方も「今の内願ひおかぬとやぐらかかわる《（替）》ととれぬ」と「右あく人共」に煽動されて訴えた。訴えの総額は二千両近くだったが、「当金のかけ合」で九百両まで減額した。「ばん所の口二十けん　其外やくらかゝ《（貸）》せの口三けん」で寺社・勘定・南北の奉行所へ毎日出て、「仕舞には代に出ものもなく　おなか壱人にて七口八口の御ばん所をまいり《ママ》　日々公用も壱分弐朱つゝもかゝり候　其外にわこひ金」を払うため、安政六年「未としのくるしみなか〳〵筆にもつくしがた」いものであった。

同年九月二十日、勘弥は町内の茶屋の者たちを自宅に呼んで、市村座にいた中村翫左衛門が興行を引き受けると伝えた。二十二日、地主八人・家主八人・茶屋三十一軒・出方、合わせて「百人計」で北奉行所へ駕籠訴が行われる。二十四日、双方の呼び出しがあり、勘弥の妻お仲が出た。掛りの「松浦様」は「か《（やカ）》くら替はならぬ　其ねん《（念）》はたつ《（絶）》て仕舞へ」と申し渡した。二十九日、訴えは取り下げられ、晦日に和解が行われた。

駕籠訴は非常手段で不受理が原則であるが、訴えた側に軽罪が付されることがあっても、訴えは取りあげられることが多かった。だから、「松浦様」の措置は勘弥にとってやはり温情だったというべきだ。しかし、この手紙を読むと、「九月廿日丁内茶屋共を呼　私宅にて　此度は翫左衛門町《（此）》内へ来て万々引受ると申聞候ところ」とあり、二日後の二十二日、駕籠訴がなされたと書かれている点が気にかかる。この手紙には、訴訟経過の記述に先行して、翫左衛門が勤めていた市村座から暇を出されたのは同座の経営に参画する六代目権之助の意向によるもの、とある。はじめに挙げた考察と合わせると、十一代目勘弥は、安政五年から六年の町内の動向全体に、興行権を取り戻したい権之助の影響が働いていると考えていたようである。

まとめると、安政四年に後継者を失い、興行成績は交代直後から不振続き、資金も欠乏して、五年には事実上興行不能状態だった守田座に再び櫓交代させたい意向を、町内の座付茶屋・地主・家主のほとんどが共有していた。金主は資金を出し渋り、貸方の返済要求も厳しい。そのうえ、河原崎座座元の権之助が町内に影響を与えていることも予想される、いわば四面楚歌のなか、翫左衛門は守田座への参画を要請されたともいえよう。

## 二　中村翫左衛門の履歴

では、守田座の興行を引き受けた中村翫左衛門とは、いったいどういう人物だったのだろうか。翫左衛門の履歴は、勘弥の坂東三津蔵宛の手紙にも簡単にふれられているが、三代目中村仲蔵『手前味噌』[14]、少女庵主人「守田勘弥」[15]、大槻如電『第十二世守田勘弥』[16]（以下『第十二世』とする）、田村『続続歌舞伎年代記　乾』に詳しい。ほかに記述がある場合も、ほぼここに挙げた書を校合して書かれたと推測される。[17]

三代目仲蔵の母十一代目志賀山せいは、天保五（一八三四）年に上坂した時から、当時二十三歳の翫左衛門に踊りを教えた。また、仲蔵は、翫左衛門の師匠四代目中村歌右衛門の死までしばしば歌右衛門を頼って同じ座に出勤しており、翫左衛門と交流が深かった。のちには店受（家を借りる際の身元引受）を頼み、出勤の要請にも協力している。よって、翫左衛門の守田座入座を二年遅い文久元（一八六一）年とする誤りはあるが、『手前味噌』の記述をほぼ信頼のおけるものと考えたうえで、必要によりほかの資料を参照しながら検証し直してみる。

翫左衛門の出身は「常州土浦の家中の忰」である。常陸国筑波郡小田村の農家鈴木市右衛門の次男で本名利兵衛、領主土浦侯の足軽か小人として仕えたという説もある（「守田勘弥」、『第十二世』）。江戸に出たのは二十二歳、四代目中村歌右衛門の弟子になった「その秋」、歌右衛門について上坂したという記述から、弟子になったのは天保四年で、江戸に出てきた一年後、歌右衛門に入門したと推定される。芸名中村イ四松。

歌右衛門の弟子になったのは「親の知音」であった「名倉弥次兵衛」の周旋による。名倉は接骨医で、複数の役者の贔屓でもあった（「守田勘弥」、『第十二世』）。元大坂町に住んでいたとされるが、切絵図を見るとやや離れた米沢町二丁目に名を見ることができる。[18]

天保十三年の三座役者人名の一覧、中通りの部の二人目に中村イ四松の名がある。[19]この頃には三座の中通りのなかでもほぼ頭分であったと思われる。

イ四松が市村座頭取となって翫左衛門と名を変えた時期であるが、嘉永以降の役者評判記の位付に中村イ四松あるいは中村翫左衛門の名を見出していない。しかし、『手前味噌』に「翫雀（四代目歌右衛門）存生のうち頭取になり」とあるので、ひとまず、歌右衛門が没した嘉永五（一八五二）年二月以前と区切ることができる。『第十二世』は五代目市村竹之丞（十二代目羽左衛門）の死去に際し、大坂からの貸金二百両を返済した手腕によるとするが、それに従えば嘉永四年八月以降である。

十一代目勘弥の手紙には、翫左衛門の市村座頭取就任について

> 卯〔安政二年か〕年当り二丁目帳元沢田屋　二丁目いとま出し候　丁内羽左衛門の頼みにて右イ四松翫左衛門と名をかへ　二丁目芝居惣支配取しまりに成　古人〔ママ〕羽左衛門の借金三千両もかたづけ跡芝居引受　寅としの火事　卯の地しん　午の火事　右三度之芝居ふしんいたし　二丁目の帳元とふぜん〔同前〕に　六か年二丁目はん昌いたし居候

と記している。嘉永六年七月市村座の興行で行われた口上で、翫左衛門は、役者評判記で長期間にわたって名が見える頭取坂東橘十郎の次に列座している。[20]「寅とし」を安政元（一八五四）年とすると、実質的な市村座の帳元になったのは、嘉永末から安政元年頃と考えたい。ただし、倉橋正恵氏のご教示によれば、嘉永七年の八代目市川團十郎書簡に「イ四松」の名が見えるものがあるという。名前替えのあとも、特に立場が上の役者からは前名で呼ばれていた可能性は考慮しなければならないだろう。

市村座における翫左衛門の地位は「二丁目にて頭取になれば、われを抱へて出勤させ、今年（文久元年）は三丁目の帳元を頼まれしゆゑ、又々われを出勤さす」と『手前味噌』は記し、十一代目勘弥の手紙には

「二丁目芝居惣支配取しまり」「帳元とふぜん」とある。「守田勘弥」、『第十二世』、『続続歌舞伎年代記　乾』は頭取を経て帳元になったとする。劇場内部の役職の呼称は、誰がいつからどのように呼ばれたのか、外側から見た場合と内側から見た場合で違うのかなど、厳密に詰めきれない場合が多いが、翫左衛門は市村座では実質的に帳元を勤めて辞めたものと見たい。

履歴により、翫左衛門は芝居の世界へ外部から、また中年から入った者と言うことができる。市村座では、経営の経理責任者である帳元を勤めるところまできて辞めた。資金の調達に金主を頼み、借金を片づけて興行を行い相当の成果を上げた。

市村座を出た理由を、『手前味噌』は市村座の茶屋、万屋吉右衛門が帳元をするにつき「何か面白からぬ事でもあると見えて」と記す。「守田勘弥」は「守田座」の帳元沢田屋和助の死去に伴うというが、これは「市村座」の誤りである。十一代目勘弥は手紙に「権之介が二丁目の分をもつにつけて二丁目大茶屋山本重五郎となれ合」と記している。どうやら権之助が市村座と守田座の経営権を握るために翫左衛門の影響を除こうとしていると、すくなくとも勘弥は考えていたのではないだろうか。

その手紙によれば、安政六年九月、十一代目勘弥は「我等七千両の借金并跡之興行方もみな引受くれ候は　右之趣とゝのひ候わゝ悴にもいたすつもりの証文遣し」て翫左衛門を迎えた。「守田勘弥」と『続続歌舞伎年代記　乾』は、翫左衛門のほうから自分の三人の子のうちの一人を養子にして守田座を継がせる条件を出したという説を紹介している。のちに詳しく述べるが、この説は必ずしも正確ではないようだ。しかし、このような見方をされていたこと自体、翫左衛門の能力が周囲に評価されていた一証であろう。

手紙、証文そのほかからわかる、守田座入座以降の翫左衛門の肩書きは、「勘弥進退人」「芝居進退人」「帳元」とさまざまだ。具体的な仕事は、十一代目勘弥によれば、借金を背負って「興行方」を引き受けることである。三代目仲蔵が翫左衛門を評した「妙なところに実意ありて人に信を失はず、金銀の融通に妙を得しゆゑ」という一節は、翫左衛門についての資料に必ず引用されている。

では、翫左衛門は、守田座で具体的にどう「金銀の融通」をつけ、何をしたのだろうか。

## 三　守田座での翫左衛門の仕事

たとえば、早稲田大学演劇博物館に所蔵される「差上申御詫一札之事」という資料がある【図版1】。これは平成六年、古書店豊田書房より演劇博物館に購収されたものだ。伊原敏郎（青々園）「新富座の前身」[21]に、不鮮明ながら掲載されている資料と同一であることが比較すると明らかで、ひとまず信の置けるものと考え、考察を進めることにする。

差上申御詫一札之事

一　守田座之儀は　旧来御贔屓被成下抱役者江引幕等被下置　難有仕合奉存候処　近年私座衰微仕罷有候に付　去る安政七庚申年春中より御取立之儀御願申上候処　御聞済被下　同年中より引続只今以始終　座中之者共江御幕其外御印物品々被下　外両座江対し私之面目　幾重に茂難有奉存候然る処今般顔見世に付御場所江対し　御一流様方江不行届之始末　蒙御不興申訳無御座重々恐入殊に簾々齟齬仕候義申上候に付　是迄抱役者江被下置候御印物　不残御取上けに相成　申訳無御座奉恐入候　此後於私座は御指図を受　柿色は不及申其外共思召之通　諸事取計ひ可申候間　是迄之

通御引立被下候様仕度旨　一番組二番組頭取衆中様　相模屋政五郎様　名倉勝輔様　玉屋音次郎様江取縋り御歎申上御詫奉願上候処　御同人衆中様方江御対し被下　格別之御勘弁を以御聞済被成下難有仕合奉存候　尚後不相替厚御贔屓被成下置候様奉願上候　然る上は芝居永続仕　私共始惣座中一同のもの深難有仕合奉存候　何卒永久御見捨無之御取立之程偏奉願上候　依之為後日御詫一札仍而如件

文久二壬戌年十一月

猿若町三丁目　座元　勘弥（印）
同　芝居進退人　翫左衛門（印）

魚河岸　御世話人衆中様
四日市　御世話人衆中様
小網町　御世話人衆中様
志ん場　御世話人衆中様

守田座がこの詫証文を書くに至った経緯は、すでに『明治演劇史』(22)に詳しいが、その記述を要約して示す。

安政二（一八五五）年、勘弥は河原崎座から興行権を取り戻す訴訟に勝訴し、その帰途、魚河岸の尾張屋に立ち寄って、芝居の再興を報告した。その後、新たに「積場」になってほしいとの依頼を受けた魚河岸は、四日市、小網町、新場とともに天幕、水引、引幕を贈った。

以後はこれだけが積場ということになっていたが、文久二（一八六二）年の顔見世に、築地・鉄砲洲・

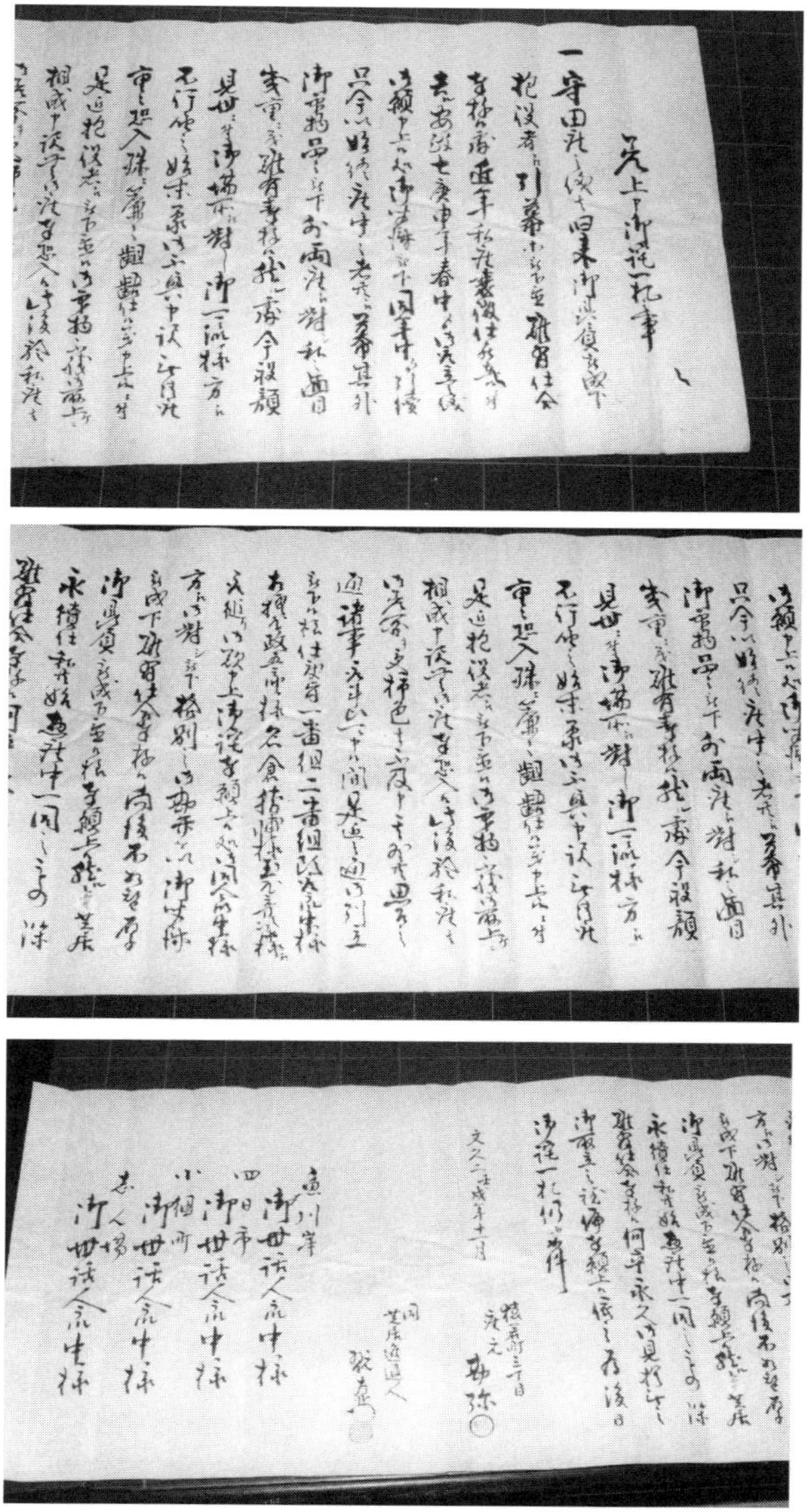

【図版1】差上申御詫一札之事

佃島が守田座へ引幕を贈った。魚河岸、特に尾張屋の主人は怒って守田座へ行き、魚河岸の紋のついた天幕・水引からすべて紋をくりぬいて帰った。これが江戸中の評判となり、仲裁が入って勘弥・翫左衛門連署の詫証文で和解したが、魚河岸は以後、守田座の動向に冷ややかとなる。

積場とは芝居の後援者で、勢力を示すために芝居に町名を記した柿色の幕などの贈り物をする。受けた劇場は、後援の返礼としてそれを掛ける義務が生じる。したがって、無断でほかから後援を受けた場合、それは非礼にあたり、約束違いということになるわけである。本資料は、この要約に言及される詫証文の現物である。

この資料の興味は次の二点に集約することができる。第一は、この事件の前後、守田座が中村座、市村座に囲まれてどのような状況に置かれていたかを知る補助資料となる点、第二は、明治以降まで遺恨を残すことになるこの事件に関わった具体的な人物名から、その関係を推し量ることができる点である。

まず第一の点については、この事件に直接関係するような援助を日本橋の魚河岸が行っていたのが、実際には安政七年春からのことであるのがわかる。次に、中村座、市村座に守田座は経営上独立して対抗することができず、魚河岸の援助に頼ることで、かろうじてその権威を保っていたことが推測される。

安政七（万延元）年とは、前節に述べた通り借財に借財を重ねる守田座に、その整理のため「芝居進退人」として翫左衛門が市村座から移ってきた年だ。河原崎座の座元で劇場を持てない状況にあった六代目権之助の影響力が強い市村座では、狂言作者河竹新七と四代目小團次が現在まで残る名作を上演しつつあり、また中村座は、下ってきた人気役者八代目片岡仁左衛門を加えて工夫をしている。

守田座はこうしたなかで、七月に当時人気の上り坂にあった初代福助に四代目中村芝翫を襲名させるが、春はその準備期間だった。名跡の襲名については三、四代目歌右衛門両方の家系から苦情が出たが、それを納めたのが守田座帳元の翫左衛門と魚河岸の贔屓の尾張屋であったとされる。(23) 尾張屋は芝翫の結婚にも媒酌の労を執っている。(24)

つまり、本文中にある「安政七庚申年春中より御取立之儀」は、この襲名に対する魚河岸の仲介と資金援助と推測される。この資料により、これ以降を事件と直接の関係がある時期として明白に限ることができる。また、魚河岸の後援が翫左衛門の守田座への移動と同じ年にはじまっているのは、具体的には不明だが、両者になんらかの関係があった可能性を考えさせる。そして「外両座江対し私之面目」が立ったと記されることから、守田座は中村・市村の両座に対抗することが難しく、文久二年まで魚河岸にさまざまなことを依存し続けたのであろう。

とはいえ、当時の魚河岸が歌舞伎に対して積極的に後援を行える立場であったかというと、必ずしもそうとは言えない。魚河岸の歴史(25)から見ると、天保の改革以降から明治十（一八七七）年頃までというのは、それ以前・以後に比べると経営が衰微した時期にあたる。いくつかの原因があるが、維新前は幕府の基礎が揺らいだため魚献上をはじめとする流通が影響を受けたこと、維新後は問屋・株式制度、河岸地などの土地借り入れに対する東京府の扱いが二転三転したため中小の問屋が乱立し、地主・家主と問屋との関係も係争が絶えず、一時的に統制が取れなくなったことが大きな理由である。そして、文久二年に守田座に引幕などを贈った築地、佃島等の問屋は、明治初期に三所組（深川、佃島、芝金杉）と呼ばれて台頭する、魚河岸にとって対抗的な新興勢力だ。魚河岸をはじめとする後援者たちの怒りは、衰退しつつある自分たちから新興しつつある対抗者に、守田座が乗りかえようとしているのではないかと疑ったからだと考えても不自然ではないだろう。

第二の点について述べる。魚河岸と守田座の間で口利きをしたとして挙げられる相模屋政五郎と名倉勝輔の二人は、いわゆる「侠客」である。相模屋政五郎は相政と呼ばれる大侠客であり、九代目市川團十郎の贔屓としても知られる山内容堂に名字「山中《うち》」をもらうほどの愛顧を受け、容堂死去の折には殉死を考えたほどだった。そして、魚河岸が強く後援し続け、明治五年に守田座が新富町への移転を行った際、出演を差し止めた役者が七代目河原崎権之助、のちの團十郎である。

名倉勝輔は、翫左衛門が歌舞伎の世界に入るために口利きをした接骨医名倉の親類（従兄弟と推定されるが明らかでない）で、十一代目勘弥の贔屓でもあった。相政と名倉は関係が深く、たとえば、子母沢寛『游侠奇談』「相模屋政五郎」に次のような記述がある。

相政の乾児《こぶん》は千三百人といわれた。千三百人は嘘としても、幕末から明治へかけての侠客仲間では、その勢力が一段ぐっと高かったことは、新門辰五郎の身内を、市村座が木戸を突いた〔入場を拒否した〕というので、小屋を滅茶滅茶にされ、大出入りとなった時に、いろいろな顔役が出ても納まらないところへ、この相政が、日本橋中橋広小路の骨つぎ医者名倉の勝助《ママ》という気っぷのいいのに片棒をかつがせ口を利くと、一日の中にぴたりと納まったのでもわかる。

勝助は名代の弁舌で、渡世人の間には「中橋の先生」で通っていたためもあったかも知れないが、相政の顔が物をいったのである。[26]

この資料に現れる人物関係を見ていくと、翫左衛門の具体的な仕事の一端だけではなく、歌舞伎の興行と魚河岸などの贔屓、両者をつなぐ侠客の、後援をきっかけにした関係の広がりも明らかになってくる。

また、国立国会図書館所蔵の旧幕府引継書に、済口証文[27]の綴りが文久三年十二月の分のみ三冊ある**【図版2】**。「済口証文」とは、訴訟を示談にした場合に経過と示談の条件を書いて関係者が署名捺印し、奉行所に提出した証文である。第三冊に、猿若町三丁目芝居附茶屋惣代久五郎地借むめ後見喜兵衛外十八人に

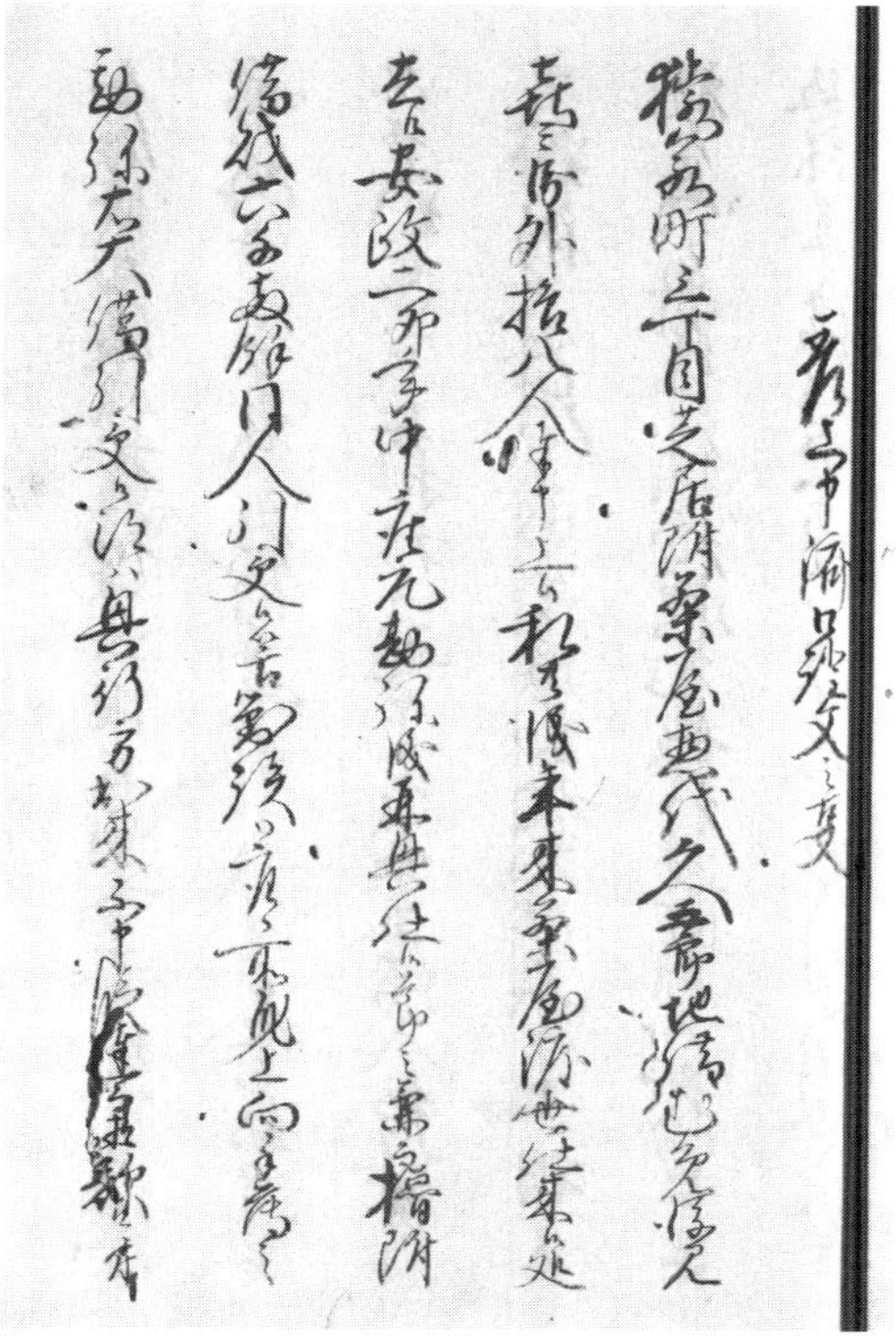

【図版 2】「文久三年済口証文」初丁表

よる訴訟の、同年同月廿五日付済口証文が含まれている。末尾には願人喜兵衛・万蔵・庄五郎、相手うた・冨五郎、引合人勘弥、勘弥代伊左衛門、家主・五人組・名主らの署名捺印がある。引合人勘弥は同年名跡を相続した十二代目勘弥である。願人の一人である万蔵は猿若町米吉地借、本文から見て茶屋経営者で、守田座と関係の深い甲子屋万蔵とは別人らしい。

本資料は『東都劇場沿革誌料』や、旧幕府引継書そのほかの内容を多く含む吉田節子編『江戸歌舞伎法令集成』正・続[28]に未収録だ。一部虫損があるが、守田座内の翫左衛門の立場、興行資金調達の経緯、文久三年当時の座付茶屋との関係がかなり具体的にわかる。以下、この済口証文を読み進めてみる。なお、翻刻のなかの□は虫損箇所である。

冒頭「猿若町三丁目芝居附茶屋惣代久五郎地借むめ後見喜兵衛外拾八人奉申上候　私共儀年来茶屋渡世仕来候処」とある。茶屋が出した訴えの経過であることに注目したい。

安政二年十月の再興の節、茶屋の経営者たちは「兼而櫓附借財六千両余同人引受候筈対談御座候所　身上向手薄之勘弥右大借引受候跡は興行方出来不申段達□歎候に付　無余儀右借財私共仲間一同に而引受」、さらに役者の給金の前貸、上方表から役者を呼ぶための入用も「是亦勘弥に而才覚出来不申　無拠私共連印を以金子借入」差し出して興行を続けていた。

万延元申年中　相手翫左衛門当座江住込称帳元興行進退引受けに付而は　勘弥身借財五千両余有之
　右を私共引受不申候得は興行立方仕法難相立与　翫左衛門より談判有之　渡世に難替儀と存し
桟敷土間壱軒に付銀壱匁宛済方江差向可申筈取極め　且又私共見物人差入候売徳増銭等之内に而六

分銀と唱へ　興行為手伝金壱ケ年〆凡金子五百両宛翫左衛門方江請取候ゐて興行無怠懦可致旨同人申之候に付　随其意去る申年より去暮迄三ケ年に金四千六百□〔八?〕拾五両余　興行日毎に翫左衛門手元江積込申候　尤最初之□□□〔約定而て?〕は積込手伝金之儀は一ト興行毎に町役人立合勘定いたし呉　過金御座候はゝ猶翫左衛門方に積置可申筈之対談に御座候処　数度興行仕候而も一切勘定不仕候に付　是迄度々仕立見せ呉候様及催促候得共　其度毎興行相休不申候而は難取調抔申募り相休候へは　多人数難渋可及儀を押計り　兎角興行に事寄せ等閑置　其侭差置候而は際限無之に付　今般取詰懸合候処
　右積金興行仕入金に鑓《やり》払候抔不都合之申分　興行方之儀は金主有之　損徳見込は帳元進退人持前之儀を彼是申紛候儀は不正之致方と乍恐奉存候

万延元（一八六〇）年、翫左衛門は座へ住み込み「帳元」として興行進退を引き受けた。そして、茶屋が借金返済のために桟敷・土間一軒につき銀一匁積み込む「積込」と、興行を行うために一年につきおよそ五百両ずつ翫左衛門に渡す「六分銀」という「手伝金」、二種類合わせて翫左衛門の元へ集めた額は、万延元年から文久二年末までの三年間、合計四千六百両を超えたはずだと読むことができる。はじめは一興行ごとに積込金を町役人立合いで勘定をするという話であったが、数度の興行後も、翫左衛門は興行を休まなければ調べられないと言って興行を休む。休まれると収入がなくなって困るうえに際限がないので「取詰懸合」したところ、それらを興行仕入金にしたと「不都合之申分」をした。以下続ける。

素より難渋之私共　積立置候金子之儀は損益に抱り候儀には無御座候　夫々借財方江差向候儀を翫

左衛門一□□□而積込金損益江差向け候儀は勝手侭之所業　其上勘定□□不申　剰当節右翫左衛門身借財六千両余相嵩候趣を以　私共引受可申は当然之儀抔と自侭之儀被申掛難渋至極仕　無是非当正月廿五日御訴訟奉申上候得は　同二月七日可罷出旨　御裏書以戴相附　相手方より返言書奉差上其後御吟味相成申候　然る処勘定合殊之外入混し　急速難相分度々訴言立合取調中　相手翫左衛門儀当六月廿日致病死　其晩町役人共より御訴奉申上候　右に付為引合同人悴寿作事先代勘弥養子に相成候　当時勘弥被召出　猶御吟味御座候得共　都而翫左衛門一手之取計に付　勘定合調方行届兼　素々右出入之儀は最初翫□□〔左衛〕門□興行向為相任候節何之取極も無之候故右体□□□借財出来候儀に而　種々談判仕候得共振合兼候に付　当月十七日御再席江被召出　何れにも訴言和熟之示談可致旨　厚蒙御利解一同奉恐入奉承伏

翫左衛門は茶屋を通して借財方へ回すべき返済金を渡さず、手元に集めた金をすべて仕入金に回し、さらに自分名義の借財を重ねて茶屋に負うことを要求したと読みたい。この「自侭之儀」に対して「当正月」、すなわち文久三年正月に訴訟が起こされたが、勘定が複雑で借金の内容をきちんと分けることができず決着がつかない。しかし、吟味取調中の六月二十日、翫左衛門は病死し、悴寿作が十一代目勘弥の養子になった。示談にせよとの申し渡しがあった「当月十七日」は十二月十七日である。

『続続歌舞伎年代記　乾』『歌舞伎年表』は、中村翫左衛門の命日を十一月十四日あるいは十八日としている。しかし、本節一の冒頭でふれた、十一代目勘弥の妻お仲が坂東三津蔵に宛てた手紙は命日を六月二十日と記しており、またこの証文にも同様の記載があることから、やはり六月二十日が正しいと考えられる。また「右に付為引合同人忰寿作事先代勘弥養子に相成候」の文からは、次男寿作が養子に決まったのは覿左衛門の死後、六月以降と考えられる。先に挙げた、十一代目勘弥自身が渡したという「忰にする」との証文に沿うと同時に老齢で病身のうえ正式な後継者がいない勘弥に、借財を引き継がせられないための措置であったことも推測される。

寿作は、文久三年八月、十月の二興行で「若太夫守田勘次郎」として番付に現れる。十一代目勘弥は十一月十八日に死去した。翌元治元（一八六四）年二月興行の番付で、勘次郎は「守田勘弥」になっている。お仲の手紙には「あとも十二月廿日に十二代目勘弥に覿左衛門の中忰をきめ　上よりわたしのてを引出おふせつかり旦那へたむけ申候」とある。「中忰をきめ」たのが「十二月廿日」とは、済口証文の示談成立日の十二月十七日と日にちが近すぎるようにも思うが、養子内定が六月二十日以降で、正式相続したのが十二月二十日と考えたい。

十二代目勘弥に引き継がれた返済と、今後借入が必要な場合の規定は、次のように取り決められた。

懸合之上　是迄土間桟敷代之外に鋪物代上《ママ》は銭と唱へ　壱軒に付銀拾四匁五分宛積立　右之内銀拾三匁五分は見物人より申受　銀壱匁は茶屋共手元より差出来る儀に候処　以来は茶屋共手元より出銀之壱匁は相止め　全く見物人より申受候銀拾三匁五分不残座元勘弥方江受取　芝居付借財新古共不残同人方江引受済方可致筈　且此上芝居興行□□□□勘弥一手に取立　損益共茶屋共差構不申様□□〔二確?〕と取極　且又相手之内うた冨五郎取扱候金子之儀も　前書覿左衛門死失之上は是亦同様明細之勘定難相分候に付　示談之上金五拾両うた冨五郎両人預りと見居　済方之儀は来正月芝居興行より

以来一ト興行金拾両宛仲間一同江相済し可申筈証文に仕　且茶屋共儀仲間一同江談判も不仕　惣代名目に而借入金等いたし候間品々差縺候儀に付　以来茶屋仲間借入金いたし候節は一統連印証文に可致　若無拠筋に而惣代に相成候節は一同より承知印取置可申　右借財返金之節も辺々仲間相談承知之上取計可申筈規定仕　向後芝居興行向借財等之儀に付御願立等決而致間鋪筈取極候上は　外□御吟味可奉願筋毛頭無御座　以来双方聊□無□□右出入熟談内済仕度

この引用のあとに結びの定型文がある。「相手」と書かれている、うた・冨五郎二名の立場がややわかりにくいが、茶屋仲間でありながら一同に相談をかけず、しかも、茶屋惣代名義で興行に関係する金を翫左衛門のために五十両、第三者から借りたと読みたい。

先の引用も合わせると、借財には、櫓付借財、勘弥名義の借財、翫左衛門名義の借財、それらを茶屋が引き受けたもの、茶屋が第三者から惣代名目で連印で借りて差し入れたもの、茶屋仲間の一部の人間が借りて一同が承知していないもの、それぞれ重なる部分もあるようで区別がつかないところもあるが、ともかく多くの種類が混在していたことがわかる。返済のために茶屋が積み立てた積込も、桟敷土間代から出した金、「売徳増銭」から出した金、敷物代上銭から出した金がある。敷物代上銭には茶屋が金を足している。しかも翫左衛門は、返済に向けるべき金と、金主などからの出資が含まれるはずの興行仕入金を分けていない。複雑な収支で、これでは勘定を合わせるのは困難であろう。

しかし、十二代目勘弥が決まって、累積した借財は「新古共不残」新しい勘弥が引き受けさせられた。茶屋は今までの借財と今後の興行損益いっさいに関わらないことになり、新たに借入・返金する場合も原則として仲間一同が周知して行う規定を決めた。

以上により、中村翫左衛門は守田座で、借金返済へ回すはずの金を含む四千六百両を超える収入を興行仕入金に組み入れていたことがわかる。そして、複雑な借財が返済不可能であることが公にされ、整理に難航している最中、翫左衛門は病死した。収支の明細はわからなくなったが、はじめに取極をせず「都而翫左衛門一手之取計」であったとして責任はすべて翫左衛門にかぶせられ、借財は翫左衛門実子で十一代目養子となった十二代目勘弥の手元へまとめられたこともわかった。その一連の措置には、興行が継続されなければ生活が立たない茶屋が大きく関与していることも明らかになった。

しかし、翫左衛門が借財を累積しながら返済の催促を引き延ばして興行を続けたのは、実は同時に、守田座が以降の歌舞伎に影響を与える大きな実績を挙げはじめた時期でもある。

初代中村福助が守田座で魚河岸など四か所から後援を受けて、中村座と掛持で四代目芝翫を襲名したのは翫左衛門入座の翌年、安政七年（万延元年）七月である。[29] 正月に中村座と掛持ちした時は、四代目小團次のいる市村座を不入にしたほど人気のあった芝翫は、五代目坂東彦三郎と並んで人気と実力を兼ね備えた役者として成長していく。この年の八月、火事で三座とも全焼したが、守田座はほかの二座に三か月先んじて十一月再築興行を行っている。

また、翌文久元年正月、三代目仲蔵は小團次とともに守田座に出勤した際、「大きに御苦労でございます。業事師が二人寄ったのだから美事だぜ」と翫左衛門に褒められて嬉しかったと記している。こののち、小團次は文久二年末まで二年間、守田座に活動を移し、市村座からスケとして出勤した二代目新七とさまざまな作品を上演した。[30] おおむね好評で、なかには、新七のちの黙阿弥が『狂言百種』の第一号にみずから選んだ『勧善懲悪覗機関《かんぜんちょうあくのぞきからくり》』も含まれる。新七は、小團次が去ったあとも守田座へ多くの作品を書き、十二代目勘弥との緊密な提携が明治二十年代まで続く。

翫左衛門は借財返済のためという名目で興行資金を一手に集め、人気のある役者と狂言作者を呼び、実力をつけてきた役者に後援をとりつけて襲名をさせた。この当時頻繁に起きた火事からの立ち直りも早い。巨額の借財は残したが、『手前味噌』の言を借りれば、彼は市村座のみならず守田座でも「出来ぬ芝居を拵らへ」たのである。

## おわりに　甲子屋万蔵のことなど

参考とした資料に表れる翫左衛門の守田座での立場はいろいろだが、文久三（一八六三）年の済口証文の記述に従えば帳元と見なされていたようである。しかし、守田座には、帳元甲子屋藤七が天保九（一八三八）年没したのち跡を継いだ、子の万蔵がいた。最後に、翫左衛門入座以降の甲子屋万蔵の立場と、興行師としてのスタイルを考えてみる。

万蔵は鈴木姓を名乗り、歌舞伎の興行に携わり続ける。明治四（一八七一）年、市村座に関与したことはすでに鈴木氏論考で指摘されているが、ほかにはたとえば、『続続歌舞伎年代記　乾』に断片的ながら万蔵に関する記事がいくつかある。それによれば、明治十五年十一月には勘弥の応援を受けて、新富座（守田座から明治八年改称）の奥役から久松座の帳元になっている。新富座では十八年頃に入場管理を行う大札を勤めている。同年二月、千歳座の開場興行に関与し、勘弥を招聘した。明治二十年代、十二代目勘弥が歌舞伎座に関わると、万蔵もともに働いている。名称は「手代」「秘書」「奥役」とさまざまだ。

また、九代目團十郎の妻お升の回想には、「甲子屋の上さん」として万蔵の妻が登場する。竹本の三味線を弾いていた鶴澤安太郎は、明治三年頃、万蔵が帳元を勤めていた桐生への旅興行に團十郎とともに誘われたことを回想している。(31) そして、勘弥に一年先立つ明治二十九年五月、万蔵は六十八歳で亡くなっている。(32)

甲子屋鈴木万蔵の仕事内容は不明の点も多いが、外部から入った帳元の子でありながら十一代目勘弥の養子となった十二代目勘弥から、一歩引いて活動していたように見える。だがけっして守田座（のち新富座）から離反したとは言えず、歌舞伎座に至る最後まで十二代目勘弥を補佐するように働き、個人の独立した仕事もしている。家族ぐるみで役者・興行関係者と交際しながら、あくまで補佐に回ったところからは、父から受け継いだ家業のスタイルを崩さない興行師だったとひとまず考えたい。

十二代目勘弥について養母お仲は

悴もしごくよろしく　かぎやう《（家業）》にせい出しまつ〳〵ひようばんよろしく候か　何を申候も十九才をちからにいたし居候ゆゑ何かと心はゐ《（配）》　しかしなから先祖ゑゐぞく《（永続）》いたし度

と坂東三津蔵宛の手紙で書いている。

安政年間に河原崎座へ櫓交代するよう十一代目勘弥を訴え、文久三年借財返済の滞りで中村翫左衛門を訴えた茶屋との、金を媒介にこの後も続く関係を、のちに十二代目勘弥は合理的に処理しようとして問題を起こすこともあった。だが、元治元（一八六四）年四月に起きた火災の折は、実際は守田座からの出火であったにも関わらず、茶屋が代わりに火元として届け出ている。また、養母へ孝養を尽くし、長休み中も町内茶屋・出方・諸商人へ施しをしたことにより、勘弥には慶応元（一八六五）年五月二日、南奉行所から銀三枚の褒美が下された[33]。褒賞には町役人が関与する。この手紙から一年たった頃も、茶屋そのほかひっくるめた「芝居町」と、数えで二十歳の勘弥との関係は良好だったということができる。

もちろん陰には甲子屋鈴木万蔵や養母お仲らの助力があるだろう。そしてこの後、守田座のみならず江戸東京の歌舞伎は、時代の変わり目を越えて行政組織そのほかの激変により、苦しい興行を続けることになる。しかし、十二代目勘弥にとって興行人生最初の一年は、まずまずの滑り出しだったようである。

## 注

（1）市村座・大正十一年。
（2）新大衆社・昭和十八年。
（3）どちらも岩波書店・昭和四十八年第二刷。
（4）早稲田大学出版部・昭和八年。
（5）弘文堂・昭和六十年。
（6）『聖心女子大学大学院論集』第十九集別冊（聖心女子大学・平成九年九月）所収。
（7）国立劇場芸能調査室編、関根只誠纂録・関根正直校訂（国立劇場・昭和五十九年）。

（8）広谷図書刊行会・大正十四年。

（9）『十一代目守田勘弥夫婦の手紙　守田座再興事情』（請求番号18715）。伊原の解題によれば、河瀬蘇北が購求した文書を写したもの。河瀬の名は人名事典類に掲載がなく不明の点が多いが、早稲田大学図書館所蔵の著書から見て社会学・経済学の研究者と思われる。明治十八年生まれで本名龍雄。坂東三津蔵については伊原の解題に詳しく、広島で興行師になっていたようで兄弟も役者である。伊原は七代目市川團十郎が三津蔵に宛てた手紙についてもふれているが、こちらも現物が演劇博物館に所蔵されている（請求番号18264-1）。

（10）早稲田大学演劇博物館編『江戸芝居番付朱筆書入れ集成』（早稲田大学演劇博物館・平成二年）。

（11）伊原敏郎『近世日本演劇史』（早稲田大学出版部・大正三年再版）。

（12）『歌舞伎俳優名跡便覧』第四次修訂版（国立劇場調査養成部調査記録課・平成二十四年）「三代坂東簑助」の項には「明治六年の大見立には守田又三郎の名が見える」とする。筆者は平成二十八年現在、この『名跡便覧』の修訂作業に関わっていたため調査を行える立場にあったが、国立劇場所蔵の大見立にはこの一枚以外に名が見えないようである。

（13）本書の第一章第三節で詳しく述べるが、明治以降、名義上の座元を変更することで負債と実際の興行権を切り離したり、名義変更とともに座名を変えて実質的に同じ人間が興行を継続する例を確認している。江戸時代の本櫓・控櫓（仮櫓）の関係とやや違うのは、同じ人間が興行権を持ち続けるところだろう。「森」から「守」への変更はそれとは違うようである。「守」の字に縁起をかついだ改名説は、少女庵主人「守田勘弥」（注（15）参照）、大槻如電『第十二世守田勘弥』（守田寿作、好作〈私家版〉・明治三十九年）にあり、定説となっている。

（14）郡司正勝校註（青蛙房・昭和四十四年）。

（15）『万朝報』明治三十二年十月二日から三十三年二月十三日掲載、緒言を含めて全九十五回。誤記や事実誤認が多くあるが、現在知られているなかで最古と思われる十二代目勘弥の伝記。『明治演劇史』で、明治五年の新富町移転について小林蜃気楼「守田勘弥」によったとする抜粋は、比較するとこれが典拠である。田村成義『芸界通信　無線電話』「十二世守田勘弥」（青蛙房・昭和五十年）によれば、小林の名は天竜ともいったらしい。『万朝報』記者で劇評も書いていたようだが履歴の詳細は不明。

(16) 注（13）参照。

(17) 木村錦花『守田勘弥』（注（2）参照）は十二代目勘弥の履歴を記す際にもっとも重要な伝記であるが、これも小説的な脚色と、伝聞に基づくと見られる記述が散見される。勘弥の伝記資料は互いに校合して使用する必要がある。

(18) 嘉永六年近江屋板「鎧之渡柳原両国箱崎辺絵図」、安政六年尾張屋板「日本橋北内神田両国浜町明細絵図」（『別冊歴史読本52　江戸切絵図』〈新人物往来社・平成六年〉所収）。名倉弥次兵衛は江戸で有名な接骨医で、たとえば森鷗外の『渋江抽斎』二十二・二十三（『鷗外全集』第十六巻、岩波書店・昭和四十八年）には、文政十年に二代劇神仙の真志屋五郎作が怪我をしてかかった医者として登場する。ただし、五郎作がかかった弥次兵衛は同年に没している（『名倉系図』、東京大学総合図書館蔵鷗外文庫、請求番号 鷗 H20:469)。伊原「新富座の前身」（『歌舞伎研究』六、大正十五年十一月）によれば、その子名倉力蔵は元大坂町に住み、歌右衛門の贔屓であった。弥次兵衛と名乗ったこともあるようで、実際にはこの人である。

(19) 『東都劇場沿革誌料』下「市村座の部」（注（7）参照）。

(20) 注（10）参照。

(21) 『歌舞伎研究』六（大正十五年十一月）。

(22) 早稲田大学出版部・昭和八年。要約のもとは二一一頁以下。

(23) 『明治演劇史』（注（2）参照）。

(24) 十一代目尾寅服部長兵衛「思ひ出草」(『歌舞伎』百七十五号、大正四年一月)。

(25) 魚河岸百年編纂委員会『魚河岸百年』(日刊食料新聞社・昭和四十三年)、尾村幸三郎『日本橋魚河岸物語』(青蛙房・昭和五十九年)

(26) 二四九頁(ちくま文庫・平成二十四年)。

(27) 『済口証文』三巻、請求番号古典籍 811-27。

(28) 『正』は桜楓社・平成元年。『続』はおうふう・平成九年。

(29) 河竹默阿弥「著作大概」(河竹登志夫『河竹登志夫歌舞伎論集』〈演劇出版社・平成十一年〉所収)。

(30) 永井啓夫『四代市川小團次』(青蛙房・昭和四十四年)など。

(31) お升と鶴澤の談話は、『九世団十郎事歴』下(伊原敏郎による写本、早稲田大学演劇博物館蔵、請求番号イ 13-65-3)所収。『歌舞伎　研究と批評』三十七(歌舞伎学会・平成十八年七月)に筆者が翻刻した。

(32) 十五日説と二十六日説があるが、『都新聞』明治二十九年五月二十八日に葬儀会葬御礼の広告があるので、二十六日が正しいと思われる。なお、喪主である万蔵の妻の名はてつ。

(33) 『歌舞伎年表』第六巻(注(3)参照)。なお『歌舞伎年表』では伊原は養母の名を「なつ」とし、『続続歌舞伎年代記　乾』(注(1)参照)も「なつ」。次節のはじめに記すが、実母の名と混同している可能性がある。決め手がなく、今回は前掲の写本に従う。

## 第二節　新富町移転までの守田座

本節では、幕末から明治五（一八七二）年、新富町へ移転するまでの十二代目守田勘弥（以下「勘弥」とする）の人となりと興行の傾向について整理したうえで、移転当時の守田座および勘弥の動向を整理し直した。この時期の守田座は、下り役者や若手の役者を多く用い、江戸の大芝居から引き続く三座のリーダーシップを取ろうとしつつ、座付茶屋との関係を整理し、金の流れを合理化しようとする姿勢を見せていた。

### はじめに　十二代目守田勘弥の履歴と人物

まず、勘弥の履歴と、一般的にどのような人物として見られていたのかを簡略に述べておきたい。勘弥の人となりについては、前節に述べた少女庵主人「守田勘弥」(1)と大槻如電『第十二世守田勘弥』(2)（以下『第十二世』とする）が詳しい。以下はこの二つをもとに、前節でも使用した資料を校合しながら記す。

勘弥は、弘化三（一八四六）年九月二十一日、猿若町二丁目に生まれた。父は中村翫左衛門、母は市村座手代尾張屋次郎兵衛の娘である。「守田勘弥」、『第十二世』は実母の名を「夏」とする。嫁入りは翫左衛門がまだイ四松と名乗っていた頃であった。実母は三人の子を残して亡くなった。次男である勘弥の本名は寿作。兄と弟がおり、兄延太郎は文久二（一八六二）年七月に早世した。弟長蔵はのちに鈴木姓を名乗り、新富座の座付茶屋相模屋の主人となった(3)。

勘弥に実際会った人が第一印象を記した文章は意外に少ない。有名な評だが、「守田勘弥」緒言(4)が度量極めて大に又極めて小なる男なり　見識極めて高く又極めて低き男なり　極めて傲慢にして又極めて謙遜なる男なり　極めて寛仁にして又極めて残忍なる男なり　或時は金銭を見る土芥の如く或時は又宝玉の如く　或時は俳優を見る子弟の如く或時は又仇敵の如し　故に一代の間に於て盛衰興亡の運に遭遇したる　彼れが如く極端なるものはあらざる可し

と記すことによって、大胆で傲慢な人物だったように想像しがちである。しかし、これもよく知られた記述であるが、岡本綺堂が『明治劇壇　ランプの下にて』(5)に記すところによれば、すくなくとも表面は子ど

【図版3】十二代目守田勘弥
（木村錦花『興行師の世界』口絵／青蛙房・昭和三十二年）

もにも腰の低い男だったようだ。綺堂は明治十一年、七歳の時に、英国大使館に勤めていた父を訪問する勘弥に会っている。

紋付きの羽織をきた立派な男が車夫に何か大きい風呂敷包みを持たせて来て、わたしたちのうちで年嵩の子にむかって、「この辺に岡本さんという家はありませんか。」と訊いたので、わたしは竹馬に乗ったままで自ら進んで出て、「あたしの家はあすこです。」と指さして教えると、その人はにっこり笑って、「ああ、そうでございますか。ありがとうございます。」と丁寧に会釈して行った。しかしその人はわたしの家の裏口の方からはいりそうに見えたので、わたしは竹馬を早めて追って行って、「あっちが門です。」と再び教えると、その人は「はあ、左様でございますか。」と更に丁寧に会釈して行き過ぎたが、やはり裏口の木戸からはいって行った。おとなしやかな人だと、わたしは子供心にも思ったが、あとで聞くと、それが守田勘弥という人であった。

あとに続く文によれば、話し声も低い人物であったそうだ。岡本家を裏口から訪問したのは芝居者としての遠慮であろうが、静かでおとなしい態度は周囲への気兼ねと同時に、勘弥が内に持っていた芝居者としての矜持の表れのようでもある。

前節に記したように、守田座の文久三年八月興行の番付に、はじめて若太夫として守田勘次郎の名が表れる。一般的には、明治五年以降、守田座が新富町へ移転する頃から勘弥の興行経営の特色が明らかになってきたと考えられるが、まずそれ以前に彼が守田座で行った仕事を見て、勘弥のもともと持っていた特徴を具体的に考えるところからはじめたい。

## 一　新富町移転以前の勘弥

『第十二世』は、十二代目相続後から劇場移転以前までの約九年間の勘弥の活動についてまったくふれていない。そこで「守田勘弥」を見てみると、大坂から何度も役者を呼んでいることを特徴として記している。『続続歌舞伎年代記　乾』[6]（以下『年代記』とする）、『歌舞伎年表』[7]第七巻と比較しながら考証すると、明治五（一八七二）年以前下ってきた主な役者は次のような人々であった。（　）内は当時の年齢である。

元治元（一八六四）年二月　中村仲太郎
慶応元（一八六五）年八月　五代目大谷友右衛門〔この時改名。のちの五代目廣次〕（三十三）
　二年二月　初代市川左團次〔前年中村座に出勤〕（二十五）
　三年四月　初代坂東鶴蔵
　　十月　澤村其答〔この時改名〕（二十五）
　四年二月　〔高砂屋〕三代目中村福助〔この時改名。のちの二代目梅玉〕（二十三）、四代目中村のしほ
明治四（一八七一）年一月　三代目中村翫雀（三十一）

なぜ勘弥がわざわざ上方から役者を呼んだのか、「守田勘弥」はその理由を記していない。だが改めて

考えてみると、安政三（一八五六）年の再興以降、守田座が三代目市蔵や六代目團蔵、三代目市川九蔵（七代目團蔵）、四代目芝翫、四代目小團次など、時期によってやや顔ぶれが違うが、しばしば上方下りの役者を何年か続けて出演させていたことと無関係ではないだろう。

そして、代数と年齢の判明する者を見ると、二十代から三十代はじめ、役者としては若手から中堅にかかろうとする年代で、しかも下りの披露とともに改名を行っている者が目につく。明治元年前後は守田座に限らず三座ともに、初代河原崎権十郎（のちの九代目市川團十郎）、五代目尾上菊五郎、二代目澤村訥升（のちの三代目助高屋高助）、三代目澤村田之助など、伸び盛りの役者に積極的に大きな役をつけて売り出していた時期でもあるが、勘弥はここにほぼ同年代の下り役者を加えて新味を出そうとしたものと考えたい。そのなかには、たとえば三代目嵐吉三郎の門人として上方から下り、慶応二年八月、守田座で改名し、勘弥に重用され、独特の個性で一種特別な位置を占めた役者として、嵐吉六（のちの坂東喜知六）を挙げることもできよう。

新富町移転後の明治六年、当時三十九歳で上方ですでに一定の評価を得ていた中村宗十郎を、市村座から改称した村山座が招聘しようとした時、勘弥は五代目彦三郎を守田座の座頭として用いながら徹底した妨害活動を行った。その顛末は「守田勘弥」、『第十二世』、『年代記』が詳しく記す。結果として、宗十郎は同年九月に村山座へ下った。

後述するが、当時の村山座は勘弥と必ずしも対抗する関係ではない。しかし、それでも宗十郎の出演を妨害したことには、下り役者を呼んできた実績についての勘弥のプライドが表れているように思われる。

新富町移転以前に勘弥が行った顕著なことがらは、ほかに二つあると筆者は考えている。第一は合同興行であり、第二は見物料と飲食物の値段見直しだ。まず、合同興行から考えてみたい。

明治元年九月、守田座は中村座との合同興行を企画した。「合同」とは具体的には資金の出資の合同で、期間を区切って交互に上演を行うものだったようである。両座は番付に添えて呉服屋の報条に擬した口上番付をそれぞれ作成している【図版**4**】。古井戸秀夫氏より、東京大学総合図書館秋葉文庫所蔵の資料をご教示いただいた。

「八月二十九日見世開」として、文言のなかで中村座のほうが「守田座と相談仕」とし、守田座が「中村座と相談仕」としたり、中村座は「大店仕入」から書きはじめ、守田座は「小店仕入」から書きはじめるほかはほぼ同文だ。部分的に抜粋して内容を検討する。

・代呂物の多少により大店小店と二軒に分け見勢開仕候　尤売出し当日より日限相定　両座の代呂物入替入御覧奉候　右日限値段之義は左に相記し申候

・分けて申上候は隣町にも同店御座候故　格別値段等も相働染立候

大店の値段は「是迄の定値段」であり、小店は「平土間御割合敷物代共御一人前銀五匁　但し弁当之外は御好み無御座候はゝ差上不申候」とする。興行の期間は、はじめの八月二十九日から九月十三日まで十四日間中村座が興行するが、あとは十日ずつ守田、中村、守田の順に興行する予定となっている。中村座については版元が「村山」とされるが、守田座のほうには版元がない。

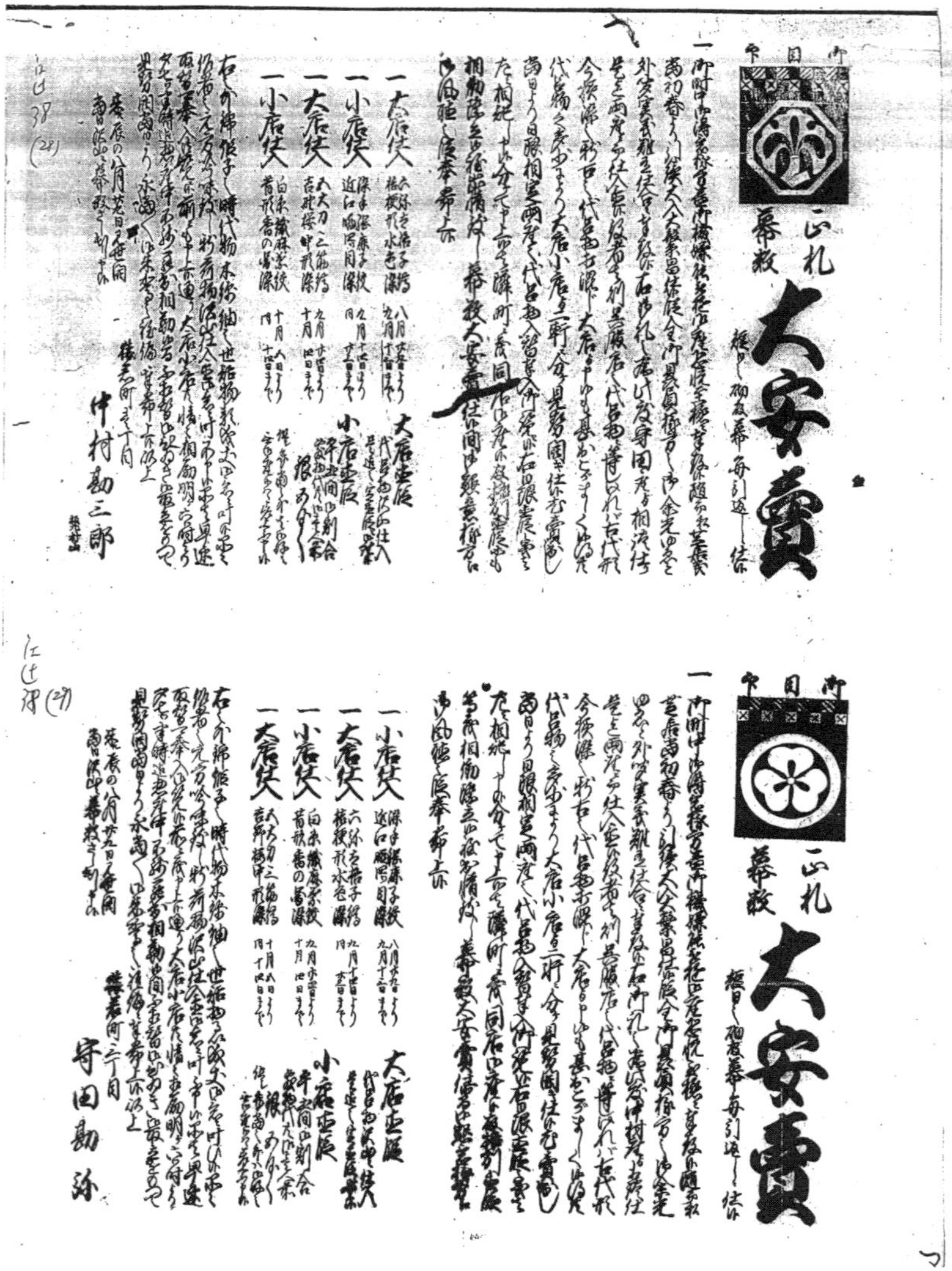


【図版 4】明治元年九月　中村座・守田座合同興行口上番付
(『雑番付（中村座）／雑番付（森田座）』〈A00: 芝 12:13〉所収。
東京大学総合図書館蔵）上が中村座、下が守田座。

この合同興行『音揃成両勘大寄《こえもそろうりょうざのおおよせ》』および『端紅葉染井鉢木《はじもみじそめいのはちのき》』の、中村座・守田座それぞれで発行したと見られる絵本番付を、東京大学国文学研究室、早稲田大学演劇博物館の公開する画像データベースで見ることができる。[8]『音揃』は両座のものを確認でき、版元が中村座は村山源兵衛、守田座は小川半助で、版は違うようだが描（書）かれている内容はまったく同じである。『端紅葉』は守田座のものしか確認ができない。『音揃』は四代目芝翫、五代目彦三郎を中心として二代目訥升、三代目田之助などの座組で、『端紅葉』は六代目團蔵、三代目九蔵、三代目仲蔵に訥升など若手を加える。若手の一部と名題下は掛持ちのようである。前者が「大店」、後者が「小店」と考える。

守田座のほうが「小店」からはじめるのは、三座のなかにあった格の問題が反映されているものと見る。「隣町にも同店」とあるのは、残った市村座を指すものであろう。値段に言及しているところから、市村座に対する対抗意識が両座にあったと思われる。ほぼ同時期の八月末に初日を開けた市村座では、八代目市村家橘が五代目菊五郎を襲名している。このこととも関連があるかもしれない。

守田座と中村座のどちらから合同を持ちかけたのか、この口上からだけではわからない。しかし、中村座が定値段で興行しようとしているのに比べて、守田座は弁当以外の飲食物を勝手に出さない代わり、升ではなく一人割にして銀五匁としていることが注目される。この値段は、同時期に三座で行われた通常の値段と比較すると相当の安値で、守田座の積極的な姿勢がうかがえる。

そしてこの時、同時に第二の問題、見物料と飲食物に関する規定も出てきている。この興行後、勘弥が再び値段などの見直しを徹底した形で行うのは明治四年五月で、「直下《ねさげ》之引札」とした口上番付[9]を別に出している。比較できる部分を抜き出す。

右丸割共御弁当菓子すし三品之外は　芝居内へさし出候儀固く御断申上候　且一番目相済二番目より御見物之御方様は　菓子すしさし上上桟鋪土間代之半直段

末桟敷・同土間は一人前金一朱、弁当を持参してほしいとした。「丸割」は、枡で仕切った土間・桟敷の客席を一区画ごと買い上げるのが「丸」、誰かがすでに入っている枡に割り込んで入るのが「割」である。[10] 伊原敏郎『明治演劇史』[11]によれば六人詰にしたのは明治六年開場の沢村座からとされるので、一枡七人詰と考えられる。

前後に市村、中村両座も見物料の値下げと飲食物をみだりに出さない旨を広告しているが、三座で相次いだ見直しの理由を『年代記』は「近年衣装道具其外の雑費嵩み　夫れが為に追々高直となりしも　右にては自然芝居不繁昌の因とも可相成に付」とする。しかし、この改革は継続しない。それは飲食物のサービスを、従来通り茶屋が行うという根本的なシステムが変化しないことによる。とはいえ、明治四年の時点で守田座がすでにかなり細かい規定を作っていたことは、その後の勘弥の活動を考えるうえで注目してよい。

上方下りの比較的若い役者を加えて新味を出そうとし、中村座と合同興行を行い、見物料と飲食物の値段を引き下げ、余分なサービスを控える方向で見直す。共通するのは、幕府から官許を受けた三座として、ほかの二座との関係を利用しながら、積極的に経営の均衡を崩していこうとする姿勢である。維新前後の政情が安定しないなか、三座は上野の戦争の最中でも興行を続けてはいるものの、しばしば中止することもあり、経営状態は不安定だった。そうしたなかで、慶応三年十二月までに、勘弥は従来の守田座の負債るだろう。

を皆済したと「守田勘弥」は記している。もし事実なら、彼の積極的な経営が成功した成果の一つといえ

十一代目勘弥の時代から大きな抵抗勢力で、河原崎座復興を申請していた六代目権之助が明治以降も健在であったなら、勘弥の活動は多分に権之助およびその養嗣子であった初代権十郎と対抗した結果、また違ったものになっていた可能性がある。しかし、明治元年九月二十三日夜、権之助は金をゆすりにきた徳川方の浪人によって自宅で斬殺される。これは勘弥と権十郎の、歌舞伎興行における明治以降の立場を決定するできごとであり、勘弥にとっては有利に働いた。

以上を踏まえると、守田座の活動がいよいよ他を引き離していくのを端的に示すのは、明治五年はじめに起きた、市村座が村山座と改称し、その座元後見が鈴木万蔵になったことである。

市村座は四年十一月、中村座と合併興行を行うのと並行して、十四代目市村羽左衛門を退身させ、十二月、親族の福地茂兵衛の子亀太郎を村山又三郎と名乗らせて櫓を譲り渡し、翌五年一月に村山座と座名を変えた。後見となったのは、守田座の帳元を勤めた家の出身で、「従前市村座え衣裳貸出し可成手広に渡世[12]」しており、この後も勘弥とともに仕事を続けていく万蔵である。座元の権利と負債をほかへ移譲することで経営困難を乗り切ることが直接的な目的だったと考えられるが、このことによって村山座は、従来やや格下であったはずの守田座の影響を受ける立場になったと思われる。その直後の二月、守田座は新富町への移転を申請、二十九日に許可された。

## 二　守田座の新富町移転

明治五（一八七二）年に行われた守田座の新富町移転について、考えなければならないことは二点ある。

・移転申請から許可に至る経緯はどのようなものであったか
・移転による効果、あるいは影響はなんだったのか

以下ではこの二点について順番に考察し、総合して守田座の新富町移転はどのような意義があるのかをまとめる。

守田座の移転について「守田勘弥」以降の伝記資料を校合しても、年の考証が明治六年とされていたのが五年に改められているぐらいで内容にほとんど違いはない。よってここでもまず「守田勘弥」によらざるを得ないが、該当する記述[13]を要約すると次のようになる。

両国の小芝居を、当局が浜町か蛎殻町に移転させようとしていた。勘弥はこの機に乗じて猿若町を去ることを決め、調査を進めた。候補地に久松町も挙がったが、当時は土地柄が淋しく断念した。勘弥は第一大区長江塚備均《ママ》、十三小区戸長岡崎豊信と交際し、岡崎の親戚で元八丁堀の手先岡崎重三郎を守田座の手代に迎えて、移転について具体的に考えた。

新富町は新島原として遊廓を設置していたが、明治三年の暴風雨で大きな被害を受け、廃れてい

た。そこで勘弥は、新富町六丁目三十六・三十七番地付近はどうかと江塚・岡崎らにはかり、地主の賛成も得たので東京府庁に出願した。この時まで中村・村山両座はこのことを知らなかった。

東京府庁は両座の連署がなければ許可できないと回答した。勘弥は中村勘三郎に対し、場末にいつまでもいては自滅するかもしれないから、ともかく自分がまず転座する、中村座も場所と機会を選んで移転すればよいと説得した。市村家橘も連署したので許可が下り、劇場にも新工夫を凝らして移転開場した。

この記述に関係する東京都公文書館所蔵の資料を見てみる。まず、『劇場遊廓諸届〈庶務課〉』[14]に、申（明治五年）四月十一日付の守田勘弥名義で出た「御届」がある。短いので全文を引用する。

当二月廿九日　私芝居新富町江転座之義被仰付　晦日普請仕候段奉申上候処　今十一日より普請仕并引続芝居家作相建申候　此段御届奉申上候　以上

明治五年二月はまだ旧暦のため三十日まであり、「晦日」は二月三十日かと思われる。しかし予定より着工がかなり遅れていることは明らかだ。

同年四月十三日、第一大区拾小区戸長岡崎伝十郎から東京府へ出た伺書を見ると、次のような部分がある。[15]

猿若町三町目狂言座守田勘弥芝居新富町江転座之儀　当二月中双方より奉願上候処　御調之上先月廿九日於第一町御会所願之通被仰付候に付　新富町之内六町目七町目類焼跡更地に付　右場所江芝居座并茶屋役者共住居等一纏めに仕度　尤建物等之都合も御座候間　別紙絵図面弐紙之通　従来之地割相直し借地仕度旨申出候間　此段奉伺候　町内江茂示談之上に付於所差障筋等無御座候　以上

「双方」とは、勘弥と移転先の戸長の岡崎と考えておきたい。この伺書で見ると「先月廿九日」は三月二十九日か。ここからは、転座は何者かの強制によるものではなく、あくまで守田座側から自発的に出された要望であったと考えることができる。二月二十九日より以前に移転の希望を出してから町会所で仰付があり、借地と建設について町内へ「示談」したということは、町の問題として町内への事前の申請と許可が必要だったのがわかる。伺書につけられた絵図面を見ると、六丁目と七丁目に地所と予定道路の幅が書き込まれている。この文書とともに綴りこまれている同月付、東京府の参事宛に常務掛・建築掛の提出した書類にも

同所之義は新堀割等に而　急遽道式御確定之手順にも執り懸候処　狂言座建築遷延いたし候而は座元を始掛り合之者多人数難渋も可致候付　左之通相達可然　奉此段相伺候也　壬申四月

とあり、東京府からの回答として末尾には

図面掛紙地割之通に而仮家作いたし不苦　尤可成丈火災之防き相成候様可致事

とある。五丁目を斜めに横切る掘割の新設などに伴う道式（「敷」とも書く）の確定を待って、建物を建てる手はずになっていることが明らかになる。

次節で述べることになるが、道式、すなわち公道と劇場敷地の確定は、明治十年から十一年に行われた新富座（守田座の後身）の再築時にも問題になり、植え込みの幅などについて何度も書類のやりとりがなされ、着工が大幅に遅れた。これらの資料を見る限り、明治五年の守田座の移転の際には、申請を出してから実際の着工までは二か月ほどであったらしい。

「守田勘弥」に言及される中村座・村山座からの同意書について、現在本文を確認することはできない。だが、近い時期の明治五年十月、教部省と東京府との間で交わされた興行に関する書類がある。[16]内容は吾妻狂言、男女子供の手踊、仕方噺など「演劇ニ似寄ノ類」に至るまで、興行をする場所、興行代表者の名前、町名を書いた願書を劇場から出させ、その都度許可を出すようにしたいという教部省の問い合わせに、東京府が同意する回答を出したものである。東京府の回答の末尾には中村・村山・守田三座の代表者名が記される。村山座の後見として、先に述べた鈴木万蔵の名が見える。これは前年十二月の座元交代以来、明治五年十月時点で公式にも万蔵が代表と認められていたことを示すもので、だからこそ守田座は、村山座にも許可を取りやすかったと考えることはできる。

倉田喜弘は、その編著『日本近代思想大系　十八　芸能』[17]解説で、興行税の課税開始に端を発し、明治五年九月以降移転・新設を希望する劇場が急増したと述べている。この動きが、翌六年早々の劇場十座の開設許可へとつながっていくのであるが、さきがけとなった守田座の移転は、改めて検討しても手際良く進んだといえそうである。

明治五年十月の新富町移転開場時の口上番付[18]には、次のような文が見受けられる。

是迄仕来り候旧例一洗仕　芝居建方は不及申　桟鋪土間等茂遠近随ひ直段相改め左に記し奉入御覧に候　猶三十年来に而旧地近辺江立帰候間　一段御贔屓御取立を以　新芝居初日より賑〳〵鋪御見物に御来駕之程偏に奉希上候

「三十年来に而旧地近辺江立帰候」に率直な安堵感が現れているように思う。値段は、上中下三等の桟敷（百八十匁・百五十匁・百五匁）、向桟敷（百五十匁）、上中下の高土間（百六十匁・百三十匁・九十匁）、上中下の平土間（百五十匁・百五匁・四十五匁）、向桟敷椅子席（一人分二十二匁五分）、上中の椅子席（一人分十五匁・同三匁七分五厘）、末土間（一人分三匁七分五厘）とかなり細かく等級ごとの値段を記しているものが注目される。江戸時代からあった、実際の席の細かな値段の違いをそのまま明らかにするもので、ここでも「鋪物代亦は茶代増銭等一切不申請候」と言いきっている。前節で見た通り、敷物代、増銭などは興行の資金繰りに欠かせない収入であった。それを切り捨てると宣言し、

召上り物之儀は茶屋一同申合是迄より引下け候　値段書家毎に張出し置　御好み無之品は一切差出し不申候　御弁当御持参に而茂宜鋪　成丈け御手軽に御見物被遊候様仕候

と続ける。この後には定型の結びがあるが、署名は「戯場座主　守田座」で、この署名も例がないものである。

一貫して見受けられるのは、茶屋にとって利益となるが観客にとっては不合理な出費をなくし、金銭の流通を明朗かつ合理的にしようとする態度だ。勘弥は「座主」として、茶屋へ依存しない興行を目指すことをこの口上で宣言した。ここからは、古くからの援助とそれに伴うしがらみをふりほどいて、実際の興行の権利を握ったことをアピールする勘弥の姿が見えてくる。

しかし、このように宣言することは、自立して経営を行えるだけの資金源がなければ本来は無理なはずである。実際にはこの後も茶屋は存続し続ける。そもそも勘弥の実弟は茶屋経営者でもあった。また劇場外部の債権者もおり、実際の興行の資金繰りはうまくいかず、勘弥は明治八年には借金の返済を主目的とした株式組織を設立する。その後に焼失した劇場建物の再建は、資金調達ができず非常に困難なものであった。

また、この移転では後援者である魚河岸との関係の変化も問題となった。前節三で述べたように、魚河岸の後援は、手を引かれそうになれば侠客に仲介を頼み、詫証文を書いてもつないでおきたいものであった。しかし、勘弥はこの関係を、新富町への移転を直前まで秘密にすることで断ち切った。

『第十二世』によれば魚河岸の「尾寅鷲弥」[19]が猿若町に出向き、転座を取りやめるよう勧告したが、その時勘弥は態度を明らかにしなかった。移転後、魚河岸は激怒して開場式に幕も贈らず総見もせず、さらに、魚河岸とは先祖以来の関係がある七代目権之助の出勤を差し止める。勘弥は代わりに、五代目彦三郎、五代目菊五郎、四代目芝翫、二代目澤村訥升らを重用し経営を続け、明治九年九月、座元となった河原崎座の経営困難などにより困窮する権之助――九代目團十郎になっているが――を改めて迎え直す。

移転後の守田座では留場が廃止されたと『第十二世』にはある。「留場の若い衆」がどういうものかは現在、黙阿弥の作に三代目河竹新七が増補した『極付幡随長兵衛《きわめつきばんずいちょうべえ》』の序幕で見ることができる。場内で観客のなかでなんらかのもめごとがあった場合、場内整理・警備をする人々で、関根只誠によれば、[20] 元は魚河岸や鳶の者のなかに無銭見物する者があったのを、小田原町、新場、神田から同業者に来てもらって彼らを留めたのが起こりである。

つまり留場は、存在そのものが魚河岸との相互依存的な関係を象徴的に示す場所であった。『年代記』に引用された三世新七の手記によれば、移転後の守田座にも「留場口」はあったようなので不審が残るが、移転後廃止されたのであれば、そのことにこそ勘弥の、後援者との依存関係を切って次へ行こうとする姿勢が具体的に現れているのではないだろうか。

## 注

（1）『万朝報』明治三十二年十月二日から三十三年二月十三日掲載、緒言を含めて全九十五回。
（2）守田寿作、好作（私家版）・明治三十九年。
（3）田村成義『芸界通信　無線電話』「高島屋お琴」（青蛙房・昭和五十年）。
（4）『万朝報』明治三十二年十月二日。
（5）二二頁（岩波文庫・平成五年）。
（6）田村成義編（市村座・大正十一年）。
（7）伊原敏郎（岩波書店・昭和四十八年第二刷）。

（8）『声揃』は、東大国文学研究室であれば中村座の分は請求番号TJ22.7-01-128、守田座の分はTJ22.7-03-034。早稲田大学演劇博物館は多数。『端紅葉』は、守田座の分のみしか確認できないが、演博ロ23-2-583など。
（9）演博ロ18-60-7。
（10）小池章太郎『増補新訂　考証江戸歌舞伎』「十一、客席（2）」（三樹書房・平成九年）。
（11）早稲田大学出版部・昭和八年。
（12）関根只誠纂録・関根正直校訂『東都劇場沿革誌料』下「市村座の部　十四代目以後」六二七頁（国立劇場・昭和五十九年）。鈴木万蔵の家である甲子屋が衣裳方と関係が深く、その父藤七あるいは母てるが守田（森田）座の蔵衣裳の権利を持っていたことは、鈴木陽子が「座元九代目森田勘弥と帳元甲子屋藤七」（『聖心女子大学大学院論集』第十九集別冊、聖心女子大学・平成九年九月）で述べている。鈴木氏も言及するように、舞台の上演に不可欠な衣裳貸し出しを行う者が、守田座以外の劇場とも興行経営で関わりを持つことは興味深いが、現在これ以上に追究できる資料を見ていない。
（13）第十四回、『万朝報』明治三十二年十月二十二日。伊原敏郎『明治演劇史』に「小林蜃気楼の『守田勘弥』としてほぼ原文のまま抜粋される。
（14）請求番号605.D7.11所収。現在同館所蔵の公文書は人名・固有名詞でも引けるデータベースがインターネット公開されており、館外からは文書の有無の検索が可能である。
（15）『区戸長伺・全』（605.D2.08）所収。岡崎豊信の名は、第一章第三節で資料として用いている早稲田大学演劇博物館蔵『新富座新築届書写』にもしばしば見られる。岡崎伝十郎と豊信、重三郎との関係は現在不明。
（16）『官省進達往復留〈常務課〉』（605.D4.06）所収。
（17）岩波書店・昭和六十三年。

（18）演博ロ 18-60-9。

（19）「鶯弥」は「守田勘弥」第十五回（『万朝報』明治三十二年十月二十三日）に「鶯屋と云へる問屋の主人」とするのと同一人か。『第十二世』は「二人こつちから猿若町に出向き」と記述しているので、主だった問屋の主人である「尾寅」と「鶯屋」と考えてよいと思われる。

（20）「東都歌舞伎故実」（『東都劇場沿革資料』下〈注（12）参照〉所収）。

## 第三節　明治十年前後の新富座

本節では、明治時代の東京の劇場、宝樹座と新富座（守田座から明治八年一月改称）との関わりについて考察する。明治九（一八七六）年十一月類焼後、十一年六月新富座を新築再開場させるまでの間に、勘弥と新富座の関係者たちは、宝樹座とその座元宝樹又兵衛に接近した。なかなか劇場の本建築が進まないまま、仮の劇場での興行許可を切れ切れに取って続けていた新富座は、勘弥の親族を名義上の座元として宝樹座の持っていた鑑札を得、新たに東座と仮称する劇場の建設と興行を行おうとしたのである。

### はじめに　宝樹座の沿革

明治時代の東京に宝樹座という劇場があった。「宝樹」の正確な読みは確定していないが、明治十九年初頭の『歌舞伎新報』に見える「宝木座」、二十二年初頭の『都新聞』や二十三年度『警視庁事務年表』などに見える「宝輝座」が後続する劇場の名称だと考えるなら、「たからき」もしくは「ほうき」と読むと推定される。(1)

この劇場についてふれた資料と先行研究には、管見に入った範囲では『東京市史稿　市街篇　六十　帝都（十二）明治十年』(2)、伊原敏郎『歌舞伎年表』第七巻(3)、同『明治演劇史』(4)、阿部優蔵『東京の小芝居』「沢村座」「深川座」の項(5)、木村錦花『守田勘弥』(6)、木村による『演劇百科大事典』第五巻「深川座」の項(7)、大日方純夫「芸能と権力」(8)、倉田喜弘編『日本近代思想大系　十八　芸能』(9)『芸能の文明開化――明治国家と芸能近代化』[10]がある。これらにより沿革をまとめると次のようになる。

宝樹座の前身は、明治三年、神田御成道に人形興行で出願・開業した大薩摩座である。その後、歌舞伎興行に切り替えるが五年に焼失、六年六月南鞘町（現在の中央区京橋二丁目付近）に移転した。同年八月沢村座として開場。八年五月中橋座と改称。[11]さらに九年二月宝樹座と改称したが、同年十一月二十九日、銀座・京橋・新富町一帯を焼いた火事で焼失した。ちなみに、明治八年以降一時期現れる大薩摩座は、市村座の名義が大薩摩吉右衛門に移ったもので、組織としてはまったく別である。

また、明治十年代から二十五年頃まで、深川門前仲町に「宝輝座」という劇場があった。はじめは宝樹、もしくは宝木座であったものが改称したのか、あるいは最初からこの名称であったのか明らかにできていない。そのため宝樹座とは直接関係ない可能性もあるが、ともかく、この宝輝座は二十六年一月、新盛座として新開場したのち、深川座、辰巳劇場と名称を変更し、大正期まで興行を続けた。

ところで、勘弥が座元として経営する新富座も明治九年十一月二十九日の火事で焼失し、十年から十一年五月まで仮の劇場（以下「仮家作」とする）を建て、興行を続けていた。『明治演劇史』二二五頁には次のようにある。

〔宝樹座は〕十一年に、守田勘弥が自分の弟鈴木長次郎を座元として、新富町二丁目へ移転の許可を受け、座名を東座と改めたが、実現しないで其のまゝになつた。

同書四二三頁には次のようにある（傍線は筆者による）。

〔明治十四年の新富町演劇会社の解散時〕新富座を興行する事はむづかしくなつたので、勘弥は新富座を捨てゝ、他の劇場で興行しようと企てた。この筆法は新富座が会社組織となる前にも考へて居た事で、当時、中橋の宝樹座が休んで居るのを引受けて、建築の場所を新富町の中通りに選み、東座といふ座名で外囲ひだけはしたが、そのうち新富座の株式会社が成立つたので、東座の方は三年間地代を払つたまゝ立消になつた。

以上は、新富座が宝樹座と経営上関わりを持ったことを示唆する記述である。先に挙げた資料・先行研究にもこの関わりを指摘するものがあるが、比較すると記述の内容にはやや違いがある。

だが、いくつかの新聞記事、『東京市史稿　市街篇五十九　帝都（十一）明治十年』[12]（以下『市史稿五十九』と略）、『東京市史稿　市街篇六十　帝都（十二）明治十年』[13]（以下『市史稿　六十』と略）、その基となる東京都公文書館所蔵の諸文書、さらに新たな劇場（以下「本家作」とする）を建設するまでに東京府・警視庁（明治十年一月より事務は内務省管轄、同二十七日東京警視本署と改称）・区務所に提出した文書を新富座内で手控えたものと推定される、早稲田大学演劇博物館の所蔵する二冊の写本『新富座新築届書写』一号・二号（以下『新築届』一号・二号と略）などを合わせていくと、伊原の記述はかなり信憑性のあるものと考えることができ、さらに新富座と宝樹座の具体的な関わりは、明治十年三月にはほぼはじまっていたとも推定される。

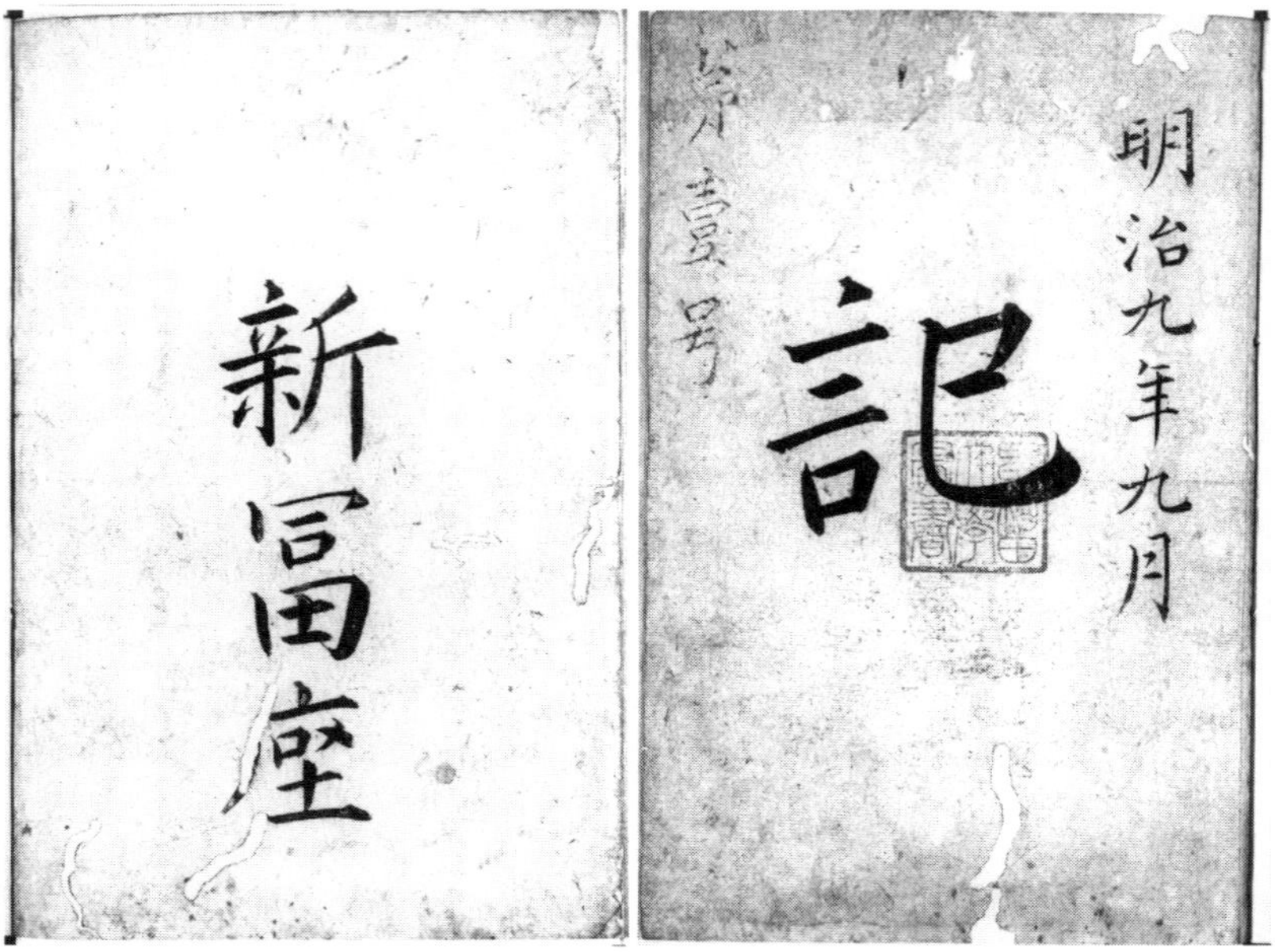


【図版5】『新築届』一号　初丁表（右）・最終丁（左）

本節は、宝樹座についての先行研究とはやや角度を変えて、主に新富座の側から見た宝樹座との関係を、なるべく具体的に明らかにすることを第一の目的とする。また結果を踏まえ、新富座から見てこの関わりにはどのような利点があったのか若干の考察を加える。

## 一　『新築届』一号・二号

まず、本節の軸となる資料として使用する『新築届』一号・二号の書誌を記す。

所　蔵　早稲田大学演劇博物館蔵。貴重書特別本。

請求番号　『一号』ロ10-162、『二号』ロ10-163。

寸　法　『一号』二三・八×一六・四センチ。

体　　裁　『二号』二四・〇×一六・二センチ。
『一号』は四つ目綴じ。『二号』はくるみ表紙、二か所糸綴じ。
『新築届』一号　写本。
表紙　題箋「新富座新築届書写　一号」。
初丁表「明治九年九月　記」、朱書で「第壱号」、「早稲田大学図書」印【図版5右】。
初丁裏　番号印、「演劇博物館図書」印、旧番号5797、
「昭和七年一月十八日　笹川種郎氏寄贈」印。
二丁表「演劇博物館図書」印、「臨風文庫」印。
最終丁　中央に「新富座」【図版5左】。
『新築届』二号　写本。
表紙　題箋「新富座新築届書写　二号」。
初丁表「明治十歳二月　記」、朱書で「第二号」、「早稲田大学図書」印。
初丁裏　番号印、「演劇博物館図書」印、旧番号26967。
二丁表「演劇博物館図書」印、「守田」印。
巻末　遊紙二丁、二丁目裏に「守田」印。
最終丁　中央に「新富座」。

二冊を通じて、ところどころに朱による注記・〇印が付される。付けた人物は特定できない。元表紙と

推定される各冊初丁・最終丁から、新富座の内部資料であったものと考えられ、笹川種郎（臨風）旧蔵書である。『明治文学全集』第四十一巻所載の年譜によれば、笹川は通俗歴史書の執筆や『史料大成』編者として知られた歴史家で、『江戸と上方』『江戸情調』『芸術美談』など、芸術関係にも多くの著書を残している。[14]

新富座が本格的に衰退するのは明治二十年代後半以降で、本資料はその後笹川が入手したと推定する。新富座の内部資料であることを推定させる元表紙が残っていること、『市史稿』やその元となった東京都公文書館所蔵資料と字の異同を除いて文面がほぼ一致する文書が複数含まれていること、それらと比較して整合する記述が見られることから、信頼のおける資料と筆者は考えている。

次に、掲載文書の細目を一覧にして紹介すると次頁以下の表のようになる。項目のうち「内容」は、文書の題が多く「以書付奉願上候」などであるため、原題のままではなく恣意的に内容を要約している。「関連」の「道」は官道振替、「本」は劇場の本家作、「仮」は同じく仮家作、「宝」は宝樹座について、それぞれ関係する内容が含まれていることを示す。「市」の欄の「〇」は、『市史稿』引用の文書と内容が一致したものに付した。人名の表記は、見やすくするために一度出たものは適宜略したが、同姓の者はその限りでない。各文書には仮に通し番号を付し、以下の文中で内容に詳しくふれる必要のある場合、たとえば「一号―一」のように記述する。

| 文書番号 | 年月日 | 差出人 | 宛先 | 内容 | 関連 | 市 | 注 |
|---|---|---|---|---|---|---|---|
| 一号—一 | 明治九・一 | 守田勘弥・戸長 | 東京府知事大久保一翁 | 焼失前の桟敷・土間の間数と値段一覧 | | | |
| 一号—二 | 明治九・九 | 中村荒次郎・田中五郎兵衛 | 勘弥 | 給金前借証 | | | |
| 一号—三 | 明治九・九 | 大谷門兵衛・田中 | 勘弥 | 給金前借証 | | | |
| 一号—四 | 明治九・十二・二十二 | 勘弥・戸長岡崎豊信 | 東京府権知事楠本正隆 | 本家作の建築願 | 道・本 | | 図・但書あり |
| 一号—五 | 明治九・十二・二十三 | 勘弥・二瓶亀右衛門・伊藤寅蔵・岡崎 | 大警視川路利良 | 仮家作の建築願 | 仮 | ○ | 図・但書あり |
| 一号—六 | 明治九・十二・二十六 | 勘弥・岡崎 | （大警視？） | 本家作の建築願 | 本 | | 図あり |
| 一号—七 | 明治九・十二・二十六 | 吉江幸七・中村卯右衛門・清水勝蔵・岡崎 | 権知事 | 茶屋による本家作の建築願 | 本 | | 六とほぼ同文、図あり |
| 一号—八 | 明治九・十二 | 勘弥 | 大警視 | 十年一月から十月までの仮家作での興行願 | 本・仮 | ○ | 市史稿は二十八日付 |

| | | | | | | | |
|---|---|---|---|---|---|---|---|
| 一号―九 | 明治九・十二 | 勘弥 | 権知事 | 塗家造建設・本道の拝借願 | 道・本 | | 図あり |
| 一号―十 | 明治十・一・六 | 勘弥・岡崎 | 権知事 | 官道拝借の指令願 | 道・本 | | |
| 一号―十一 | 明治十・一・六 | 勘弥・岡崎 | 大警視 | 仮家作申請取下願 | 仮 | ○ | 但書あり |
| 一号―十二 | 明治九・十二 | 勘弥・長谷川福十郎 | 荒井善司 | 私道のための借地証 | 道・本 | | 図・但書あり |
| 一号―十三 | 明治十・一・十一 | 勘弥・二瓶・岡崎 | 大警視 | 一月から五月三十一日までの仮家作興行願 | 仮 | ○ | 図あり |
| 一号―十四 | 明治十・一・十一 | 勘弥 | 大警視 | 一月から五月に仮家作での興行を願う理由書 | 仮 | ○ | |
| 一号―十五 | 明治十・一・十二 | | 東京府 | 本家作・官道振替の図面四枚（再提出） | 道・本 | | 但書あり |
| 一号―十六 | 明治十・一・□ | 小笠原新兵衛・星野新七・大角善兵衛・勘弥 | （東京府・警視庁） | 本家作・官道振替地所有者変更の届 | 道・本 | | 十八日東京府より差し戻し二十三日再提出の但書あり |
| 一号―十七 | 明治十・一・二十三 | 勘弥・大角・岡崎 | 権知事 | 新富町四丁目三番地所有地への官道振替願 | 道・本 | | 図あり |
| 一号―十八 | 明治十・一・二十六 | 勘弥 | 権知事 | 仮家作申請が二十六日、警視局で御聞済になった届 | 仮 | ○ | |

| | | | | | | | |
|---|---|---|---|---|---|---|---|
| 一号—十九 | 明治十・一・二十八 | 勘弥・岡崎 | 大警視 | 本家作の仕様についての届 | 本 | | |
| 一号—二十 | 明治十・一・二十八 | 勘弥・岡崎 | 東京府知事楠本正隆 | 官道の地所振替について御指令を求める願 | 道・本 | | 都公文書館に同文の文書あり |
| 一号—二十一 | 明治十・一・二十八 | 勘弥 | 大警視 | 五月三十一日まで興行する仮家作の普請に、二月三日から取掛るとの届 | 仮 | | 但書あり |
| 二号—一 | 明治十・二・八 | 大茶屋十四名 | 勘弥 | 営業を継続する者は十二日までに身元金を二百円ずつ渡す約定書 | | | |
| 二号—二 | 明治十・二・八 | 中茶屋十二名 | 勘弥 | 同様の約定書 | | | |
| 二号—三 | 明治十・二・八 | 前茶屋十四名 | 勘弥 | 同様の約定書、身元金五十円 | | | |
| 二号—四 | 明治十・二・十三 | 大茶屋十一名・中茶屋十五名 | 勘弥 | 茶屋の営業に関する約定書 | | | |
| 二号—五 | 明治十・二・十二 | 勘弥 | 大茶屋 | 茶屋株証拠金四百円受取の仮証 | | | 但書あり |
| 二号—六 | 明治十・二・十七 | 勘弥・岡崎 | 府知事 | 官道問題について御聞済を求める願 | 道・本 | | 但書あり |

| | | | | | | | |
|---|---|---|---|---|---|---|---|
| 二号—七 | 明治十・二・二十三 | 勘弥・勘弥代理青木長右衛門・岡崎 | 府知事 | 名古屋への旅行届 | | | |
| 二号—八 | 明治十・三・一 | 青木・岡崎 | 府知事 | 官道振替の御指令を求める願 | 道・本 | | |
| 二号—九 | 明治十・三・三 | 青木 | 大警視 | 府知事名で官道について御聞済となったので、官道振替につき御指令の願 | 道・本 | | 府知事の許可の写しを含む |
| 二号—十 | 明治十・三・六 | 青木・岡崎 | 警視第一方面第四分署 | 劇場建設百日間の板囲許可願・許可の写し | 道・本 | | 図あり |
| 二号—十一 | 明治十・三・六 | 青木・岡崎 | 府知事 | 本家作地所検査願 | 本 | | |
| 二号—十二 | 明治十・三・十四 | 勘弥 | 大警視代理中警視安藤則命 | 仮家作検査願 | 仮 | | |
| 二号—十三 | 明治十・三・十四 | 勘弥 | (東京府・警視庁) | 旅行から十三日帰ったとの届 | | | |
| 二号—十四 | 明治十・四・十 | 勘弥 | 府知事・大警視代理・区務所 | 仮家作の桟敷・土間売値段の届 | 仮 | | |

| | | | | | | | |
|---|---|---|---|---|---|---|---|
| 二号―十五 | 明治十・五・十四 | 勘弥 | 府知事・大警視代理・区務所 | 十三日から本家作普請に取掛ったとの届 | 本 | | |
| 二号―十六 | 明治十・五・三 | 勘弥・岡崎 | 大警視代理・府知事 | 仮家作の興行日延願 | 本・仮 | | |
| 二号―十七 | 明治十・五・二十一 | 勘弥・岡崎 | 大警視代理 | 仮家作の興行日延願 | 仮 | | 実際は提出せず、但書あり |
| 二号―十八 | | | | 興行日延願について、東京府から地主一同協議せよとの申渡、協議して二十八日申し出た旨の但書 | 仮 | | 願書の本文は二号―十九 |
| 二号―十九 | 明治十・五・二十八 | 新富町地主七名 | 府知事 | 一般家屋の建設も延引しているとして、十月までの興行日延願 | 仮 | | |
| 二号―二十 | 明治十・五・二十八 | 勘弥・岡崎 | 大警視代理 | 仮家作の興行延長願 | 仮 | ○ | 六月八日許可の但書あり |
| 二号―二十一 | 明治十・六 | 宝樹又兵衛・市川尚裕 | 大警視代理 | 宝樹座廃業願 | 宝 | | |
| 二号―二十二 | 明治十・六 | 鈴木吉太郎・天野駒吉・市川 | 大警視代理 | 劇場鑑札願 | 宝 | | 但書あり |

| | | | | | | | |
|---|---|---|---|---|---|---|---|
| 二号―二十三 | 明治十・六・十五 | 鈴木吉太郎・天野 | 大警視代理 | 鑑札願についての伺 | 宝 | | |
| 二号―二十四 | 明治十・七・三 | 勘弥 | 区務所 | 六月十一日から三十日の上り高 | 仮 | | 五千四百三十円八十一銭 |
| 二号―二十五 | 明治十・八 | 勘弥 | 府知事・大警視代理・区務所 | 仮家作の桟敷・土間売値段の届 | 仮 | | |
| 二号―二十六 | 明治十・九・十 | | | 大警視より宝樹座の興行は南鞘町以外で出願せよとの指令、鈴木茂吉と示談のうえ出願との但書 | 宝 | | 願書の本文は二号―二十七 |
| 二号―二十七 | 明治十・九・十一 | 鈴木吉太郎・天野・区長江塚庸謹 | 大警視 | 新富町二丁目地主鈴木茂吉と示談、宝樹座の新富町での営業願 | 宝 | ○ | 図あり |
| 二号―二十八 | 明治十・九・十一 | 鈴木茂吉 | 大警視 | 土地貸渡願 | 宝 | ○ | |
| 二号―二十九 | 明治十・九・十五 | 小笠原・鈴木茂吉 | 府知事・区務所 | 新富町三丁目三・四番地の官道振替についての願 | 道・本 | | |
| 二号―三十 | 明治十・九・二十九 | 勘弥など四名 | 一本文蔵 | 借用金返済についての証 | | | |
| 二号―三十一 | 明治十・九・三十 | 勘弥など五名 | 原田慶助 | 借用金返済についての証 | | | 本文は略 |

| | | | | | | | |
|---|---|---|---|---|---|---|---|
| 二号―三十二 | 明治十・九・三十 | 勘弥・中村卯右衛門 | 根本辰五郎 | 借金の返済方法についての約定証 | | | |
| 二号―三十三 | 明治十・十・五 | 小笠原・勘弥など十三人、江塚代理芹沢信貴 | 大警視 | 二丁目に建設予定の鈴木吉太郎の劇場を三丁目に変更したいとの願 | 宝 | | |
| 二号―三十四 | 明治十・十・二十五 | 勘弥・中村 | 増嶋久兵衛 | 二百円の借用証 | | | |
| 二号―三十五 | 明治九・五 | 勘弥・中村 | 増嶋 | 百五十円の借用証 | | | |
| 二号―三十六 | 明治十・十・五 | 増嶋代理中西喜兵衛 | 勘弥・中村 | 借金返済に関する返り一札 | | | |
| 二号―三十七 | 明治十・十・二十九 | 小笠原・鈴木吉太郎・天野・勘弥・勝川市三郎・鈴木万蔵・中村 | 鈴木作三郎後見　鈴木茂吉 | 千五百円の借財返済は小笠原所有の土地を抵当とし、不可能な場合競売するという証 | 宝 | | |
| 二号―三十八 | 明治十・十・二十九 | 小笠原・鈴木吉太郎・天野・勘弥・勝川市三郎・鈴木万蔵・中村 | 鈴木作三郎後見　鈴木茂吉 | 借財返済方法の約定証 | 宝 | | 記載年月日・人物は二号―三十七と同一 |

| | | | | | | | |
|---|---|---|---|---|---|---|---|
| 二号―三十九 | 明治十・十一・六 | 勘弥 | | 大警視代理権中警視石井邦猷 | 同日劇場建設の木材を引き入れたとの届 | 本 | |

つまりこの二冊に収録された文書は、新富座が類焼後、本家作の建築願を提出しながら、並行して仮家作での許可を得つつ興行を継続した経過を具体的に示すものである。

「官道振替」とは、劇場建設に伴って公共の道路に変更を加えることだ。明治十（一八七七）年一月から三月にかけて、地所の問題でその解決が延びている。その後五月から本家作の建設に取りかかるが、仮家作での興行延長願も並行して出しており、本家作を建設するべき地所に実際に木材を搬入することができたのは十一月である。このことから、新富座の本家作の建築は当初予測していたであろう以上に工期が延びていることと、そのために仮家作の興行延長許可を求めていることも判明する。

しかし、その一連の経緯を示す資料の、具体的には二号―二十一、二十二、二十三、二十六、二十七、二十八、三十三、三十七、三十八に、宝樹座に関連する資料が含まれている。このことはいったい何を意味するのだろうか。

## 二　宝樹座の改称と宝樹又兵衛

新富座と宝樹座との関わりを考える前段階として、従来資料によってまちまちな、宝樹座が中橋座から改称した時期を確認する。明治十年代の東京の劇界の消息を多く伝える『郵便報知新聞』明治九（一八七六）

年二月六日にこのような記事がある。

〔前略、村山座から改名した宮本座が大薩摩座となる記事があり〕又中橋座は兎角坐《ママ》元が合併で気の揃はぬゆへ　去る三日願済になりて坐を譲りました　此度ハ蛎殻町一丁目の宝木又右衛門といふ者が坐元で内々は或華族さんと田舎の大尽が金主だといふ咄があり升

これだけではやや曖昧だが、同紙同月九日に

中橋座は今度金主が替つて宝樹座と改まりました

という一行だけの記事があり、さらに二十三日、「中橋の学校芝居」を行っている「櫓主宝樹伝七」が都座の再興をもくろんでいるとの記事がある。

それぞれ座元の名が違ったり、実際に関与した形跡が考証できない都座の再興について報じられるなどの問題がある。しかし以上から、宝樹座の改称時期を九年二月初旬頃と確定することが可能であろう。

この後、四月十一日に大薩摩座との合併が報じられるが実現しない。そして、同年十一月二十九日、宝樹座は焼失した。現在、この劇場の番付そのほか興行に関する一次資料を見ていないが、たとえば、改称から一年以上過ぎた『読売新聞』明治十年三月十二日に、

中橋座の座元宝樹又兵衛は　中橋座の株を新富座の守田勘弥に譲り宝樹座と改め　一昨日新富町三丁目へ引き移りましたと

とあることから見て、改称は一般にそれほど周知されなかったようである。この記事は不正確だが多くの示唆を含んでおり、それはのちのち明らかになる。

焼失から約半年後の明治十年六月、宝樹座座元宝樹又兵衛は「劇場廃業願」を東京警視本署へ提出した。『新築届』二号―二十一に見ることができる、その全文を掲げる。

第一大区七小区　南鞘町廿七番地　宝樹座劇場　座元

第六大区二小区　深川亀住町六番地　宝樹又兵衛

右又兵衛奉申上候　私儀先般得御許可劇場営業罷在候処　今般業体都合義御座候に付廃業仕　頂戴之御鑑札上納仕候間　此段御聞済之程偏に奉願上候　以上

明治十年六月

右　宝樹又兵衛　印

前書之通奉出願候間押印仕候也

第一大区七小区　戸長　市川尚裕　印

大警視川路利良殿代理　中警視安藤則命殿

文面を見るだけでは、廃業に新富座の関係者が関与した形跡は見受けられない。では、なぜこの文書が新富座再建に関する文書をまとめた本に含まれているのかを考えなければならない。そのためには、まず宝樹又兵衛の履歴について調査し、新富座との接点が見出せるかを確かめなければならないだろう。

明治時代の興行師の履歴を調査するための基本資料である、木村錦花『興行師の世界』[15]や演劇事典類に、宝樹の履歴についての記事はない。試みに、明治二十三年までの全国の裁判所で行われた民事訴訟の判決文・判決文案を画像で読むことができる、国際日本文化研究センター管理の「民事判決原本データベース」[16]で人名「宝樹又兵衛」を検索すると、現在十四件の文書を閲覧することができる。そこで関係文書の年月日順の一覧表を作成した。

| 文書番号 | 記載年月日 | 原番号・原簿冊記載の題 | 宝樹又兵衛の立場・住所と肩書 |
|---|---|---|---|
| 一 | 明治十年九月二十六日 | 執行言渡書　東京地方裁判所民第千五百五十一号金催促之訴訟　身代限 | 被告　第六大区二小区深川亀住町六番地平民 |
| 二 | 明治十三年四月三十日 | 裁判言渡書　東京地方裁判所民第九百三十一号貸金催促ノ訴訟 | 被告　深川区万年町一丁目七番地平民宝樹諦次郎後見人　同人実父 |
| 三 | 明治十三年六月三十日 | 裁判言渡書　東京地方裁判所民第千七百三十三号預金取戻詞訟 | 被告　深川区万年町壱丁目七番地平民宝樹諦次郎方同居　平民 |
| 四 | 明治十三年六月三十日 | 裁判言渡書　東京地方裁判所民第千七百三十四号貸金催促之詞訟 | 被告　深川区万年町壱町目七番地平民宝樹諦次郎方同居　平民 |

| | | | |
|---|---|---|---|
| 五 | 明治十三年十一月十一日 | 裁判言渡書　東京地方裁判所民第二千七百十一号<br>約定金催促之訴訟 | 被告　深川区万年町壱丁目七番地宝樹諦<br>次郎方同居　平民 |
| 六 | 明治十四年三月 | 裁判言渡書按　東京高等裁判所十三年第二千百九<br>号　対談違約ノ件　控訴 | 原告　浅草区馬道町弐丁目拾弐番地平民<br>秋山金太郎方同居平民　宝樹諦次郎<br>後見人 |
| 七 | 明治十四年三月 | 裁判言渡書案　東京高等裁判所十三年第<br>二千二百三十四号　家屋土蔵公売執行ノ件　控 | 原告　浅草区馬道町弐丁目拾弐番地平民<br>秋山金太郎方同居平民　宝樹諦次郎<br>後見人 |
| 八 | 明治十四年三月二十一日 | 裁判言渡書　東京地方裁判所十三年第二千百九号<br>対談違約ノ件　控訴 | 原告　浅草区馬道町弐丁目拾弐番地平民<br>秋山金太郎方同居平民　宝樹諦次郎<br>後見人 |
| 九 | 明治十四年四月十一日 | 裁判言渡書案　東京高等裁判所第三百三十一号<br>預リ品取戻ノ件　控訴 | 原告　浅草区馬道町二丁目十二番地秋山<br>金太郎方止宿 |
| 十 | 明治十四年九月三十日 | 裁判言渡書　東京地方裁判所民第千二百九十号<br>預リ品蔵敷代金損害償求ノ詞訟 | 原告（鍋島由兵衛財産管理人）浅草区馬<br>道町二丁目十二番地大貫ミキ方止宿<br>平民 |
| 十一 | 明治十五年三月十五日 | 解訟願　東京高等裁判所十四年第二千七百八十一<br>号　和解シタノデ解訟シタイ | 原告　深川区深川清住（？）町十二番地<br>鍋島由兵衛財産管理人 |
| 十二 | 明治十六年二月 | 裁判言渡書　東京地方裁判所民第六十六号　貸金<br>催促ノ訴訟 | 原告大矢弥市代人浅草区阿部川丁<br>三十三番地　平民 |

| | | | |
|---|---|---|---|
| 十三 | 明治二十一年十一月三十日 | 裁判言渡書　東京地方裁判所第八百二十号　立替金請求ノ詞訟 | 被告宮島嘉之助代人 浅草区浅草光月町壱番地平民　旧劇場座主 |
| 十四 | 明治二十二年三月二十二日 | 裁判言渡書　東京高等裁判所二十一年第千百二十三号　家屋所有名義引直請求ノ訴訟控訴　裁判言渡書 | 控訴人 浅草区光月町一番地平民　宝樹諦次郎後見人　実父平民雑業 |

この表に示した文書一、二で宝樹の代人となっている皆川鼓兵衛は、一に「弟」と記されている。また、複数の文書に記されるように諦次郎という子があった。明治十年九月には、同年六月宝樹座廃業願に記したのと同じ深川亀住町に住んでいたようだが、その後十三年に深川区万年町、十四年以降は浅草、深川を転々としている。

文書九、十に、財産管理人という立場で砂糖を「明治三年九月以来」預かったと記される。文書三からは明治七年八月、芦田弥三郎という人物の代人として家作代金を受領したことがわかる。文書十二、十三も原告・被告の代人として名がある。宝樹は代言人免許を取得していない[17]ので、どのように職業的であったかわからない。だが、複数の人物の代わりに現金や物品の流通に関わる仕事をしていたと考えることはできるのではないだろうか。

一方、『東京の小芝居』六四頁、『演劇百科大事典』「深川座」の項、『歌舞伎新報』六百十六号の記述を検討すると、十年六月に廃業願が出されたあと、宝樹本人あるいは近い関係にある者が深川門前仲町で宝樹座を再興し、明治二十一年頃までには宝輝座と改称していたとの仮説が考えられる。しかし、それを証明できる資料を筆者は現在見ていない。

文書二、四、六、七、八は、明治十三年から十四年にかけての宝樹の借金返済と抵当の競売に関する文書である。何度か名の見える藤井共之という人物は、柴崎守三あるいは吟之助という人物の代人を多く勤めていて、ほかの人物との訴訟文書を見ると、明治十六年には吟之助が頭取である東京貯金銀行の貸付係となっている。[18] 家屋・土蔵を抵当に置く負債が劇場経営と関連するのか、これらだけでは判断できない。ただ、劇場経営に携わっていた可能性がある時期に、宝樹の経済状況がけっしてよくなかったことを示す資料であろう。

文書十三によれば二十一年十一月には、宝樹は浅草光月町に移っている。光月町は、もと立花飛騨守の屋敷があったところで、現在の台東区千束一丁目にあたる。記載される宝樹の職業は「旧劇場座主」だ。解釈に検討の余地があるが、当時はまだ「旧劇」の語は一般的でないので、この頃は明らかに劇場に関与しなくなっていたものと考えたい。文書十四によれば、光月町の土地は華族の立花家から借りた七百坪あまりのものであった。

なお宝輝座は、二十五年四月頃に劇場建物はなくなっていたが、名称は一般に通用していたようである。[19]

以上のように、宝樹又兵衛自身については、その人物と仕事を考察する材料がやや増えた。しかし、新富座との接点が見出せない。

先に引用した『読売新聞』明治十年三月十二日の記事によるならば、鑑札を上納する三か月前の十年三月には、新富座となんらかの関係が成立していたらしい。また、『郵便報知新聞』明治十一年四月二十七日には、宝樹が養育院への寄付金について勘弥へ相談を持ちかけたとの記事があり、それができる程度の面識もあったようだ。

『新築届』二号―二十二にある、宝樹が上納する鑑札を「付与」されたいとの願書「劇場御鑑札願」を見ると、願人は鈴木吉太郎と天野駒吉という人物である。では、鈴木と天野が新富座とどのような関わりを持つ人物かがはっきりすれば、接点が明らかになるのではないか。

## 三　鈴木吉太郎

まず、『新築届』二号―二十二の「劇場御鑑札願」の本文を掲げる。

第一大区十小区　木挽町壱丁目廿四番地
鈴木長三長男　鈴木吉太郎
幼年に付後見
第一大区十四小区　葺屋町四番地　天野駒吉

右奉願上候　今般第一大区七小区南鞘町廿七番地劇場座宝樹又兵衛　業体都合に寄廃業奉願御鑑札上納仕候間　右跡ニ於而私義劇場営業仕度　御許可之上御鑑札御付与被成下候様奉願上候　尤御免許料之儀は御規則ノ通速ニ上納可仕候　以上

明治十年六月

右　鈴木吉太郎　印

天野駒吉

第一大区七小区戸長　市川尚裕　印

前書之通奉出願候間奥印仕候也

大警視川路利良殿代理　中警視安藤則命殿

表面的には、やはり新富座との関係を直接示す文言は認められない。願人鈴木吉太郎の肩書は「鈴木長三長男」で、幼年のため後見がついている。

『市史稿　六十』二六四頁に引用される、明治十（一八七七）年十月十一日付で鈴木・天野が出した新富町二丁目二番地での劇場営業願は、先に掲げた宝樹又兵衛の廃業願とこの鑑札願が提出されたのち、南鞘町での営業を認可できないとの沙汰があったことから追って出されたものである。そこでも願人鈴木吉太郎の肩書は「鈴木長三長男」だ。

現在見たなかで吉太郎についてもっとも詳しい記述は、木村錦花『守田勘弥』五四一頁以下にある。以下の引用部分を含む節に、木村は「東座」と小見出しをつけている。本節冒頭に引用した伊原の記述にも言及されているが、「東座」とは新富町二丁目から三丁目に予定地を移し、吉太郎を座元として建設が計画された劇場の名称である。

新座主となつた吉太郎は勘弥の実弟鈴木長三の長男で、〔明治十一年〕当時未だ七八歳の少年であつた。同人は襁褓の内に生母を失ひ、左団次の養母お琴の手許に養育されたが、生来病弱の為に女名の

『お七さん』と呼ばれ、殊にお琴の寵愛深かつたことは、左団次でさへ此の子に一目置いたと云ふ位で……《ママ》成人の後市川好太郎と名乗り舞台を勤めたが、俳優としては其の技量以上に模倣的の才能に富み、諸事に通じて居た内にも、ノアトン奇術の真似で一躍名声を博したと云ふ風変りの人であつた。

しかし、『東京日日新聞』明治十年九月十二日、『曙新聞』同十三日は、鈴木が「中島座の芝居」の再興を出願したとしている。また、倉田氏は『日本近代思想大系　十八　芸能』頭注で鈴木を「もと中橋座座元」としている。木村の記述はどこまで信憑性があるのだろうか。

前節で記したように、勘弥の実弟は「鈴木長蔵」とされ、木村の記述とは表記が異なるが、芝居茶屋相模屋の主人でもある。また、『曙新聞』明治十一年八月二十一日は、吉太郎を新富座の座付茶屋魚島の関係者とするが、勘弥の妻で七代目坂東三津五郎の母の柳はその経営者魚島太兵衛の娘であり、初代市川左團次は魚島のごく近所に住んでいた。[20]

これらを合わせると、名義上の座元に立てられた当時は幼年で、左團次との縁が深く、実父は劇場経営に資金捻出の面で関わりを持つことが多い芝居茶屋の経営者、伯父の勘弥が興行の実権を握っていた吉太郎の姿が見えてくる。本節冒頭の伊原の記述に「鈴木長次郎」とするのは誤りか。

『新築届』一号―二十二には本文に続いて以下のような但書がつく。

本月四日宝樹又兵衛御呼出ニテ則跡座代人トシテ中村卯右衛門罷出候処　宝樹座廃業致義ニ付テハ鑑札返上等聞届候旨　野道殿御掛リニテ被申渡候事

『新築届』一号―七の、新富座が再建されるまで興行するための劇場建築願によれば、中村卯右衛門は新富座の茶屋総代の一人であり、『新築届』二号でも何度か名を見る。当初、吉太郎の後見に立った天野駒吉については何も知ることができていない。

しかし、以上により、新富座は勘弥の甥の鈴木を名義上の座元に立て、茶屋を含めた劇場ぐるみで鑑札を入手するために宝樹又兵衛と関わりを持ったことはほぼ明らかである。この観点から見れば先に引いた『読売新聞』明治十年三月十二日の記事に、宝樹が座の株を勘弥に譲ったと書かれているのは、正確ではないが、鑑札上納の三か月以前、すでに宝樹と新富座の間で交渉が行われていたことを推測させる資料として読むことができる。

さらにここで『新築届』全体の構成を踏まえて俯瞰するなら、『新築届』二号に一見無関係に見える宝樹座関係文書が含まれるのは、新富座の関係者たちにとって宝樹座の鑑札を入手するのが、劇場の仮家作・本家作の建築と興行に影響を及ぼすことがらだったからだと考えられる。では、鑑札の入手が劇場建設と興行に与えるメリットとはなんだったのだろうか。

## 四　鑑札が与える利点

伊原は、勘弥が宝樹座の鑑札を「引受け」ようとした理由を「興行する事はむづかしくなつたので」「新富座を捨てゝ、他の劇場で興行しようと企てた」ためと記述していた。この言及は、どの程度信憑性があるのだろうか。検討するためには、当時の東京における劇場の建設事情と、明治九（一八七六）年の焼失後、新富座が置かれていた状況を知る必要がある。このことについては、本書に含まなかった拙稿「明治

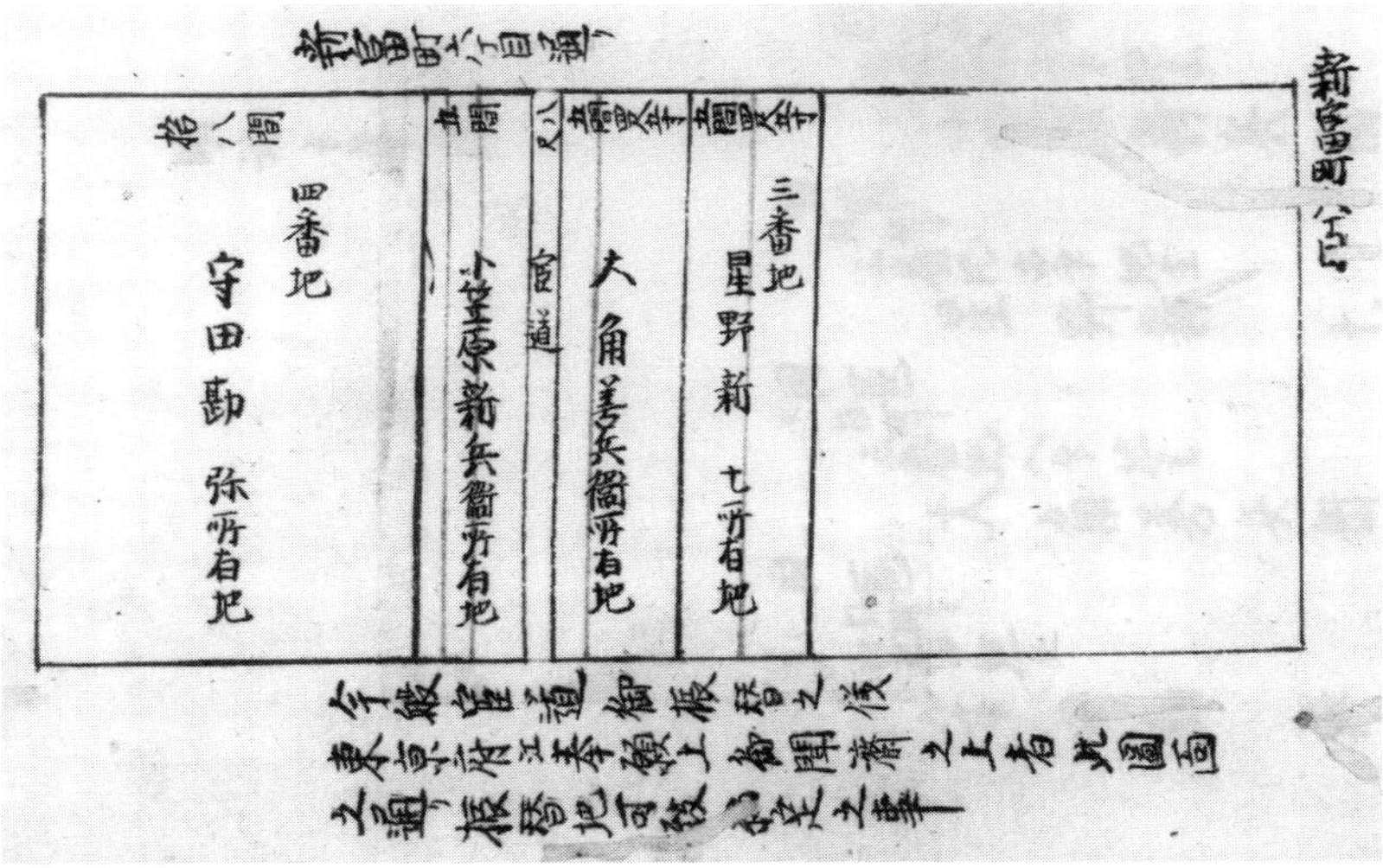

【図版 6】『新築届』一号－十五にある、本家作建築地の官道振替。勘弥ほか四人の所有地に官道を通すにつき、土地の割り振り変更の図面。朱線（薄い線）が旧所有の区分。

十年前後の新富座――再建への過程」[21]で詳述したが、論の進行上ここでも要約して述べることにする。

明治六年二月、東京府の伺を受けて太政官が劇場を猿若町以外に建設することを認め、府内に許可され建設された劇場は三座から十座に増加した。しかしその後、新たに鑑札を受けて劇場を新設・移転することは認可されない状況が続いていた。

九年十月二十五日、太政官は無号達第八条で「演劇場相撲場寄席諸観物場等衆人会合所取締規則ノ施行及ヒ其許可」を東京府から東京警視庁に割属するとした[22]。以降、劇場に関する取締の主導は警視庁に移る。同年十一月十日には、東京府と警視庁の協議により第八条へ、「予メ協議ヲ了セシ地ヲ除クノ外興行ノ地ヲ許可スルトキハ　予メ府庁ニ協議シ其私有地ニ係ルモノハ予メ土地経界ヲ定メ府庁ニ協議スヘシ」との朱書が付け加えられている。これは明治八年から十二年まで東京府知事を務めた楠本正隆が警視庁と東京府の事務分割に強く異議を唱えたことが影響しているようだが、(23)府が当時、興行地と興行の許可について注意を払っていたことを示すものである。おそらくは、以上のような事情のために、『新築届』一号・二号所載の文書には、府と警視庁（警視本署）の両方へ複数通を提出したという但書を多く見られるようだ。

この「警視庁」は、先にも述べたが、明治十年一月に警視本署、十四年一月に再び警視庁と改称している。本節では以下、ほぼ「警視本署」となる。

このように劇場の新設が認められにくく、認可を受けた劇場に対する管理も厳しいなかで、九年十一月二十九日、新富座と宝樹座は一帯の火事で焼失した。さらに、焼失前の新富座は、新富町進出後けっして良好な経営状況とは言えなかった。

勘弥は八年一月、江戸時代以来の劇場名である守田座を改称し、「官許劇場　新富座」という名称で会社を設立した。この後の劇場名が新富座である。次節に詳しく述べるが、この会社は債権者からの負債を資本金と見なす証券を発行していた。しかし、現在残るこの会社の証券には、九年三月に「資本金」を増額したという朱印がある。(24)それは、会社設立が新富座の負債を軽減するにはあまり役に立っていないことを示すものだろう。

焼失によって経営はさらに苦しくなった。しかし、資金捻出が困難だからこそ、新富座は劇場を早く再建して興行を行う必要があった。具体的には、仮家作を建て、そこで興行を行いながら本家作を建てる資金を作る手順を考えたのだ。しかし、本家作は建設すること、仮家作は興行を行う許可を継続して得ることが困難であった。

本家作は当初煉瓦造を考えたようだが（『新築届』一号―六）、図面を添えた申請を繰り返した末、十年三月塗家造で建築する許可が下りる（『新築届』二号―十、十一）。その費用が捻出できず、四月には「家屋組」という会社を作る。それでも、建築を請け負った長谷川勘兵衛から見積もりを取り、敷地に材木を引き入れた旨の届を警視本署へ出すのは十一月だ。[25] 翌年二月、西南戦争を題材とした『西南雲晴朝東風《おきげのくもはらうあさごち》』の上演が大当りとなったことで本家作を完成させるめどが立ち、六月開場に至ったプロセスはすでによく知られている。

仮家作の建築と興行については『市史稿　五十九』に「新富座仮小屋興行」の小見出しで関連文書がまとめられている。『新築届』と合わせて読むと、警視本署よりも東京府が、仮家作でそのまま興行を継続するのではないかとの懸念を示していることがわかる。『新築届』一号―六によれば、明治五年新富町で開場した劇場は、五年当時の建築基準では「一時之仮普請」であった。その後基準が変化したため建て替える必要はなくなったが、そのような経緯や焼失直前の府の姿勢から見れば、府の懸念は当然のものであった。

当初勘弥は、仮家作における明治十年一月から十月までの興行許可を求めた。しかし、一月の時点で期限は五月三十一日までとされた。実際の仮家作の落成は三月、初興行初日は四月十一日である。勘弥は期限延長を求めたが東京府が再び難色を示した。いったん期限が切れたあとの六月八日に十月末までの許可が出て、十月から十一月にかけても同様のことが繰り返された。仮家作での興行は、ほぼ二か月に一度初日が出ているが十月は興行ができず、十一月に翌十一年三月二十日までの許可延長を願い出ている。[26]

つまり、明治十年の新富座は本家作の建設が進まず、建設資金を捻出するための仮家作興行も長期に許可が得られず、経営の不安定さを立て直すことが困難な状態であった。

宝樹又兵衛の廃業願と鈴木吉太郎らの鑑札願が出されたのは、明治十年六月である。さらに、警視本署から建設予定地を変更せよとの指令を受け、鈴木吉太郎・地主鈴木茂吉らから新富町二丁目二番地への宝樹座の建築願が出されたのは同年十月（後述するが九月の可能性がある）である。どちらも新富座の興行が今後続くかどうかの瀬戸際に立った時期である。

以上の経緯から見て、宝樹座の鑑札付与の出願にあたり、新富座の関係者たちが名義上の座元として勘弥の甥を立てたのは、興行の許可を長期に得られる新たな劇場を、書類上は新富座と無関係なものとして建設する手段を得ておこうと考えたからだと推測する。その観点に立てば「新富座を捨て」ようとしたという伊原の記述は正しい。そしてさらに詳しく、新富座が鑑札によって得ようとしたメリットは、ただ「興行」できればよいということではなく、無期限で長期に行うことだったと言えるだろう。

## 五　劇場興行地許可問題の影響

しかし、結果からいえば、新富座は鈴木吉太郎名義で得た鑑札を使って新たに劇場を建てることはなかった。明治十一（一八七八）年に本家作を建築落成することができ、そこで興行を続けていく。

そうなった原因の一つは、警視本署と東京府との間で協議がまとまるのに時間がかかり、劇場興行地の許可が出るのが遅れたからである。経過は『市史稿　六十』に掲載された関係文書で知ることができる。大日方純夫は「芸能と権力」で警視本署・東京府双方の行政上の芸能観を検討する事例として「宝樹座劇場興行地許可問題」と名づけ紹介している。また、倉田氏は『日本近代思想大系　十八　芸能』で、『市

史稿　六十』所載の文書を注を付して引用し、同書の解説や『芸能の文明開化――明治国家と芸能近代化』でも言及している。ここでは以上の先行研究を参照しつつ、今まで述べてきた観点と資料を加えて判明することに重点を置いて経過と結果を記述する。なお、本節の論旨から以下の問題を「宝樹座」の問題とみなすのは不適当であるので、大日方氏に倣いつつも「劇場興行地許可問題」と呼ぶことにする。

『新築届』二号―二十六によれば、明治十年九月十日、警視本署より南鞘町における劇場興行は許可できない、別地を選んで出願するようにとの指令があった。『市史稿　六十』二六二頁の文書を見ると、南鞘町は民家が多く、劇場を建てるには火災予防の点で問題があると考えられたからのようだ。

それを受けて九月十一日、新富町二丁目二番地の地主鈴木茂吉から、自分の所有する地所を示談のうえ、貸し渡す旨の書付が出た。鈴木吉太郎・天野駒吉も新たに同地における営業願を出している。『市史稿　六十』二六四～二六五頁に掲載されるこの営業願は十月十一日付である。

『新築届』二号―二十七に異同が十か所あるが、ほぼ同文の文書があり、それは九月十一日付である。『新築届』二号―三十三によれば、十月五日、勘弥らから鈴木吉太郎と示談のうえ、二丁目の土地ではなく三丁目一番地に鈴木の劇場建設の御聞済を求める旨の願が出されているので、これに信を置くならば営業願は九月に出された可能性がある。『新築届』二号―三十七によると、三丁目一番地の土地は、実は新富座奥役で本家作の地主の一人でもある小笠原新兵衛の所有で、十月二十九日、小笠原はその土地を二重に抵当に入れて借金をしている。証文には引受証人として勘弥のほか、鈴木万蔵や、先に挙げた茶屋の中村卯右衛門が名を連ねる。

以上によっても、鈴木吉太郎を名義上の座元として計画する新たな劇場が、経営困難な新富座と密接な関係にあることが、特に債権者の間では明治十年十月の時点で相当明白になっていたはずである。しかし、ほぼ同時に新富座の関係者が予定地を二重抵当に入れて借金をしていることからは、新たな劇場を現実に建てるつもりが関係者のなかにどの程度あったのか疑わしいようにも思われる。

建築はなかなか許可されなかった。出願を受けた東京府と警視本署の回議に、府が強硬な姿勢で臨んだからだ。府の主張は、劇場は興行地を決めて囲い込まなければ風俗上害があるというもので、「俗間ノ教場」としての機能を認める警視本署との対立が続いた。東京府の強硬さは、『市史稿　六十二』六八頁以下掲載の明治十一年三月二十六日付文書の冒頭に、演劇は「正業」でなく俳優は「尋常ノ人」でない、劇場の所在地はややもすれば「風俗ノ淫靡ヲ致シ人心ノ浮蕩ヲ来シ易シ」とあることでよく知られている。

東京府は――というより、むしろ府知事楠本正隆はというべきなのかもしれないが――先に述べたように、明治九年の火事以前から一貫して、事務分割に難色を示しつつ劇場取締に大きな関心を寄せていた。焼失後の新富座の本家作と仮家作に関する文書を検討すれば、明治十年初頭、すでに府が劇場地と興行の許可に相当慎重な懸念をもっていたのは明らかだ。その流れで劇場興行地許可問題を見ると、この問題は従来続いていた東京府の懸念がさらに先鋭化して表れたものととらえることができる。

十一年六月、東京府と警視本署はほぼ現状維持で妥協した。この取り決めで新富町が劇場興行地として正式に許され、新富町三丁目で鈴木吉太郎を座元とする劇場を建設することが可能になった。しかしこの月は同時に、新富座が本家作を建て直して七日に歴史に残る開場式を行った月である。勘弥がほかに新たな劇場を作る必要はなくなっていた。

その後、劇場予定地を板囲いする願が東座座元の後見守田勘弥から出されたとの記事が、『曙新聞』明治十一年八月十二日に出る。同紙同月二十一日には表を西洋風にするなどの仕様も書かれる。だが、東座が実際に建設されることはなかった。

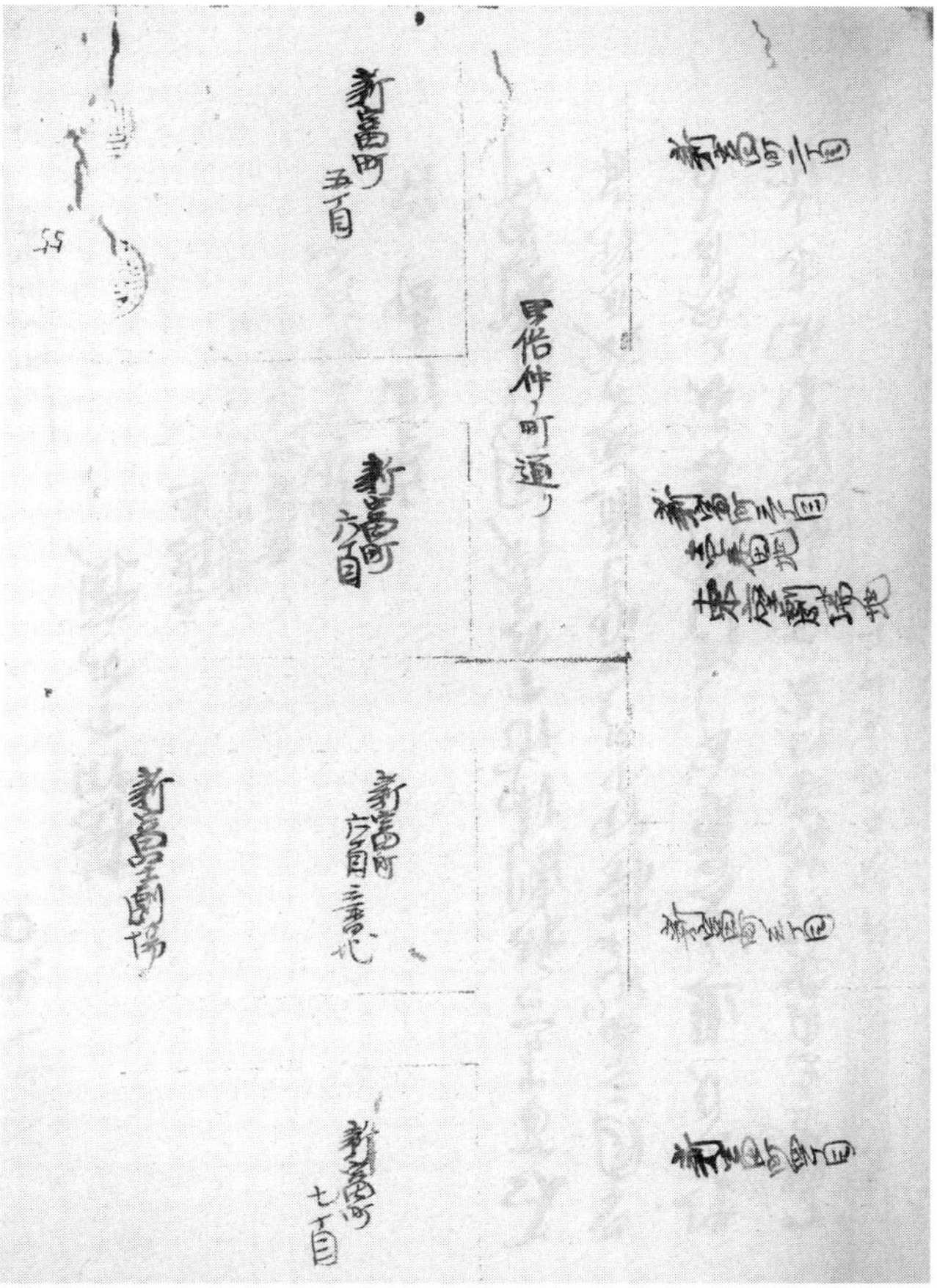


【図版 7】明治十二年七月四日付
横切下水流通願　図面（東京都公文書館蔵）

十二年七月四日付で、東座の建設予定地から六丁目に横切下水を流通させたいとの願書が東座劇場座元鈴木吉太郎・後見守田勘弥から東京府宛に出ている。(27) この願書には新富町一帯の絵図面が付されているが、新富座の場所は「新富坐劇場」と記されるのに対し、東座の場所は「東座劇場地」とされる【図版7】。よって十二年七月初旬の時点で、予定地には板囲いはあっても建築構造物はなかったと筆者は考える。

新富座は本家作の開場以降も、夜興行や、主要な役が一日替りの『仮名手本忠臣蔵《かなでほんちゅうしんぐら》』、直近の実際の事件に題材を取った『綴合於伝仮名書《とじあわせおでんのかなぶみ》』など話題性のある興行を、九代目團十郎・五代目菊五郎をはじめとする当時最高の俳優を多数揃えて行った。しかし、そのためには多額の費用がかかった。開場からわずか二年後の十三年、負債のため会社を設立したが、その時点で負債総額は六十万円を超えていた。(28) この時期に勘弥がもう一つ劇場を建築して興行を行うのは相当困難だったはずである。必要がなくなり、経済的にも建設困難だからこそ、東座は実現しなかった。

新富座は会社設立後も負債の返済は進まず、翌年会社は解散に至る。猿若座の名を借りて二回興行を行ったのち、十六年一月にはやはり鈴木長三の子大宮豊三郎を名義上の座元に立て、帳元鈴木万蔵を後見に置く「新富座」としてしばらく興行を行う。

本節で扱った新富座による宝樹座の鑑札入手は、やや経緯が複雑で実効がなかったので、経営に及ぼした影響が見えにくい。だが、資料を加えて再検討すると近似した先例があり、さらに十六年一月の名称復帰後の体制とも似ていることが確かめられる。そして、入手した鑑札が使用されなかった原因も検討すると、以降の新富座の劇場行政への対応にも影響を与えた可能性のあることがらとして、再考する価値のある問題と考える。

## 注

（1）『歌舞伎新報』六百十六号（明治十九年一月四日）、『都新聞』明治二十二年一月二十五日、警視庁編『警視庁事務年表　明治二十三年分』（竹内拙三・明治二十四年）。倉田喜弘が『芸能の文明開化　明治国家と芸能近代化』二四七頁で宝樹又兵衛の姓に「たからき」とルビを振っているのは、同様の資料に基づくと思われる。なお、『警視庁事務年表』は佐藤かつらの博士学位論文『幕末・明治の江戸歌舞伎の研究――小芝居の観点から』により知ることを得た。同『歌舞伎の幕末・明治――小芝居の時代』第二章第三節「小芝居の劇場昇格をめぐって」（ぺりかん社・平成二十二年）に相当する箇所がある。
（2）二六二頁以下（東京都・昭和四十四年）。
（3）明治五年「薩摩座」の項、一八〇頁（岩波書店・昭和四十八年第二刷）。
（4）早稲田大学出版部・昭和八年。
（5）演劇出版社・昭和四十五年。
（6）五四一頁以下（新大衆社・昭和十八年）。
（7）平凡社・昭和三十六年。
（8）『歴史評論』四百三十九号（昭和六十一年十一月）、のちに羽賀祥二編『幕末維新論集　十一　幕末維新の文化』（吉川弘文館・平成十三年）所収。
（9）二五八頁以下と解説（岩波書店・昭和六十三年）。
（10）二四七頁以下（平凡社・平成十一年）。
（11）『歌舞伎年表』第七巻と『明治演劇史』には、八年に中橋座から三木座と改めたとある。『東京の小芝居』は、この記述を「他の小屋と混同してしまったのではないか」とする。しかし、東京都公文書館蔵『往復録・第五類・裁判所・全〈庶務課〉』（608.C2.04）に含まれる、明治十年十月から十一月の東京府・

東京裁判所間の回議録によれば、中橋座の座元免許を受けたのは三木正吉という幼年の者であった。伊原の記述は座元名（『明治演劇史』では「庄吉」としているが）に根拠を持つ。「宝樹座座主……」という書き出しではじまる回議録の文書で問題とされているのは、幼年の座元に後見人をつけるべきかどうかだ。三木には後見人がついていなかった。回議がなされたのは、文書内で言及されていないが、こののち本節で扱う鈴木吉太郎が後見人のついた幼年の者だったことと関連するのであろう。

(12) 東京都・昭和四十二年。

(13) 東京都・昭和四十四年。

(14) 筑摩書房・昭和四十六年。

(15) 青蛙房・昭和三十二年。

(16) インターネット上の限定公開、パスワード制、申請による閲覧許可が必要。

(17) 奥平昌洪『日本弁護士史』「代言人免許年度一覧」（初版大正三年、復刻は巌南堂書店・昭和四十六年）に名が見えない。

(18) 東京地方裁判所裁判言渡書（明治十六年千九百四十一号）。

(19)『歌舞伎新報』千三百五十七号（明治二十五年四月十八日）。

(20) 木村錦花『守田勘弥』六四四頁（注（6）参照）、八世坂東三津五郎述・小島二朔編『父三津五郎』一四頁（演劇出版社・昭和三十八年）、「坂東三津五郎に関する十二章」（『演劇界』昭和三十年一月）。なお、桜井悦三郎「旅役者の話」（『演劇界』昭和二十七年九月）によれば、吉太郎は後年市川左莚次と改名し、東北各地の旅芝居に出演しつつ、大正の中頃には名古屋の小芝居に出ていた。手先が器用で、『百物語』の骸骨や『細川の血達磨』の吹きぼやの仕掛は左莚次が考案したものだという。

(21) 後藤静夫編『京都市立芸術大学日本伝統音楽研究センター　研究報告五　近代日本における音楽・芸

能の再検討』（京都市立芸術大学日本伝統音楽研究センター・平成二十二年）所収。
（22）『法令全書　明治九年』一四五頁以下（内閣官房局・発行者長尾景弼・販売所博文社、明治九年）。
（23）警視総監官房文書課記録係編纂『警視庁史稿』巻之二、一四九頁（警眼社・昭和二年第二版）。
（24）早稲田大学演劇博物館蔵『伊勢辰文庫貼込帳』一（請求番号E11-17300-1）所収。
（25）長谷川勘兵衛・清五郎より守田勘弥宛の建築請負書（明治十年十一月五日付、国立劇場蔵）、材木引入届（同六日付、『新築届』二号―三十九）。
（26）東京都公文書館蔵『回議録・第九類・諸願伺・五〈庶務課〉』（608.C5.11）所収。
（27）東京都公文書館蔵『回議録・願伺〈土木課〉明治十二年七～八月』（610.C4.07）所収。
（28）『東京市史稿　市街篇第六十四　帝都（十六）明治十三年』「新富町演劇会社社則」特に二九五頁以下（東京都、昭和四十八年）。

# 第四節　新富座の株式会社化

本節では、これまで述べてきた守田座（新富座）の動向に留意しながら、新富座が明治八（一八七五）、十、十三年に設立した株式会社についての資料を紹介し、その特徴と、十二代目勘弥が関与した新富座の株式会社化の実体と意義について考察する。その実体は、負債をそのまま資本金と見なして株式に分割し、債権者に株券を渡して配当で返済していくことを目的とするものであった。一連の会社設立規則を見ると、債権者が座元に直接金銭の管理をさせない体制を作ろうとしていることも見えてくる。

## はじめに　幕末から明治の劇場の経営困難

前節までで記したように、元治元（一八六四）年二月に座元を継ぐ前、そして継いだあとも勘弥が取り組まざるを得なかった問題は、慢性的な負債の増加であった。

劇場の負債が増加する大きな原因は、たび重なる火災の被害にあると、伊原敏郎は『明治演劇史』(1)で述べている。やはり伊原による『歌舞伎年表』(2)第六・七巻によれば、天保十二（一八四一）年から明治五年に守田座が新富町に移転するまでの間、三座すべてが全焼する火事は三回、そのほか一座だけの休み、風雨・地震、隣接地域の火災への遠慮によるものも含めると休座は延べ十三回起きている。客席内での喫煙の習慣があるほか、劇場そのものの構造が脆弱であり、保険制度がなく、一年間に行う興行数も現代と比較して少ないので、劇場の再築ができず興行が困難な場合、負債は解消されるきっかけをつかめないまま累積していくことになる。

もちろん負債の累積に苦しむのは守田座だけではなく、江戸の公許を受けた大芝居であるほかの二座、中村座と市村座も同じだ。中村座で、嘉永四（一八五一）年から十三代目を相続した中村勘三郎は明治維新を乗り越え、明治十七年まで座元であったが、その間に自火を含めて六度火災に遭い、負債は五万八千両にのぼった。(3) また同座は、明治八〜九年まで十二代目勘三郎の女婿である三代目仲蔵、十〜十二年まで平野安兵衛、十二〜十五年まで四代目岩井粂三郎が座元を勤めているが、これは名義上の座元を変更することで負債の責任をいったん逃れ、興行を継続するためである。

明治五年六月頃、中村座が猿若町からの移転を検討したのは、同年二月移転許可が出た守田座にやや遅れるが、東京の中心にもっと近い場所へ移動して集客の改善を図ろうとしたためのようだ。しかし実現せず、実際に浅草西鳥越町へ移転したのは十七年である。その後も苦しい経営が続き、二十六年一月火事で焼け、再建することはなかった。(4)

また、市村座は嘉永四年に数え年八歳の十三代目市村羽左衛門を座元に立てて興行を続け、明治元年八月、十三代目の弟竹松に十四代目を継がせる。これも負債の肩代わりと興行継続のためだ。五年に再度座元を変え、村山座と改称する。その後、三度名義人が変わるが興行できず、中村善四郎が実質的な経営を行うようになってやっと十一年以降の経営存続が可能になる。以降の市村座については、本書の第三章第三節で詳しく述べる。

しかも、明治維新後、経営状況がけっしていいとは言えない状態においても、中村・市村・守田の三座は東京府に冥加金（上納金）を納めていた。その額は明治五年の段階で、三座合わせて年千五百両で

ある。(5)

また明治の、特に六年以降の東京の劇場興行は、従来の宮地芝居・小芝居との差がさらになくなり、激しい競争が行われた。従来の冥加金制度では統制の足並みが取れない宮地芝居・小芝居からも平等に税金を取り立てるため、興行税の改正を行い、劇場の制限を三座から十三座に増やしたいと、東京府が当時の日本における最高行政機関の太政官に伺いを出す。明治六年二月七日、太政官は猿若町以外にも劇場の開業を許可する裁定を出し、従来の三座を含む十座が営業を開始した。宮地芝居・小芝居は「道化踊場」として管理されていくことになるが、(6)劇場は開業時に鑑札料として、一座あたり百五十円(新規の劇場は三百円)納め、興行中は毎日、客席数から予想される収入額の百分の一を税として納めなければならなかった。

八年一月には、俳優や遊芸人に、収入額により等級をつける課税が開始される。この後、東京府と東京警視本署が劇場取締規則を定め(十五年二月公布)、そのなかに俳優の免許鑑札制を明記し、近代の取締りの基本方針が固まる。二十三年の規則改正では、劇場は大劇場と従来の道化踊場を含む小劇場に二分され、俳優鑑札にも税額と出演劇場の大小により区別がつけられる。基本は江戸時代から引き継ぎながら、課税額により鑑札を変えて、劇場・俳優相互の差別化をはかる管理が行われていく。劇場と俳優の取締りに共通するのは収入額による統制管理である。

以上から、もともと負債に苦しんでいたかつての江戸三座が明治以降さらに振るわなくなるのは、世相の激変などほかの要因も考慮しなければならないが、こうした管理の変化も一因を担っているものと考えられる。

守田座(明治八年以降は新富座)に話を戻すと、座元勘弥は負債の返済を行うため、さらに金を借りるのだが、連帯保証人に債権者も勘弥も多くを頼っている。債権者側は、勘弥が返済不能になっても保証人から利息を取ることができる。勘弥の側は、連帯保証人が利息を請求されている間は単独の負債に言及されず先延ばしできる。この方法は双方にとって都合が良いが、被害を被るのは連帯保証人である。

勘弥はしばしば出演俳優に連帯保証を頼み、その被害は主だった出演俳優に顕著であった。伊原敏郎『市川団十郎の代々』の主資料となった、聞書『九世団十郎事歴』[7]上にある、九代目市川團十郎の妻ます子（マス）の談話を見る。この部分は『代々』には使用されていない。

> 勘弥といふ人は人遣いがよくて、役者を大事にしましたが、何ういふ訳か反対になつて来ました。苦しまぎれに役者どもに判をつかせます。連帯が出来たうちは宜かつたが、其の判の為に私は憎まれ口を利きました。判ではこれまで随分苦労をしたに今度は三度目の判です、もう〳〵懲りたからと私がじや〴〵張つたのです。それで守田さんは私が邪魔になるから、悪名をつけられて迷惑しました。一しきりは自分の身がこわいやうな事がありました。何でも私を出さうと挑つたのです。はたは大勢で此方は二人きりですが、それでも私が邪魔をした為め余程のがれました。判をつくのは役者の順だから、私の方が一番上で、其の為めに封印つけられたり、公売になつたりしました。

勘弥の連帯保証をさせる順序、したくないと断った場合の措置、ます子と対立しながら團十郎一家を巻き込んでいく状態がよくわかる。また、国際日本文化研究センター管理の「民事判決原本データベース」で團十郎の本名「堀越秀」を検索すると二十件の訴訟文書が出るが、そのすべてに勘弥はなんらかの形で関わっている。

累積する負債を、出資された資本金扱いにして証券化・分割し、興行を継続して生成すると予想される利益配当で徐々に負債の穴埋めを行うことを目指し、新富座に導入されたのが株式会社方式であった。すでに少女庵主人「守田勘弥」第三十九回、四十三回、四十四回、[8] また、木村錦花『守田勘弥』[9] 四一八〜四一九、四九六、六二一〜二二頁に分割して関連する記述が見えるが、以下は会社証券や社則を参照しながら、新富座において明治八、十、十三年に会社が設立された目的と結果を考えてみたい。

## 一　株式会社としての新富座

まず準備として、近代以降の「株」と「会社」について簡略に整理する。

『国史大辞典』[10] の宮本又次による「株」の項によれば、近代以前の株は地位・身分・業務を売買・譲渡の客体とするもので、特に商人・職人の場合、「株仲間」という同業者の組織に加入することで取得できる営業権と、それを象徴する株札を指す。これにあたるものの例として、たとえば、河竹黙阿弥の父勘兵衛は「湯株」、すなわち湯屋の営業権を売買するのを職業とし、湯屋を経営しつつ株の転売も行っていた。[11]

対して近代以降の「株」は、明治六（一八七三）年に設立された第一国立銀行が百円を一株とした定額制を導入して以降、自由に売買・譲渡できる有価証券として一般化していく。出資者は株式を購入することで株式組織の資本に対して責任を持つが、その処分は自由であることに西洋的な権利義務概念の導入が見られ、明治維新前と維新後とでは「株」の持つ意味が違っているとされる。では、株によって維持されるべき「会社」とはどういうものか。

近代的な株式会社の条件を、小林和子『株式会社の世紀　証券市場の百二十年』[12]「一　株式会社の誕生」によりまとめると、次の四つになる。

・資本金が複数の株主からの共同出資で、利益配当を行うこと
・出資が証券化されること
・株主の有限責任制
・頭取と取締役のいる重役会組織が実際の経営を行うこと

このうち「有限責任制」とは、会社が倒産しても債権者に対して責任を負うことなく、債権者は出資した分だけをあきらめればよい制度で、この反対が無限責任である。株式会社方式の経営をとらない劇場と金主の関係はこちらに近いと思われる。しかし、株主の責任範囲の具体的な明示は、多くの一般的な会社で、会社法の制定される明治二十三年まで不明確である。ちなみに日本最初の株式会社とされることもある第一国立銀行の株券には、百円の額面と、政府制定の国立銀行条例と銀行定款を踏むこと、譲渡したい場合は銀行で頭取・支配人の記名後行うことが明記されている。[13]

さて、新富座に「会社」が設立されたのは、明治八年一月の「官許劇場　新富座」（劇場そのものの名称と混同するのを防ぐため、以下はこの明治八年の会社組織のことを「新富座株式会社」とする）をはじめとする。前節でふれたように、新富座株式会社の証券**【図版8】**が早稲田大学演劇博物館（以下「演博」）

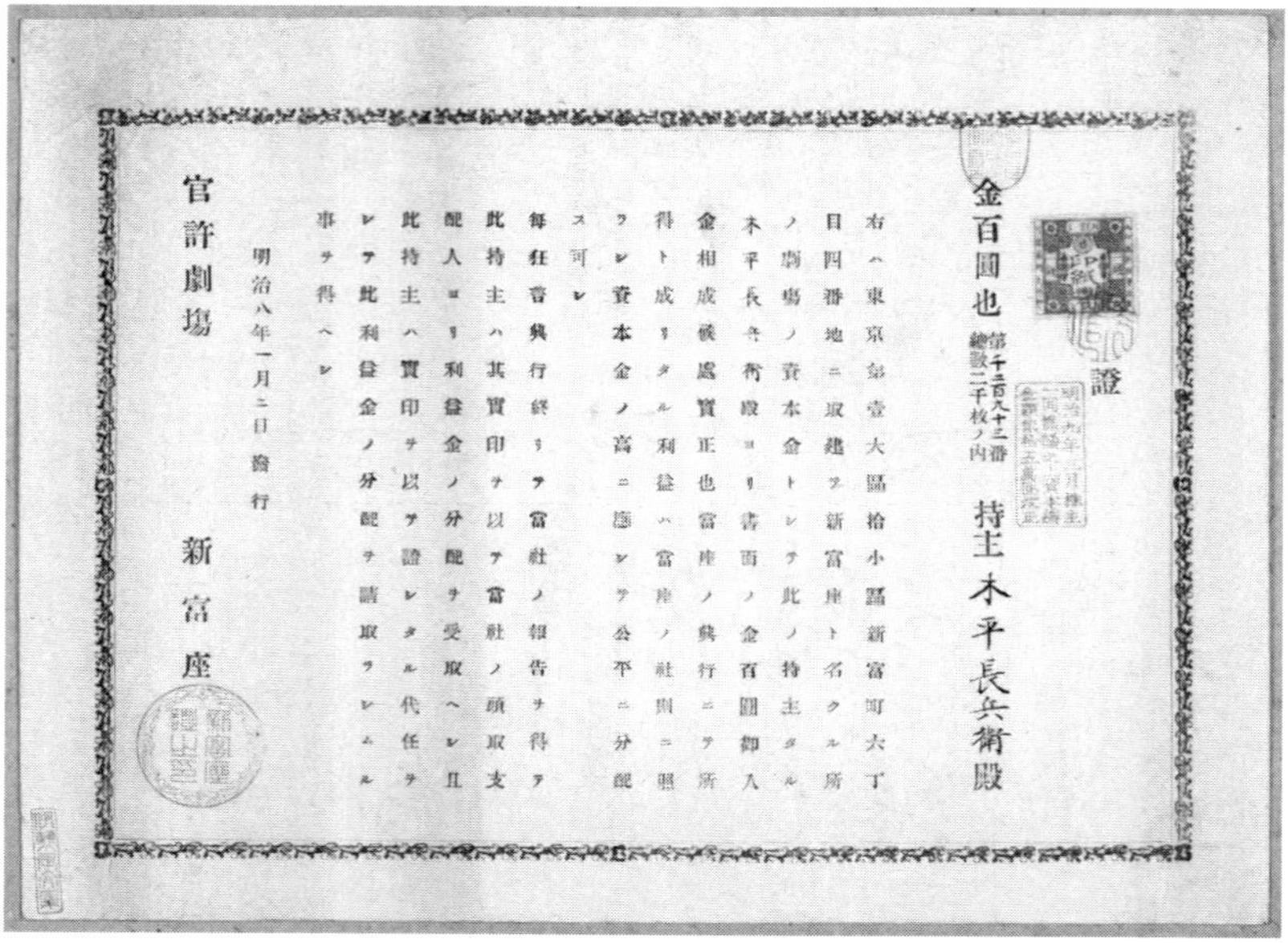

證
金百圓也　第千二百九十三番　總數二千枚ノ内　持主 木平長兵衛殿
右ハ東京第壹大區拾小區新富町六丁
目四番地ニ取建テ新富座ト名クル所
ノ劇場ノ資本金トシテ此ノ持主タル
木平長兵衛殿ヨリ書面ノ金百圓御入
金相成候處實正也當座ノ興行ニテ所
得ト成リタル利益ハ當座ノ社則ニ照
ラシ資本金ノ高ニ應シテ公平ニ分配
ス可シ
毎狂言興行終リテ當社ノ報告ヲ得テ
此持主ハ其實印ヲ以テ當社ノ頭取支
配人ヨリ利益金ノ分配ヲ受取ヘシ且
此持主ハ實印ヲ以テ證シタル代任ヲ
シテ此利益金ノ分配ヲ請取ラシムル
事ヲ得ヘシ
明治八年一月二日發行
官許劇場　新富座

【図版8】新富座株式会社　証券

に所蔵される。[14] まずその全文を翻刻するところから検討をはじめよう。

〔印紙（二銭）・印〕證
金百円也　第千二百九十三番〔墨で書入〕　総数
二千枚ノ内　持主木平長兵衛〔墨で書入〕殿
右ハ東京第一大区拾小区新富町六丁目
四番地ニ取建テ　新富座ト名クル所ノ
劇場ノ資本金トシテ　此ノ持主タル
木平長兵衛〔墨で書入〕殿ヨリ　書面ノ金百円御入
金相成候処実正也　当座ノ興行ニテ所
得ト成リタル利益ハ　当座ノ社則ニ照
ラシ資本金ノ高ニ応シテ公平ニ分配ス
可シ
毎狂言興行終リテ当社ノ報告ヲ得テ
此持主ハ其実印ヲ以テ当社ノ頭取支配
人ヨリ利益金ノ分配ヲ受取ベシ　且此
持主ハ実印ヲ以テ證シタル代任ヲシテ

此利益金ノ分配ヲ請取ラシムル事ヲ得ヘシ
明治八年一月二日　発行
官許劇場　新富座　〔印（「新富座證之印」）〕

以下、箇条書きでこの証券の特徴を掲げつつ、それについての考察を加える。

・額面が百円であること

これは第一国立銀行の株券と同額である。大きな金額であるとともに、それを出資できる社会的階層が限られているともいえる。木平長兵衛については「民事判決原本データベース」に四件の文書があり、内訳は貸金催促訴訟の裁判言渡書が二件、地所家屋売買の取消に関する裁判言渡書が一件、貸金の抵当に木平が取り立てた配当録公債証書の取戻に関する裁判言渡書が一件である。いずれも文書の内容から、劇場に関係する訴訟ではないと見られるが、この結果からは木平が新富座に金を貸している債権者の一人であることが推測される。

また、新富座株式会社に直接関連しないが、明治七年八月に、勘弥から駒田茂兵衛という人物に宛てた借金証文を見ると、金額は五百円である。[15]現在、駒田の履歴は不明であるが、ほかにも駒田宛に勘弥が書いた証文がある。[16]また「民事判決原本データベース」には、十三年五月十九日、猿若座に対し、神谷大周が原告として起こした貸金催促の訴訟で、神谷の代人として駒田が出廷したことを示す文書がある。[17]当時の猿若座には勘弥が経営に関わっている。やはり駒田も新富座に近い債権者の一人と推定することができ、そうした人物たちから勘弥は百円単位の金を何度も借りていたことが明らかだろう。

つまりこの証券は、木平や駒田のような、高額の資金を出資してきた債権者を最初から対象として、額面を設定したものと考えられるのではないか。

・証券への出資金は「新富座ト名クル所ノ劇場ノ資本金」であること

これは株主からの共同出資という株式会社の原則を一応満たす文言であり、「当座ノ興行ニテ所得ト成リタル利益ハ　当座ノ社則ニ照ラシ資本金ノ高ニ応シテ公平ニ分配ス可シ」という文言も、それに沿って解釈すれば、興行による利益を配当として分配するということで落ち着くものではある。また、この文面からは社則が定められていたことも明らかになる。

しかし、実際に出資を行っているのが以前からの債権者であるならば、やや話は違ってくる。つまりこれは、明治八年一月に新たに出資を募った結果出された証券ではなく、債権者への返済が滞っている負債を「資本金」と見なし、一枚の額面百円の証券二千枚に分割して、「分配」という名の返済を行おうとした試みとの推測が成り立ってくる。額面百円の証券二千枚が示す「資本金」の総額は二十万円で、大工の手間賃が一日四十五銭、白米十キロが五十一銭[18]の時代においては、通常の生活感覚では計れない巨額であったことも考慮に入れておくべきであろう。

また、前節でもふれたが、この証券には「明治九年三月株主一同協議之上資本総金額弐拾五万円ト改正」という朱印がある。これまでの記述に沿って解釈するなら、これは単に資本金が増えたという意味ではなく、会社設立の一年あまりのちには、負債総額が二十五万円に増えていたことを示している。結果的に、会社設立は負債軽減の役にはあまり立たなかったと考えられる。

先に挙げた木村『守田勘弥』によれば、この会社設立に際して、勘弥は新富町の料亭近源亭へ主なる債権者三十余名を招き、会社の設立を提案した。木村は、その目的をやはり、負債を証券化して分割し、利益を配当として返済を図るものだったとしている。その場で創立委員となったのは、守田座の金主格であった千葉勝五郎を筆頭として、星野新五郎、吉田保次郎、小谷喜兵衛、滝山藤兵衛、三《ママ》瓶亀右衛門、滝川市三郎、高橋弥三郎、今村宗蔵の九人であった。木村はこの会社に関して次のように述べる。

> これは勘弥が一時凌ぎの方便に思ひ附いたことで、永久に会社を守立てゝ行かうと云ふ考へはなかつた。実際興行のつど株主に配当を出し、会社が盛大になつたのでは、勘弥自身の立つ瀬がなく、ロボツトとして終らねばならないからである。

しかし、明治九年に「資本金」が増額され、似たような会社組織がその後二回作られることから見ると、すくなくとも主要な債権者たちは、会社設立に負債軽減の期待を相当かけていたのではないかとも思われる。

また、木村は、新富座株式会社の証券の裏面には社則として「此の証券は日本人中なれば誰彼の別なく、抵当物として之を質入れ致すことを得べしと雖も、其の時々之を当社頭取に申立て承諾を受くべし」との文言があったと記している。現物が貼込帖に貼り込まれているため証券の裏面は確認できていないが、ほぼ同文の文言を、次に示す「新富座家屋組」の証券に見ることができる。つまりこれは、新富座における会社の株の証券取り扱いに共通した規則であったと考えられる。木村は続けて、「此の一条の効力に就いては、勘弥も深く考へた処のものがあつた」と記す。資金に行き詰まった場合、質入れして金を作る可能性を考えたという意味だと筆者は解釈しているが、定解を得ていない。

## 二　新富座家屋組

新富座株式会社は、先に述べた券面の朱印から明治九（一八七六）年三月の時点で存続していたことはわかる。区切りがついたとすれば、同年十一月の類焼による劇場の焼失であろうと推測されるが明らかでない。

しかし、翌十年六月、前節に詳しく述べたが、劇場再築が困難であるため「新富座家屋組」が設立された。この証券も演博に所蔵される[19]【図版9】。昭和四年六月二十四日寄贈、旧蔵者は勘弥の子である七代目三津五郎で、閲覧した資料には券面に所有者名が記されておらず、未使用の証券と見られる。比較のため、これも文面を翻刻する。裏面は白紙である。

〔上部枠内〕今楽猶古楽　今劇非古劇

〔額面〕金百円

一、此証券ハ　東京第一大区拾小区新富町六丁目官許劇場新富座ノ建築ヲ　当家屋組へ引請ケタル
　資本金ノ内ナレハ　該屋ノ永続スル間ハ年限ノ定リナク　興行毎ニ家税を分配スヘシ

一、此証券ヲ所持スル株主ハ　当家屋組ノ申合セ規則ヲ遵守シ　決テ違背スヘカラス

【図版9】新富座家屋組　証券

一、此家税ハ　一興行終テ三日以内
ニ頭取ヨリ各株主ヘ分配スベシ
左ニ調印スル三名ハ　此証券多
数ヲ所持スル株主故ニ　姓名ヲ
記シ印形ヲ押シテ　以テ之ヲ保
証ス

一、此証券ハ　日本人中ナレハ誰レ
彼レノ別ナク抵当トシ　或ハ譲
渡スモ妨ゲナシ　尤モソノ由ヲ
申立　頭取ノ奥印ヲ受ルヘシ

発起　守田　勘弥
頭取　千葉勝五郎
副頭取　星野新五郎

上部の枠内の文言が、やや形而上的にも取れる言葉で興味深いが、誰によるものかはわからない。先に挙げた新富座株式会社の証券と比較すると、額面は百円で、基本的な内容はほぼ同じだが規定として細かくなっていることが明らかであろう。「家税」は興行終了後株主に分配されるものであることから見て、興行利益の配当を指すと考えられる。出資金は「建築ヲ家屋組へ引請ケタル資本金ノ内」であると記される。

前節に述べた通り、明治十年六月は、新富座にとって、火事で全焼した劇場を再築しようと仮家作を立てて興行を試みながら、本家作の建設に腐心している時期だ。その意味で、この証券による集金が興行の企画のためではなく、劇場再築のためであることは不自然ではないのだが、続く文言からは再築後も組織を維持し、配当を計画していることがわかる。

また、新富座家屋組において勘弥は「発起」であり、頭取・副頭取は新富座株式会社の創立委員筆頭だったとされる千葉・星野である。さらに、家税分配は頭取が行い、証券譲渡には頭取の「奥印」が必要であるとして、勘弥は書類上、興行収益と会社の株を自由に裁量する権利を持っていないと見ることができる。

以上から、新富座家屋組も、やはり実際は負債となる再築基金を証券化して、興行利益の配当により借金を徐々に返済するのを目的としていたことがわかる。さらに、勘弥には株を裁量する権利がなく、債権者が頭取として主導権を握ると明記されたことから、幕末以降の劇場に累積する負債により、債権者の台頭が、社則で正当化されながら一層進められていることも推測される。

## 三　新富町演劇会社

会社の目的が、負債の帳消しとさらなる累積の防止であるならば、毎回確実に利益を上げねばならない。だが、演劇の興行は、計画を立てても、予想する利益が確実に得られるものではない。回ごとに収益は変動し、客観的に分析できない原因で、予想を大きく外れた減益になることがしばしばあり得る業種である。

明治十一（一八七八）年六月の新装開場から二十年頃までは、「新富座時代」とも称される新富座と勘弥の最盛期である。勘弥は、九代目團十郎や五代目菊五郎をはじめとする東京の主だった俳優を用い、時代物から世話物、明治以降の世相風俗をテーマとする散切物、舞踊に至るまで書きこなすベテランの作者二代目河竹新七（十四年十一月から黙阿弥）と提携していた。その一方で、茶屋・出方の過剰なサービスを制限し、十二年八月の『漂流奇談西洋劇《ひょうりゅうきだんせいようかぶき》』のように外国人を出演させる芝居や、精密な時代考証に基づいて（つまり、扮装や道具に金がかかる）、主に團十郎が演じた「活歴」を出していた。こういった興行は冒険的であり、従って、この時期の勘弥が、毎回欠損を出さない安定した経営を行っているとは言いにくい。よって、新富座は株式会社を設立しても早期に解散せざるを得なくなる。新富町演劇会社は、明治十三年十一月設立されるが、翌年十二月解散した。

演博には、この会社の社則の写本と証券【図版10】が所蔵される。証券の記載内容は、役員の人員が増えているが「新富座株式会社」や「新富座家屋組」と比較すると、「会社ノ規則」によるとして、記載内容はむしろ前の二つより簡略になっている。

『東京新富町演劇会社創立』[21]と題された社則の写本は、寄贈者がやはり七代目三津五郎である。出所から考えて、この写本はもともと新富座、あるいは勘弥の手控えであったと推測される。ただし、明治十三年十一月十三日付で勘弥から京橋区長江塚庸謹宛に提出した会社役員・印鑑の届、および社則全文が『東京市史稿　市街篇第六十四』[22]「帝都（十六）明治十三年」二九六頁以下にある。写本と対校すると用字の異同が見られるほか、写本のほうには写し違いとその訂正、故意に省略したと推定される部分が見受けら

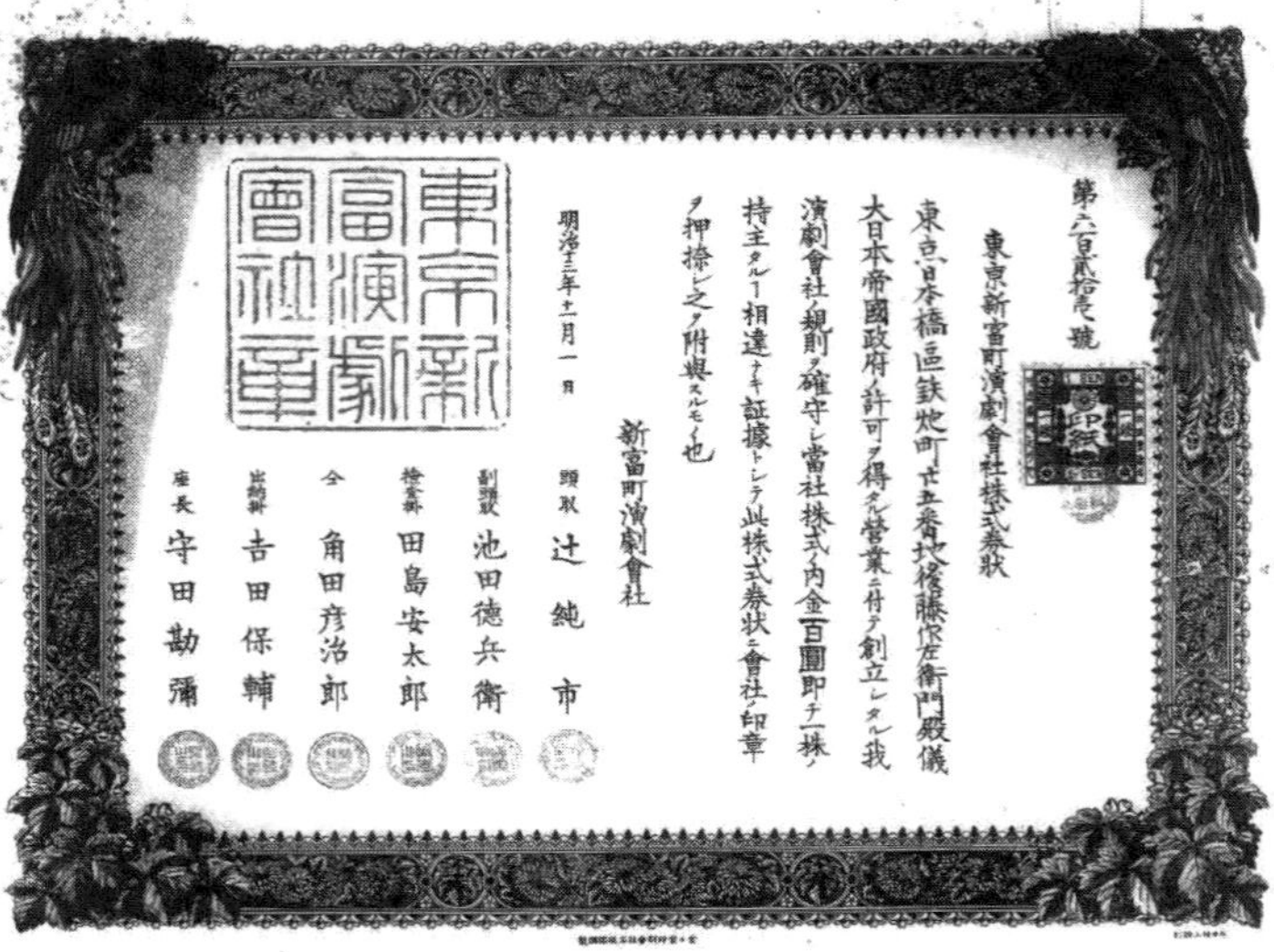


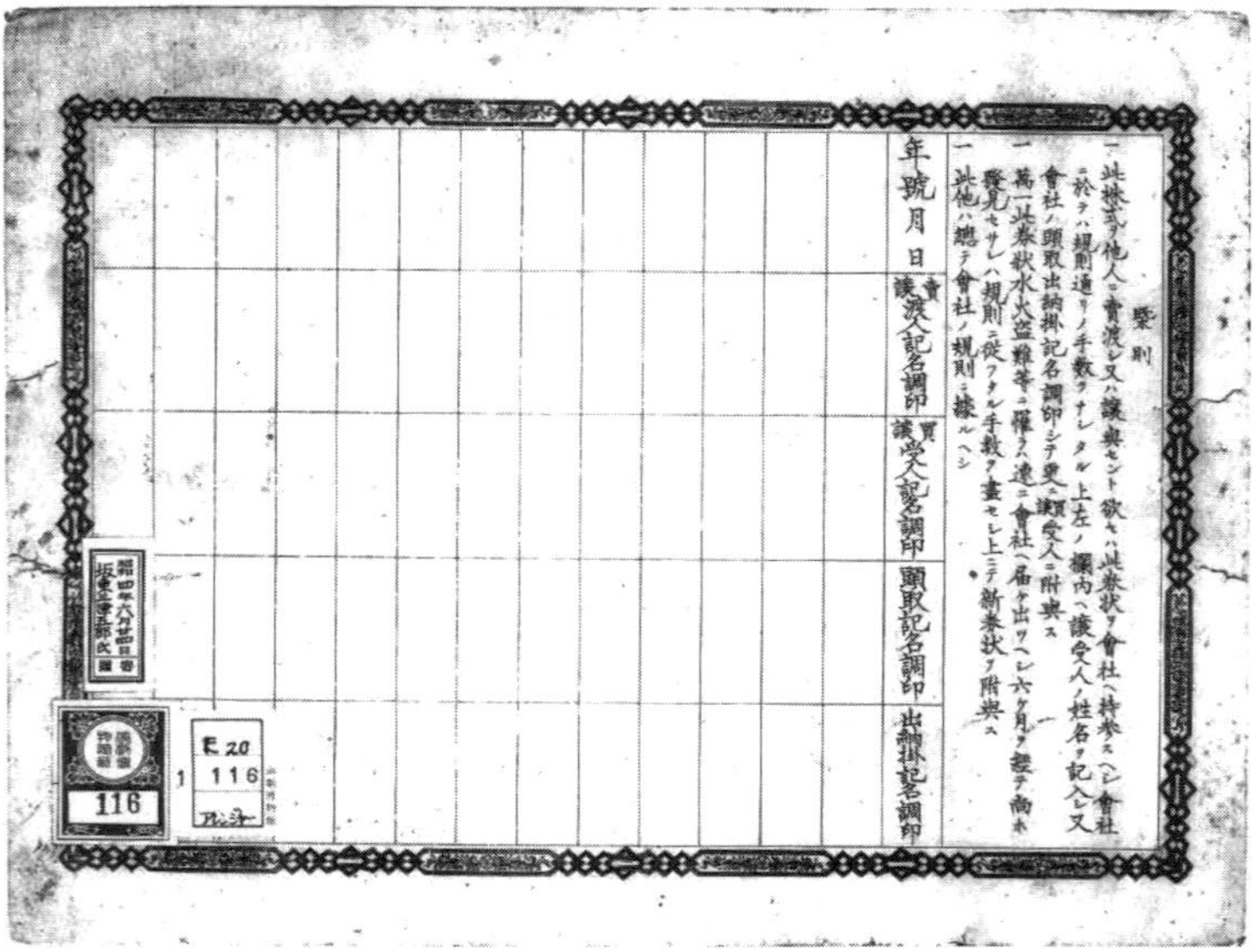


【図版 10】新富町演劇会社　証券　表面（上）・裏面（下）

れる。よってここでは、『市史稿』所載の本文により、部分的に引用しながら問題点を考察してみることにする。

まず社則の構成を記す。（　）は私に付した仮題である。

・（前書き）・新富座劇場起因（守田座の起源、勘弥の負債総額）
・（明治十一年六月から十二年五月までの売上高、仕入高、瓦斯〈照明〉・場中諸払）
・東京新富町演劇会社申合規則　・役員職務上責任権限之事

次に、（守田の負債総額）とした部分を全文引用する。

今明治十三年ニ至ルマテ貳百廿有一年間永続セシ劇場ナルモ、積年ノ負債累高シ既ニ現在金六拾貳万有余円ノ大負債ヲ醸シタルモ、此内金廿三万三千四百五拾円ハ　曩キニ明治八年中新富座保存ノ為メ一同協議ノ上新富社ト称シ結社セシ金ニシテ、之レニ充ツルニ上等桟舗高平土間一間ニ付金拾銭ツヽヲ利益トシテ興行毎ニ割賦スル事ニ議定シ、承諾ヲ得タリ。其残額三拾九万有余円ハ今回債主一同協議ノ末、若干ノ減額法方ヲ立テ、則チ金貳拾万円ニ引直シ、更ニ東京新富町演劇会社ヲ新設シ之レヲ資本金ト定メ、旧新富座所有ノ財産見積リ金七万円ハ現在スル物品、又タ金拾三万円ハ土地ト栄誉ヲ合セテ旧座主守田勘弥ヨリ譲受ケタルモノトシ、資本総額金貳拾万円ト為シ、壱株ヲ金百円トシ総株数貳千葉ノ株証券ヲ発行ス。

この部分からは、新富町演劇会社が新富座株式会社を継承する組織であること、勘弥の負債は明治十三年十一月の時点で約六十二万円で、「資本金」と称する明治八年時点での負債二十三万三千四百五十円がそのなかに含まれること、上等桟敷・高土間・平土間三種の席一間の売れ高の内十銭ずつを利益として株主となる債権者に分配する予定であること、明治八年以降累積した負債三十九万円を二十万円に減額し、現有財産七万円分、「土地ト栄誉」を十三万円分と換算して、一株百円・二千株に割っていることがわかる。「栄誉」の解釈が困難であるが、勘弥の興行についての営業権と考える。

　このあと社則に記される、明治十一年六月から十二年五月までの五興行分の決算表を計算し、日数で割った一日あたりの平均純益は次のようになる。

明治十一年六月…百八十八円六十銭　同八月…二百一円七十銭　同十一月…百四十五円二十銭
明治十二年二月…三百八円七十銭　同五月…九十九円二十銭

続けて次の文章がある。

右純益ノ概算ヲ目的ノ為メニ之レヲ掲ケ、向来株主へ対シ割賦ノ法方ハ、諸費ヲ引去リ純益高百分ノ五ヲ非常準備トシテ積立、残額ハ株数ニ応シ配当ス。前陳準備ヲ元利共利倍シテ廿ケ年貯畜《ママ》セバ凡ソ拾三万円トナレリ。之レニ共有物金七万円ヲ合シテ二十万円一端解社シ、猶再業ハ時ニ応シ協議ニ由ル。

先に出した純益をさらに平均し、五％に二十年分の日数を掛けたものを、「前陳準備ヲ元利共利倍」の意味が不明確ながら、利息と合わせて約二倍になるという意味に解釈して二倍すると、総額は確かに十三万七千七百三十六円となる。

しかし根本的な問題である、明治八年以降の負債のほぼ半分を帳消しにしたうえでの計算であることと、二千株で得られる二十万円はすべて負債であり、会社の方針通り営業しても返済を興行収益の配当で先延ばしにするだけで、実体となる資本金がまったくない現状は解決されない。返済が予定通り実行された場合、「一端解社シ、猶再業ハ時ニ応シ協議ニ由ル」とした一文にこの会社の全目的が表されている。

社則条文は、「東京新富町演劇会社申合規則」（以下「第一部」とする）として新富町演劇会社の所在地および会社の資本金総額、財産、証券、役員構成、役員の業務、配当の詳細、株券の譲渡などについて定義した全四十三条と、「役員職務上責任権限之事」（以下「第二部」とする）として役員の責任と権限について記した全二十二条からなる。先に述べた写本には、第一部の題と第一条から五条が写されていない。第一部第六条の役員構成に関する条文を引用する。

第六条　当会社ノ役員ト称スルモノ左ノ如シ。

頭取　一人　副頭取　一人　検査掛　二人　出納掛　一人　座長　一人〔以下略〕

社則の文末と証券から判明する具体的な人名は次の通りである。

頭取　辻純市　　副頭取　池田徳兵衛　　検査係　田島安太郎　角田彦次郎
出納係　吉田保輔　　座長　守田勘弥

役員は選挙で選び、在職期限は一年（第一部第八条、十一条）。座長は当劇場の鑑札名義人であるが、金銭出納には関係しない（同第十四条、第十六条）。

検査係の田島安太郎は、伊原敏郎旧蔵『団十郎及芝翫負債整理書類』の「金主姓名及見込書」[23]の筆頭に名を見ることができる。木村錦花によれば、田島は田島銀行の頭取、府会議員で芝の有力者であった。また木村が高利貸の「芝連」として挙げる人名のなかに池田徳兵衛の名も見える。[24]ほかの三人の経歴が現在不明ながら、すくなくともこの二人は、新富座や團十郎、四代目芝翫と近い債権者であることが判明する。座長に金銭出納を禁ずる規則を合わせると、座元に対して金主である債権者が自由な裁量をさせせない制限を加えているのが明らかだ。

以上から、新富町演劇会社は、直接には新富座株式会社を継承する形で設立した株式会社であるが、実体は、やはり負債の引き直しと返済を目的に設立されたものであり、座元より上位に立つ債権者の権力も、役員の構成と機能から見て一層拡大・強化されていることが判明した。

伊原敏郎は『明治演劇史』で、新富町演劇会社では最初から負債を切り下げることに同意しなかった債務者がいたこと、彼らは株券を受け取らず元の証書によって催促したこと、相談がまとまらず、「債務者が株券を承諾しない十二万六千五百円は勘弥が負担し、桟敷と土間一間につき二十五銭を日々引去つて其の消却に宛てる」[25]条件で解散したことを記している。解散の具体的な年月は、少女庵主人「守田勘弥」第四十三回によれば、十四年十二月十六日である。

しかし、座元に金銭の裁量の権限を与えない組織を作って、引き替えに借金の棒引きを行い、しかも最終的には早期に会社を解体して座元に借金を負担させているということは、新富座において、座元の金銭関係についての発言力の衰退が進んでいることを示している。

**注**

（1）早稲田大学出版部・昭和八年。

（2）岩波書店・昭和四十八年第二刷。

（3）『東都劇場沿革資料』下（国立劇場・昭和五十九年）による。木村錦花『興行師の世界』（青蛙房・昭和三十二年）は十五万八千両とする。

（4）中村座の移転前後の経緯については拙稿「明治の座元――中村座と千歳座の問題を中心に」（『歌舞伎研究と批評』五十八、歌舞伎学会・平成二十九年四月）に述べた。

（5）東京都公文書館蔵「納　三座劇場冥加上納金など書上」『金銭出納帳〈(出納係)〉』(605.D8.05) 所収。百二十五両を毎月払いで払っていると見られ、年額で千五百両。

（6）詳細は佐藤かつら『歌舞伎の幕末・明治――小芝居の時代』第二章第一節「明治前期の小芝居」（ぺりかん社・平成二十二年）を参照されたい。

（7）早稲田大学演劇博物館蔵（請求番号イ 13-65-1）。

（8）『万朝報』明治三十二年十一月二十七日、十二月一日、三日。

（9）新大衆社・昭和十八年。

(10) 元版は吉川弘文館、ジャパンナレッジの電子版にて閲覧。
(11) 河竹繁俊『黙阿弥全集　首巻　伝記』「河竹黙阿弥」第一「家系と出生」(春陽堂・大正十四年)。
(12) 日本経済評論社・平成七年。
(13) 原本は第一勧業銀行(現・みずほ銀行)調査部蔵。筆者は渋沢史料館常設展示における複製で閲覧した。
(14) 演博蔵『伊勢辰文庫貼込帳』一 (請求番号 E11-17300-1) 所収。
(15) 演博蔵 (請求番号 9997)。
(16) 演博蔵 (請求番号 9998)。
(17) 裁判言渡書　東京裁判所 (明治十三年) 民第千五百六十四号　貸金催促ノ詞訟。
(18) どちらも明治十年。週刊朝日編『値段の明治・大正・昭和風俗史』(朝日新聞社・昭和五十七年第九刷) による。
(19) 請求番号 E20-117。
(20) 請求番号 E20-116。
(21) 請求番号ロ 10-24。
(22) 東京都・昭和四十八年。
(23) 演博蔵 (請求番号イ 13-178)。
(24)『守田勘弥』六〇八～六〇九頁 (注 (9) 参照)。
(25) 四二三頁 (注 (1) 参照)。

# 小結

第一章では、まず幕末の守田座が座元としての権利を取り戻し、興行を再開した前後の状況を述べた。そして、そこに関与した中村翫左衛門、その子十二代目守田勘弥の履歴と立場についてまとめ、勘弥がその後興行を継続するため、明治十年代までに行ったいくつかの方策について資料をもとに振り返った。

翫左衛門は中年以降に外部から芝居に関わり、資金の融通を機会として仕切場の内部へ入り込み、市村座、ついで守田座の帳元となって金銭出納と役者そのほかの手配を引き受けた。言いかえれば、彼は巨額の借財を背負いつつ、資金の融通をつけることで、負債と表裏一体となった興行の実権を握ったのだ。

やや視野を広げて俯瞰すると、翫左衛門の履歴と興行の方法は、天保の改革でいったん止められた金主の興行参画が、体制支配のゆるみとともに形を変えて復活した例として見ることもできる。守屋毅の言を借りるなら、金主の役割をする者が「座元の特権的興行寡占を経営面から蚕食する」[1]動きの復活である。この過程で一貫して、座付茶屋が座の借財を引き受けることにより、座元・帳元の動向を左右する力を行使していることも重要であろう。

翫左衛門次男の寿作は、守田座で十二代目守田勘弥を相続した。それは、前の座元と血縁関係になく、外部から入った事務・経理の責任者だった父の仕事を引き継ぎ負債を負わされた者が、なかば形式的に養子にさせられ、劇場の代表者になったということである。しかし彼は結果として、興行を行うのに必要な資金・興行内容の決定権・親族的な繋がりで相続されてきた劇場の代表者としての名義、すべてを江戸の大芝居で獲得し、実行することになった。これは大きく見ると、劇場・興行権・興行主を兼ねそなえていた、元禄期以降しばらくの大芝居の座元のありかたが復活したものと考えることができるのかもしれない。(2)

勘弥出現の意義をもっとよく考えようとすると、六代目河原崎権之助が浮かび上がってくる。河原崎座座元であった権之助は、櫓交代後は市村座に関与して守田座に対抗し、慶応三（一八六七）年、江戸第四の狂言座として河原崎座復興を奉行所に願った。細かい点は違っても、勘弥とよく似た人物である。詳しい検討は今後の課題である。

明治初年の勘弥は、上方下りの比較的若い役者を、やはり若い江戸東京の役者に加えて顔ぶれに新味を出そうとし、中村座とは安値芝居も含む合同興行を行い、市村座には自身に近い鈴木万蔵を送る。明らかだと思われるのは、積極的に三座のリーダーシップを取り、茶屋との従来の関係を整理しながら、より合理的な経営を目指そうとする姿勢である。収益を上げ、後援に起因する相互依存的な関係を整理しようとした結果の施策が、明治五（一八七二）年の新富町への移転と、それに伴う魚河岸との絶縁だ。

結果的には、茶屋との関係を完全に絶つのは血縁関係の上からも不可能で、魚河岸からも役者の出演に妨害を受け、損害をこうむったのであるから、勘弥の施策は勇み足のところもある。だが、そうした冒険的な姿勢は、五年にいきなり開始されたものではなく、すでに幕末からの経営にその萌芽が見えよう。

八年一月、守田座は座元名に由来する劇場名を、移転先の地名に由来する新富座に変えて、負債を資本金と見なし株式に分割した新富座株式会社を設立した。

当初勘弥にとって、劇場経営は養子として継いだ「家業」であった。しかし、明治初年には東京のなかで比較的新興地であった新富町の地名は、意味づけの定まらない一種の記号である。名称を変えた時、劇場経営は家業ではなくなった。勘弥だけではなく、新富座の関係者すべてにとって仕事の意味に変質があったはずである。

それでも新富座が捨てることができなかったのは、「官許劇場」という肩書である。江戸時代には奉行所の管轄下に置かれながら公然の営業を許され、移転後の明治六年の劇場制限伺の際にも「従前劇場差許候場所」としてあることを許された劇場としての、多分に権利をも含めたプライドである。火災による劇場建物の喪失によって一層厳しくなった経営難と、仮家作におけるきれぎれな興行許可の相乗により、プライドを保てるかどうか危ぶまれたのが、明治十年の状態であった。

座元の親戚などの幼年の子を名義上の座元に立て、帳元など周囲の関係者が後見につくことは、江戸時代から例がある。たとえば、八代目と十一代目の市村羽左衛門は、どちらも茶屋を経営する実父菊屋（福地）善兵衛、茂兵衛を後見として、八代目は五歳、十一代目は十歳で座元となった。明治五年、やはり福地茂兵衛の子亀太郎は十歳で市村座座元を継ぎ、市村座の借財を逃れるために村山又三郎と改名した。座名も村山座と変わった。第三節で取り上げた、宝樹座の鑑札をめぐる経緯が目指した結果は、この例と近似しているのではないか。

官許劇場は六年以降、十座に増えていた。同時に、劇場を失った宝樹又兵衛から官許の鑑札を譲り受けるため、新富座は勘弥の弟の子を宝樹座座元として、官許の肩書を保ちつつ興行期限を限定されない新たな劇場を手に入れようとした。もし、予定地の問題や資金調達などを解決したうえで劇場建設に至っていれば、新富座は一時的にでも十年に東座と改称していたかもしれない。

だがその方策は、焼失以前から続く東京府の姿勢が影響して実行に至らなかった。劇場興行地許可問題は、十年から十一年当時に東京の芸能行政を行った組織、東京府と警視本署が、劇場の立地と機能についてどのような考えを持っていたか後世に示した点で意義深い。しかし、新富座の実際の経営には益を及ぼさないものだったと言わざるを得ない。

勘弥は、十一年六月の本家作初開場の前後から、当時の政界の多くの有力者へ、上演にあたっての参考意見を聞くことや、彼らを劇場に招待することなどで近づいてゆく。たとえば、楠本正隆の次に府知事となった松田道之とは、新富座の興行に招待したり、手紙のやりとりをしたり、依頼があれば夜会の余興に俳優を出演させるような交際をもつ。従来こうした活動は歌舞伎の社会的な地位向上を求める努力のあらわれといわれてきているが、以上の経過を踏まえると求めたメリットは、経営上具体的かつ即効性をもつものが多分に含まれていた可能性がある。

また新富座は、八年から十三年までの間に三度株式会社の設立を試みた。第四節の検討から、これはあくまでも借金の返済手段で、新たに劇場事業をおこすための株式会社とは言いにくいことを確認できた。従って、勘弥は近代以降確立してくる株式会社制度を劇場の存続と興行経営に利用したとは言えるが、その試みは十三年の新富町演劇会社では未完成である。

それではまったく新たに劇場事業をおこすために、劇場が株式会社方式を導入するようになるのはいつのことなのか。

松本伸子は『明治前期演劇論史』(3)において、「演劇改良に関して（十八年から）翌十九年に著わされた論説の多くが、劇場あるいは演劇界の財政的な面をかなり重視している」と指摘したうえで、明治十八年、事業としての劇場の株式会社化について提言している『歌舞伎新報』(4)所載「或紳商の説教話」について、「この一見単純なアイデアに過ぎないようにみえる一文も一つの主張を形づくる過程での必要な試行のように思える」と評価している。実際にこの記事を見ると、劇場の出費の原因は俳優の給金や衣裳代の高騰と、座内における金銭の着服であると指摘し、新富座を例にとって出資の割合を仮に決めた一覧を作るなど、かなり具体的な提案である。しかし出資者を劇場内部の者と一部の好劇家に限る点で、発想として十四年の時点からそれほど進歩しているとはいえない。

十九年八月結成された演劇改良会の目的の一つは、新たな演劇場の設立であり、これに伴って二十年、東京演劇株式会社が渋沢栄一らの肝煎りで企画される。しかし、これは計画のみに終わった。東京演劇株式会社に関与しようとした人々が実際に設立する劇場は、四十四年三月に開場する帝国劇場を待たなければならない。

実際に劇場外の一般人も出資する本格的な株式会社の設立は、現在確認できる資料では、たとえば、二十九年九月設立の春木座株式会社を挙げることができる。『春木座株式会社仮定款』(5)に見る第一回の払込株金は一株十一円で、『歌舞伎年表』には「大劇場中もっとも下廉なる劇場とて其株式引請人多く」(6)とある。また、本書第二章第三節に述べるが、同年同月には、一応一般からの株主を募集し、株主総会を行い、配当を出したと見られる歌舞伎座株式会社の株も上場される。劇場外部の一般人が出資できるまでに劇場の株式会社化が定着してくるのは、ひとまず三十年代はじめ頃と考えてよいのではないだろうか。

新富座における株式会社はどれも未熟で、長期に継続する経営体制を確立するには至らないものであった。しかし、二十三年の会社法成立以前、日本の劇場でどのように会社制度が用いられるようになったかを考えるきっかけを提供する事例として、見のがすことのできないものである。

勘弥は負債を抱えながらも、名義上の座元を立てて劇場鑑札を取得しようとしたり、負債を引き直した会社を設立して返済を先延ばしにしようとしたり、守田座・新富座の興行を続けるためにさまざまな手段を使った。しかし、演劇改良会にも参加していた千葉勝五郎と福地桜痴が二十二年に歌舞伎座を設立・開場させると、勘弥の活動は急速に輝きを失っていった。

## 注

（1）『近世芸能興行史の研究』三八五頁（弘文堂・昭和六十年）。

（2）林公子『歌舞伎をめぐる環境考』Ⅰ「江戸の座元——四座の興行機構の形成をめぐって」（晃洋書房・平成二十五年）。

（3）二八七頁（演劇出版社・昭和四十九年）。

（4）五百九十三、五百九十六、五百九十八号（明治十八年十月二十日から十一月六日）。

（5）演博蔵（請求番号ロ 10-50）。

（6）第七巻五二四頁（岩波書店・昭和四十八年第二刷）。

# 第二章　興行師田村成義
## ――その明治十年代から二十年代

### 第一節　田村成義と横浜

第二章では、はじめは代言人として十二代目守田勘弥と関わり、のちに専業の興行師となった田村成義の履歴と、明治三十年代初頭までの活動について記述する。勘弥と比較すると、田村の場合は幼少期から観客として歌舞伎に親しんだとはいえ、実際の劇場経営には中年から携わるようになったところなど、その携わり方も勘弥とは違うところがある。

本節では、明治以前からの田村の履歴について調査し判明したことをまとめたあと、これまであまり言及されていない横浜との関わりのありさまを記す。具体的な内容が明らかでないところもあるが、明治十年代の後半、田村は横浜で代言人事務所を開業した。自由党員であり、同時に幕末から明治の観劇団体で横浜の人々が多かった六二連ともおそらく関わりを持っていた。

## はじめに　田村成義とは何者か

田村成義は明治から大正期の東京で、主に新富座、歌舞伎座、市村座において、歌舞伎を中心とした演劇の興行を行った人物である。従来、田村の伝記的研究の基盤となっているのは、木村錦花の著作、たとえば『近世劇壇史　歌舞伎座篇』『守田勘弥』『興行師の世界』などの記述だ。また、田村自身の自伝的著作で、雑誌に複数回連載されたのち本にまとめられていないものとして、次の四つがある。

・「興行者としての三十年間」(1)（以下、たとえば「『三十年間』の第二回」は「三十年間（二）」とする）
・「歌舞伎座物語」(2)
・「歌舞伎座今昔物語」(3)
・「私と芝居」(4)

そのほか、もとは鈴木春浦による口述筆記で『歌舞伎』『演芸画報』に連載され、のちに単行本としてまとめられた『無線電話』(5)がある。

これに併せて周辺の雑誌・新聞記事、たとえば『歌舞伎』『演芸画報』『新演芸』『都新聞』などを時代順に読むことで、明治十二（一八七九）年頃から大正九（一九二〇）年十一月八日に没するまでの生涯はかなり詳しくたどることができる。しかしその前半生、特に十二代目守田勘弥（以下「勘弥」とする）と関わりを持つ以前については不明な点が多く、通説として知られていることにも誤りが見受けられる。まずは本人の自伝的著作、生前に刊行されている人名辞典類、そのほかの資料によって明らかになる概略を記し、この節をはじめることにする。

## 一　代言人となるまで

田村成義は嘉永四(一八五一)年二月一日、日本橋元大工町に生まれた。幼名は、『都新聞』大正九(一九二〇)年十一月九日所載の経歴と『演芸画報』同年十二月所載の鈴木春浦による年譜「田村成義氏の一生涯」に基づいて「猪之助」としているものが多いが、本人の生前に発行されている人名辞典類(6)を見ると例外なく「鋳之助」で、鋳之助が正しいかと思われる。

【図版11】田村成義
伊原青々園(敏郎)「守田勘弥と田村成義」『芸術殿』所収(昭和七年十月)

実父は眼科医の福井寿仙である。嘉永七年近江屋版の切絵図「日本橋南京橋八丁堀霊岸島辺絵図」(7)には、呉服橋御門の前、元大工町に「福井寿仙」の名がある。巷間に名の知れた医者であったことが推測される。この家に安政五(一八五八)年まで住み、その後何度か転居する。寿仙は松平越前守の御出入医者であったというが、田村は幼時に小松原省三(三省)について漢学を修めたと人名辞典類にはあり、生育環境はけっして悪くなかったようである。ちなみに田村の幼少期の「松平越前守」とは、将軍継嗣問題で一橋派につき、安政五年七月の安政の大獄で蟄居謹慎させられた慶永（春嶽）である。

はじめて芝居を見たのは安政六年三月中村座の『妹背山婦女庭訓《いもせやまおんなていきん》』ほかで、数えの九歳、連れていったのは叔父の萱田周造という「至って芝居の好な人」(8)であった。「私と芝居」ほかの自伝的な記述を総合してまとめると、年平均三回ほど江戸三座の芝居を見ている。幼少期にどの程度芸能に親しんだのかは明らかでないが、劇場の内側に常に出入りするような環境ではなかったと推測される。ちなみに、田村には妹があり、その夫がのちに市村座で帳元となる足立繁美、足立の子がのちに市村座にも関与し、映画に携わる田村道美である。田村自身には二人男子があった。長男義太郎は病弱で早世したが、次男はのちに、市村座座主となる寿二郎である。

話を戻すと、文久元（一八六一）年五月に母、慶応二（一八六六）年三月に父が亡くなり、同年六月、町奉行支配囚獄石出《いしで》帯刀《たてわき》組同心鎰役《かぎやく》（鍵役）筆頭田村金太郎の養子となり、囚獄書役見習として御抱入れを受けた。また、養子に入った際に鋳之助から金一郎に改名した(9)。

当時の田村の生活は相当に乱脈であったらしい。たとえば、邦枝完二編の四代目尾上松助『名人松助芸談』「大田村さん」(10)には、始終質屋の暖簾をくぐっていた田村が上野の花見に行って、質屋の番頭が自分の入れた帯を締めているのを見つけると、早速質屋へ駆けつけて帯を出すように迫り五両の詫金を取った話がある。松助はこの話で田村の前職を「岡ツ引」と言っている。また、これは歌舞伎座・市村座で田村を支えた三木重太郎の聞いた話であるが、「怪しげな家」（娼家と考える）に飛び込んだ翌朝、勘定の金がなくて十手を抵当に置こうとしたら、その家の「婆々ア」が驚いて「御冗談でせう」と言ったそうだ(11)。

念のため言えば、こうしたことは田村だけが行っていたわけではなく、江戸時代末期の奉行所・牢屋に関わった役人には珍しいことではなかったようだ。しかし、こうした逸話からは、もとはよい生まれながら生活の変化に揉まれるうち、遊び好きの奉行所の役人になった田村の像が浮かび上がる。慶応三年、鎰役の本役に進み、維新後は市政裁判所に出仕、東京府付監獄係、囚人前科取調役を務めたあと、明治三年に辞職した(12)。

「私と芝居（二）」によれば、同年八月頃、神田弁慶橋の箔屋（金銀箔製造業）矢島保太郎という友人から、その親戚が経営していた市村座の茶屋万屋、さらに藤浪与兵衛を紹介され、歌舞伎の小道具の刀を融通する仕事に就いたことがある。聖天町に住んでいた庄太夫という小道具師を紹介され、十三代目中村勘三郎や五代目大谷友右衛門、二代目澤村訥升、五代目尾上菊五郎の家などへ注文を取りにいくようになった。廃刀になりたてで、大小を作る職人は暇で困っていたので「割合に儲か」ったという。平民の帯刀取締りを政府が地方官に命じるのは明治三年十二月で、翌年、武士の帯刀を任意とする布告が出る。時期的にはほぼ符合する(13)。

田村はこの頃、島佐太郎と変名していた。文久二年の尾張屋版の切絵図「文久新鐫八町堀細見絵図(14)」によれば、霊岸橋の側に亀島町という一帯がある。この切絵図は色分けと記号で武家屋敷、南北奉行所の与力、社寺などを記しているが、そのなかに北町奉行所与力「島左太郎」の名がある。ここから、田村がまだ福井家にいた、安政五年十一月から六年二月まで、足かけ四か月だけ住んだ北島町は西側の通りを一本挟んで向かい側である。田村は、近隣に住むこの与力の名を借りたと考えるが、理由は明らかでない。

遊興による借金のため、五代目菊五郎から注文を受けた刀の代金を受け取りはしたが払えず困っているところに、静岡三方ヶ原の茶園を手伝わないかという話があって、夜逃げ同様に東京を出た。静岡に行き、茶園を経営するのは、維新後、身の振り方に迷った旧幕臣の多くがたどった道である。しかし長続きせず、明治四年、(15)東京に戻ったあと、田村は友人の勧めで法律学校に通い、代言人になるための勉強をはじめた。

代言人とは、弁護士の前身にあたる職業だ。(16)近いものとして、江戸時代には「公事師《くじし》」という職業があった。寺社奉行・勘定奉行・町奉行の奉行所や、京・大阪・長崎など要地の奉行所、地方の郡代所・代官所などで行われた裁判は当事者が出廷するのが原則で、代理人や弁護人に相当する者の関与は認められなかった。しかし、当事者から報酬を得て、親族その他と偽り出廷するのが「公事師」である。試験制度はなく、訴訟関係者の宿泊する「公事宿《くじやど》」の主人や手代がみずからの経験によって勤める場合が多かったため、弁護の質は一定せず、悪質な者も多くあった。

維新以降の明治五年八月、太政官達で「司法職務定制」が公布され、その第十章に証書人、代書人、代言人の職制が定められた。代言人については第四十三条に規定がある。翌六年、太政官布告で「代人規則」「訴答文例並付録」が定められ、民事訴訟における代言人の規定ができた。だがこの時には、身体的な障害がなく、未成年でなければ誰でもなれる職業であった。質の向上を目指して司法省が「代言人規則」を公布し、代言検査による免許取得が必要になるのは九年二月二十二日である。

田村の免許取得は九年説と十年説があるが、『日本弁護士史』(17)「代言人免許年度一覧表」明治十年東京の欄に「田村成義」の名が見える。受験以前に金一郎から成義へと改名していたようである。また後述する『組合人名明細録』によっても、明治十年六月に免許を取得したとするのが正しいようだ。

田村が再び歌舞伎の世界と関わりを持つようになるのは、明治十二年八月、勘弥が、久松座へ出演することになった三代目中村翫雀に給金の貸金があるとして訴訟を起こした時である。田村はこの時に翫雀の代言人となり、勘弥と面識を持つ。

この訴訟に関する裁判所関係の資料は現在見出していないが、少女庵主人「守田勘弥[18]」によれば、勘弥側は代言人坂邑正義を代人として争い、田村が示談に持ち込んだという。坂邑の名は新富座に関係した訴訟文書で何度か見ることができる。翌年、本書の第一章第四節で述べた新富町演劇会社設立の際、田村は勘弥から法律顧問を依頼され、その後も負債関係の代言だけでなく、新富座の興行の実務について勘弥の補佐をすることになる。

以上からは、田村は名の知れた眼科医の子に生まれたが、肉親を失い十代の多感な時期に牢役人の養子となり、維新後の短期間にいくつかの目新しげな職を転々とし、最終的に旧幕時代の経験をある程度生かすこともできる代言人という職業に就いたと言える。田村は一生を通じて記録の整理を得意とし、その特徴が生かされたのが現在公刊される『続歌舞妓年代記』の底本となった写本の作成、およびそれに続く稿本『続々歌舞伎年代記』の編纂で、彼の死後、稿本の明治三十六年末までの分が活字化されたものが『続歌舞伎年代記　乾』である。綿密に時系列で記録を取って残し、活用することは、代言人が弁護を進めていくうえでの手続きと基本的に変わらない。

しかし、みずからの履歴について自伝的著作で繰り返し克明に記しているように見える田村がまったく言及しないこともある。以下に述べる、横浜との関係がその一つだ。

横浜在住の弁護士中村文也による弁護士史の研究、特に『明治横浜代言人物語[19]』と「横浜集　横浜の代言人[20]」により、田村が明治十五年二月から横浜代言人組合に加入していたことと、自由党員であったことが明らかにされた。これは田村自身がこの二つのことがらに言及していないため、中村氏の指摘以前にはとんど知られてこなかった。

本節では以下、中村氏の研究とその所蔵資料を紹介しつつ、新聞広告などを参照して、明治十年代後半の田村の活動を筆者なりに調査し、田村と横浜がどのように結びつくのか追究していく。

## 二　横浜の事務所

中村氏は先に挙げた『明治横浜代言人物語』に、田村の活動時期を「十六年、十七年柳町五番地にて開業」とした。[21]その根拠となるのが氏の架蔵された『組合人名明細録』である。この資料の表紙右側には「自代言人創立／至十六年二月」とある。筆者はかつて中村氏に書面で伺い、部分コピーをいただいているが、現在のところ原本未見である。明治九（一八七六）年六月に東京府で第一回代言検査が行われてから十六年二月現在までの、所属代言人の情報が書かれている。表紙左側に「東京代言人組合事務所」と記されることから、内部の記録と推定される。

この本の特色は、代言人それぞれの免許取得年限、免許の期間、現住所、本貫族籍、年齢などを知ることができる点だ。罫紙の柱には「東京代言人組合明細録」とある。そして、「追記」の項には「十五年二月廿二日当組合ヲ離レ横浜組合ニ入ル」として、横浜組合への移籍が記録される。

しかし移籍後、田村は銀座を引き払って横浜でのみ活動していたとは言い切れない。以下はそれを新聞広告、評判記、名簿、代言人見立番付から考証してみたい。

まず、『東京横浜毎日新聞』[22]（以下『京浜毎日』とする）明治十五年十一月九日から十一日の広告欄に、

「迂生儀自今左ノ場所ニ於テ事務ヲ取扱候ニ付此段広告ス　代言人田村成義」、事務所として東京銀座三丁目十五番地、横浜柳橋際柳町五番地の二か所を見ることができる。そして、同紙十八年七月二十四日から二十五日の同欄には、「生儀今般横浜住吉町二丁目卅二番地へ出張所ヲ設ケ代言弁護ノ依頼ニ応ズ　銀座三丁目十五番地田村成義」の広告が出る。柳橋の事務所をこの時畳んだのかどうか、この間の広告に見つけることができないが、銀座の事務所は元のままである。

次に、十六年九月に発行された『代言人評判記』(23)を見る。この当時高名だった代言人の列伝集だ。類書はこの後何冊も出ているが、管見に入った限りで田村の記載があるのはこれのみである。巻末の代言人の住所一覧「〇横浜組合」に「横浜柳町五番地　田村成義」とあるが、銀座の事務所はない。

次に写本『自由党員名簿　明治十七年五月現在』を見る。これは国立国会図書館憲政資料室の所蔵で(24)、憲政史編纂会収集文書の一つである。小久保喜七旧蔵本（原本は活版刷であったことが表紙裏貼付の調査票によってわかる）を同会が原稿用紙に筆写したもので、昭和三十年、明治史料研究連絡会がこれを基に再編集・復刻している。この第一丁最終行に、東京府「仝〔京橋〕区銀座三丁目十五寄留神奈川県人　田村成義」とある。また、昭和三十年の復刻本に記される通り、『自由新聞』明治十五年七月三十日の雑報にある「自由党追加名簿」によって入党の確認が取れる。ちなみにそこでは「神奈県《ママ》人田村成義」と記される。

最後に、代言人見立番付の類に記載された田村の住所を見る。明治十六年六月発行「東京横浜代言師一覧」(25)には「〇横浜組合」の内にいて、住所は「横浜柳町五番地」。同年十二月発行「現今有名一覧」(26)も同じで、どちらも銀座の事務所にはふれない。しかし、明治二十二、二十三、二十五年の各一月に発行されされた番付[27]にはそれぞれ「銀座三丁目」あるいは「京橋区銀座三丁目十五番地」とあり、横浜の事務所は記載されない。

まとめると、田村は明治十五年二月に横浜代言人組合へ移籍したが、銀座三丁目の事務所は手放さなかったようである。そして、本格的に横浜にも事務所を開き、活動を開始したのが同年十一月からで、十六年から十八年七月頃までが、横浜にもっとも重点を置いて活動を行った時期と考えられる。そして、十八年七月末、横浜住吉町に「出張所」を置くようになった段階で、縮小されたのか拡大されたのか明確でないが、横浜における活動は転機を迎えたのであろう。つまり、田村の横浜を中心とした活動は、明治十五年十一月から十八年七月までをひと区切りとすることができる。

田村が最終的に東京の組合へ戻ったことは、明治二十二年五月、東京組合が二派に分裂した時に新組合の名簿に入っている[28]ことで確認される。二十年代の見立番付すべてに住所が銀座と記されるということは、新組合加入の頃には活動が東京中心になっていたことを示すと考えてよいだろう。

また、十八年十月からはじめられる彼の興行師としての活動は、舞台を千歳座から歌舞伎座へ代えて、代言人活動と平行して続けられる。二十八年には、月日不明ながら弁護士登録を取り消し[29]、専業の興行師の道を歩みはじめる。

## 三　明治十年代の田村の活動

田村の横浜における活動の意味を考えるには前提として、それ以前、つまり、明治十（一八七七）年の免許取得から十五年までを知る必要がある。

田村が興行に手を染める端緒となったことで画期的なのは、先にも記したように、明治十二年、勘弥が三代目翫雀に対して起こした訴訟である。しかしこの著名な事件は、彼に小道具の刀納入商という歌舞伎に関わる前歴がなかったとしても、代言する機会があり得たことは記しておきたい。明治十五年まで代言人の扱える訴訟事件は実質上民事に限られ、代言人の試験問題を見る限り金銭の貸借や証書作成の問題が多かったと推定されるためである。[30] そして、俳優の給金支払や金主からの借金が江戸時代からしばしば問題となった興行の世界では、確実になんらかの形で起きる訴訟に備えて「各座とも用心棒に、免許代言人を頼んで置[31]」くのは必要な対策であった。

そして、ここから田村と勘弥との交際ははじめられた。翌十三年には法律顧問を頼まれる。十四年八月の新富座の興行中には、刀の代金をもらったまま逃亡した負い目のある菊五郎と再会し、「始終わたし其の内を内のやうにして遊びに来られ〔明治三、四年頃の変名により〕『島さん〳〵』と呼ばれ[32]」る私的顧問になる。

勘弥が行った貴顕紳士宅への出張興行にも田村は顔を出した。明治十四年一月十八日、芝の延遼館で行われた東京府知事松田道之の夜会に、田村は「新富座を打出した後、急いで俥を飛し」て駆けつけている。

正面の玄関へ行けといひましたから、玄関へ参りました。それが手車ではあるし、服装は立派でしたから、最初には先方でも余程丁寧に扱かつて居りましたが、末に芝居の人だといふことが分つたので、急に彼方へと役人にいはれて、他の口へ廻されたのは随分器量の悪かつた事でした。[33]

「手車」とは自家用の人力車を指すから、車夫を住み込みで抱えられる物質的余裕がなければ持てない。この引用からは当時、田村の代言人の本業が隆盛だったことが推測される。幼年期から観客として親しんだ歌舞伎の世界と、代言人として新たにつながりができ、関係者とも親しくなり、幕内に関与するようになった。従って、明治十五年から横浜に移り、生活環境を新たにしなければならない理由は金銭面では見当たらない。

すでに中村氏は「横浜集　横浜の代言人」において、「横浜における田村の活動は多分に政治性のあったものと推測される」とし、それを示唆する資料として、『京浜毎日』明治十六年二月二日広告欄の「横浜協立会政談討論演説」に大塚成吉、小川三千三、飯塚銀弥らとともに田村が講師として参加していることを挙げる。そして、

> 横浜協立会は改進党系であるが、当時の密偵の政府への報告では、田村は自由党員とある。おそらく田村は自由党寄の大塚に誘われて、この政談会に参加したものであらう《ママ》。

と述べている。ちなみに大塚成吉は、のちに横浜代言人組合の会長を務めた人物である。

明治十年代から二十年代初頭の横浜の政治史を振り返ると、それは富裕な貿易商を中心とした立憲改進党系の「商人派」と、十年代は神奈川県や横浜市の役人、二十年代は自由党系の多かった、土地所有者である「地主派」が対立した歴史である。十年代の「瓦斯局事件」や二十年代初頭の「共有物訴訟事件」に顕著に表れるその経緯は、『横浜市史』第二、第三上下巻、『横浜市会史』第一巻、横浜開港資料館編『市制

施行と横浜の人びと――明治二十年代の横浜』[34]に詳しいが、横浜は富裕商人が立憲改進党系を後援し、盛んに活動した土地であった。田村の参加した演説会も、そうした政治風土のなかで開かれたものであろう。

そしてもう一つ、田村が立憲改進党員、もしくはさらに体制寄りの人々と交際があったことを知る手がかりがある。

明治十四年八月二十五日、東京の新富座で、北海道官有物払い下げ事件についての演説会が開かれた。これは、北海道開拓使の官有物が関西貿易商会という民間商業会社に払い下げられた、一種の職権乱用問題で、日本の野党結成の端緒となった民権史上画期的な事件である。世間の関心も高く、「聴衆の数は男女併せて無慮三千有余人」で聴牌（切符）は午後四時頃に尽き、満員の札を掲げても押しかける人が絶えなかったと、翌日付の『京浜毎日』は伝える。

この記事によれば、演説会の準備にあたったのは、勘弥と新富座劇場会社頭取の辻純一である。登壇した弁士は沼間守一、福地源一郎、益田克徳、肥塚龍、高梨哲四郎であった。ほか数名とする資料もあるが、ここには複数の資料で確認できる五人を記す。

沼間と肥塚は、のちに改進党系となった『京浜毎日』の社長と記者である。福地は「半官報」といわれた『東京日日新聞』の社長で、翌十五年、政府寄りの立憲帝政党を立てている。益田は元官僚で、東京海上保険会社の支配人である。高梨は沼間の弟であり、この直前、福地の『東京日日新聞』に対して東京代言人組合が起こした名誉毀損訴訟の代言を行った。また、のちに脱退したが、結党時の改進党員である。つまり、この演説会の弁士は改進党系、もしくは政府寄りの人々と考えられる。

そして、田村は彼らについて、「出席の弁士はみんな私の知人」[35]と述べている。高梨は、田村とともに素人芝居を行うような親交があったことがわかっているが、[36]ほかの人々とは勘弥を通じた交際だろうか。

しかし、こうした面々と交際していたならなおさら、なぜ田村は自由党へ入党し、事務所を置く土地として横浜を選んだのか、銀座に寄留する「神奈川県人」となってどのような活動を行ったのかという、根本的な疑問は解決されないまま残る。

明治十六、十七年は自由党の盛んな時期だが、田村の自由党系演説会への登壇の記事などは現在ほかに見つかっていない。自由党神奈川支部の活動は『自由党史』にも詳述されず、名簿・規約が未発見のため詳細がわからない。横浜の自由党の壮士について多く書いた伊藤痴遊の著作にも、田村への言及はない。結論として、政治に関わる人々と交際があったことは推測されるが、自由党への入党が何を意味するか明らかに示す実証は、現在挙げられない。

そして同時期、東京で勘弥と仕事をしていた形跡は、少なくとも三つ挙げることができる。

第一は、横浜組合へ移籍してから約二か月後の十五年四月十三日、本所馬場町の妙源寺で行われた初代河原崎國太郎の十三回忌法要に、九代目團十郎と一緒に墓参したことだ。田村は生涯にわたって團十郎にあまり深く言及していない。また、團十郎は田村を苦手としていたという五代目中村歌右衛門の証言もあり、私的な墓参りをともにするほど親しいとは考えにくい。新富座座元の代理として同行したとするのが自然であろう。[37]

第二は、十六年五月、勘弥が團十郎、菊五郎、芝翫ら看板俳優を貸すなどして経営に関与していた市村座の興行で、代言人渡辺小太郎が大道具を差し押さえた件を、田村が示談にしていることである。[38]これは勘弥の代言人として職務を遂行したと見てよいのではないか。

第三は、同年十月二十二日、新富座の初日に、同座の二番目狂言『千種花音頭新唄《ちぐさのはなおんどのしんうた》』に出演する芸者たちのもとへ、菊五郎、勘弥とともに挨拶に行っていることだ[39]。これは『伊勢音頭恋寝刃《いせおんどこいのねたば》』に実録的な脚色を加えた作品で、福岡貢を演じたのは菊五郎であった。劇場条例に違反しないよう俳優の鑑札を取って出勤した芸者たちに、座元と主役の俳優が挨拶をする。それに同行しているということは、田村が出勤についてなんらかの形で助力したものと考えられる。

つまり、当時の田村は、横浜に行ききりになって政治活動や代言に奔走していたとは言い切れず、同時期に平行して東京の歌舞伎興行関係の仕事にたずさわっていたようである。しかし、これでは田村と横浜を結びつける確実な点がなくなるように見えるが、仕事のなかで横浜の文化人と交流があった可能性はある。それは以下に述べるように、田村が六二連へ加入していたと仮定することではじめて示される可能性だ。

## 四　田村と六二連と横浜

明治十七（一八八四）年一月二十日開催の、六二連新年会における手拭合せに「田村」の名が見える[40]。姓だけなので別人の可能性はもちろんあるが、この名は以後、六二連関係の会合で二十年まで確認できる[41]。その後は六二連そのものの記事が少なくなり、六二連関連で「田村」と明記した記事が発見できていないので不明だが、これがもし田村成義なら、その登場は横浜で活動していたと考えられる時期に一部重なる。

これらの記事には、会合で出された題と、連員それぞれの趣向が具体的に記してある。「田村」の趣向を二、三挙げると、十七年の年始会は題「狂言尽し」で『妹背山』、これは田村が生涯ではじめて見た歌舞伎である。また、十九年の年始会は同題で、趣向は二年前に田村と懇意の菊五郎が国定忠治を演じた『上州織侠客大縞《じょうしゅうおりたてしのおおじま》』である。二十年二月の梅素薫の新宅開きの時の題「新の字尽し」の趣向は「新富座」である。

これらの趣向に、筆者は田村の歌舞伎に対する関心が反映されていると考える。しかし、田村が六二連に加入していたとして、その意味を考えるには、背景として、横浜の芝居とその性質、六二連の概略と歴史について述べる必要があるだろう。

横浜の諸劇場に顕著な特徴は、東京の大芝居・大劇場の俳優が巡業する、いわば東京にもっとも近い地方の劇場であることと、東京で行いにくい興行や、短期間のプレビュー興行を行う劇場であることの二つを兼ね備えていた点だ。

第一の特徴には、たとえば明治五年正月、下田座さの松で行われた舞台の打上げ後、團十郎が開通前の汽車に乗った興行などが当てはまる(42)。

第二の特徴は、たとえば明治七年七月港座の『近世開港魁《きんせいみなとのさきがけ》』が一例である。これは、西郷吉之助、徳川慶喜、木戸孝允、勝海舟、新門辰五郎といった、多くは現存している維新の立役者が、名前を少しずつ変えて総動員された維新史であった。作者は三代目瀬川如皐で、上演当時、観客が騒動を起こすほどの反響を呼んだ(43)。「如何に明治になつたとは云へ、東京では斯うした狂言を上演する勇気はなかつたでせう(44)」という後世の評にも、横浜だからこそ、この斬新さが許されたことが知れる。

また明治十三年以降、正月に勘弥が行った興行の記録を見てもよい。新富座（猿若座と実質的に改称していた時期を含む）はほとんど一月十五日前後が初春興行の初日で、その前にはほぼ同じ一座で、十日間前後の短期興行を横浜で行うのが通例になっていた。例として『歌舞伎新報』（以下『新報』とする）一一八号（明治十四年一月十二日）の雑報を見る。

旧冬新富座の俳優は大体横浜港座へ一月早々から出勤の積りにて　名題下相中はヤツと越た大卅一日　まだ其上に（内證の幕だが）税金未納の滞こほりも打捨がたき営業の冥利　横浜の一興行で是等もスツパリ綺麗になりよい正月も出来やうかと　楽しむ甲斐も情けなや

この記事のあとにある、「誰しも寒い汽車通ひ」という言葉からも、日帰りで行ける稼ぎどころとしての横浜が読みとれる。また『新報』四十二号所載の仮名垣魯文「劇場客物語　第二十四号」の冒頭は、マイナス評価交じりながらも、商業都市として開けた、当時の横浜の様子と劇場の観客のありさまを伝える。そして明治二十年代、「壮士俳優」を育んだのも横浜であった。たとえば、後述する富田砂燕（砂筳）は壮士俳優福井茂兵衛の後援者でもあり、困っていた時代には寄食させ、二十六年一月鳥越座（中村座の後身）への出演時には後援を行っている。(45)

このように、物質的に豊かで新しい事物と人を尊んだ横浜において六二連は発展した。では、六二連とはどのような団体か。東京の代表的な観劇団体との漠然とした印象を持つ人が多いはずだ。

早稲田大学演劇博物館に『六二連関係書類』『六二連出納表』(46)と仮題された資料がある。前者の冒頭に置かれた「東京連長代理兼／横浜連長富田砂筳」による「六二連規則改正議案」によれば、これは江戸時代から続いた観劇団体「見升連」を明治十年三月に改称したものである。また『新報』六百四十六号には連の起りを「安政の初め」とする。

長老梅素玄魚[47]の死後、六二連の運営の中心となったのは、東京の老舗の商人高須高燕や梅素薫[48]もさることながら、浅草にいたが維新後は商館番頭として横浜で貿易に携わり、幕末にはフランスへ赴いたこともある連長[49]の富田であり、彼らと『かなよみ（のち仮名読新聞）』から交際があって明治十二年から『新報』も編集していた仮名垣魯文、その仕事仲間で新富座の作者の一人である久保田彦作だった。横浜色の強い団体であったことはすでに松本伸子、斎藤多喜夫が指摘[50]している。

六二連の業績で今も参考とされるのは、『六二連俳優評判記』と『新報』に掲載された合評である[51]。特に『六二連俳優評判記』の特徴は、投書を募集してそこに富田、高須、梅素の意見を加えてまとめたことが売り物になっている点だ。投書者はほとんど『仮名読新聞』から固定した人々のようだが、しかしそこに、歌舞伎について開かれた場で考えようと試みる姿勢が見て取れることを見落とすべきではないだろう。

彼らの観劇態度が具体的にわかる文章を抜粋する。ここには極めて素朴だが、公開批評の一つの形とその権威の様子が見られる。

> この連中〔六二連、見連、水魚連など〕は、平土間の五六の側の一から陣取って、毎興行各座を見物してゐました。六二連は日曜に多く行つてゐました〔中略〕殊に六二や見連は、気に入らないと、一人が「なつてゐませんなア」と大きな声で云ひ出すと、口を揃つて相槌を打つ〔中略〕一人が居眠りを始めると、一同が居眠りをするのです〔〕だから六二見ず連、粋狂連だなぞと、幕内では云つたそう《ママ》です〔中略〕是等の見物の日には役者が幕を一寸揚げて挨拶したものです[52]

久保田が世話人をしていたこともあって、六二連は新富座との関係が密で、しばしば新富座へ引幕や賞牌を送っている。そして田村が横浜で開業していた柳町は、横浜ステイション、現在の桜木町駅から五分ほど歩いた、現在吉田町に統合されている地域で、当時の繁華街である馬車道や、増田座、栗田座、勇座、賑座などのあった劇場街、伊勢佐木町にも近い。

新富座に関係の深い田村が横浜で活動をはじめてからは、代言人として、六二連を構成している有力者と改めて知り合う機会は多かっただろう。そこから、知っていても入っていなかった趣味と実益の集まりに誘われたのではないか。そして晩年に顕著となる保守的な面を持ちながら、一方で自由党員になりうる二面性を持つ田村と、新時代に歌舞伎の見巧者がどう生き残るかスタイルを試行錯誤していた六二連とは、入れば相性が合ったはずである。

## 注

（1）『歌舞伎』九四（明治四十一年五月）から九九（同年十月）号に（一）〜（六）、一〇二号（四十二年一月）に（七）、一〇三号（四十二年二月）に（八）、一〇七（同年六月）から一一一号（同年十月）に（九）〜（十三）、一一九（四十三年五月）から一二四号（同年十月）に（十四）〜（十九）、一三四号（四十四年八月）に（二十）。全二十回連載。

（2）『演芸画報』明治四十三年八月から四十四年三月、中断を挟みながら全五回連載。

（3）『新演芸』大正五年三月から六年十月、全二十回連載。

（4）『演芸画報』大正七年七月から八年五月、全十一回連載。第四回から回数の表記がなくなり副題を記すだけになるが、以下では回数を通しで数えて表記する。

（5）『演芸逸史　無線電話』（玄文社・大正七年）として田村の生前に部分的にまとめた本が刊行。『芸界通信　無線電話』（青蛙房・昭和五十年）は各誌に連載された全回を収録。本書では後者を参照している。

（6）『日本現今人名辞典』（原本は明治三十三年、『明治人名辞典　Ⅱ』〈日本図書センター・昭和六十三年〉所収）、『現今日本名家列伝』（明治三十六年・日本力行会）、『成功名家列伝』（明治四十一〜四十三年・国鏡社）、『当代紳士伝』（明治四十二年・帝都交進社）、『現代人名辞典』（中央通信社・明治四十五年、復刻『明治人名辞典』〈日本図書センター・昭和六十二年〉所収）を参照。

（7）『別冊歴史読本52　江戸切絵図』（新人物往来社・平成六年）所収。

（8）「三十年間（一）」「私と芝居（一）」。

（9）「三十年間（二）」、注（6）に挙げた人名辞典類による。

（10）一七五頁（興亜書院・昭和十八年）。

（11）「三田劇談会」（『三田文学』昭和十四年三月号）。

（12）「三十年間（二）」「私と芝居（二）」。『芸界通信　無線電話』「川上音二郎」（青蛙房・昭和五十年）では「明治二年以来劇界の人と交際をして」と言っているが、こちらは田村の名を表立って出していない著作のため、ひとまず三年説を採る。

（13）『国史大辞典』「帯刀禁止令」の項。ジャパンナレッジの電子版にて閲覧。

（14）注（7）参照。

（15）「三十年間（二）」「私と芝居（二）」。

（16）明治二十六年の弁護士法制定以降「弁護士」と改称。以下の代言人の歴史の概略は、滝川政次郎『日本弁護士前史　公事宿の研究』前編「公事師・公事宿概説」（早稲田大学比較法研究所紀要第八号〈昭

和三十四年〉)、奥平昌洪『日本弁護士史』(初版大正三年、復刻は巌南堂書店・昭和四十六年)、日本弁護士連合会『日本弁護士沿革史』(日本弁護士連合会・昭和三十四年)を参照してまとめている。

(17) 注(16)参照。

(18) 第三十一回(『万朝報』明治三十二年十一月十一日)。

(19) 中村文也(私家版)・昭和五十六年。

(20) 『横浜学』第一号(「横浜学」を考える会・昭和六十三年)所収。

(21) 注(19)参照、一七二頁。

(22) 参照は復刻縮刷版(不二出版・平成二年から五年)による。

(23) 安達重吉著、秩山堂・明治十六年。

(24) 請求番号426。

(25) 横浜弁護士会『横浜弁護士会史』上巻(横浜弁護士会・昭和五十五年)所収。

(26) 中村文也蔵。日本弁護士連合会『弁護士百年』(日本弁護士連合会・昭和五十一年)にも写真がある。

(27) それぞれ『日本法曹界人物事典』第七巻(ゆまに書房・平成八年)所収、『弁護士百年』(注(27)参照)所収、東京弁護士会図書館蔵(公開展示で確認)。

(28) 安達元之助『東京弁護士会史』(東京弁護士会事務所・昭和十年)。

(29) 『日本現今人名辞典』(明治三十三年、復刻は『明治人名辞典 II』日本図書センター・昭和六十三年)。

(30) 『日本弁護士史』『日本弁護士沿革史』(ともに注(16)参照)。

(31) 木村錦之助(錦花)『明治座物語』一九頁(歌舞伎出版部・昭和三年)。

(32) 六代目尾上梅幸「唯一の恩人」(『演芸画報』大正九年十二月)。

(33) 「三十年間(一二)」。「私と芝居(四)」もほぼ同文。

(34) それぞれ横浜市・昭和三十四〜三十八年、横浜市会事務局・昭和五十八年、横浜開港資料館・昭和六十三年。
(35)「私と芝居（四）」。
(36)尾上幸蔵「先生の師直と弁天小僧」（『演芸画報』大正九年十二月）、尾上松助「型にない師直」（『新演芸』大正九年十二月）。
(37)「三十年間（四）」。歌右衛門の談話は「手を握合つて泣く」（『新演芸』大正九年十二月）。
(38)「私と芝居（五）」。
(39)田村成義編『続続歌舞伎年代記　乾』三六二頁下段（市村座・大正十一年）。
(40)『新報』三百八十号（明治十七年二月五日）。
(41)『新報』五百十四、六百四十六、七百四十八、七百五十八号。
(42)斎藤多喜夫「横浜の劇場」（『横浜開港資料館紀要』第十号、平成四年三月）。
(43)松本伸子『明治前期演劇論史』一一〇～二五頁（演劇出版社・昭和四十九年）に経過研究と分析がなされる。
(44)但馬屋老人「文明開化劇界夜話」第四夜（『演芸画報』大正六年一月）。
(45)伊藤痴遊「書生芝居の思ひ出」（『痴遊雑誌』二―五、昭和十一年五月）。
(46)内題・外題なし、請求番号ロ 30-838-1・2。
(47)明治十三年二月七日。『新報』五十八号による。玄魚の履歴については河竹繁俊『黙阿弥の手紙日記報条など』（演劇出版社・昭和四十一年）、久保木彰一「人呼んで筆の喜三郎」（『水茎』十二、平成四年三月）に詳しい。梅素薫は弟子。
(48)『新報』九十六号。
(49)石背老人「富田砂燕翁小伝」（『歌舞伎』五号、明治三十三年八月）、痴遊生「亡友の思ひ出」（『痴遊雑誌』一―七、昭和十年十一月）、『かなよみ』明治九年二月十五日。

（50）注（43）、（44）参照。

（51）法月敏彦の校訂で『六二連俳優評判記』上中下、『六二連俳優評判記　歌舞伎新報編』上下の五冊がまとめられており、六二連の「評判」についてはすべてを確認することができる。国立劇場調査養成部調査資料課・平成十四、十六〜十九年。

（52）伊藤精彦「今の見物と昔の見物」（『中央演劇』昭和十一年七月）。

## 第二節　田村成義と千歳座

本節では、明治十八（一八八五）年十月、東京千歳座で興行師として活動をはじめる田村成義の動向について考察を試みる。東京の劇場の経営状況が混沌としてきたこの時期、春木座で革新的な興行を行った三田村熊吉は千歳座を借り受けようとして失敗した。田村は勘弥と緊密に協力して、千葉勝五郎と福地桜痴が設立を企てた歌舞伎座に対抗し、「四座同盟」の結成に尽力する。それが破れたあと、二十三年以降に田村の歌舞伎座での活動が本格的にはじまっていくようである。しかし、すくなくとも当初は、勘弥の代理の色合いが濃かったのではないかと考える。

### はじめに　田村と明治二十年前後の千歳座

前節に記したように田村は勘弥と関わりを持ったあと、さまざまな形で補佐するうち、明治十八年一月開場した千歳座の経営に十月から携わることになり、同年十一月『四千両小判梅葉《しせんりょうこばんのうめのは》』の初演を手がける。しかし、この後田村がいつまで千歳座に軸足を置いて活動しているのか、その区切れ目は従来あまり明らかでなかった。

田村個人の著作で、生前に本の形で出版されたのは『芸界逸史　無線電話』(1)だけだ。ほかに三回忌の折、嗣子寿二郎により出版された『続続歌舞伎年代記　乾』(2)があるが、これはあくまで編著で、しかも自身に関する記述はそれほど見受けられない。そのほか前節に挙げたような、本としてまとめられていない自伝的著作が四つあり、田村の活動を知るにはこれらを参照することが不可欠である。だが、これらのいずれを見ても千歳座での活動期間ははっきり区切れるようには書かれておらず、漫然と読んでいるといつの間にか田村が歌舞伎座に入り、興行を毎回行っているように読めてしまう。

千歳座は、開場後わずか五年半足らずの明治二十三年五月、火災で焼失する。その後、二十六年五月明治座と改称して、初代市川左團次が座元となり再開場して以降は、田村は直接の関係を、すくなくとも継続的には持っていないようだ。そのため、まず千歳座の明治十八年開場から二十三年までの興行と、周辺の事項を記した年表を作成した。以下の記述は、この年表を参照しながらまとめている。太字にしたのは、以下に記していくが、千歳座にとって区切りとなるできごとである。参考資料として以下の文献を使用した。

- 田村成義「歌舞伎座今昔物語」（書誌は前節注（3）を参照）
- 田村成義「私と芝居」（書誌は前節注（4）を参照）
- 木村錦花『明治座物語』（歌舞伎出版部・昭和三年）
- 木村錦花『近世劇壇史　歌舞伎座篇』（中央公論社・昭和十一年）
- 藤田洋『明治座評判記』（明治座・昭和六十三年）
- 佐藤かつら『歌舞伎の幕末・明治――小芝居の時代』（ぺりかん社・平成二十二年）
- 『読売新聞』（以下、文中も『読売』とする。表中、新聞記事に典拠を得ている記述はこの字体で示す）

| 年 | 月日 | 千歳座の興行 | 田村そのほかのできごと |
|---|---|---|---|
| 明治十八（一八八五） | 二・八 | 千歳曽我源氏礎　山伏摂待<br>水天宮利生深川　風狂川辺の芽柳 | 座長加藤市太郎、帳元に新富座の鈴木万蔵を招き、勘弥に仕込みを依頼 |
| | 四・二十 | 櫓太鼓成田仇討　須磨浦凱歌謡曲<br>花雲雨鳴鈴 | 勘弥の浪費により加藤は新富座と絶縁 |
| | 七・十三 | 義経千本桜　夕立雲斑甲横櫛 | 千歳座は五代目菊五郎を誘致 |
| | 十・五 | 酔菩提新酒又六 | 田村、企画に関わる |
| | 十一・二十二 | 四千両小判梅葉　祇園祭礼信仰記<br>巣鴨里比翼道行　太鼓音題目伎踊<br>（十二・十九千穐楽） | **三田村熊吉、加藤と千歳座を借りる契約を結ぶ**（十一・二十一）<br>鳥熊が千歳座を借りるとの記事（十二・十五） |
| 明治十九（一八八六） | 三・十五 | 盲長屋梅加賀鳶　岸柳朧人影<br>花合四季盃 | 東京府、警視庁へ道化踊場を公園にまとめることを協議（三・十三） |
| | 五・二十一 | 恋闇鵜飼燎　墨川月雨雲<br>初幟柏葉重 | **三田村と加藤の劇場貸渡についての訴訟判決**（五・二十九） |
| | | | 演劇改良会結成（八・） |
| | 十一・二十 | 月白刃梵字彫物　鳴響茶利音曲馬 | 三田村から千歳座への貸金催促訴訟判決（十一・三十） |
| | | | 加藤、千歳座を去り、田村と中村善四郎善後策を協議（十二・十五） |

| | | | |
|---|---|---|---|
| 明治二十（一八八七） | 二・二十一 | 梅春侠客御所染　七福神恵方入船 | 演劇改良会社設立のための会合（一・十七）<br>三田村と加藤の劇場貸渡訴訟、控訴審で棄却（二・二十三） |
| | 四・二十一 | 酒戦場愛宕連歌　国性爺理髪姿鏡<br>土蜘　寿うつぼ猿<br>（天覧劇を挟んで五月まで） | 菊五郎、このあと中村座へ |
| | 六・九 | 落語会慈善賛成　忍岡恋曲者<br>大得意身振声色　仮名手本忠臣蔵<br>鼻舞台鹿柳柏手（噺家芝居） | 千葉勝五郎、千束村借地への「改良演習舞台」設立願（五・四、十六日以降下げ戻し） |
| | 八・二十 | 極付幡随長兵衛　大杯觴酒戦強者<br>吉備大臣支那譚（團十郎中心） | 浅草公園に常盤座開場（十・十二）<br>吾妻座開場（十一・十五） |
| | 十一・十七 | 鸎声小春朝比奈　帰花道成寺晩鐘<br>蛇竃淵嫉妬仇浪（芝翫・中村福助） | |
| 明治二十一（一八八八） | 三・ | 米国人ノアトンの大奇術 | |
| | 五・一 | 籠釣瓶花街酔醒　鎌倉三代記<br>（芝翫・左團次・中村福助） | 田村、三代目河竹新七にアドバイス |
| | 七・十三 | 大岡政談夏鈴川　御所桜堀川夜討<br>夜講釈勢力譚話（芝翫・家橘・中村福助） | 福地桜痴による「改良劇場建設」の願書許可（九・ |

| | | | |
|---|---|---|---|
| | 九・二十八 | 二刀額面捧宮本　油坊主闇夜墨衣<br>矢矧日吉月弓張　滑稽俄安宅新関<br>（團菊） | 四座同盟の成立　（九・二十六）<br>田村は「立会取扱人」 |
| | 十一・二十五 | （若手の勉強芝居） | |
| | 十二・二十三 | 第二回演芸矯風会 | |
| 明治二十二<br>（一八八九） | 五・十五 | 鏡山若葉艶　源平布引滝<br>三国一曙対達染（團菊左・中村福助） | 新富座他七座から小劇場取締の要請　（二・十九）<br>新富座、桐座と改称　（三・） |
| | 九・十 | 晴行天浪宇和島　御所桜堀川夜討<br>蜘糸宿直噺（芝翫・高砂屋福助・<br>坂東彦十郎） | |
| | 十・五 | 姫競二葉絵双紙　絵本太功記<br>（九月の一座＋中村福助） | 歌舞伎座開場　（十一・二十一） |
| 明治二十三<br>（一八九〇） | 一・一 | 千代春慶安実記　神霊矢口渡<br>梅開花街見世張<br>（澤村訥子・田之助・市川鬼丸） | 勘弥は九代目團十郎とともに京都祇園館へ、田村<br>も同行 |
| | 二・一 | 櫓競芝両国　地紙画源平躑躅<br>（訥子一座） | |
| | 三・一 | 碁盤忠信武門礎　根岸花遠山政談<br>三木偶機関新橋（訥子一座） | 桐座、新富座に改称<br>春木座主溝口権三郎、坂野積善から衣裳を譲り<br>受け千歳座などへ貸し出し　（三・二十四） |

| | | | |
|---|---|---|---|
| | 五・二 | 鶴千歳帰国為朝　碁太平記白石噺　倭仮名在原系図（訥子一座＋市川猿之助） | 田村の口利きで、鴈治郎を歌舞伎座・新富座の両方に掛け持ちさせる　（五・） |
| | 五・六 | 火事で全焼、興行はそのまま中村座へ（二十六年明治座と改称・再開場） | 吾妻座・常盤座の「改良図面」出願（八・二十一）<br>歌舞伎座から福地退き、勘弥関与　（十・十七）<br>吾妻座は花道を新設、三十一日より開場　（十・二十七） |

網掛けをして示しているのは、田村と個人的にも親しい関係にある五代目菊五郎を田村が千歳座に招聘したあと、菊五郎が中村座へ移動するまでに主演していることが確実な作品である。ここから、三つほど明らかになることがある。

・菊五郎の専属状態は明治二十年の天覧劇を境に終了、その後はさまざまな俳優が出ている
・十八年から十九年、「鳥熊」三田村熊吉が千歳座を借り受けようと試みている
・二十三年からは「猛優」として知られ、中小の劇場で圧倒的な人気のあった七代目澤村訥子中心の一座となっている

これらは相互に関連する問題ではなくばらばらに起きているのだが、いずれもこの時期でなければ起こ

らなかったことがらで、そのいきさつを総合すると、明治二十年代初頭、歌舞伎座開場前後に千歳座と田村が置かれた状況が見えてくる。

菊五郎の専属状態については、彼が勘弥と不和になったことがきっかけで、最晩年に入りつつあった河竹黙阿弥が中心となって、現在まで上演される世話物、特に明治以降の世話物の一ジャンルといえる散切物の名作を複数書いたこと以上に、新たな事実が判明するわけではない。この章では残りの二つの問題、すなわち千歳座と三田村熊吉の関わり、および二十三年からの興行内容の変化の原因について、資料を用いながらその経緯をまとめる。

## 一　千歳座と「鳥熊」三田村熊吉

まず、久松座が千歳座と改名して初開場する前後の経営事情をまとめておく。明治十七（一八八四）年以前の久松座については、佐藤かつらが前掲書第三章第二節「喜昇座から久松座へ」で詳述している。以下、十七年までの記述は同書により、十七年以降については筆者が資料を加えて記述している。

久松座はもともと喜昇座といい、両国橋西広小路の小芝居であった。明治六年、久松町に移転して以降、十年からは高木秀吉・高浜敷勲《のぶより》の二人が共同の座元として実質的な経営を行うようになった。十二年に久松座と改称し、劇場正面に「演劇」と記した額を掲げる斬新な劇場を新築開場した。経営には旧佐倉藩主の堀田家から、その家令で依田学海の兄でもあった柴浦《さいほ》を通じて資金の提供があった。しかし、翌年二月に火事で焼失して以降、仮劇場での苦しい興行が続く。十五年十月、帳元紀岡権兵衛が負債のために自死したあとに入ったのが新富座の鈴木万蔵である。

十七年、久松座は七月には千歳座と改名することを決定しており、九月に新たな劇場建物の上棟式を行っている。しかし、暴風雨で建築中の建物が吹き倒され、建て直しに時間がかかり、翌十八年一月まで開場式が延びた(3)。

高木・高浜は、再開場から十年間興行権を任せるとして加藤市太郎を招聘した。木村錦花によれば(4)、加藤は米沢町に住んでいた株屋の成金であるという。さらに、国際日本文化研究センターの管理する「民事判決原本データベース」には、肩書きを「唐物商」とする訴訟判決文がある(5)。また久松座時代の明治十四年には、高木・高浜が土間を「貸与」する名目で加藤から四百円を借り、その返済が延びたことについての訴訟判決文がある(6)。以上からは加藤は劇場以外に本業があり、久松座の債権者の一人であったことが推測される。

実際の興行運営に再び呼ばれたのは鈴木であった。しかし、鈴木が勘弥を呼んでほしいと交渉したため、勘弥も千歳座に入ることになった。ただし開場興行の欠損を埋めるため、勘弥は一万三千円の追加金を加藤に要求したので、勘弥は一興行限りで千歳座から離れざるを得なくなった。その後千歳座は、新富座と不和になった菊五郎を中心に据えて興行を行うがはかばかしい成果が出せず、これも新富座で勘弥の補佐をしていた代言人の田村を十月から呼び、興行の組み立てを任せることになる。黙阿弥に作を依頼し、菊五郎と三代目市川九蔵(のちの七代目團蔵)を主演として上演した『四千両小判梅葉』は好評で、田村の興行師としての出世作となった(7)。

以上の経過からは、千歳座はもと小芝居から明治六年の官許を受けて移転した劇場であり、高木・高浜は喜昇座以来の経験を持ちながら、千歳座では金策を重点的に行っているらしいことが明らかになる。そ

【図版 12】井上探景（安治）画「東京劇場千歳座之景」明治十七年十月
（藤田洋『明治座評判記』口絵／明治座・昭和六十三年）

して、実際の興行の組み立てには、新富座に関係の深い人間を招聘して携わらせている。その方法は、むしろ座元と帳元の役割分担が明確だった江戸時代後期の江戸三座の手法や、「仕打《しうち》」と呼ばれる企画者が劇場に入って興行を行う、従来上方のものとされている手法に似ているといえるのかもしれない。

そうであれば高木・高浜が、興行については債権者の立場にある加藤を改めて千歳座に入れたのは実際に関わらせるためではなく、さらに資金を引き出すためだったと考えることができよう。しかし、明治二十二年五月、高木・高浜から依田柴浦に借財の減額を願った文書『千歳座維持之為メ返納金減額之嘆願』[8]によれば、実際には加藤は「逐日新債ヲ醸シ」、千歳座は所有していた動産・器具も二重三重に抵当に入り、土間・桟敷の一部の権利を売り渡す「四分五裂」の状況に陥った。

次に、三田村熊吉（以下「三田村」とする）その人について概説し、三田村が千歳座と関わりを持とうとした経緯を記して、それがどのような意味を持つのかを考察する。その幕末までの半生についての論考として、川添裕「勢州松坂　鳥屋熊吉（上）」[9]がある。以下、出自と幕末までの履歴については川添氏論文を参照して記述する。

三田村は文政十一（一八二八）年、もしくは天保三（一八三二）年か四年、伊勢松坂に生まれた。「鳥屋」と名乗るのは当初「珍しい小鳥を飼育してひとに見せ、芸をおこなわせ、あるいは売る」ことを生業としていたためである。現在確認されている最初の興行は文久三（一八六三）年一月、難波新地における虎の見世物であった。そのほか、舶来渡りの鳥、象の見世物も行い、これらの動物に簡単な芸を行わせもしたようである。

三田村が行ったことがたしかな最初の歌舞伎興行は、慶応元（一八六五）年閏五月二日初日の古市における芝居である。この時の主演は上方の和事役者として実力と人気のあった二代目実川額十郎で、一か月半、狂言を変えながら続演した。この興行では大阪の一流の役者を伊勢へ呼び、その得意とする芸を見せていた。その後は、動物の見世物も並行して続けるが、歌舞伎の興行師としても全国各地を回っていたことが明らかになっている。

よく知られているように、五代目歌右衛門は幼少期、養父の四代目芝翫とともに、明治十年から十四年までの足かけ五年間、名古屋から中部地方、西日本、四国、九州を回る長期の旅興行に出ている。『歌右衛門自伝』[10]によれば、その途中の明治十二年、九州を回っていた時の興行師は三田村であった。芝翫家には三田村から入手した「支那から着いたインコウの黄ぼうし」がおり、東京へ帰京してからも長く飼っていたという。

つまり三田村は、珍しい鳥獣の見世物を手がけつつ、東京や大阪の一流俳優が出演する歌舞伎の地方興行も行う興行師であった。その彼が、東京で長く人々の記憶に残るきっかけとなるのが、明治十八年五月春木座ではじまった、大阪から俳優を招聘し、安値でさまざまな作品を上演する「鳥熊芝居」と俗称された興行である。

鳥熊芝居が東京の歌舞伎に与えた影響については、明治以来現在まで多くの言及や論考があり、詳細は省略する。ただし日置貴之が、鳥熊芝居前後の春木座における「大阪風」の興行は、実際にはその以前に東京から大阪へ影響した要素が逆輸入されている可能性が大きいことを指摘している。(11) 三田村の興行およびその人を、単純に「大阪的」と片づけることに根本的な疑義をもたらす指摘として考慮する必要がある。

春木座から三田村が手を引くことになるのは、伊原敏郎『明治演劇史』と尾崎久弥「鳥熊繁昌記」(12) によれば明治十九年二月いっぱいか三月興行までとする。尾崎は『歌舞伎新報』（以下『新報』とする）などをもとに、同年九月、三田村は再度春木座に関与したと推定し、二十三年四月十八日、大阪で死去するまでのどこで大阪に戻ったかは不明としている。また、服部幸雄「『鳥熊芝居』記録——本郷春木座興行年表のうち」(13) は、十九年三月以降は鳥熊の手代舩橋藤輔が興行を行い、同年十月から前身の奥田座座元奥田登一郎が復帰したとするが、「これ以降も春木座に出勤した俳優の顔ぶれは鳥熊時代とほとんど変わらなかった」と述べている。実際、三田村が興行を行っていた時と同様の大阪の書式で書かれた番付が、二十年四月まで春木座で作られていることから見て、(14) 三田村が実際に関与したかどうかはともかく、その影響が二十年頃まで残っていたとはいえそうだ。

つまり三田村は、東京の外からやってきて従来の劇場に衝撃を与えた、歌舞伎以外の興行も手がける興行師であった。その三田村は春木座から手を引くのと同時期、千歳座を借り受けようと試みた。すでに『尾上菊五郎自伝』(15)(以下『自伝』とする)に「鳥熊が明治座を借りたがっていた処から、そこへ付込みまして来年はこの小屋を一年貸すからといって、三千両の金をここで拵えて仕込みに取掛った」とふれられている事件であるが、加藤が三田村と契約を結んだことから千歳座はさらなる混乱に陥る。

先にも参照した「民事判決原本データベース」に、三田村が原告として千歳座「座長」の加藤を訴えた訴訟判決文が複数残されている。まず劇場の貸し渡し不履行については、明治十九年五月二十九日、東京始審裁判所で判決が出た(16)が三田村が控訴し、翌二十年二月二十三日、控訴審で棄却されている(17)。原告は三田村、原告代言人は春木座の経営にも携わった代言人溝口権三郎、被告は加藤、被告代言人田村という錚々たる顔ぶれである。始審・控訴審両方の判決文により経緯を整理すると、以下のようになる。

三田村が千歳座を借り受ける契約を加藤と結んだのは、明治十八年十一月二十一日である。翌十九年一月一日から五月三十日まで百五十日間、劇場と付属品一切を貸すという内容で、三田村は加藤に二千二百五十円を支払った。しかし千歳座は、五月二十九日に至るまで劇場を貸すことはなかった。千歳座側の主張では、契約後協議のうえ、貸渡を取り消すことになり、支払った金を返却し、残金は興行中、日毎に二十円ずつ返す契約を結んだからだという。始審の判決は、すでに時期の大半を過ぎている貸与契約は無効であり、違約による損害賠償を訴えることはできても、劇場を借りるのであれば三田村と千歳座の関係者が協議して新たに契約を結び直すべきで、その実行に裁判所が関与する必要はないとするものだった。判決を不服として三田村は控訴し、「参加人」として千歳座「座主」の高木・高浜を訴訟に参加させ、契約履行を命じてほしいと要求した。

しかし高木・高浜の代言人中村盛周は、二人は契約を結ぶことに不服であり「座長」と「座主」は違うものだと主張した。控訴審の判決文には以下のような記述がある。

被控訴人ハ千歳座ノ座長ニシテ座主ニ非ス　今控訴人カ提出スル甲第壱号証ヲ視ルニ　千歳座々長加藤市太郎トアリテ　座主カ之ヲ承諾シタル証拠ナシ　而テ該座ヲ借受ケ興行ヲ為スニ当テハ座主ノ承諾ヲ得サルヘカラサルコトハ　控訴人ノ予知スルヘキコトナレハ

とはいえ、先ほどふれた『千歳座維持之為メ返納金減額之嘆願』で、高木・高浜は、「興行権ヲ加藤市太郎へ拾ケ年間相任セ候」と記しているので、この主張は加藤へ責任をかぶせるためにつけた理屈と考えるほうがよいのだろう。控訴審の判決は始審の判決を支持し、控訴は棄却された。

またこれとは別に、十九年十一月三十日、千歳座に対する貸金訴訟の判決が始審裁判所で出ている。[18]こちらは三田村が原告として、加藤と千歳座の座付茶屋経営者十二人そのほか三人を訴えたもので、経緯をまとめると次のようになる。

十九年五月十九日、三田村はこの十六人へ千円を貸した。五月興行の二日目にあたる二十二日から毎日元金二十円ずつ返済し、利息は一か月あたり百円につき一円、興行の打ち上げ当日皆済で、一日でも滞れば翌日一時皆済（全額返済の意か）という契約であった。しかし返済は二日で滞り、打ち上げても返済に至らなかったため訴えるに至った。

二十一日初日で上演されたのは『恋闇鵜飼燎《こいのやみうかいのかがりび》』だったが、これは黙阿弥の作ながら地味で、非常な不入だったことでよく知られている。この訴状に、興行中に金を返そうとしたが「該興行ハ不入ニシテ中途ニ閉場シ」とあることから見ても不人気が事実だったことがわかる。

　被告側の主張は、茶屋経営者は相連帯人として署名しただけであるのは原告も承知しており、興行のために借りた金は興行が新たにはじまったら請求すべきものだとする。判決は、契約は興行の入りの多少に関わらず守らなければならないもので、連帯人も連印すれば負債を負うとして、三田村への返済を命令して終わっている。この借金の返済が正常に行われたかどうかは不明である。

　劇場借り受け契約に関する訴訟の始審・控訴審の判決文からは、十八年十一月二十一日に加藤が三田村と千歳座を借す契約を結んだことと、契約に高木・高浜が同意しなかったことがわかる。十一月二十一日は『四千両』の初日の前日で、そこから加藤のさしあたっての目的は資金不足の解消だっただろうと推測される。『自伝』で菊五郎は、初日がいつ開くかをまったく知らされず、田村が自宅に迎えに来て初日を知った[19]と述べている。千歳座の窮乏状態を示す証言と考えてよいだろう。

『四千両』は日延べを考えるほどの大入であったが、十二月十八日千穐楽になる。それは前日の夜中に座内の関係者が俳優の家を回って知らせる急な閉場であった。千穐楽三日前の十五日、『読売新聞』に三田村が千歳座を借りるという記事が出ている。十八日の『絵入朝野新聞』には高木・高浜連名の広告が出て、三田村からの借金を否定し、加藤は「座主」ではないと述べる事態に至った。同日、舞台では序幕の「堀端の場」で菊五郎が「加藤という役人に捕まりひどい目にあった」と捨てぜりふを言った。また、座内の「重立ちたる者」が「不快」であるとも伝えられた。[20]

二番目の貸金訴訟の判決文からは、明治十九年五月にも開場直前まで仕込金が不足し、劇場を借す契約を先延ばしにしている相手から資金を借りなければならないほど、経営が逼迫していたことがわかる。

以上により、三田村と加藤の間の劇場借り受け契約が発覚したことから、千歳座の内部の統制が取れなくなったと考えることができ、また、十八年末、三田村に春木座以外の東京の劇場に進出する意欲が明確にあったこともわかる。彼が春木座から手を引いた理由は、座内の関係が悪くなったためとするのが定説である。千歳座へ移るか、春木座と兼ねて経営するつもりだったのか、ほかに資料を求めなければ意向は不明であるが、しかし千歳座借り受けの交渉が円滑に行かなかったことが春木座との関係にも影響を与えたと推定しても、それほど不自然ではないだろう。

東京都公文書館所蔵の明治十八年の劇場税に関する資料[21]を見ると、十六年の場代（見物料金）、升数（客席数）、興行日数から算出された税額による劇場の等級は、一等が新富座、千歳座、市村座。二等が中島座、春木座。三等が寿座、（四谷）桐座である。春木座は升数が二百升、千歳座は二百八十升で新富座と同数である。十八年の時点で新装開場後の収支が決定していないため升数以外の欄が空欄であるにもかかわらず、千歳座は一等に分類されている。

山の手にあり、大入り続きでもやや小さかった春木座と比較すれば、千歳座は日本橋から近い久松町にあり、新富座とほぼ同じ規模で再築新開場したばかりである。もともとの成り立ちを考えると、小芝居から出発し、退転しつつある中村座が抜けていた穴へ入った、神山彰の言を借りれば『立身出世』を体現した劇場[22]」でもある。久松座以来の経営者高木・高浜は残っているが、もともと債権者で興行権を握った加藤には契約を結ぶ気がある。

佐藤氏前掲書によると、ほぼ同時期、給金の問題で官許の劇場から小芝居へ出演する俳優が出てきていたという。[23]もし三田村が加藤と結び、十九年から千歳座でも活動することができていたならば、競争が激しくなっていた東京の各劇場間の区別はさらにあいまいとなり、春木座で成功した、安値をはじめとする数々の改革が、江戸以来の大芝居の末裔である市村座や新富座にも、もっと直接の影響を及ぼしていたのではないか。そうなっていれば三田村の興行は、明治三十年代から四十年代の興行会社松竹による東京進出よりもかなり前の「事件」となって、演劇改良会をはじめとする劇場外部からの「改良」の動きも、また違うものになっていた可能性を考えてもよいのかもしれない。

しかし実際には、三田村のさらなる東京進出は幻に終わった。混乱のもとを作った加藤は、二十年以降、千歳座に関与しない。[24]そして経営困難は続き、高木・高浜は二十二年五月、依田柴浦宛に、先に挙げた借金減額の嘆願書を書いている。翌年一月からは七代目訥子を中心とする一座の興行が開始するが、それが軌道に乗りつつあった五月、建物が火事で焼けた。その後、千歳座は、二十六年に明治座と改称して興行を再開することになる。

## 二　田村と守田勘弥の関係（一）――「四座同盟」まで

さてここで最初に挙げた表を再び見つつ、千歳座への関与以降、田村とその興行上の師勘弥との関係がどう変化したか、明治二十三（一八九〇）年以降の田村の動きを考える前段としてまとめておく。

明治十八年十月から十一月の時点では、千歳座に入った田村に勘弥は一種の対抗心を持っていた。そのことは『四千両』上演とほぼ同時に、新富座が興行を開けたことから明らかであろう。だが『四千両』のほうが内容的に話題を呼んで大入となったため、勘弥は苦汁を嘗めた。

とはいえ『四千両』を上演する際、田村は勘弥に相談しており、[25] 十九年八月に演劇改良会が結成された時には、後述するような会に対する勘弥の心情の一端を直接聞いている。また二十年四月、勘弥は井上馨邸における天覧劇の手配を全面的に行い、歌舞伎の社会的な地位向上を印象づけることに成功した。この時期、千歳座に出演していた菊五郎を、東京の主だった俳優として天覧劇に出演させるには田村の協力が必要であったし、関係者一同へ下付された手当を分配する時、その手続きを行ったのは田村である。[26] ちなみに天覧劇の直後、東京の各座は東京府と警視庁から劇場に対する取締を受ける総代として勘弥を選んでいる。[27] 明治二十年四月の時点で勘弥は東京における劇場経営者のトップであり、田村は協力関係を続けていたと見てよいだろう。

状況がやや変化してくるのは、二十一年の夏、千葉勝五郎と福地桜痴が相座元として木挽町に設立する歌舞伎座の計画が具体的に持ち上がってからだ。千葉は金貸しで、同時に新富座の金主・債権者でもあったが、新富座の上演作品の選択に直接携わった形跡はない。福地は、新富座に台本を書いた黙阿弥に題材を提供するなど間接的に新富座と関わったことはあるが、経営に参画した形跡はない。だが、千葉はすでに浅草に吾妻座を設立した経験があり、政府が主導する演劇改良会の賛成人でもある。歌舞伎座は、千葉が、やはり演劇改良会の発起人の一人である福地とともに、改良会が建てようとして成らなかった劇場をみずからの手で建てる意味を込めて計画されたものであった。[28]

勘弥にとって脅威であったのは、彼らが改良会の正式なメンバーであることではなかっただろうか。具体的な時日が明確でないが、改良会設立前後、勘弥は末松謙澄をはじめとする発起人たちに築地の料亭に呼ばれ、改良会の行う歌舞伎には床、花道、廻り舞台、女形を使用しないようにしたいと協力を要請された。それを聞いた勘弥は田村に以下のような心情を漏らしている。

品川から千住までに西洋造《づくり》の家が何軒あると思ふ、あんな狂気染《きちがいじみ》た事が行はれてたまるものか、今から五十年も経つたら格別、今の処では駄目だ(29)

明治十一年六月の新富座新装開場以降、勘弥が多額の負債を積み上げながら政府の関係者と積極的に交流を持ち、改良志向によるさまざまな試みを続けても、活歴や散切物は新しい歌舞伎として一般の好む主流にはならなかった。さらに勘弥は演劇改良会から興行上の具体的な要請は受けても、正式なメンバーとしては招聘されなかった。勘弥のこの言葉は単なる嘲笑ではなく、時代に合わせた歌舞伎の興行を行っても恒常的な成功に至らず評価もされない、これまでの経験に裏打ちされた実感だと考えるのは無理ではないだろう。

だが、千葉と福地は改良会の正式なメンバーであり、さらに千葉には多くの資産がある。政府主導の改良会が千葉と福地に全面的に協力してまったく新たな劇場を建てるなら、たとえ無理のある試みであったとしても、すでに多額の負債を抱えて資金力のない勘弥は太刀打ちできない。そこで勘弥が試みるのが俳優の囲い込みである。劇場が建っても、出演する俳優をおさえれば興行はできない。

具体的な防衛策として、もとの江戸三座中村座（中村勘三郎）、市村座（中村善四郎）、新富座（勘弥）に加えて千歳座（高木秀吉・高浜敷勲）が結んだ契約が、いわゆる「四座同盟」である。この契約書は現在、玉川大学図書館に所蔵されている(30)【図版13】。保護表紙に付けられた題は「東京四座俳優契約証」であるが、原本は単に「契約証」とする。契約日は明治二十一年九月二十六日、全体は六条から成る。田村は最後に「立会取扱人」として単独で署名しており、契約証本文をまとめたと推定される。以下は主要な部分にふれながら記述を進める。

第一条（原文は「第一」、以下の条も同様）は契約の期限を明治二十二年一月から二十六年十二月までの満五年とし、四座が契約を結ぶ俳優を九代目團十郎、五代目菊五郎、初代左團次、中村宗十郎、四代目芝翫、四代目福助（のちの五代目歌右衛門）、二代目坂東家橘（のちの十五代目羽左衛門）、四代目澤村源之助の八人とする。芝翫までの五人は新富座でも中心となってきた幕末から活躍する大立者で、福助、家橘、源之助は次の世代を支えることが確実となっていた若手俳優だ。「其他伎倆ノ勝レル俳優ノ出勤致サスヘキモノトス」という条文は、契約を結ぶ俳優は上限なく増やすことが可能であることを示している。

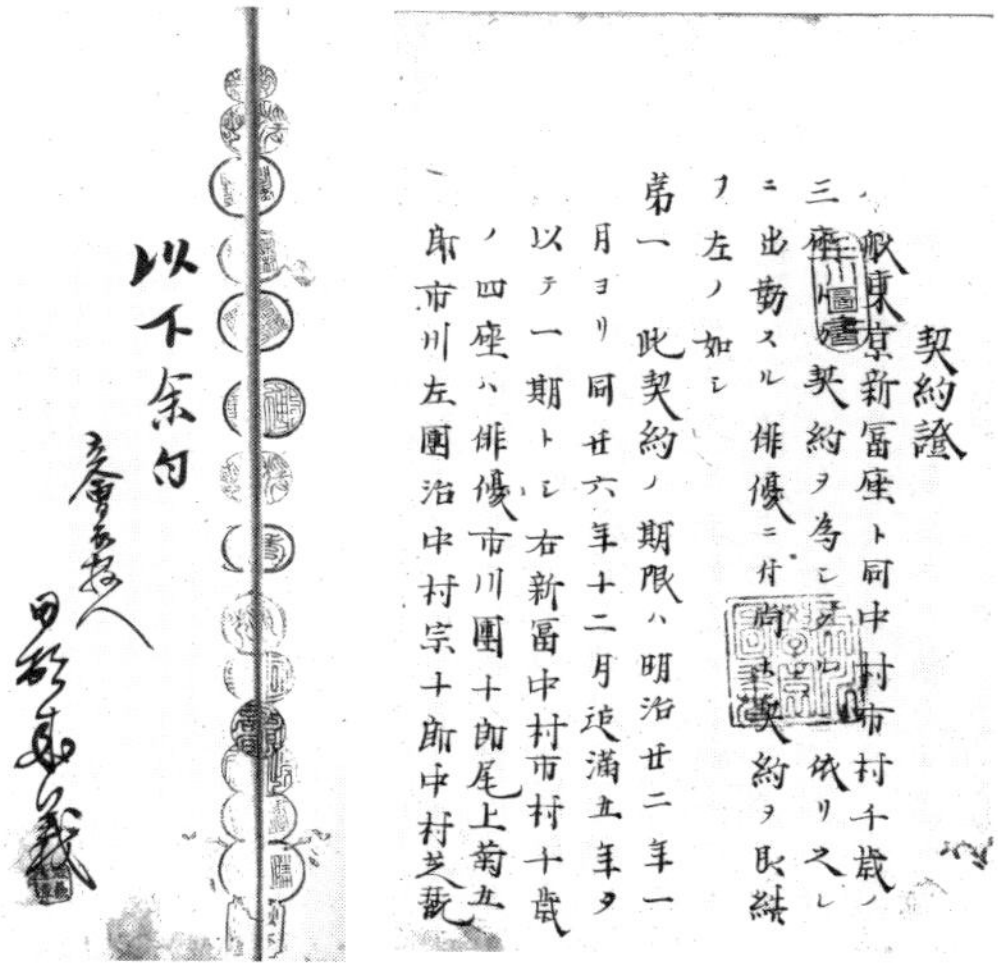
契約證
一、東京新冨座ト同中村市村千歳ノ
三座契約ヲ為シ之ニ依リ之レ
ニ出勤スル俳優ニ付契約ヲ取結
フ左ノ如シ
第一　此契約ノ期限ハ明治廿二年一
月ヨリ同廿六年十二月迄満五年ヲ
以テ一期トシ右新冨中村市村千歳
ノ四座ハ俳優市川團十郎尾上菊五
郎市川左團治中村宗十郎中村芝翫

以下余白
立会取扱人
田村成義

【図版13】「東京四座俳優契約証」（玉川大学教育学術情報図書館蔵）契約本文初丁表（右）・最終丁（左）。ノドの印は、紙数を勝手に増やさせないために契約者全員のものを捺している。

第二条は、契約した俳優を出勤させる場合、新富座が俳優にこれまで連印をさせたり請人（保証人）にしたりして借金させていた負債を各座が仕入金に上乗せする形で払い、田村ほか三名が協議のうえ、債主に返済するとしている。仕入金への上乗せ額は新富座がその二割、ほかの三座が一割五分である。金額としてはもともとの負債主である新富座が多くを負うように見えるが、ほかの三座は本来負債を連帯する必然性はないはずである。とすればこの条からは、この契約で優位にあるのは新富座であったことと、主要な俳優の独占が歌舞伎の劇場にとっては、たとえそれだけ負担を負っても行うべき、経営に決定的な影響を与えることがらであったことが読み取れる。

そして第四条は、この第二条の契約が履行できない場合、俳優が「右四座ノ外他ノ劇場ヘ出勤スルモ妨ケナキモノトス」とする。劇場が負債の支払いができなくなった場合、俳優に負担が及ばないように考えられた結果と推察される。

だが、江戸時代以来、歌舞伎の劇場は常に莫大な額の借金を抱えながら、すでに本書の第一章でもふれてきたように、興行不能になれば金と引き替えに興行権を一時的に譲渡したり、あるいは親類、名字の違う親族、帳元やその親族といった見かけ上の他人に名義だけを譲り、あたかも興行の実権も譲渡したように装って経営を継続してきた。むしろ、明治六年以降、小芝居を含めた劇場間の競争が激しくなっている状況で、俳優をつなぎとめる仕入金の上乗せを続けていけるほど経営の安定した劇場が、この四座のなかに果たしてあったかといえば疑わしいと言わざるをえない。実際に勘弥自身、翌二十二年三月には、その後一年間、新富座を桐座と形式的に名義替えし負債を逃れるほど経営が行き詰まるのだ。

この契約証の末尾には但し書きとして、「将来政府ヨリ保護金ヲ下付スル程ノ劇場創設ニ相成候場合ニハ　此確認ヲ変更スルコトアルヘシ」とする。この文からは、改良運動がまだ進んでいた明治二十一年九

月の時点では、歌舞伎が政府の庇護を直接受ける芸能になる可能性がまったくなくなったわけではないか
ら、そうなればすぐ対応できるようにしておこうとする意向を、まずは読むことができる。しかし、勘弥
の立場に立って読むならば、負債を安全に手放せる状況になるなら、みずからに優位な内容であってもこ
の契約には固執せず、停止する意向がはじめからあったと解釈することもできるであろう。

この同盟の締結当時、宗十郎は大阪にいたため、契約の印を捺させに新富座の八代目河原崎権之助と中
村座の奥役千田徳五郎が向かった。二人に会った宗十郎は「此の約束は守田さんが作って、終ひには守田
さんが破る事になるでせう」と言ったと伝えられる。以上の検討からその理由は、漠然と推測でそう言っ
たわけではなく、この契約が新富座優位に作られた内容でありながら、勘弥に徹底して守り抜くつもりが
ないことを宗十郎が読み切っていたためと考えられる。

この契約が破れるのは、勘弥と千葉勝五郎の間で話がまとまり、千葉が当時の金額で二万円を勘弥に渡
し、歌舞伎座に俳優を出演させることになったためである。この金を渡した現場に田村は同席している。
そして田村によれば「翌日」、歌舞伎座は「表の塀を取除いて庵看板を上」げた。外囲いを外して看板を
掛けたのは明治二十二年十一月三日と木村錦花は書いている。「翌日」という田村の記述はやや信憑性に
欠けるにしても、千葉が金を渡したのは十月末から十一月はじめのどこかとは推定され、歌舞伎座は開場
の相当直前まで、四座同盟問題の決着がつかず俳優の手配が決まっていなかったことがわかる。

三　田村と守田勘弥の関係（二）──明治二十三年以降

以上のように千歳座開場から四座同盟の破約まで、田村は勘弥と緊密な協力関係を持ちながら、変化す

る興行の問題に対応し、千歳座に関与していたことがわかる。それでは歌舞伎座が「敵」でなくなる明治二十二(一八八九)年十一月から、田村は勘弥や千歳座、歌舞伎座とどのような関係を持つことになるのか。年表を見ると、実は歌舞伎座との話がまとまる前の二十二年九・十月も、千歳座は芝翫親子の一座に上方の高砂屋福助、横浜で人気があり実力のある中堅俳優だった初代坂東彦十郎を加えた興行を行っており、それまでと出演俳優の傾向が変わりはじめている。

この傾向の変化は、四座同盟の結果と見ることができる。歌舞伎座に俳優を出さない方針を強くアピールするには、四座同盟の中心である新富座に俳優を集めることを考えなければならなかったためである。この時期、桐座と改称している新富座は、十月二十三日から團菊左を揃えた一座で、『伊達競阿国戯場《だてくらべおくにかぶき》』『柳生荒木誉奉書《やぎゅうあらきほまれのほうしょ》』『弁天娘女男白浪《べんてんむすめめおのしらなみ》』に、團十郎、左團次、菊五郎それぞれを主役に据えた、明治中期の東京の歌舞伎の総力を結集した興行を行っている。新富座がこうした興行を行うのであれば、ほかの劇場はその他の俳優を用いるしかなかった。

しかし、勘弥が俳優の囲い込みをやめ、歌舞伎座と協調するようになっても、やはり千歳座は彼らを使うことができない。二十三年一月以降、千歳座は澤村訥子中心の一座となるが、一月興行について、『続続歌舞伎年代記　乾』は次のように記す。

○守田勘弥千葉勝の為めに買収され四座団結も破綻を来たし　勘弥は二万円を資本に團十郎一まきを引連れ西京祇園館へ乗込　菊五郎左団次も横浜行にて重立たる一座手に入らず　余義無く吾妻座(34)に栖籠りたる訥子一座を引来り　安芝居を以て蓋を明しに案外にも成功して中々の景気を添へたり

さらに一月興行の開いた直後、田村は京都祇園館で團十郎を出演させる興行を行う勘弥に同行した。経緯は「三十年間（十四）」「私と芝居（十一）」に詳しいが、勘弥から「留守中の新富座〔この時期の正確な名称は桐座〕を頼みたい」と電報があり、京都へ向かう汽車に同乗するとそのまま同行させられ、手伝うことになったと田村は記している。正確に言えば携わらざるをえなくなったというのが適切であろう。

祇園館の興行は團十郎を中心に、当時売り出しはじめていた大阪の若手俳優、初代中村鴈治郎を出演させることになっていたが、鴈治郎が出ないと言いだし、また、團十郎が自分に無断で出ることに不服な京都の仕打「鹿の子屋」安田亥九郎が騒動を起こそうと謀るなどの問題が出ていた。田村は鴈治郎を説得し、安田と和解の機会を持ち、祇園館は一月十三日に開場する。二月まで興行は続くが、その間勘弥に預けられた桐座を開場させるため、田村はいったん大磯に滞在していた菊五郎のもとに立ち寄って話をし、京都に戻って様子を見たあと東京へ引き上げる。桐座が開場するのは勘弥が東京へ戻った三月二日である。ちなみにこの桐座の三月興行は、河竹其水の『神明恵和合取組《かみのめぐみわごうのとりくみ》』が初演されたことで名高く、菊五郎の滞在していた大磯の情景を取り入れた『名大磯湯場対面《なにおおいそゆばのたいめん》』が併演されている。京都で関わりのできた鴈治郎を、歌舞伎座と新富座両方から呼びたいと要請された田村は、五月に両座へ掛け持ち出演させるため奔走する。

以上の状況から見て、田村が二十三年五月火事で全焼するまでの千歳座の興行に全力を注げたとは言えないだろう。一月興行開場以降、田村は勘弥を補助することに忙しく、千歳座に実質的に関与できなくなっていたと見てよいのではないだろうか。

歌舞伎座開場後、勘弥は同座および千葉勝五郎と協力関係を持って何度も興行に関わる。しかし、常に問題となるのは累積する借金と、それを補填するための金の操作である。勘弥が関われなくなると、それまでの関係から常にカバーする立場に立たされるのが、四座同盟をとりまとめた過去もある田村だった。

これは一見複雑な構図に見える。しかし、これまでの記述を見てくると、東京の主だった俳優を使用する興行を常時実際に作る側になれなかった千葉と福地が、俳優や作者と相談して実際の興行内容をまとめる人材が必要になった時、従来の東京の劇場でもっとも活躍して面識もある人物として頼ったのが勘弥だったとまず見ることができよう。そして、長く勘弥の補佐をし、興行を企画する経験を積んでいて、実務に使える法律に詳しい人物として田村がいた。つまり、二十三年以降、実力と経験があっても負債が多く、浮き沈みの多い勘弥の欠点を補うリリーフエースに田村がなったと考えるなら、この関係はけっして不自然ではない。

勘弥は、二十三年五月に桐座を新富座と再度改称し経営を継続するが、資金繰りが苦しく、次は深野座と名義替えを行う（二十四年九月から二十七年初頭まで）。田村の記述によれば、東京で興行できない期間は名古屋・岐阜などの地方回りを行っていたようである。田村の口添えと、千葉の要請で、歌舞伎座には二十三年十月にいったん入るが、新富座の興行でできた欠損を歌舞伎座の収益で埋めようとしたため、一度限りで引き下がらざるをえなくなった。[35]二十九年四月、再び歌舞伎座に入ったが、三十年八月二十一日に死去する。[36]

勘弥は資金繰りがいくら苦しくなっても、金が入れば興行を企画した。田村は「病気」とも評しているが、一種の投機癖と見るとやや理解が進む。一度収益が上がっても継続することができず、結果としては負債が累積し、歌舞伎座との新たな関係も保つことができず、没落していく。

田村は明治二十五年一月、千葉勝五郎から七千円出資させて歌舞伎座を借り受け、三遊亭円朝の

『塩原多助一代記《しおばらたすけいちだいき》』を三代目河竹新七の脚色、菊五郎の多助で歌舞伎化して上演した。原作者の円朝も「多助連」という三遊派の噺家の連中を組んで見物している。修身的な内容であるとして尋常小学校の教員・生徒に割引するなどの宣伝を行った結果、五日間（八日間ともいう）日延べする大当たりとなった。(37)

この興行で得た収益のうち千円を、田村は「心祝い」として、家の用に使ってほしいと勘弥に渡している。しかし勘弥は、その金を元手に二月、深野座の興行を開けた。比較的順調であったようだが、途中で茶屋の猿屋と連中見物との間に行き違いが起き、急遽閉場することになる。(38)このいきさつは、明治二十五年初頭の田村と勘弥の関係、および二人の経済状況を端的に示すものである。田村はその後、二十八年に弁護士（代言人）の登録を取り消し、興行師として活動を続けていく。

## 注

（1）玄文社・大正七年。
（2）市村座・大正十一年。
（3）『東京横浜毎日新聞』明治十七年七月十七日、『歌舞伎新報』四百四十一、四百四十七、四百五十七、四百六十四、四百九十一、四百九十六号。
（4）『興行師の世界』九三頁（青蛙房・昭和三十二年）。
（5）明治十九年二月十七日裁判言渡書　東京控訴裁判所　第二十二号「貸金催促事件控訴」など。
（6）明治十四年八月十九日裁判言渡書　東京裁判所　民第二千四十四号「貸金催促ノ訴訟」、明治十四年十二月二十四日裁判言渡書　東京上等裁判所　第二千四百十七号「貸金催促ノ詞訟控訴」。

（7）田村成義「芝居興行者としての三十年間」（以下「三十年間（回数）」とする。書誌は前節注（1）参照）（四）・（五）、同「私と芝居」第五回（『演芸画報』大正七年十一月）ほか。
（8）演博蔵（請求番号ロ 10-48）。
（9）『歌舞伎　研究と批評』二十七（歌舞伎学会・平成十三年六月）。
（10）伊原敏郎編、五四頁（秋豊園出版部・昭和十年）。
（11）『変貌する時代のなかの歌舞伎――幕末・明治期歌舞伎史』第三章第七節「東京の中の『上方』――鳥熊芝居以降の春木座について」（笠間書院・平成二十八年）。
（12）『中央演劇』昭和十三年一月から昭和十四年七月まで断続的に全十回連載。
（13）『近代歌舞伎年表編纂室報　近代演劇文化』三（国立劇場近代歌舞伎年表編纂室・昭和五十二年八月）。
（14）拙稿「近代東京の歌舞伎の辻番付――館蔵の明治期の資料を中心に」（『演劇研究』二十五、早稲田大学演劇博物館・平成十四年三月）。本書の付章に改稿・改題し収録。
（15）『人間の記録四十二　五代尾上菊五郎』一八二頁（日本図書センター・平成十二年第二刷、元となった『尾上菊五郎自伝』は時事新報社・明治三十六年）。
（16）明治十九年五月二十九日裁判言渡書　東京始審裁判所　民第二百七十七号「劇場小屋貸渡約定履行ノ訴訟」。
（17）明治二十年二月二十三日裁判言渡書　東京控訴院　明治十九年第三百十九号「劇場小屋貸渡約定履行ノ事件控訴」。
（18）明治十九年十一月三十日裁判言渡書　東京始審裁判所　民第七百十《マ》六号六十《マ》二号「貸金催促ノ訴訟」。
（19）注（15）参照。
（20）『絵入朝野新聞』明治十八年十二月十八日、『新報』六百八、六百十、六百十四号、『読売』明治十八年十二月十五、十九、二十日。

（21）『通常会答弁参考書〈議事課〉明治十八年度』（614.B2.13）所収。原資料は無題。データベース上で付された仮題は「新富座他劇場に関する表二つ」。
（22）『近代演劇の水脈――歌舞伎と新劇の間』第十四章「明治東京の観劇空間」（森話社・平成二十一年）。
（23）『歌舞伎の幕末・明治――小芝居の時代』第二章第二節「明治二十年前後の小芝居」（ぺりかん社・平成二十二年）。
（24）「三十年間（八）」、『興行師の世界』（注（4）参照）。
（25）「三十年間（五）」「私と芝居（六）」。
（26）「三十年間（九）」「私と芝居（七）」。
（27）『続続歌舞伎年代記　乾』四六八頁下段（注（2）参照）。
（28）注（23）参照。
（29）「三十年間（六）」。「私と芝居（六）」にもほぼ同文の箇所がある。
（30）請求番号W774.5ト W14883。
（31）『近世劇壇史　歌舞伎座篇』一四頁。
（32）「三十年間（十三）」。
（33）『近世劇壇史　歌舞伎座篇』一八頁。『朝日新聞』明治二十二年十一月十四日によれば、二万円渡したのは「二三日前」とする。あまりにぎりぎりすぎるが、参考に述べておく。
（34）『続続歌舞伎年代記　乾』五三九頁。
（35）「歌舞伎座今昔物語（二）」。
（36）『万朝報』明治三十年八月二十四日。
（37）『続続歌舞伎年代記　乾』五九八頁以下、「歌舞伎座今昔物語（二）」。
（38）『続続歌舞伎年代記　乾』六〇三頁、「歌舞伎座今昔物語（二）」。

# 第三節　歌舞伎座株式会社の設立

本節では、本書の第一章第四節で検討した新富座の例をふまえたうえで、明治二十二（一八八九）年十一月の初興行以降、東京最大の劇場であった歌舞伎座が、二十九年四月八日、創業総会を行った株式会社の設立経緯と意義について述べている。この会社の設立には田村も関与しているが、慶應義塾や渋沢栄一となんらかの関わりのある実業系の人々が当初から複数参加し、株式を一般に公開して配当を出し、長期のスパンで継続した。その意味で、三十九年に設立される帝国劇場株式会社に先駆する、劇場の株式会社である。

## はじめに　歌舞伎座株式会社とは

歌舞伎座の株式会社設立に至る明治二十八年中頃までのことは、伊原敏郎『明治演劇史』[1]四七六頁以下がもっとも簡潔にまとめている。また、劇場の興行ごとの演目とともに周辺事項を記す形で、実際に関与した田村の自伝的著作（口述筆記）「歌舞伎座今昔物語」[2]第三・四回（以下「今昔物語」）と、その編著『続続歌舞伎年代記　乾』[3]（以下『年代記』）、それより一世代下の木村錦花による『近世劇壇史　歌舞伎座篇』[4]（以下『劇壇史』）がある。以降の歌舞伎座株式会社についての記述は、これらの資料を引用してなされてきた。

しかしまず、会社設立の具体的な過程について木村と田村の著作を比較すると、整合しない記述がある。結論から言うと『劇壇史』のほうが、先行する田村の「今昔物語」を資料として用いながら、新聞記事や番付などほかの資料も参照してまとめており、比較的正確である。しかしそれでも誤った箇所、ことがらの起きた時期やその意味のはっきりしない箇所がある。

これらの整合をはかりつつ、新聞記事や公文書などの同時資料を用いて会社設立過程を再検討すると、歌舞伎座株式会社は、従来歌舞伎興行と関係の薄かった実業家・資産家を主として取締役会を形成し、会社外にも株主を募集して一応の収益を上げ、長期に継続していることがわかってきた。そして、この会社が設立されたことが歌舞伎興行史上どのような意義を持つか考察した論考は、従来それほどないようだ。

本節は、木村と田村の記述を整理したうえで公文書類・新聞で再検討し、会社設立はどのような目的でどのような人々が行ったのか、そして、歌舞伎座株式会社は歌舞伎興行の歴史のうえでどのような位置に置いて評価すべきなのか、できるだけ正確に把握することを目的とする。

## 一　発起人・取締役たちの出自

歌舞伎座株式会社の創業総会で取締役・監査役となった、すなわち取締役会の人々は、『歌舞伎新報』（以下『新報』）千六百三十七号に掲載された一覧と『劇壇史』が一致する。発起人も合わせ、はじめに彼らの履歴を、判明する限り見ることにする。

まず歌舞伎座創業者の千葉勝五郎であるが、木村『劇壇史』九頁と『興行師の世界』[5]七四頁以下にある以上の詳しい履歴を現在見ない。おそらく検討すれば種々問題があると思われるが、ここでは養父常五郎の代から歌舞伎興行の金主・債権者であったこと、明治二十二（一八八九）年十一月に歌舞伎座の初興行を行い、以後「座主」であったことのみを記す。ただし、特記したいのは三十六年四月十三日の死後、養孫亀之助が各所へ合計千六百円の寄付を行っていることである。[6]すなわち、勝五郎の歌舞伎座引退後もずっと、千葉家には財産があった。勘弥のように資金難のために歌舞伎座を手放したとは考えられない。

初代社長となる皆川四郎は明治九年に東京で代言人免許を取得、十六年二月まで長野県警部長を務めたが、辞任して石巻三菱支店長、九州鉄道会社役員を歴任、二十三年九月に大日本東京電灯会社支配人となった。[7]従来、渋沢栄一の義理の妹の婿であることが強調される。実際には渋沢の妻と皆川の妻が姉妹のようである。

しかし、田村は十年に東京で代言人免許を取得している。[8]東京で年間十五人前後しか合格者のいない時代であるから、皆川と田村は代言人時代から当然面識があっただろう。しかも、電灯会社は二十四年六月差し押さえにあうが、それを克服している。[9]そうした、以前からの面識と経営手腕を買われ、田村に勧誘されたと見ることができよう。

のちに実質的な二代目社長となる井上竹次郎が最初に『読売新聞』紙上に現れるのは、明治二十六年九月四日、後藤象二郎伯爵の妻の弟として、はじめ炭鉱株、次いで東京株式取引所の株を仲買を通さず直接扱う株商としてである。翌月、彼は取引所の移転問題に後藤派の一人として関わる。[10]二十九年二月現在の身上調査では、[11]彼は「無職業」であるが、東京・神奈川の各地に煉瓦家屋や土地を持っている。井上の義兄の後藤伯爵は、芸人を多く贔屓にした。特に五代目菊五郎は「常に伯の家に出入して、その眷顧を受け」[12]た一人で、千歳座の引幕に揮毫をもらい、また、大磯の別荘地を譲り受けもしている。[13]そして、菊五郎は田村と明治の初年から面識がある。[14]以上から、井上が歌舞伎座に関係したのは後藤伯爵を通じてで、会社の経営よりもむしろ株式の扱いに経験があるのを求められたのではないだろうか。

以下の四人は取締役である。

三宅豹三は慶應義塾の出身で、明治二十年に慶應と関わりの深い『時事新報』に入社、二十四年には、これも歌舞伎座と関わりの深い井上角五郎と入れ替わりに福沢諭吉の推薦で後藤象二郎の秘書を務め、二十八年九月に、後藤の買い入れた硝子製造所を「主幹」している。(15) 三十年には、後藤の臨終を看取った。(16) 後藤系の政治団体である政党同志会にも入っていた。創業時の取締役会には入らなかったが、後藤により歌舞伎座へ関わりを持たされたと見ることができよう。

千葉仁之助は、株式申込簿に記載された住所が一番地違いであることから見ても勝五郎の関係者であるのだが、実は皆川とも関連のある人物だ。彼は渋沢栄一の従兄弟喜作の息子で、千葉の養子になったが、のちに離縁されたことがわかっている。(17)

野田丈次郎は経歴その他不明であるが、「第壱号　歌舞伎座株式会社株式申込簿謄本」によれば八十株申し込んでいることから見てそれなりの資産家である。皆川辞任後の明治三十年一月、取締役を辞任した届が公文書のなかにある。皆川に近い人物と推定される。

西川忠亮は印刷会社築地求林堂の店主であり、もと貿易商であった。(18)

監査役は次の三名である。

馬越恭平は、明治二十九年には三井物産重役であると同時に大日本麦酒株式会社社長であり、益田孝、渋沢らと並ぶ大実業家だ。

早川松之助は、二十二年から、のちに井上が株を預けたとされる東海銀行の取締役であった。(19)

坂本省三は元自由党員で、二十五年に分裂した東京代言人新組合の副会長になった人物だ。そして田村は元自由党員であり、二十五年当時この新組合の一員であった。[20]

田村についてはすでに詳しく述べてきたが、発起人・取締役に入っていない福地桜痴、勘弥の明治二十九年頃の状態について、簡単に記しておく。

福地は言うまでもなく千葉とともに歌舞伎座を設立した人物だ。政治活動の第一線からほぼ手を引き、小説家となり、劇場・演劇改良にも関心を持って彼なりの「改良」的な作品を書き、活動していた。福沢諭吉とは維新前からの知己であった。歌舞伎座では二十三年五月、金銭的な問題で退いたあと顧問となっていた。株主代理が井上竹次郎であるということは、井上となんらかの関連があったことを示している。[21]

勘弥は第一章にその履歴と興行の特徴を述べてきたが、明治二十年代も借金のため、座元の名義を何度もほかの者に形式的に譲り渡して興行を行っているが、二十八年十二月には新富座の座主権をめぐって訴訟を起こしており、[22]経営に出資して参加することには無理があった。後述する『都新聞』（以下『都』）の記事によれば、二十九年四月興行から歌舞伎座に関与するのであるが、そのことを証明する公文書はない。ただし、歌舞伎座の社史類に必ず記されるのは、この二十九年四月興行は、勘弥の助力で團十郎・菊五郎を揃えられたことである。[23]これは勘弥の、ほぼ人生最後の大仕事であった。

千葉勝五郎の死の直後の状況を見ても、彼は歌舞伎座を負債のため譲渡したのではないと推定される。そして株式会社の取締役・監査役となった人々は、引退した千葉と、名前を公に出していない田村、福地、勘弥以外、ほとんどこの以前は歌舞伎興行に直接関わりを持たなかった資産家・実業家である。同時に、後藤象二郎が慶應義塾の創立者福沢諭吉と懇意であったこともおそらく関係しているが、後藤、福沢、そして渋沢栄一となんらかのつながりを持つと思われる人々が散見される。そしてこの後対立する皆川と井上は、同じ外部から入った同士でもその出自・性質が明らかに違うこともわかる。

## 二　『近世劇壇史　歌舞伎座篇』と田村の著作の比較

続いて、会社設立の経緯を述べるにあたり、まず比較的正確な『劇壇史』の記述を要約し、それと田村の記述を比べた相違点を挙げる。『劇壇史』の項目は、基本的には歌舞伎座の興行毎で区切られている。月日はその区切りを示す。括弧で括った部分は発生した日が明記されないことがらである。

（明治二十八年十二月二十五日以前）
千葉は興行をやめる決心をし、劇場の買い取りについて田村に相談。
田村は株式に分割して売ることを提案。
価格は地所なしで五万円、地所付きで十万円、田村へ成功報酬四千円の条件。
田村は後藤伯爵夫人の弟井上竹次郎と会い、さらに後藤に三宅を推薦される。
田村は、福地と、東京電灯会社支配人で渋沢子爵の妹婿の皆川を加える。

十二月二十五日
三十間堀の大村家で第一回契約。千葉に一万円の手付け。
劇場は五万円、地所は坪二十五円・二千坪。地所は会社成立次第買い取る約束。
二、三日後、田村宅に「歌舞伎座株式会社創立事務所」の看板を掲げる。

明治二十九年一月二十三日

歌舞伎座初日。『増補桃山譚《ぞうほももやまものがたり》』『富岡恋山開《とみがおかこいのやまびらき》』、和洋合奏の『道成寺《どうじょうじ》』。

二十五日間、さらに四日の日延べ。

井上、皆川、三宅、福地、田村の協議により、皆川、井上が五万円出して一時会社を買い、七万円で会社に売り、利益の二万円を関係者で分配することに決定。

千葉はその分配と、会社創立委員に名を加えるよう要請する。

四月八日

創立総会。①歌舞伎座買入れ契約・座主権譲受契約　②創業費の認否　③定款確定　④重役給料・報酬　⑤重役選挙　を議題とする。

重役は皆川、井上、千葉仁之助、西川、野田。

監査役に馬越、早川、坂本。田村は幹事となる。

互選で会長皆川、副会長井上に決定。

定款通り年六回の興行をするためには勘弥を顧問にと九代目團十郎が井上に勧め、井上は勘弥を加える。田村は会社が成立していないと反発し、四月興行延期を忠告。会社に入った経緯の異なる井上と皆川の対立が深まる。

四月三十日

歌舞伎座初日。『富貴草平家物語《ふうきぐさへいけものがたり》』『助六由縁江戸桜《すけろくゆかりのえどざくら》』『箱書付魚屋茶碗《はこかきつけととやのちゃわん》』。

勘弥は五代目菊五郎の招聘に成功。三十三日間の大入。

（勘弥と福地に全権を握られる危機を感じた田村は、皆川に、七・八月の興行を中止すべきだと言い、皆川は承諾する。

勘弥と福地は、井上の出資一万円で七月興行を企画。

七月十二日

歌舞伎座初日。『形見草四谷怪談《かたみぐさよつやかいだん》』『三千両重荷若駒《さんぜんりょうおもにのわかごま》』『恋文月誤縁遠近《こいのふみづきごえんのおちこち》』。

不入のため二十二日間で閉場。

（『時事新報』に連日、内情を暴露する記事が掲載される。

定款にある、興行を年六回行うとの条項にこだわらず、もっと少なく興行を行うほうがよいと考える皆川と、定款通りにすれば利益が上がると考える井上との疎隔。

井上が後藤伯に、田村は「会社を惑乱させる者」であると告げる。伯は團十郎を呼び、田村が重役を扇動しているかと聞く。團十郎は否定しない。菊五郎も田村の退職に賛成。

井上は皆川に田村の退職をもちかけるが、皆川は拒否。

九月一日

歌舞伎座株式会社、株式取引の定期売買に上場。

十月四日

株式総会。出席者が定数に満たず仮決議。

五月から九月の営業報告、利益配当は一株あたり七十五銭（年一割六分弱）。

定款十二条と三十七条の改正、副社長一名を置くことができると定める。

十月五日

重役会議。会長を社長と改める。社長を皆川、副社長を井上とする。開業式を十一月一日と発表。

臨時総会で西川、千葉仁之助が取締役辞任。吉川安之助、伊藤謙吉が取締役に加わる。

十一月十日・十一日

歌舞伎座株式会社開業式。引き続いて会社第一回興行。『二人景清《ににんかげきよ》』『奥州安達原《おうしゅうあだちがはら》』『浪底親睦会《なみのそこしんぼくかい》』。

中位の入で二十五日間。

十一月二十二日・二十三日

重役の伊藤より書状三通。最後の書状は書留。会社が第三銀行へ預けている五万円を皆川が不正に引き出して仕込金にしたとの疑惑。皆川は、銀行からの借入金であると説明して解決する。

十二月一日
先月の不正疑惑を受けて立腹した皆川は辞任。井上は沈黙。
伊藤が社長となり、井上が興行専務、吉川が会計、野田が庶務となる。
（田村は大阪へ行き、浪花座の秋山儀四郎と道頓堀演劇会社を起こす。

以上が、『劇壇史』による歌舞伎座株式会社の企画から皆川社長辞任までの概略である。
第二に、田村の「今昔物語」において、『劇壇史』と比較して（『劇壇史』の資料の一つであるので基本的な相違はないが）『劇壇史』に書かれていない点を述べる。

・田村と井上は、井上の番頭の木村松次郎を通じて会談した。
・福地を招き入れたのは田村。
・明治二十八年十二月二十五日の契約後、「直に」銀座三丁目十五番地の田村宅へ、福地筆の看板を掲げる。
・明治二十九年一月興行は田村の案、四月から勘弥を奥役として入れる。仕込金は、井上と皆川が「会社とも個人ともつかず立替へ」る。
・四月興行の純益二万円。これにより会社の払い込みも千葉への支払いも済んだ。
・皆川と田村の持っていた株は井上が東海銀行へ入れた。

第三に『年代記』において、『劇壇史』と相違する事項を箇条書きで述べる。年月日は事項の記載される項目（すべて歌舞伎座）を示す。これも細かい月日は曖昧である。

明治二十九年一月二十三日

・会社組織にしたのは井上、三宅、皆川、田村の四人。福地への言及なし。

・劇場の価格は五万五千円。

四月三十日

・四月興行は利益二万五千円、一万円を会社に寄付、一万五千円を千葉を加えた五人で分配。勘弥への言及なし。

七月十二日

・「本月八日」創業総会。内容は『劇壇史』四月八日の項に記される総会と同様。

三点の資料を対照して、判明した問題を挙げる。

まず、劇場の価格が当初地所建物込みで十万円で、会社が千葉から買い上げることになったようだが、払い込みが複雑で結局いくらなのかがよくわからない。また、『劇壇史』が創業総会を四月としているのに対し、『年代記』はこれを七月の項に入れている。そして、会社の資本金を作るために貢献をしたとされる福地の歌舞伎座への関与を『劇壇史』「今昔物語」は会社設立時からとする一方、『年代記』は会社への福地と勘弥の関与をまったく記していない。

さらに、歌舞伎座株式会社に関係したとして名前の挙げられている人々はどのような人物であったのか、この会社によってそれまでと何が変わったのか、どのような効果が期待されたのか、これらの資料だけではあまりよくわからない。これは伊原の『明治演劇史』を加えても同様である。これらの問題を明らかにするためには、新聞や会社関係の公文書類を用いた会社設立過程の再検討が必要であると考える。

## 三　再検討――会社の成立まで

歌舞伎座株式会社の設立前後の事情をつかむために、歌舞伎座とそれを取り巻く環境がどのような状態であったか整理しておく。

明治二十八（一八九五）年には、東京の歌舞伎興行が変化の変わり目にあることを表すことがらがいくつか起きる。四月には、従来続いていた大小劇場に出勤する俳優の区別がなくなり、鑑札が統一されて全俳優を新たに階級分けした東京俳優組合が結成された。これは二十年代初頭から続く、大劇場と小劇場の俳優融通の問題から考えれば現実的な措置だ。十月二十九日には江戸三座のうちの中村座座元であった十三代目中村勘三郎が、火災に遭った座の再築ができないまま亡くなる。十二月には新富座で家屋と座元の権利の譲渡をめぐる紛議が起き、結果的に三十年まで興行ができない事態になっている。

本書の第三章第三節にふれるが、この時期の市村座も、やはり火災による劇場の焼失と俳優の出勤問題で困難を抱えている。つまりこの時期、江戸以来の大芝居は三座とも不調なのだ。

歌舞伎座には、五月に新演劇の川上音二郎一座がはじめて出勤した。五月は大入となり、川上は七月も出勤するがこれは不入で、九代目團十郎・五代目菊五郎はその後に出ることに難色を示した。[24] 苦慮した千葉勝五郎は川上にさらなる出勤を勧めたとの報道[25]もあるが、結局、十一月興行に團十郎が出勤して『暫《しばらく》』を勤めた。ここまでの事情は『明治演劇史』と『新報』『都新聞』などの新聞記事を校合しても差異はない。

ところで『新報』に、八月から九月にかけて[26]「鈴鹿山人」という人物が「浪花土産」と題し、大阪と東京の劇場を比較した経営法の考察を執筆している。この人物は五月二十四日に大阪の道頓堀五座を視察している。

『新報』千六百十四号巻末の「社告」に、今後の掲載予定として「田村鈴鹿《れいろく》氏の浪花土産」という一文がある。田村成義は後年しばしば「鈴鹿《すずか》将軍」とあだ名されており[27]、五月頃に秋山儀四郎の招きにより大阪へ行ったことは『年代記』六九三頁にも記されている。そのため、この「浪花土産」は田村の執筆したものと筆者は考える。

この記事は大阪の芝居が常に興行利益を上げている理由を六点挙げ、特にそのなかの二点は、東京でも模倣することができるのではないかと提言している。それはさらに五つに細分して分析されているが、その三番目と四番目が興味深いので、適宜要約しながら掲げる。

〔三番目、大阪の興行人は小説を多く読んで世間の好みを知り、それに合わせる商売の秘訣を取り入れていると指摘する。一方東京では〕其興行を目論むに当つてや世間の事に通暁せざるの人々相会し　興行人は昔時に在つて大入を占たる狂言を追想し　俳優も亦仕勝手好きが上に骨の折れざる役

【図版 14】歌舞伎座外観（第一期）
『明治大正建築写真聚覧』No.69「歌舞伎座」（日本建築学会図書館蔵）

を勤めんと競ひ　作者は既に出来て居るものを以て間に合はせんとするが故　到底客の眼を満足せしむる能はず〔後略〕

〔四番目、大阪の興行人は場代を定めるに、収入と利益を見込んだうえで適正な価格を決めるが、東京では〕仕入を為すに当りて出入の予算といふ事を為さず　縦令《たとへ》ば俳優に手付を渡すも別に狂言を定むるといふでもなく〔中略〕総ての相談を了りたる後ならでは　其仕入金の何程を要するや更に判然せず　漸くにして初日前に至り勘定を為せば仕入金は非常に高く　普通の手段を以ては之を回復するの策なきにより　俄に彼も倹約是も倹約と称し　必要欠く可らざるの費用をも吝《おし》む〔後略〕

田村はここで、「世間の事に通暁」した人間の関与と、利益による採算を見込んで計画的に支払いを行う合理的な経営が、東京で興行を行う人には必要だと指摘している。つまり、この資料からは抽象的ながら、田村が劇場の経営に従来の興行関係者ではなし得ない合理的な方法を導入したいと考えていたことがわかる。そこに、それを具体化しうる千葉勝五郎からの歌舞伎座譲渡の申し入れがあったと考えると、会社設立の提案がなされた背景がややはっきり見えてくるのではないだろうか。

以上のような時代背景と劇場経営の模索という素地の上に、歌舞伎座株式会社は設立されたと見ることができる。その計画は皆川、田村、井上により、十二月よりも「三四ヶ月前」[28]から進められていたと報じられている。

それでは、歌舞伎座株式会社は正式にはいつ設立され、どのような構成の会社であったのか。東京都公文書館には農商務省や東京府知事宛に提出された設立申請書、株式申込簿、起業時の仮定款、明治三十一年四月改正と記した定款などが保管されている[29]。これらと新聞記事とによってその実際を見る。

『都』は、看板を掲げたのは明治二十九年二月一日、歌舞伎座の楼上であったとする[30]。同月三日付で「歌舞伎座株式会社起業目論見書謄本」(以下「謄本」)と「歌舞伎座株式会社仮定款」(以下「仮定款」)が農商務省に提出されている。以後二十九・三十年に本定款が提出された形跡は、調査した限り見受けられない。「仮定款」・「謄本」による会社資本金の内訳は次の通りである。

資本金総額…五十万円　一万株に分割する(一株五十円)

資本金使用の内訳…建物器具一切　七万五千円
営業資本金　五万円
建物改築及び拡張費　三十七万五千円

「仮定款」は全四十三条から成り、第二条に会社の目的を「本会社ハ新古演劇ノ業ヲ営ミ其ノ観覧料ヲ以テ利益ヲ享受スルニ在リ」と定義する。以下の細則は、ほぼすべて株の取り扱いと取締役会の運営について定義したものだ。これによって、具体的にこの会社における株の性質が判明する。主な内容は次の通りである。

・株券には十株券、五株券、一株券の三種があり、払込延滞には利息が課される。(第五条、十五条)
・金額完納までは仮株券を交付する。(第六条)
・株券には記名調印する。書き換えの際は手数料がかかる。譲渡の際には親族二名以上の保証人が必要である。(第七条、八条)
・株主の議決権は一株につき一個、四月と十月の通常総会のほか臨時総会を開くことも可能で、議決は総株金の四分の一に相当する株主の出席により多数決で決する。(第十八条、二十三条、二十七条)
・取締役五名、監査役三名。取締役は所有株五十株以上、監査役は三十株以上の株主から選挙。欠員の生じる場合は臨時総会を開くことが可能であるが、業務に支障のない場合は次の改選期を待って選挙を行う。(第三十一条、三十二条、三十九条)

つまり、この会社における「株」を得ることとは、会社運営の権利を得ることと同義である。出資者を明らかにする義務もある。これは権利義務の概念を証券という形にした、近代以降の「株」によって会社が構成されることを示す。また、一株あたりの出資を五十円とし、分割払い込みが可能な形で一株から長期的に広く株金の募集を行い、それによって会社を維持しようとする姿勢をうかがうことができる。

そして、「建物器具一切」、すなわち歌舞伎座の公式価格は、書類上は七万五千円だったことが判明する。説によって内訳が分かれるが、ここに田村への手数料や千葉への礼金、各人への分配金が合計二万円ないし二万五千円含まれていると考えられる。(31)

三月六日には、「座主権」の譲渡が公証役場で行われた。(32)千葉に対する譲受人は、井上竹次郎、皆川、三宅、千葉の発起する歌舞伎座株式会社で、田村は皆川の代理人として出席している。井上・三宅の代理人として木村松次郎の名を見ることができる。

三月から四月にかけて、設立申請書が東京府知事・農商務省大臣宛にやりとりされる。総株数の誤記で認可が遅れたようであるが、一貫して発起人は井上、千葉、皆川、三宅の四人である。「第五号　歌舞伎座株式会社株式申込簿謄本」によれば、彼ら四人は三月十五日と二十一日に、それぞれ一株五十円の株を六百二十五株ずつ申し込んでいる。この合計十二万五千円は建物器具一切と営業資本金の合計に等しい。つまり、彼らの出資が完了すれば、会社はいつでも興行が行える状態になることをアピールしているのであろう。

田村は一貫して直接発起人ではない。しかし、先に挙げた「座主権」譲渡の代理のほかにも、四月十三日付「株式会社設立免許申請書」に三宅の代理として署名捺印している。

福地の名は、「第壱号　歌舞伎座株式会社株式申込簿謄本」にはじめて見ることができる。この謄本は一株単位の株主も記した二百余丁に及ぶ綴りであるが、田村と福地は三月二十三日にそれぞれ五十株ずつ株を申し込んでいる。福地は申込代理人に井上を立てている。ここから、書類上、田村は発起人代理、また株主として参加し、福地は名義上の株主としての参加であったことが判明する。勘弥の名は、どの書類にも記載されない。

『新報』千六百三十七号によれば、創業総会が開かれたのは四月八日である。この記事の内容は『劇壇史』と一致する。そのため『年代記』が同様の記事を七月とするのは誤りであろう。しかし「農商務省指令商第五千三百六十一号」により、設立が正式に認可されて免許が降りたのは二十七日で、従って、八日時点では非認可の会社だ。千葉と株式会社との間で「受渡し」がすべて終了したのは五月十七日とされる[33]が、ここで完全に、新しい取締役会に劇場の所有と興行に関する実権が交代したものと見る。だから四月三十日初日の歌舞伎座評に[34]、

歌舞伎座の当興行を会社成立後初めての開場と見るべきか　将た旧座主千葉勝一個人の興行と見るべきかは　局外者の我等が問ふも益なき処

とあるのは、局外者から見たこの微妙な状態をよくとらえている。株主から会社への第一回株金払込は「仮定款」によれば、会社設立より一か月以内を期限として、一株あたり十二円五十銭と定められた。以後の株主による株金払込は、事業成績により七月から十年間以内に、通知により行うものとされた[35]。この経過

から見ても、四月三十日初日の興行は、会社として行うことはできず、「今昔物語」が記すように重役が私的な資金によって行ったものと推定することができる。

以上から、歌舞伎座株式会社は多くの人間の出資によって経営を維持し、演劇興行によって利益を上げることを目標として、千葉、皆川、井上、三宅を直接発起人として二月から四月にかけて設立され、農商務省から免許を交付されたことがわかった。そして田村は、発起人代理あるいは株主としてこの始終に関与し、福地は書類上は株主として三月から参加していることが確認できた。

## 四　再検討――皆川社長辞任まで

明治二十九（一八九六）年七月三十日『都』掲載の「両座の未来」[36]と題した記事は、勘弥と福地が井上竹次郎に働きかけ、七月興行を会社外の興行として行ったことを報じている。七月興行の辻番付を掲出するが【図版15】、のちに図版を載せる十一月興行のものと比べて、「会社」の文字はどこにも記されない。つまりこれは、明らかに会社による興行ではない。翌一日と二日、『都』に歌舞伎座名で掲載された「為念広告」には、「或る輩は不日閉場するなぞ無根の虚説」を流しているとあるが、しかしこの興行は三日に閉場する。これにより、井上と福地・勘弥が共同して会社内部に混乱が起きたことが外部に明らかになったのは、八月初頭以降と区切ることができる。

『劇壇史』にいう「暴露記事」は、『時事新報』に該当する記事がない。しかし、『都』八月二十二・二十三・二十六・二十七日に「歌舞伎座の内部紛転」と題した詳細な記事がある。内容を比較すると『劇壇史』の二十九年四月、七月の項に分散している記事は、この連載記事にほとんどを拠っていることがわかる。[37]出

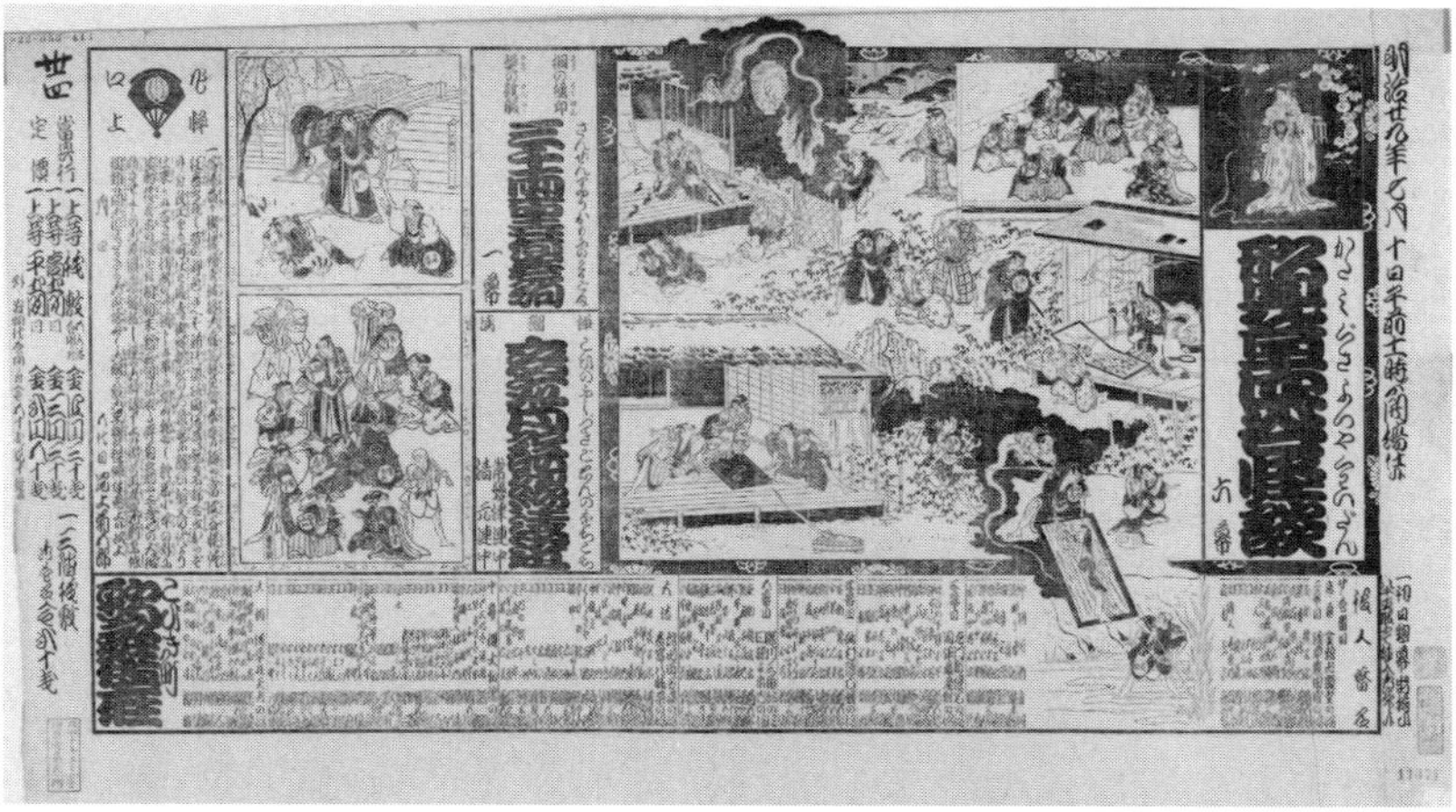

【図版 15】明治二十九年七月　歌舞伎座　辻番付（演博ロ 22-58-411）

典の誤記のようである。

ところで、「仮定款」には年間興行回数を六回と定める条文はなく、明治三十一年四月二十二日改正の定款にも興行回数を定める条文はない。三十一年の定款は全四十三条で、条数は「仮定款」と同じであり、この間の改正届などを見ながら比較しても、内容が根本的に違う条項・削除条項はない。つまり、年間興行回数の定義はもともと定款になかった可能性が高い。

従って、『都』から『劇壇史』に引き継がれた、定款にある興行回数を改正するか否かで皆川と井上が対立したとする記事は誇張で、二者の対立は本来私的見解の相違として調整されるべき問題だったのであろう。しかし田村が皆川と、福地が井上とそれぞれ関係が深いことから、田村と福地・勘弥の対立が重なって、和解することなく会社経営全体に拡大し、外部にも公にされていったものと推定する。

こうしたなかで歌舞伎座株式会社株は、明治二十九年九月一日初上場された。先物取引は一株十四円、終値は

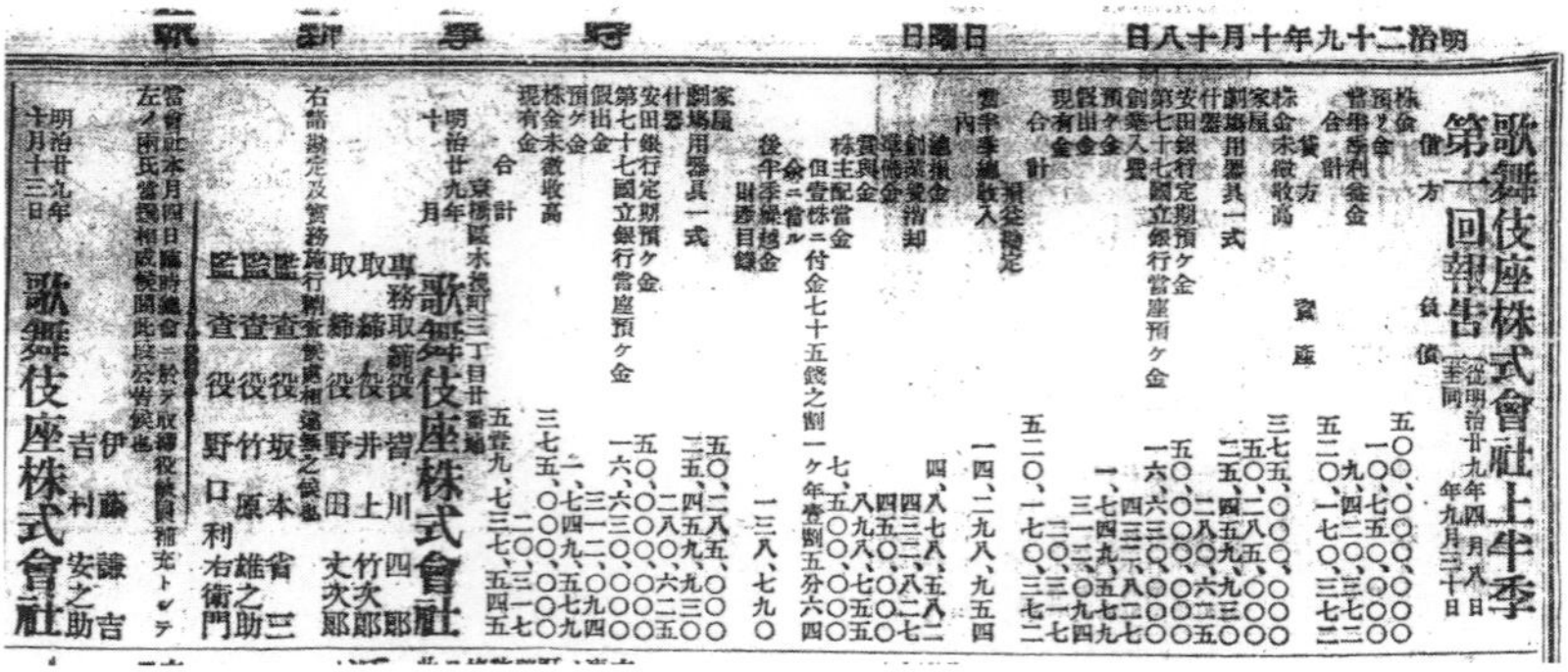

明治二十九年十月十八日　日曜日　時事新報

# 歌舞伎座株式會社上半季第一回報告

（從明治廿九年四月八日　至同年九月三十日）

負債方

| | |
|---|---|
| 株金 | 五〇〇、〇〇〇、〇〇〇 |
| 預り金 | 一〇、七五〇、〇〇〇 |
| 當半季利益金 | 九、四二〇、三七二 |
| 合計 | 五二〇、一七〇、三七二 |

資産方

| | |
|---|---|
| 株金未徴收高 | 三七五、〇〇〇、〇〇〇 |
| 家屋 | 五〇、二八五、〇〇〇 |
| 劇場用器具一式 | 二五、四五九、九三〇 |
| 什器 | 二八〇、六二五 |
| 安田銀行定期預ケ金 | 五〇、〇〇〇、〇〇〇 |
| 第七十七國立銀行當座預ケ金 | 一六、六三〇、〇〇〇 |
| 創業入費 | 四三二、八二七 |
| 預ケ金 | 一、七四九、五七九 |
| 假出金 | 三一二、〇九四 |
| 現有金 | 二〇、三一七 |
| 合計 | 五二〇、一七〇、三七二 |

損益勘定

| | |
|---|---|
| 當半季總收入 | 一四、二九八、九五四 |
| 内 | |
| 總損金 | 四、八七八、五八二 |
| 創業費消却 | 四三二、八二七 |
| 準備金 | 四五〇、〇〇〇 |
| 賞與金 | 八九八、七五五 |
| 株主配當金（但壹株ニ付金七十五錢之割一ヶ年壹割五分六四ニ當ル） | 七、五〇〇、〇〇〇 |
| 後半季繰越金 | 一三八、七九〇 |

財産目録

| | |
|---|---|
| 家屋 | 五〇、二八五、〇〇〇 |
| 劇場用器具一式 | 二五、四五九、九三〇 |
| 什器 | 二八〇、六二五 |
| 安田銀行定期預ケ金 | 五〇、〇〇〇、〇〇〇 |
| 第七十七國立銀行當座預ケ金 | 一六、六三〇、〇〇〇 |
| 假出金 | 三一二、〇九四 |
| 預ケ金 | 一、七四九、五七九 |
| 株金未徴收高 | 三七五、〇〇〇、〇〇〇 |
| 現有金 | 二〇、三一七 |
| 合計 | 五壹九、七三七、五四五 |

明治廿九年十月
京橋區木挽町三丁目廿番地
歌舞伎座株式會社
專務取締役　皆川四郎
取締役　井上竹次郎
取締役　野田文次郎
右諸勘定及營務施行ヲ檢査候處相違無之候也
監査役　坂本省三
監査役　竹原雄之助
監査役　野口利右衛門

當會社本月四日臨時總會ニ於テ取締役缺員補充トシテ左ノ兩氏當選相成候間此段公告候也
伊藤謙吉
吉村安之助
明治廿九年十月十三日
歌舞伎座株式會社

【図版16】歌舞伎座株式会社　上半季第一回報告

十三円二十銭で、第一回払込の値を七十銭上回るスタートであったが、会社内部の混乱を危ぶんで割合に下値だったと評価されている[38]。

九月初旬、すでに次興行は十一月まではできないだろうという新聞記事が出ている。『新報』も株主総会後でなければ着手できないだろうと伝える[39]。十月四日に総会が開かれたが、定数に満たず仮決議となったことは『劇壇史』要約にも記した。

『時事新報』十月十八日に、第一回上半期、四月八日から九月三十日までの決算報告が掲載されている**【図版16】**。決算承認を四月と十月に行うことは「仮定款」四十一条にも定めてあるが、当時の一般的な会社の決算期は四月と十月で、歌舞伎座株式会社はその慣例に忠実に従っている。そしてこの報告の末尾に記された月日は十月十三日で、本決議はこの日行われたと推定することができる。取引銀行は安田銀行と第七十七国立銀行[40]で、後者は設立に渋沢栄一が大きく関与し、宮城県を本拠としながら東京株式取引所で唯一、株式の精算・出納を行っていた銀行だ。

この決算によれば株主配当金の総額は一株あたり七十五銭、繰越金は百三十八円七十九銭で、『劇壇史』の記述を裏づける。会社が内紛し、興行ができない状態であっても利益と配当を出していたことが注目される。

十月の株主総会で定款改正の定義がなされたのは第二十条・三十七条だと『新報』千六百五十四号は伝えるが、十月二十二日付皆川より東京府知事宛の「進達願」によれば第十二条と三十七条の誤りで、『劇壇史』の記述が正しい。それは、

・毎事業年度最終ノ日ヨリ三十日以内　株式移転ノ登記ヲ停止スルコトアルヘシ（第十二条）
・取締役中ヨリ　主トシテ業務ヲ取扱フヘキ専務取締役一名ヲ互選スヘシ（第三十七条）

をそれぞれ、

・毎事業年度最終ノ翌日ヨリ三十日以内　株式移転ノ登記ヲ停止スルコトアルヘシ
・取締役中ヨリ　主トシテ業務ヲ取扱フヘキ専務取締役一名ヲ互選シ之ヲ社長ト称ス　其責任ハ他ノ取締役ト同一ナリ　但業務ノ都合ニヨリ副社長一名ヲ置クコトヲ得

と変更することであった（傍線は筆者）。変更前の条数・内容は「仮定款」の条数・内容と一致する。特に三十七条の変更は、十月四日時点で、井上が皆川中心で会社を維持するのを拒否したものと考えられる。そして十三日にそれが承認された。

この総会で西川、千葉と交代して吉川安之助、伊藤謙吉が取締役となった。ここで完全に千葉家の関係

者は歌舞伎座と関係を絶つ。吉川は経歴不明である。伊藤は三重出身の元衆議院議員で、その後いくつかの会社の取締役を勤めている[41]。『新報』千六百六十一号は伊藤を株式仲買商とする。この真偽は明らかでないが、歌舞伎興行の外部から関与し、井上に近い立場であることを示すものと思われる。

開業式はこのような状態のなかで十一月十・十一日に行われた。この興行の辻番付では、左端の口上で「歌舞伎座株式会社」の初興行であることを明記している【図版17】。一番目の『二人景清』は福地による『壇浦兜軍記《だんのうらかぶとぐんき》』の改作で團十郎主演であるが、これは福地の座内における勢力が増していることを示すものであろう。

仕入金についての真偽を示す資料を現在見出していない。しかし以上の経過から、皆川社長は十月十三日時点ですでに実権を失っていたと推測される。

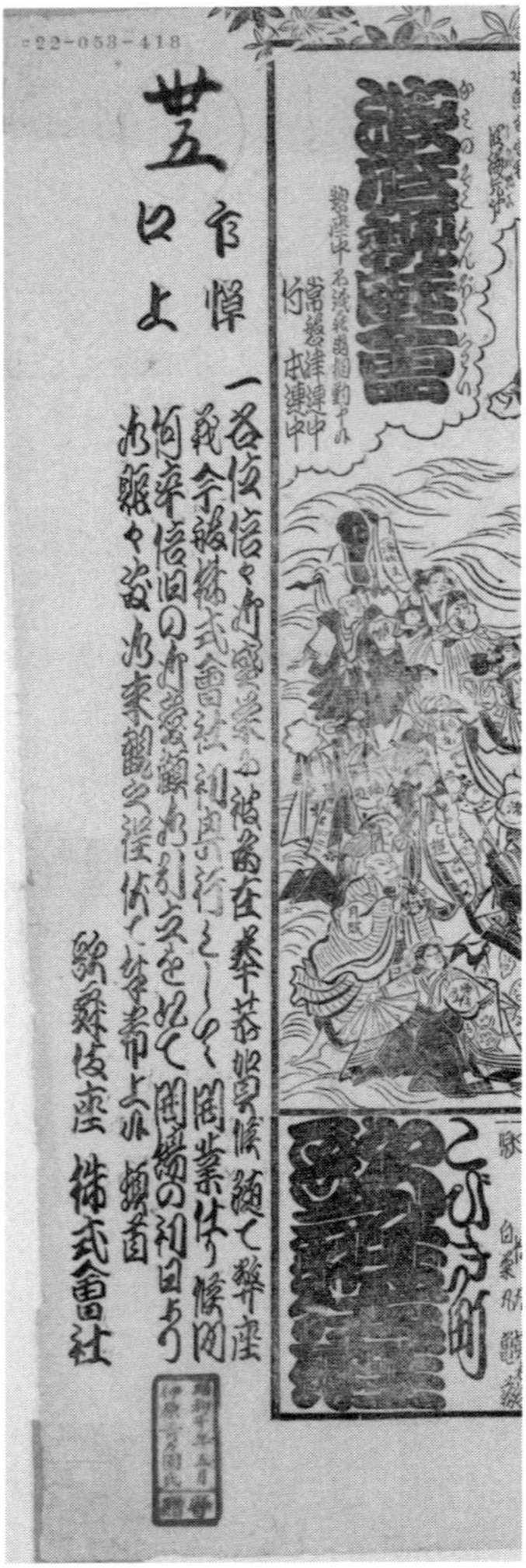

【図版17】　明治二十九年十一月歌舞伎座　辻番付（演博ロ22-53-418）

明治二十九年十二月十一日付で専務取締役を皆川から伊藤に登記変更する届が農商務省大臣宛に提出され、翌三十年四月十七日に伊藤から井上竹次郎への登記変更届が出る。ここから、三十九年十一月大河内輝剛に会社を譲渡するまでの井上社長時代がはじまった。明治三十年以降、時に欠損が報告されることや社長への弾劾があっても、会社は維持され続けた。

会社が存続しても、会社経営の経験豊富な皆川は会社を去った。井上と勘弥・福地、皆川と田村とのつながりをそれぞれ考え合わせて言うならば、歌舞伎座は外部の実業家・資産家を中心にした会社方式の導入に成功したが、より利益を優先した合理的運営に進む道を、明治二十九年末の段階で選択しなかったということになるであろう。そして田村は、会社の設立に関与しながら、皆川との関連から、一時的にしても歌舞伎座と関係を絶たざるを得なくなったと考えられる。

田村はこの後、「今昔物語」によれば大阪へ向かい、浪花座と角座を合併した道頓堀演劇会社に参加した。それが設立されたのは三十年六月十日であるが、発起人一同のなかに田村の名はない[42]。歌舞伎座と同様に取締役会には参加しなかったと推測される。

## 注

（1）早稲田大学出版部・昭和八年。

（2）書誌は本書第二章第一節の注（3）参照。本節では特に『新演芸』大正五年七・八月掲載分を対象とする。

（3）市村座・大正十一年。

（4）中央公論社・昭和十一年。
（5）青蛙房・昭和三十二年。
（6）『読売新聞』（以下『読売』とする）明治三十六年六月二十五日。
（7）『読売』明治十六年二月六日、二十三年九月十六日。
（8）奥平昌洪『日本弁護士史』「代言人免許年度一覧」（初版大正三年、復刻は巌南堂書店・昭和四十六年）。
（9）『読売』明治二十四年六月二十四日。
（10）『読売』十月二十四日。
（11）芝区が内務部長東京府書記官宛に提出した身上調査書「庶第百三十八号」による。『明治二十九年第一種共三十八冊ノ三十三　第三課文書類別　農商　会社　十二　自四十至四一』（621.D2.17）に含まれる。
（12）大町桂月「伯爵後藤象二郎」（『桂月全集』第七巻、興文社内桂月全集刊行会・大正十五年）。
（13）『読売』明治二十三年八月十七日。
（14）詳しくは本書の第二章第一節を参照されたい。
（15）『読売』七月四日、九月十四日。
（16）福沢諭吉事典編集委員会編『慶應義塾百五十年史資料集　別巻二　福沢諭吉事典』（慶應義塾・平成二十二年）。
（17）田村成義『芸界通信　無線電話』「鈴木幸平」（青蛙房・昭和五十年）。
（18）『読売』明治四十五年七月十五日。
（19）『日本現今人名辞典』（明治三十三年）、『明治人名辞典Ⅱ　上巻』（日本図書センター・昭和六十三年）の復刻による。
（20）本書の第二章第一節および『読売』明治二十五年五月二日、安達元之助『東京弁護士会史』（東京弁護士会事務所・昭和十年)。

(21) 「歌舞伎座興行契約証」(早稲田大学演劇博物館蔵、請求番号22236)による。

(22) 少女庵主人「守田勘弥」第九十四回、『万朝報』明治三十三年二月十三日。

(23) 漆澤その子『明治歌舞伎の成立と展開』第一章第四節「歌舞伎座開場への道程」(慶友社・平成十五年)。

(24) 『歌舞伎新報』千六百十六号は桟敷に十二人しかいない日があるとする。しかし、伊原敏郎『歌舞伎年表』第七巻(岩波書店・昭和四十八年第二刷)五〇八頁の「各座月割興行日数及び看客数」によれば、興行日数が十六日と短いことが目につくが、一日平均の木戸の観客数で比較すると、五月は團十郎らの出勤した二月よりやや少なく、七月は五月の約二割減である。

(25) 『歌舞伎新報』一六一九号。

(26) 一六一五号(明治二十八年八月二十五日)、一六一八号(九月二十三日)。

(27) 戸板康二『演芸画報・人物誌』九三頁(青蛙房・昭和四十五年)など。

(28) 『新報』一六二七号。

(29) これらの文書は、他の会社の関係文書とともにいくつかの綴りに綴じ込まれている。閲覧はマイクロフィルムを基とするＤＶＤによる。文書数が数十にわたるため、文書を収める綴りの書名と番号を挙げる。

・『明治二十九年第一種共三十八冊ノ三十三　第三課文書類別　農商　会社　十二　自四十至四一』(621.D2.17)

・『明治二十九年第一種共三十八冊ノ三十六　第三課文書類別　農商　会社　十五　自百二十至二〇〇』(621.D3.3)

・『明治二十九年第一種共三十八冊ノ三十七　第三課文書類別　農商　会社　十六　自二〇一至三〇七』(621.D3.4)

・『明治三十年第一種共六十三冊ノ四十七　第六課文書類別　農商　会社ニ関スル書類　二十一　自八九至一一九』(622.B3.3)
・『明治三十年第一種共六十三冊ノ五十　第六課文書類別　農商　会社ニ関スル書類　二十四　（番号朱字のため不明）』(622.B3.6)
・『明治卅一年　文書類纂　第一種　農工商　普通会社　第九』(623.A2.9)
閲覧にはほかにマイクロフィルムの番号が必要である。現在のところ、インターネットを通じて引けるデータベースによって館外からも文書検索ができる。ただし、閲覧は館へ直接行かなければできない。
(30)『都』二月二日。
(31)『新報』一六二七号は引き渡し金額を五万五千円とする。『年代記』の直接の根拠はこの記事であろう。
(32)明治二十九年三月六日付「第伍阡陌陸拾九号　座主権譲渡契約証書謄本」による。以下、参照している会社設立関係の公文書類は、すべて注(10)に記す簿冊に含まれた東京都公文書館の所蔵資料である。
(33)『読売』五月十九日。
(34)（無署名）「歌舞伎座一見評」（『都』五月六日）。
(35)「仮定款」第十三条・十四条。
(36)「両座」は歌舞伎座と明治座をさす。
(37)ただ、後藤伯爵が團十郎・菊五郎に会社の状態を尋ねたという話はこの記事にない。現在典拠不明。
(38)『都』九月二日。
(39)『都』九月八日、『新報』千六百五十四号。
(40)現在の七十七銀行。以下は『七十七銀行百二十年史』（七十七銀行・平成十一年）による。
(41)注（19）参照。
(42)『近代歌舞伎年表　大阪編』第三巻二六五頁（八木書店・昭和六十三年）。

# 小結

第二章では、明治から大正にかけて東京の大劇場で活動した興行師、田村成義の履歴を検討することからはじめ、田村が明治二十年代末までに関与した、千歳座と歌舞伎座での活動内容を概観した。

旧幕時代に牢屋同心を勤めていた田村は、維新後いくつかの職を転々としたのち、明治以降に制度が制定された比較的新しい職業の代言人となり、劇場外の人として訴訟の代言をするうちに、歌舞伎の興行に関わりを持つようになった。そして、これも明治以降の新たな制度の一つである株式会社制度を試みていた新富座と勘弥に関わるうち、勘弥の補助的な活動を行うようになった。

同時期に横浜にも代言人として事務所を持ち、自由党に入党して演説会にも参加するような活動を行った理由は、政治的な理由が考えられるが詳細が明らかにならない。しかしこうして見てくると、この入党も、田村自身の新時代の新たな事象に関わろうとする傾向が表れたものと見るのは誤りではないと考えられる。

そして維新前後から新たに開けつつある横浜の商人たちが多く加入し、歌舞伎における新たな「評判」の形を模索していた六二連にも入っていたとするなら、歌舞伎に関わる仕事と横浜での仕事に忙しく働く傍ら横浜の開放的な空気を享受し、さまざまな人々と交流を持った田村の像をいくらかはっきりと見ることができる。

田村は明治十八（一八八五）年、千歳座で興行師としての第一歩を踏み出す。彼が大正二（一九一三）

年に歌舞伎座を引退するまで繰り返し主張したのは、芝居茶屋の廃止を軸とする入場制度の改革だった。当時の基準からいえば理想主義的かつ合理主義的な改革の提案にこそ、明治十年代に彼が経験したことがらの間接的な影響があると考える。

従来、十八年から二十三年までの千歳座については、開場式が江戸時代の仕初にならった、意識的な江戸への振り返りが見られることや、五代目菊五郎がここで主演した黙阿弥作品で、現在まで上演されているものが多くあることが述べられるにとどまっていた。しかし千歳座における田村の動向を追っていくと、千歳座の興行の変化と田村の動きには、当時の東京の多くの劇場が直面した負債に関する問題が影響を与えており、そのなかで田村が経験を積み、歌舞伎座で活動していく下地を作ったことが明らかになる。

興行師三田村熊吉は、全国各地でさまざまな興行を行ったあと、晩年にさらなる東京進出をはかり、やはり千歳座に劇場の外部から入った加藤市太郎と契約を結ぼうとした。結果として千歳座での興行は実現しなかったが、三田村が千歳座に手を伸ばしたきっかけは、世間一般の不景気のなかでも安値と行き届いたサービスにより成功した春木座での興行であり、二十三年には大劇場と、道化踊の劇場として認可されてきた小劇場、合わせて二十二か所の営業が許可されるに至るような、東京の劇場間における競争の激化が背景にあるだろう。

そして、吾妻座を浅草公園に建てた経験を持つ千葉勝五郎は演劇改良会のメンバーでもあり、「改良劇場」として福地桜痴と歌舞伎座を設立するに至る。官許劇場と道化踊の劇場との間にあったはずの壁を意識していないように見える千葉の活動に、佐藤かつらは千葉の「特異性」を見ている(1)。ここに、すでに劇場間に築かれた格差を乗り越えようとした三田村らのような動きが出ていることを考え合わせると、どうやら明治十八年から二十年代前半には、十年代までの劇場の格、経営・サービスの方法、経営にたずさわる人々などに根本的な変革を迫る動きが同時多発的にもたらされはじめ、東京の歌舞伎興行界全体が混沌としていたということになろう。

勘弥が田村、中村座、市村座と結んだ「四座同盟」は、そうした従来の規範を壊す流れに逆らおうとするものであったが、早々に不成功に終わった。勘弥自身の負債が主要因ではあるが、その後歌舞伎座という、従来の規範を越えて出現した新たな劇場へ入り込むことに彼は躊躇しない。彼は新たな大劇場を認め、そこでの活動を模索したのである。しかし、もともとの本拠新富座へ利益を横流ししようとして歌舞伎座で興行することができなくなるのは、時流に乗ろうとしても結局旧規範から抜け出せなかった彼の状態をよく示す失策だった。

田村は二十三年以降、実質的に歌舞伎座に活動の足場を移し、勘弥の後を引き受けるように劇場経営と興行の企画に携わる。設立に深く関与する歌舞伎座株式会社の興行史上の位置は、次のようにまとめることができる。

この会社は歌舞伎座の興行で利益を得ることを目的として、二十九年二月に申請され、四月に認可された、近代的な株による株式会社だ。千葉勝五郎の個人経営を、それまで主として歌舞伎の興行に関わりを持たなかった、実業家・資産家が構成する取締役会経営に、完全に切り替えたことが特徴であった。すでにこの時点で慶應義塾に関係する人々が入っていることが、のちの帝国劇場との関係を考慮すると注目される。

しかし従来からの関係者を巻き込んだ内紛が起こり、八月初頭からそれが外部にも明らかになった。十月の株主総会で会社の目的がひとまず達成されたことが報告されたが、すでにこの時点で皆川四郎中心の体制は崩れていた。

数百に及ぶ会社を設立した、日本最初の株式会社設立者でもある渋沢栄一が、明治四十四年三月開場する帝劇に深く関わったことはよく知られる。もし彼自身、義弟の皆川が専務取締役を務める歌舞伎座株式会社に直接関与したならば、あるいは歌舞伎座は、のちの帝劇のように、上演時間も短く演目のバラエティも考慮した経営へと傾斜していっただろう。帝劇の劇場構造と演目の編成方法は以降の歌舞伎にさまざまな影響を与えたが、(2)それがもっと早く歌舞伎座から起きていた可能性も考えうる。

取引銀行の頭取や、二十九年十月に行われた慈善会の会長として渋沢の名を見ることはあるが、結果的に歌舞伎座株式会社の経営に渋沢の直接関与を見ることは、これ以前にも以後にもない。それはすでに秋庭太郎が『日本新劇史』上巻で(3)指摘しているように、明治二十一年頃、演劇改良会で新劇場を設立しようとした際に起きた福地との行き違いに起因するものと考えられる。そして劇場外部の人間が多く参加した株式会社経営は一応成功したが、会社組織の経営に副社長の井上竹次郎よりも経験が豊富だった皆川社長は、十一月末に辞任した。以後、歌舞伎座の会社組織の人員や場内設備が変更されるのは、この後明治三十九年末、社長が大河内輝剛に交代する時、さらには大正二年八月松竹が歌舞伎座の経営に関与する時まで目立った区切りがない。

だが、会社を設立する主目的が負債の返済ではなかったこと、劇界外部の実業家・資産家を積極的に経営陣に取り込んだこと、そして公開・上場した近代的な株式の売買による収入を資本金として、かなり危うい状態ながらひとまず決算が整合する経営を行ったこと、一般の会社と同様の株主総会を開いて報告を行い、配当を出したと見られること、さらにその経営が以後年単位で長期に継続されていったことは、明治十年代の新富座株式会社より、長期に維持しうる会社へ一歩前進したものと評価できるであろう。

もともと歌舞伎の世界の外から来た人であった田村は、代言人としての仕事をするなかで興行の実際に携わるようになり、劇場にとって必要な契約や裁判を行う場に立ち合い、企画の経験も積む。そして歌舞伎座の会社設立にも関与したが、みずからと関係の深かった社長の退任に伴っていったん歌舞伎座を離れ、東京からも離れる。三十二年に戻り「興行主任」として再び関わるが、会社の取締役としての立場は曖昧である。つまり彼は、会社という近代的組織の設立には関与したが積極的には関わらないのであり、この姿勢は、四十一年以降関与する市村座の経営でも共通して見られるようになっていく。

## 注

（1）『歌舞伎の幕末・明治——小芝居の時代』一三九頁（ぺりかん社・平成二十二年）。
（2）これについては本書の第三章第四節でふれた。
（3）百七十四頁以下（理想社・昭和四十六年再版）。

# 第三章　大正期東京の歌舞伎興行

## ――松竹の進出

### 第一節　明治三十年代京都の松竹

第三章では、大正期の東京において歌舞伎だけでなくほかの演劇の興行も手がけ、東京の興行界の中心的な位置にあった三つの組織、松竹合名社、市村座、帝国劇場を順に取り上げ、その活動の特徴を考える。

第一節、二節では、京都出身の興行師で大阪、東京へ進出し、歌舞伎・新派の主だった俳優と大都市の劇場を昭和五（一九三〇）年初頭には掌握するに至る白井松次郎・大谷竹次郎が、明治三十五（一九〇二）年一月頃にはじめた松竹合名会社（のちの松竹合名社）を対象として取り上げる。

本節の目的は、本書の第一章、二章で述べてきた、十二代目守田勘弥や田村成義の行った東京における歌舞伎の興行方法と比較して、明治三十五年初頭頃京都で設立された松竹合名会社の経営の方法がどのような点に特徴があるのか考察することである。

## はじめに　松竹合名会社の特徴

明治三十五年一月、あるいはそれよりやや以前から活動をはじめた松竹合名会社（以下「松竹」と略称）は、白井松次郎・大谷竹次郎の兄弟（以下「白井・大谷」と略称）が京都新京極で、劇場の経営を行うために設立した会社である。会社規約の原文を見ていない（理由は後述する）現在、推定するしかないが、「合名会社」と称していることから見て、これは二人、あるいは二人を含むごく少人数の社員から構成される会社であり、資本金を集めるために株を発行して不特定多数の株主を募る株式会社とは違うものであったと考えられる。

明治二十八年、京都阪井座で大谷は「木戸に座（1）」りはじめた。翌年一月から大谷は阪井座の仕打として詰める。やや遅れて白井も京極座、夷谷《えびす》座の経営を行うようになった。三十三年一月、白井・大谷は老朽化した阪井座を取り壊したあとに、花見小路の祇園館の建物を移築して歌舞伎座と改名、同年に仕打として常盤座と契約している。会社設立の三十五年、大黒座、布袋座も経営する。三十九年には大阪中座、京都南座という両都の主要な劇場を買収する。ほかにもいくつかの劇場を買収あるいは直営とするが、四十一年に大阪朝日座、四十二年に文楽座を入手することで、松竹は京都・大阪の主要な劇場すべての興行内容を決定し、経営する権利を掌握した。翌年、彼らは新富座を買収し、東京進出を開始する。

筆者の関心は、明治時代の東京の歌舞伎興行がどのように変化したのか、主に興行の経営方式から考察することにある。そのために、会社設立から十五年ほどで急成長し、明治四十三年、東京に進出する松竹の興行経営の方法と、同時期の東京の興行経営とは、そもそもどのような違いがあったのか知りたいと考えた。

すでに白井・大谷の業績と会社設立後の松竹の歴史については、『白井松次郎伝』[2]『大谷竹次郎演劇六十年』[3]『松竹七十年史』[4]以降の社史、季刊『歌舞伎』、木村錦花『興行師の世界』[5]などの先行文献、さらにこれらを参考に書かれた書籍が多数存在する。これらの文献は松竹にとって比較的有利な視点から書かれており、白井・大谷の偉大さが繰り返し強調される。しかし、彼らの行った劇場経営で、具体的にいつ何がどのような順番で行われていったのか、劇場の「買収」と「直営」はどう違うのか、彼らの行った興行改革は彼らが独自に考えたことであるのか、先行する誰かの影響を受けているのかなど、これらの文献資料を読み直してもよくわからないことが多い。

再検討を行うにあたり、筆者は、特にその発祥の地の京都で、白井・大谷あるいは松竹の契約書類や会社規約などが、公的機関で閲覧可能であるか調査することからはじめた。それは、歌舞伎座株式会社の約款・株主名簿などが東京都公文書館に所蔵されていたことから、経営内容とその性質を具体的に検討することができたためだ[6]。新聞記事を見ると、京都新京極の劇場は五条署の管轄下に置かれていたようだが、公安委員会から資料を受け取り、保存している京都府立総合資料館（現・京都学・歴彩館）では、そうした資料を見出すことができなかった。これは東京の松竹大谷図書館でも同様であった。

そこで『近代歌舞伎年表　京都篇』[7]とそれに先行する『京都府百年の年表　九　芸能編』[8]が多く参考としている『京都日出新聞』の雑報を、改めて原本から読み、白井・大谷の活動を追った。すると、白井・大谷の劇場経営の特徴は、株式会社方式を積極的には推進しないことと、新演劇の俳優静間小次郎を通じて、川上音二郎と福井茂兵衛からかなり具体的な影響を受けていることが明らかになってきた。

本節では『京都日出新聞』の記事を主に参考としながら、京都における初期の松竹の興行方針はどのようなものであったのかまとめ直す。

なお「松竹」には、「しょうちく」と「まつたけ」両方の読み方がある。明治・大正期の新聞・雑誌でルビを振る場合、ほとんど例外なく「まつたけ」であるが、以下で特に注記はしない。

## 一　『京都日出新聞』と明治三十三年頃の白井・大谷

まず、主な参考資料である『京都日出新聞』（以下『日出』）について簡略にまとめておく。

『日出』は現在の『京都新聞』の前身である。明治十八（一八八五）年四月十日創刊。巌谷小波が二十五年から二十七年まで文芸記者として入ったため、尾崎紅葉の弟子たちが連載小説を執筆することが多くあった。京都を中心とした地方紙で、大新聞か小新聞かという分類なら、比較的大衆的な小新聞である。(9) 明治四十年頃までは、歌舞伎、新演劇（新派）などの劇場や寄席の記事は、通常は第七面に掲載されている。同時期に東京で刊行されている『都新聞』と、想定される購買対象や記事・活字から受ける印象がよく似ている。

しかし、この新聞もはじめから芸能記事に力を入れていたわけではなく、確認した限りでは、第七面の演劇・演芸関連記事にまとめて「楽屋風呂」の題がつき、ほぼ毎日、演劇・演芸に関連した記事が出るようになるのは、三十三年十月十一日からだ。それまでは月末か月はじめに一度、各劇場の概況と今後の予定をまとめた記事が出ていた。それ以外には、たとえば初代中村鴈治郎のような大物俳優が出演するなどの大きなできごとがなければ、なかなか記事にならない。そして、四条の南座を別格とすれば、新京極を中心とした京都の諸劇場の通常興行に出演するのは、歌舞伎も新演劇も大阪よりやや格の落ちる俳優であり、一流の俳優は大阪を本拠地として、巡業で短期間来京し、またほかへ行くのが京都の演劇興行の概況であった。

すでに『松竹七十年史』などでよく知られていることだが、白井・大谷は、彼らの父大谷栄吉が、相撲の水場と劇場の中売（どちらも茶・貸座布団などの販売を行う）の株を持ち、芝居の金主であったことから興行の世界に入った。先にも記したが、大谷が本格的に仕打となるのは二十九年一月阪井座である。出演は初代實川延二郎（のちの二代目延若）の一座であった。この前後、白井も大黒座で興行に関わりはじめた。しかし、この興行前後の『日出』を見ても、白井・大谷の劇場経営についての意図が述べられた記事は見つけることができない。

『日出』で少しずつ白井・大谷に関する記事が出るようになるのは、三十三年、阪井座の跡地に祇園館の建物を移築する計画を発表する前後からである。松竹大谷図書館所蔵の大谷による草稿『今は昔の話』(10)によれば、阪井座の興行名義人川島忠正(11)が、劇場の老朽化を心配して独断で廃座届を出したため、「座の権利を買い取つて」建物を移築することになった。『日出』の記事によって補足すると、「座主」は大浦新太郎(12)、仕打は大谷である。歌舞伎座と改称して開場した十一月興行の企画当初、大谷は九代目市川團十郎を呼びたいという希望を持っていた。しかしそれは不可能で、次に初代鴈治郎を呼ぶというが、それもできなくなる。結局初興行は二代目實川八百蔵、延二郎らの一座で行うことになった(13)。

こうした興行予告記事のどこまでが真実なのかを詮索することにはあまり意味がない。むしろここからは、大谷が興行に持っていた理想と、当時の実力で実現可能だった現実との落差が大きかったことを読み取るべきであろう。

## 二　常盤座株式会社の解散と白井・大谷

ところで、「仕打」とは具体的にどのようなことをする者であるのか。

仕打は、期限を限って劇場の所有者・興行の名義人と契約をして劇場を借り、金主や茶屋から資金を集め、みずからも資金を出しながら興行を企画して利益を得る者である。資金を出すことを「歩《ぶ》を持つ」という。劇場の土地建物所有者や興行名義人を兼ねる場合も珍しくないようである。

劇場所有者、興行名義人、金主と、興行の企画者が分業・共同して興行することは、京阪では古くから行われていた制度だ。そして、金の収支決済は勘定場が行う。松竹が台頭する以前、明治三十年代初頭の大阪中座における興行について、神田由築が、大阪商業大学商業史博物館の「佐古文書」に所蔵される勘定帳その他の資料をもとに、詳細な分析を行っている。(14) それによると、従来の焚捨《たきすて》（上演に関わる雑費）までも含む実際の支出を掌握しているのは「大勘定」あるいは「勘定場」であるが、興行に関わる税金は、勘定場、座主を兼ねる仕打の三栄、「興行人（神田氏は金主に相当すると考察している）」川村の間でやりとりがなされている。

江戸・東京でも劇場の代表者（鑑札の名義人）と興行の企画者が別々で、興行の企画者が帳元を従え、金銭の出納にも実質的な責任を持ち、必要に応じて代表者を変えていた（その場合にしばしば幼年の者を立てる）ことは、本書の第一章ですでに詳しく述べた。

しかし白井・大谷は、仕打として明治三十年代以降新たに劇場の経営に関わる場合にも、たとえば二十九（一八九六）年に東京で設立された歌舞伎座株式会社のように、土地建物の代金と興行資金を合計した金額を資本金として株式に分割し、利益を不特定多数の株主に分配する方法へ積極的に変えることはしない。その姿勢がよく表れた、三十四年の常盤座焼失から、翌年一月明治座を建設して開場するまでの経緯を振り返ることにする。

常盤座は三十年五月から資本金九万円、一株二十円の株式会社方式で運営されていた。発起人は平井権七、柴野弥兵衛、永井丈次郎、渡辺謙助、安田伝三郎の五人である。(15)三十二年三月十二日に木造西洋造の三階建に改築して再開場した。『今は昔の話』によれば、大谷がこの劇場を借りたのは三十三年一月からで、同月、静間小次郎と出演契約を交わす。ところが翌年六月六日、静間一座の公演中に常盤座は出火し、隣の弁天座とともに全焼する。

大谷が常盤座を借りた以後の経緯について、まず『今は昔の話』から関連部分を引用する（改行・傍線は筆者）。

最初個人経営であつたのを、其の以前に株式組織に改めたので、昨今一層経営が難かしくなり、毎興行失敗続きなので、折角株主に納つた連中も、算盤の桁が合はぬ芝居商売に厭気がさしたと見え、知人某氏から話があつて、私に此の座を引受け、興行して呉れまいかと云ふ事であつた。僫うなると一座でも二座でも、苦労する味は同じ事だと云ふ考へから、私は空家にして投出すなら、借りても宜いと云ふ返答をした。

そこで会社との折合ひも付いて、契約調印する段になつたが、私が空家なら借りやうと言つた事は、京都の劇場には木戸には近所の遊び人が頑張つて、一種の縄張りを作つて居たし、水場や番付などの所得は他人が持つて行き、興行主の収益は場代以外に何物も無かつた。

そこで私の要求は、場内全部の収入が、経営者である私の物になるならばと言ふので、随つて従来の権利者や、座付の雇人を解除して貰ひたいと提議したのである。会社は既にそれを了解したにも拘らず、座内には過激な反対家があつて、飽くまで此方へ楯を突かうとして居た。私が座へ交渉に行つた時などは、既に危害を加へやうと謀つたので、幸ひ私は早くそれを知り、裏口からコツソリ遁げ出した事もあつた。

〔中略、火災後〕座方は火災保険の金が入り、株主は其の配当を受けた処から、こゝらが好い潮時だと、座の権利を私に譲つて、さつさと会社は解散してしまつた。


先行研究はここに書かれている、劇場に寄生する人々に対抗する大谷の姿に注目してきた。しかし、今読み直したいのは傍線を引いた部分である。すなわち、株式会社経営は個人経営よりも困難だと三十三年当時の大谷は考えていて、劇場で発生するすべての利益を独占することについて会社に了解を取ったうえで仕打として入っている。そして、三十四年の火災後「座方」（「劇場の経営者側」の意味であるが、誰を指しているのか曖昧である）や株主は、進んで大谷に権利を譲り渡しているように見える。

しかし、たとえばほぼ同時期の東京の劇場の動向と比較すると、常盤座の動きは時代の流れに逆行しているように見える。東京では歌舞伎座が株式会社に切り替わり、市村座、春木座なども株式会社方式を導入している。歌舞伎座の場合、それまで劇場の内部の興行企画などに関わっていなかった実業家たちを中心に取締役会が設立され、興行を企画していた興行師田村成義を株主兼社員にして経営が続けられた。ややあとになるが、三十九年設立され、四十四年開場する帝国劇場も株式会社方式を取る。

では、大谷の行動にはどのような意味があったのか、検討するために、まず常盤座株式会社解散の概略を『日出』の記事、およびそれを引用した『近代歌舞伎年表　京都篇』を参照してたどり直してみる。

　三十四年六月六日の火災後、株主たちの間ではじめ、解散か否か意見が割れていた。しかし「頭数に決議を取る者なれば多分再建と取極るであらうが　我々の如き多数の株を持つものは解散の方が得策である」という重役の意見が通ったようで、協議会が何度かの延期のあとに六月二十六日開かれる。そして七月十五日の株主総会で、正式に解散が決定する。（『日出』六月十六、十七、十九、二十二、二十七日、七月十五日）

　七月二十五日付で債権精算と跡地の買い手募集広告が新聞に出される。八月二十七日の入札で敷地を買ったのは、京都歌舞伎座の以前の興行名義人だった河島《ママ》忠正と、常盤座株式会社発起人の一人であった平井権七だった。ところが河島は十月に手を引き、興行名義人は別の人物になって、座主平井、建築主兼仕打は白井・大谷として、十月十六日に明治座買収披露を行う。（『京都日日』七月二十五日、『日出』七月二十七日、八月二十八日、九月二、四、十二、二十日、十月十二、十六日）

　火災保険一万四千円と、土地その他付属品の売却による二万五千六百円を併せた金で、「仮配当」という名の返金を一株あたり八円としたが、「小屋敷金」を千五百円入れた白井と清算人の間で争いが起こり、六百円を白井に返すことで決着がつく。精算が終わったのは十二月四日前後だった。（『日

出』十月二十五日、十一月二、六日、十二月四日）

経営を続けるよりも解散したほうが得だということは、利益は上がっておらず、さらに解散を決めた七月から実際に精算を済ませる十二月はじめまで、足かけ五か月かかっていることに注目したい。これは株主に返金するための金策がつかなかったためと考えられる。つまり、実際はそれほど「さつさと」解散できたわけではなかったようである。『松竹七十年史』以後の社史によれば、平井は形式的な金主に過ぎず、三十五年一月一日京都明治座開場の頃、白井・大谷は羽織袴を揃えることができないほど金に困っていたという。それならあえて解散を取り消して、株式会社の取締役などに就任して部分的に株を持ち、経営を立て直す方法もあり、そのほうがおそらく負担額は少なくて済んだのではないか。だが白井・大谷はそうしなかった。株式組織のほうが「経営が難かし」いと考えていたからである。

それはなぜか。第一に、明治三十七年に日露戦争が開戦するその前、京都の興行界は全体的に不景気で、劇場を株式会社化しても資本金が集まらなかったことが挙げられるだろう。常盤座の場合、会社を解散する際にもともとの株金の払い込みが完了していないことが問題になっている[16]し、別の劇場の例だが、西陣岩神座の場合、三十五年にこの理由によって株式会社化を断念し、合資会社となっている。

さらに、土地建物代と興行資金を併せた資本金を、分配した株を購入してもらうことで得る株式会社は、社長を含む取締役会を作らなければならない。半年の期末ごとに監査役が監査した決算を株主総会を開いて報告し、興行に直接の関連を持たない株主にも、所有株数に応じて利益を配当せねばならない。一人ひとりの出す資金が少なくてすみ、責任も軽くなるのが株式会社のメリットであるが、実質的に仕事をしている人員だけで利益を独占したい、「場内全部の収入が、経営者である私の物に」したい場合には、常に多くの他人を介在させることがデメリットになる。そして、そうした考えを持つ白井・大谷が、自分たちの会社の形態として選択したのは「合名会社」であった。

松竹合名会社は、従来、明治三十五年一月以降に設立したとされているが、『日出』に「合資会社」が設立の予定と報道されるのは三十四年十一月六日である。この会社は先にも述べたように、白井・大谷、あるいは二人を含むごく少数の社員で構成したと考えられ、彼らが関与した複数の劇場の経営を行うための会社である。

合名会社は、債権者に対して直接無限の責任を負う社員だけで構成され、社員のすべてが経営に携わる。合資会社は、直接無限責任社員と、出資金のみに責任を持つ直接有限責任社員で構成され、直接無限責任社員のみが経営に携わる。取締役会は不要で、登記手続きが完了すれば会社が設立できる。[17] 実際経営上はそれほど差が出てこないようであるが、理論上は合名会社のほうがより親族経営や個人企業に向いたコンパクトな形態だ。同じ利益を分けるなら、少数であればあるほど取り分は大きくなる。

松竹の経営には大きく分けて二つの方法があり、たとえば阪井座（京都歌舞伎座）や、明治三十九年からの南座のように劇場を土地建物ごと買収して経営する方法と、形式的に劇場の土地建物の所有者を別にしておいて、その劇場へ松竹が仕打にあたる社員を派遣する方法があった。どちらも少数の経営者で利益を独占できることがメリットであるが、京都明治座は、後者のケースの典型といえる。株式会社方式に資金・経営面で困難が伴ううちは安易に採用せず、手法としてはそれより古くても、利益を少数で効率的に吸収できるなら直営と仕打の方法を併用するところに、松竹の現実に即した経営姿勢が表れているだろう。

もっとも、現在の松竹の社史類で「直営」と書かれていても仕打が入るケースに該当するらしい場合があり、劇場それぞれの経営方式がどちらで、なぜ分ける必要があったのかは、今後劇場ごとに詳しい調査が必要な課題であろう。しかしともかく、この両方はずっと並行して行われ、それは松竹の経営上の大きな特徴である。

後年、株式会社方式が成熟して社員も増加すると、松竹は株式会社として再組織される。直営劇場が増える一方、やはり株式会社化した劇場の大株主となって劇場の各部に社員を送り込み、興行内容を決め、経営に携わる方式も並行して続行される。そして、たとえば大正二（一九一三）年から松竹が興行を行う東京歌舞伎座は、現在も株式会社歌舞伎座に松竹株式会社が入って経営を行う形で興行を行っている。

## 三　静間小次郎と松竹

明治三十五（一九〇二）年以降の松竹にとって、そこでさまざまの改良を行うことになる京都明治座は、以上のような経緯で建てられ、経営されることになったのであるが、そこで連続出演することになった新演劇の俳優が静間小次郎であった。三十三年一月から明治座の前身、常盤座と出演の契約を結んだ経緯は、大谷の『今は昔の話』によれば次のようであった。

常盤座を私が引受けたのは明治三十三年の一月からで、静間は其の前年の暮、一座を組んで四条の南座に出勤して居たが、『意想外』など云ふ狂言に惨敗し、一座を解散するまでの悲境に立ち至つたのを白井が見て、彼の芝居振りは遣り方に拠つて物に成ると考へ、早速交渉に及ぶと、同優は大

喜びで、十三日の興行が終ると同時に、一座を率ゐて常盤座へ乗込んで来たのである。〔中略〕
静間小次郎は、現在七十余歳の高齢で、今も尚ほ京都支社に事務員として働いて居るが、私達には実に思ひ出の深い人である。

この文章では白井・大谷のほうが立場として上であったように読める。しかし、この回想の書かれた時期が昭和初期と推定できる[18]ことから考えて、それは当初の関係というよりも、大正・昭和期に人気が落ちて、京都松竹に人事部長として雇用されていた晩年の静間との関係によるものだろう。

静間小次郎は明治元年生まれで白井・大谷よりも十歳年上である。明治二十四年川上音二郎の一座に入って東京の鳥越座で初舞台を踏み、翌年から二十七年まで木村周平・金泉丑太郎と三友会を設立、二十七年十月、京都常盤座で『日清《にっしん》戦争《せんそう》栄誉《ほまれ》迺《の》凱旋《かちどき》』を上演している。三十一年の第二回の京都興行の時には、三十三年以降常盤座で連続公演を行う一座の俳優がほぼ揃っている。つまり、明治三十三年一月当時、静間はすでに新演劇で相当の経験を積んだ俳優であった。同年十一月、静間との契約は一年から無期限に延長される[19]。

【図版18】静間小次郎（下）と大谷竹次郎（上）。（『松竹百年史』本史　口絵／松竹株式会社・平成八年）
資料提供：（公財）松竹大谷図書館

静間は翌三十四年一月まで京都常盤座で連続興行をしたあと、巡業に出る。五月に戻るが、六月に常盤座が焼失してから十二月までは、巡業やほかの劇場に出演することを余儀なくされる。三十五年一月、京都明治座が新築されて以降は、同座の中心的な俳優になる。そして、三十七年から四十一年まで、ここに連続出演している。『日出』を見る限り、静間一座は明治三十三年頃までは激しい立ち回りが売り物の一つであった。[20]これは、川上音二郎から直接受け継いだと見ることのできる特徴だ。劇の題材は、時事的な問題（たとえば日露戦争）や連載中の新聞小説など観客にとって目新しく感じられるものが中心である。俳優それぞれの役割はほぼ決まっており、物語ものちのちの新派ほど情緒纏綿たる複雑な構成ではないようだ。静間の役は、たまに悪人を演じることもあるが、だいたい正義の味方の二枚目である。

静間は、堅実に自分の一座の運営を考える人物であったらしい。川上一座の先輩で、同座する機会の多かった金泉丑太郎の興行控[21]にも言及されているが、当時の新演劇では珍しく、稽古期間は毎興行必ず三日間取っている。また、俳優の一部に犯罪を犯すなど素性の悪い人間がいることを憂慮して、一座への新加入者には保証人二名をつけることを決め、俳優の不慮の事故や死亡に備えて、興行毎に給料の一日分を積み立てる制度も作った。女優を使うことにも関心を示して、試験的に採用している。[22]

そして、師匠川上音二郎からかなり無理な依頼があった時には、松竹の契約を振り切ってでも川上を優先した。たとえば、明治三十六年六月初旬には、東京明治座で川上が行った慈善興行に出演を依頼され、松竹との契約を一時中断して参加している。[23]ここからは川上との強固な師弟関係が明らかで、川上は静間を通じて、白井・大谷に影響を与えることになったと考えられる。

## 四　松竹に川上音二郎・福井茂兵衛が与えた影響

先に書いた通り、明治三十五（一九〇二）年は、明治座が興行を開始して、静間がその中心の俳優となった年であり、また、この年は京都における演劇改良が推進された年でもあった。二月末に五条警察署が、明治座、歌舞伎座、夷谷座、大黒座などの仕打、俳優らを集めて京都演劇改良協会を組織するよう指導する。[24]京都の興行改革はそれまでも何度か行われてきたが、この時に京都演劇改良会が作られた。会長は、市会議員で京都電気鉄道会社の創設者でもある高木文平で、彼は、明治二十三年一月の祇園館開場興行に九代目團十郎が出演した時、その交渉に関与している。つまりその頃から演劇に関心のあった人物である。[25]

松竹の白井は当初から委員として関わっており、三月には大谷も委員に入っている。しかしこの会は、俳優と劇場に対する税の改正以外なかなか具体的な成果を挙げない。

そんなところへ現れるのが、二度目の欧州旅行から帰朝した川上音二郎である。川上は神戸で新聞記者のインタビューを受け、今後の自身の方針について語っている。『日出』明治三十五年八月二十二日から抜粋する。特に傍線部（筆者による）が、本節において重要な部分である。

第一脚本は劇の思想のある文学士位を一名雇入れて脚本を造らしめ　それを四五の文学者連中の校閲を得て演ずる事　縦令受けなくとも飽くまでも其精神を貫いて看客を改良する事、第二衣裳、道具、電気等は充分取調べる事で　興行するとせば東京、名古屋、京都、大阪、神戸といふ順序にすると

かいつて居た〔中略〕東京へ帰つた上は相当なる有志者に謀り　是非俳優学校を設立する決心だと
かいふ事だ

ややさかのぼるが、川上は明治二十九年七月から東京の川上座で改革興行を行った。その時の方針を要約すると、

・客席を三等に分けて全席切符制にする
・茶屋、出方の取扱手数料以外の茶代、祝儀を全廃する
・当日券は開場一時間前から販売する
・幕開きに電鈴を鳴らす
・中売する飲食物、火鉢、座布団の定価を決めて一覧にする
・飲食物は新鮮な物を選んで提供する
・勘定請取書にはすべて事務所の印を押す

などの具体的な策をとった。これらは当時の辻番付の裏に刷り込まれて観客に公開されている。彼がインタビューで語っているのは、こうした経験を経たうえでの、さらに内容に踏み込んだもう一段上の方針であることに注意しておく必要がある。

川上の帰朝からほぼ半月後の九月十七日(26)、この時川上に会いに行っている（川上と旧知の仲である）新

演劇の俳優福井茂兵衛が、南座で京都演劇改良会主催の第一回興行を行う。演目は、高安月郊作『月照』と、『リア王』の翻案『闇と光』である。『月照』は、実は六月に明治座の静間に書き下ろされたが上演されなかった作品を持ち出したものであった。この興行の仕打は、南座を借り受けた白井である。[27]

この改良興行で掲げられた規則は、『日出』九月五日によれば以下の通りである。

第一　観覧料は左の四等に分つ（桟敷・場・上割・追込に分ける。金額は未定）。
第二　従来、水場と称し場代の外に金銭申受る事を全廃す。
第三　幕間に中売と称し飲食物を売歩く事を廃す。
第四　演劇時間は六時間とし、即ち午後五時に開場し同十一時に閉場する事。
第五　脚本は文学諸大家の検閲を乞ひ、俳優は務めて言文一致を要する事。
第六　開演中は医師を聘して衛生に注意し、場内掃除殊に便所は一幕毎に臭気止薬を撒布し、総じて清潔ならしむる事。
第七　観客の飲食物は一々取締人是を審査し、少しくも腐敗の疑ひある物は販売せしめざる事。
第八　軍人・学生には特別席を設け置事。

「第四」は、明治三十四年六月改正の劇場取締規則で「連続九時間以内」と定められたよりも短くしている。「第六」は同規則に似た規定があるが、方法がより具体的になっている。

さらに比較すると、福井の「第五」は、川上がインタビューで語った「第一」方針と重なっており、福井の「第二」「第七」は、二十九年の川上の改良方針と重なっていることがわかる。また、福井の「第八」の条項は、川上が三十六年以降各地で行う公演でも見られる規則である。

福井は、十一月二十九日から第二回興行を、松竹の経営する夷谷座で行う。演目は高安月郊作『大塩平八郎』と、モリエールの『タルチュフ』を島華水が翻案した『修紫《にせむらさき》』である。三十六年一月にはそれを大阪道頓堀の弁天座へ持ち込む。同年二月、東京明治座では川上の帰朝第一回興行として正劇『オセロ』が上演される。

秋庭太郎は『日本新劇史』上巻で[28]、川上の正劇運動に福井茂兵衛の改良演劇が影響を与えた可能性を示唆しているが、こうして見ると、影響は相互に与えあっていると考えたほうがよいように思われる。また、この両者の関係がもととなり、高安と川上が協力して『江戸城明渡』が三十六年六月東京明治座で上演されるに至ることを考えると、新演劇における演劇改良の動きに対して、高安の関わりが相当に具体的であったことを考慮しなければならない[29]。

話を戻すと、福井の第二回興行が夷谷座で行われていることから見て、夷谷座の仕打である松竹は、自分の経営する劇場で行うことを許容できるまでに改良興行を肯定していたと考えられる。そして松竹の本拠、明治座の静間はこの興行をかなり意識していた。それは『日出』三十五年九月六日の記事から判明する。

もともと松竹は、劇場をより合理的に運営するには、水場の受け持つ場内サービスを仕打が掌握することが必要だと考えていた。それはすでに明治三十四年後半に明治座を建築する際、劇場から出入ができる直営で飲食物を出し、運動場（ほぼ現在のロビーにあたる）の機能を兼ねた間口十間の西洋倶楽部の建設を計画していたこと[30]でも明らかである。これはこの時実現できなかったが、福井の改良興行がひとまず成功したあと、松竹は徐々に場内の改良を進めていく。夷谷座で一興行のうちの幕間十分、一度の食事休憩を三十分とする形態を開始したり（この時間取りはすでに、現在の松竹が行う歌舞伎興行の幕間に近い）、南座で茶屋・雇人が余分な祝儀などを取らないよう指導したりする。[31] 松竹がいよいよ静間とともに明治座で改革興行の方針を決めるのは、明治三十六年末である。そして、ここでまた川上は影響を与えることになった。

『日出』明治三十六年十二月十二日に、川上が初代鴈治郎に自分の提唱する五か条に基づく興行を勧めたという記事が出る。

まず、その五か条を見てみる。[32]

開幕及開演時間　午後五時三十分より同十時まで四時間半とする事
観劇料は　従前の三分一に減額し　凡て通券法にする事
飲食は　運動場及び芝居茶屋に限り　観劇の場所に於ては厳禁する事
舞台道具は　西洋画家を主任とする事
人力車は　請負人を定て　観客が便利の為め開場前に場内に於て乗車券を発売する事

一見ゴシップのように見えるが、同時期に大阪で新演劇の俳優高田実がやはり勧誘を受け、翌年一月、朝日座でそれに基づく興行を行っていることから考えて、これはおそらく事実で、この時期、川上は自分の五か条の主張を各地で勧めていたのであろう。

そして、静間が明治座で実行する九か条の改良案が『日出』に発表されるのは、川上の鴈治郎勧誘が報じられた三日後である。当然ここには仕打の松竹の考えが含まれているはずである。その九か条は「川上の改良五箇条を実行する事として」作られたものだと書かれている。全文を紹介する。

一、従来の桟敷、場を廃し　切符制度とし　一等より五等に区別する事
二、観覧人より舞台を見易くする為　アーク灯を廃し　舞台の上と舞台際に面明りを点ずる事
三、舞台際を西洋風に為し其周囲は黒天鵞絨張りとなし　幕及緞帳を廃して幔幕と為し両側に引上げて西洋風の飾りとなす事
四、囃子を減じ立三味線、立唄師、鳴物打の三人と　幕の開閉には楽隊を用ゐ　西洋室の如きは西洋楽器を用ゐる事
五、興行時間を六時間とし　午後五時開場同十一時閉場とし　幕間は十分間となす事
六、中売を全廃する事
七、部屋は通り部屋と為し　食堂、事務所を設くる事
八、人力車帳場は当分茶屋に於て取扱はしむる事
九、番付は　従前大判番付は甚だ不便なれば　四六判の折番付に改むる事(33)

試みに、これまでに発表されている川上のいくつかの興行改革規則に類似の項目があるものには傍線、福井の改良興行規則に類似の項目があるものには波線を引いてみた。漸進的に改良が可能なように考慮

し、独自のものと考えられる項目も加えつつも、両方に影響を受けて作られていることが明らかだ。『大谷竹次郎演劇六十年』には「川上音二郎が提唱した五ヶ条励行を率先して京都明治座に励行したのが大谷である」[34]との指摘があるが、具体的にどのように実行したのかという説明がない。しかし以上により、その過程と具体的な影響の程度がはっきりしたように思う。

これ以後松竹は、入口を二つにして停車場方式にする、劇場の手代を「支配人」、大勘定を「会計方」、中勘定を「場内整理方」、勘定場を「計算方」と一般的にわかりやすい名称に改める、開幕時にベルを鳴らす、劇場直属の男女ボーイ（案内係）による接客をはじめる、雨天の際の傘の貸し出しなど、さらに具体的な改革を漸進的に進めていく。明治四十一年には、所有の全劇場で中売を全廃するに至った。

これらの改革は、すべて実際に即した合理性と、より高い収益の追求という延長線上で一貫している。そして、川上や福井の改革案と比較した時、もし静間小次郎と松竹が契約を結ばなかったなら、松竹の改革は、おそらく今述べたような経過と方法とはまた異なった形で行われたのではないかとも考えられる。

## 注

（1）『松竹百年史』本史「演劇の百年」一六一頁（松竹株式会社・平成八年）。
（2）白井信太郎（私家版）・昭和二十六年。
（3）脇谷光伸・城戸四郎編（大日本雄弁会講談社・昭和二十六年）。
（4）松竹株式会社・昭和三十九年。
（5）青蛙房・昭和三十二年。

（6）本書においては第二章第三節を参照されたい。
（7）国立劇場近代歌舞伎年表編纂室編、平成七年から平成十六年・八木書店。本節では主に第三・四巻を参照した。
（8）京都府立総合資料館編、京都府・昭和四十六年。
（9）『京都新聞百年史』（京都新聞社・昭和五十四年）。
（10）請求番号770.4-084。昭和三十二年十月二日松竹株式会社寄贈。四百字詰め原稿用紙百二十一枚にペン書き。田中純一郎『大谷竹次郎』（時事通信社・昭和三十六年）などで大谷の回想とされる引用文のなかには、出典が明記されないが、この草稿が典拠と考えられる文が多い。
（11）『日出』記事では表記を「河島」とする場合もある。
（12）『二六新報』明治四十四年八月十三日によれば、大浦は京都の高利貸で、鉱山経営の井上静雄の姻戚である。ともに東京歌舞伎座を松竹が買収しようとした時の松竹の金主として知られている。また『大谷竹次郎演劇六十年』（注（3）参照）によれば大浦は、「その頃五十年配の、若い時代はアメリカに居て興行物を持つて歩いたと言はれ、教養も常識もあり、酸いも甘いも知つた立派な紳士で、普通の金貸とは違つてゐたと言ふ」（二一一頁）。
（13）『日出』明治三十三年十月十五、二十二、二十三日。
（14）「明治期の道頓堀劇場の経営」（『大阪商業大学商業史博物館紀要』第十二号、平成二十三年十月）。
（15）『大阪朝日新聞』明治三十年五月十一日、六月十三日（『近代歌舞伎年表　京都篇』第三巻による）。
（16）『日出』明治三十四年六月十六日。
（17）『世界大百科事典』の戸田修三・福原紀彦による「合名会社」、森本滋による「合資会社」の項を、ジャパンナレッジの電子版により閲覧。
（18）最後の記述が昭和六年五月の母しもの死で終わっているため。

(19)『日出』明治三十三年十一月二十日。
(20)たとえば『日出』明治三十三年十二月二十九日。
(21)柳永二郎『新派の六十年』「第七考」(河出書房・昭和二十三年)。
(22)『日出』明治三十五年八月七日、十月十二日、三十六年四月二十三日、七月十二日。
(23)『日出』明治三十六年五月十六日、六月五、九日など。
(24)『日出』明治三十五年二月二十七日。
(25)後藤隆基『高安月郊研究――明治期京阪演劇の革新者』第三章「劇作家・高安月郊の出発――明治三十年代京都文壇/劇壇と京都演劇改良会」(晃洋書房・平成三十年)、田中緑紅『祇園さん――祇園町界隈』(緑紅叢書第三十八輯、京を語る会・昭和三十六年)。田中によれば、高木はもと京都府少属官として兵事課に勤め、のち実業界に転身したという。なお、田中著書は日置貴之の発表「祇園座の新築と明治初期京都の興行について」(平成二十八年三月・近松の会)により知ることを得た。
(26)以下、福井茂兵衛の改良興行に関する記述は小櫃万津男「『京都演劇改良会』の研究」(『日本演劇学会紀要』十八、日本演劇学会・昭和五十四年)による。
(27)『日出』明治三十五年六月二十五日。
(28)四〇九頁(理想社・昭和四十六年再版)。
(29)京都演劇改良会における福井の三回の興行とその意義、および川上との関係について詳しくは後藤氏前掲書と、同氏「演劇改良運動と川上音二郎の新演劇――『江戸城明渡』という問題領域」(神山彰編『交差する歌舞伎と新劇』〈森話社・平成二十八年〉所収)を参照されたい。
(30)『日出』明治三十四年九月四日。
(31)『日出』明治三十五年十二月二十五日、三十六年二月七、二十六日。
(32)『日出』には五か条の細目を報じた記事がないので、白川宣力『川上音二郎・貞奴――新聞にみる人物像』

（雄松堂出版・昭和六十年）を参照し、『都新聞』明治三十六年十月十五日に拠った。読みやすさを考慮して任意に空白を入れている。

(33) 記事中にも説明があるが、「七、」の「部屋」とは楽屋のことで、個室にせず、個人的な面談の必要な際は食堂や事務室を使うようにするということである。これは当時、俳優の部屋に芸妓などが出入することが風紀上よくないと新聞等で指摘されていることが影響している。また「九、」の「折番付」は、八つに折り畳むと四六判になって冊子のように開けて見ることができる一枚刷を指すようである。新演劇や慈善会寄付演劇のパンフレットなどで時折見ることのできる判型である。

(34) 四九頁（注（3）参照）。

# 第二節　大正期東京の松竹

歌舞伎を含む大正期の演劇の興行状況の形成要因はいくつもあるが、主なものを挙げると、松竹合名社の関東への勢力拡大、新派や映画などとの連携・拮抗、文学者による戯曲の発表と上演の増加などが挙げられる。これらは別々に存在するのではなく相関しあっている。

本節では、大正期の東京の大劇場における劇場経営を、明治末から大正に東京へ進出した松竹と、その代表者である大谷竹次郎の興行の特徴について検討する。第一は前節から引き続き、かつて春木座で三田村熊吉が手がけた方法や帝国劇場とも共通する入場制度の具体的な改革、第二は観客の理解を超えない新しい台本の探求である。その二つは、具体的な合理性を求めるという点で同根のことがらと考える。

## はじめに　大正期東京の大劇場の興行

大正は西暦でいえば一九一二年七月末にはじまり、二六年十二月末に終わりを迎えているが、文化の変化で考える時代的な区切りには年号とややずれがある。具体的にいえば明治東京の歌舞伎の中心となる俳優九代目市川團十郎、五代目尾上菊五郎が相次いで死去した明治三十六（一九〇三）年と、日露戦争が開始された三十七年付近から、大正十二（一九二三）年九月に起きた関東大震災により東京と横浜の都市部が壊滅的な被害を受けるまでが、ひとまとまりで考えられる時期ということになる。本節で扱うことがらも、具体的にはほぼその期間に起こったことである。

この時期の東京の演劇興行についてすぐ目につく具体的な変化は、帝国劇場の開場と、京阪から東京へ参入した松竹合名社（明治四十四年「合名会社」から改称。以下「松竹」と略称する）[1]の勢力が安定したことである。

第一・二章で述べてきたように、明治二十年代までの東京の大劇場における代表的な興行師は、新富座の十二代目守田勘弥であった。新富座の経営は、座元の勘弥と、形式的な劇場の名義人、そのほか帳元などが責任を負う経営であった。その方法は明治十年代に実質的な破綻をきたしており、江戸の大芝居が同様の事態に陥った際に行われた、座元が交代して負債をしのごうとする櫓交代も、すでにあまり効力を持たなかった。負債を証券化する株式会社方式の導入も長期には継続できず、近代的な経営形態への切り替えには失敗したと言える。

明治二十九年頃から複数の劇場が株式会社方式を導入しはじめる。歌舞伎座株式会社もその一つで、この会社は劇場外から参加する実業家を含む複数の取締役で取締役会を構成し、切り替えに一応成功した。その歌舞伎座・新富座両方の会社の設立に関わったのが田村成義だ。

つまり、東京の大劇場で劇場の経営を「会社」が行うことが根づきはじめたのは、明治二十年代末以降のこととしても、それほど見当外れではないはずである。そして、十九年の演劇改良会設立の頃から徐々にはじまった実業家の劇場参入が本格化して、日露戦争後の三十九年に設立されたのが帝国劇場株式会社だ。

また前節で述べたように、兄弟二人を中心に合名会社を起こし、劇場を直営するだけでなく、金主兼興行企画者（仕打）として、他者の経営する劇場に参加する形も併用し、複数の劇場経営に成功したのが松竹である。大正二年に松竹が入って興行の内容を取りしきる歌舞伎座と、帝国劇場、松竹は、近代以降の日本における会社制度を演劇興行という業種でどのように用いるか、それぞれの形で試みて継続させた例ということができる。そして、特に帝国劇場と松竹の経営方針を検討していく際に注目される共通項は、後述するが「演劇の改良」である。

これらの「会社」に、代表者と少数の関係者によるミニマムな経営で独自の興行を企画した、田村の市村座――ちなみに田村が市村座以前に繰り返し試みたことの一つにも「演劇の改良」がある――が要所要所で絡むのが、大正期の東京の大劇場における興行の大まかな見取り図である。そして震災後になると、市村座と帝国劇場は松竹に圧倒され、東宝が松竹と拮抗することになる。

つまり、大正期の東京の大劇場における劇場経営は、明治期にさまざまな人々によって唱えられた演劇改良が、近代以降の日本に外から持ち込まれた会社制度を取り入れつつ、現実に寄り添う具体策に沿って、可能な程度に実行されていく過程であると見なすことができる。

ただし、先にも述べたように、大正期以降の演劇興行について考える場合、大劇場の動向のみを選り抜くのが歪んだ見方であるのと同様に、歌舞伎のことだけ考えているわけにもいかない。江戸時代以来、寄席演芸との関係は相変わらず密接であり、また、大正期以降盛んに行われた新派、近代劇、映画の興行は、歌舞伎と同じ興行師・同じ劇場で行われることが多く、人的交流も密なためだ。特に、松竹以降の演劇興行が抱える問題は、映画、文学、音楽など、その外側のこととの関係からも明らかになることが多くある。しかし、それらすべてを完璧ににらみ合わせて考察することは筆者の力量を超える。

以下本節では、松竹の大谷竹次郎が大正期に東京で行った演劇興行の性質について、若干の検討と考察を試みる。

## 一　明治四十二年という年、「大阪風」

大正という年号のはじまりから三年ほどさかのぼった明治四十二（一九〇九）年は、大正年間に徐々に結果が出てくる、東京の歌舞伎、新派、近代劇などの演劇興行が抱えた問題の多くが、この年起こったできごとに集中して表れているために興味深い年である。まず主なことがらを箇条書きにして、そのありさまを検討する。

文芸協会の演劇研究科開所式（五月）
元・歌舞伎座副社長井上竹次郎死去（六月二十六日）
帝国劇場株式会社、川上貞奴の女優養成所を買い上げる（七月）
歌舞伎座、東京座を買収（同月）
当時の歌舞伎座社長大河内輝剛死去（十月九日）
初代鴈治郎、松竹による二度目の上京、歌舞伎座に出演（十月）
有楽座で二代目市川左團次らによる自由劇場第一回公演（十一月二十七日）
八代目市川高麗蔵、歌舞伎座を脱退して明治座へ加入（十二月）
九代目團十郎の女婿堀越福三郎、俳優となることを表明（同月）
新富座、松竹による買収（同月）

東京歌舞伎座の現役の社長であった大河内が明治四十年の就任後三年足らずで死んだことは、その近くにいた興行主任田村成義の立場にも影響を与え、重役たちの足並みが揃わなくなった結果として、四十四年八月、松竹による買収未遂事件が起きる。八代目市川高麗蔵（のちの七代目松本幸四郎）は明治座加入以降、さらに帝国劇場に入り女優劇でも活躍し、昭和二十年代まで歌舞伎の重要な俳優の一人であり続けた。九代目團十郎の女婿堀越福三郎（のちの五代目市川三升）は四十三年九月大阪で、松竹が興行に関わる鴈治郎一座に参加する形で初舞台を踏むが、それは東京で舞台に上がることが歓迎されなかった結果であった。

また、帝国劇場株式会社がこの年買い上げた女優養成所に所属する女優たち、たとえば森律子や村田嘉久子、初瀬浪子は、四十四年に開場する帝国劇場だけにとどまらず、大正・昭和に至るまで新派、近代劇、軽演劇でも重要な役割を果たしていくことになる。文芸協会と自由劇場が日本における新劇の発展に果たした役割は言うまでもないだろう。その文芸協会第一期研究生として入所した一人が松井須磨子である。

つまり明治四十二年は、歌舞伎座の組織とそこに所属した俳優たちのつながりがほぐれはじめ、大正以降盛んになる近代劇の基盤が用意され、女優という存在がどのように日本の演劇のなかで用いられるのか本格的に考えられた年だということだ。そして、その合間に見え隠れする存在が帝国劇場であり、また松竹が東京へ本格的に進出しはじめるのは、この年の終わりから翌年にかけてなのである。

松竹が進出の足がかりとして最初に買収した劇場は新富座であった。登記手続きは明治四十二年十二月から翌年一月にかけて行われたようで、名義は、関西を主に受け持っていた白井松次郎の名で、価格は四万円と推定される。(2) 実際に松竹による第一回興行が行われるのは四十三年五月だが、当時の『都新聞』

に現れる評判は、彼らの興行が「大阪風」だということだ。

出方は一二等の客のみを扱ひ　三等以下は大阪式にお茶子に案内させ　蒲団火鉢茶の小物料十銭は今回より座方の所得とし　出方は食類の刎と祝儀だけで働かす事にせんと言出したるも　出方達は到底立行かずと昨今示談中なりと（明治四十三年四月十四日）

五月松竹会社の興行は　表掛り絵看板番附など大阪にて拵へ衣裳、鬘、囃子も上方のをつかひ（同四月十八日）

新富座の櫓紋は光琳風の松と竹を菱に合せし物にて　表の絵看板は白縮緬に八ツ橋と菖蒲を染出せしを額縁とし十三間もある大看板にて上に緞子の水引を揚げ　全て大阪風なり（同四月二十八日）

ここでイメージされるような「大阪風」は、実はもともと東京から影響を受けて、明治以降に大阪で定着した「東京風」の劇場の習慣と、実態としては同じなのではないかという指摘が日置貴之によってなされている（3）。しかし、それを考慮してもこれらの記事から読み取れるのは、松竹の方法は明治末期の東京において変わったものと受け取られたこと、そしてそう見える理由は、彼らが大阪から来たからだと考えられたことである。この経緯を見てどうしても筆者が連想するのは、明治十八年五月、東京春木座で大阪の歌舞伎俳優を中心に興行を行った三田村熊吉である。だが管見に入った限り、松竹を三田村になぞらえる新聞記事はない。それは松竹がこの時点で、すでに京阪の中規模以上の劇場で相当の経験を積んでいることが知られていて、三十九年十月と四十二年十月、東京歌舞伎座の興行に初代鴈治郎を出演させる際、歌舞伎座と交渉を持ち、出資した経験があったことが影響しているのかもしれない。(4)

松竹は、新富座の次に本郷座を買収する。『都新聞』がそれをはじめて報道するのは四十三年七月五日で、次いで同紙には同月二十一日から四日間続きで経緯が詳しく報道される。その扱いの大きさは、そのまま松竹の与えた衝撃の大きさを表すであろう。

そこまで来ても、東京の劇場関係者たちは、松竹の力をかなり低く見積もっていた。それは松竹がまだ関西の歌舞伎の本拠地であった大阪を完全制覇しておらず、一流の俳優を扱っているとも見なされていなかったからである。本郷座買収直後、たとえば関根黙庵は次のように述べる。

> 今の所ではそれほどに他の劇場に影響を及す程の事はあるまいと思ひます。成程大阪から来て二軒の小屋を買ひ占め、これへ出興行をして他の劇場にあたらうとするのであるから、それは由々しき大事だと思ふのも一応は最も《ママ》ではありますが、〔中略〕京阪地方を打ち廻つてゐるのから見れば東京は金の上がる所ゆゑ、失敗を覚悟して打ち続けたら必ずものになるだらうといふ考へだらうと思ふのです。〔中略〕当分の中は新派と第二流の旧派の一座を以て、新脚本を旗印として蓋を明けるのが得策ではあるまいかと考へられるのです。(5)

黙庵は同じ記事のなかで「東京の役者に手を付けようとしても、六づかしい」とも言っている。その根拠は示されないが、松竹と松竹が抱える大阪の俳優は、東京の俳優とバックグラウンドが違うという——やや侮蔑を含んだ——意識があることは明らかだ。その活動が短期的なものではなく、東京の演劇興行のなかで一定のシェアを占めることが予測されて、彼らの来歴と仕事の規模が『演芸画報』で詳しく紹介されるのはこの年の十一月である。東京歌舞伎座が松竹によって経営されるのが決定するまでは、ここから三年足らずしかない。

## 二　「改良」の標榜

それにしても以上の経過からは、松竹の東京進出の当初は、けっして諸手を挙げて迎えられたわけではなかったと見られる。それにもかかわらず、彼らが短期間に東京の演劇興行を席巻することができたのは、結局何によるのだろうか。

現在、歌舞伎・新派の興行を掌握し、何百年か続いている伝統芸能としての歌舞伎と切り離せない関係にある松竹の印象からはやや不思議に思われるが、草創期の彼らの活動に共通して現れるキーワードは「改良」である。

そのことはたとえば、『松竹百年史』本史[6]の記述を見るだけでもある程度明らかである。また、青木繁、法月敏彦は松竹出現以前の大阪の興行状況、改革の具体例、松竹が出現以後なしえた業績の功罪について、それぞれ『歌舞伎　研究と批評』十六所収の論考でまとめている。[7]興行の番付の翻刻や、関連する主な定期刊行物の記事を参照したい場合には、『近代歌舞伎年表』大阪篇・京都篇[8]で概略を知ることができる。筆者自身も前節で、草創期の松竹と新演劇との興行経営上の関わりについて考察した。まずは以上を参照しつつほかの資料を加え、なるべく具体的に彼らの標榜した「改良」についてまとめてみることにする。

松竹が会社の形態を取った明治三十五（一九〇二）年以降、京阪の主な劇場を順次手に入れていく作業が一段落するのは四十二年四月の文楽座買収である。そこまでで彼らが経営に参画することとなった劇場は、京都の歌舞伎座（阪井座）、明治座（常盤座）、南座、夷谷座、岩神座、大阪の中座、朝日座であった。

出演した主な俳優たちは、のちに松竹の経営側に入る静間小次郎が率いる新派の一座、歌舞伎の實川正若一座、曽我廼家十郎・五郎の喜劇である。初代鴈治郎をのぞくこれらの俳優たちは、少なくとも明治四十年代はじめの時点では一流と見なされる人々ではなかった。しかし、彼らの興行に共通する特徴がもう一点ある。それは「改良」の標榜である。

このなかでもっとも古くから提携している實川正若の一座は、三十五年十月頃から「改良」と銘打つ興行を京都夷谷座を本拠として行っている。もちろんそれは、その年盛んに活動する京都演劇改良会の影響下で行われているものである。『松竹百年史』本史にも引用される『大阪朝日新聞』の劇評[9]が伝えるところによれば、実態としては、後見・幕をなるべく使わず廉価で客を公平に扱うという程度であったようだが、その劇評で取り上げられた三十六年十一月興行の番付の口上には「旧跡を明細に取調べ　その当時の実物を劇にかゝげ旧習を去つて　改良の演芸を初日より惣幕出揃にて御尊覧に供し候」と書かれている。

また、静間は、新演劇で興行の方法を見直し「正劇」を行った川上音二郎と師弟関係にあり、急進的な立場にあった福井茂兵衛と比較すると漸進的なようだが、川上の影響を受け、劇団の風紀や興行関係のさまざまなことがらを改革しようとした節が見られる。[10] 曽我廼家喜劇は、三十七年二月大阪浪花座で行った旗揚げ公演から「改良大喜劇」を標榜するが、その角書は、二月二十九日から京都朝日座へそっくり持ってきた松竹との提携興行にもつく。

これらのことは松竹が、根本的な改革というよりはむしろ、三十五年頃から喧伝される劇場改良をみずからの行う興行のイメージとして定着させようとしていることを示していると考えられる。

大正にさらに近くなった時期にまとめて発表された、より具体性の強い方針として、前節の終わりにもふれたが、四十一年二月、当時彼らが経営に携わっていた京阪の五座の経営者を招集し、協議して実行することにした十か条を挙げる(11)。

▲場内の中売を全廃する事
▲場内売店を拡張して　市価より廉価を以て販売する事
▲開幕中にお茶子の飲食物運搬を禁ずる事
▲場内を清潔に　何人を問はず一切上草履を全廃する事
▲開幕中に奥場より客席調べを禁ずる事
▲閉場迄　客席の蒲団并に火鉢等をあげぬ事
▲電話掛を設けて観客の便を図る事（但　観客五分以上の通話を禁ず）
▲表方下足等の　観客に対しては充分注意ならしむる事
▲本家店各茶屋等は総て観客の待遇を平等にし　且つ親切丁寧に案内する事
▲従来各座には夜営を置きあるが　其上に風紀係を置き毎夜各座を順視せしめ　表方の風紀及び非常を警戒せしむる事

「本家店」とは本家茶屋(12)のことと思われる。内容を検討すると、中売を廃止して売店を置き、お茶子に観客の用を足させるが、茶屋は存置する。劇場内部も下足を取って座布団を敷いて座り、火鉢で暖を取る従来の形式である。電話は置いている。ちなみに松竹は、先立つ明治三十七年一月の段階で京都明治座・京都歌舞伎座に全席切符制度を導入し、男女のボーイ(案内人)を置いている(13)。

先に挙げた四十三年五月、東京新富座興行の具体的な方法は詳しくわからないが、比べても大きな違いはなさそうである。そして大正二(一九一三)年十月、松竹が東京歌舞伎座の経営を掌握して第一回の興行を行った時にも、実は行われることはあまり変わらない。

その際に出された筋書の「口上」によれば、開場は午後一時、「午後九時迄に必ず閉場」とする。また「御見物御案内」では食堂を整備し、休憩室を新設するが、座席は従来の枡形に区切った桟敷・土間で下足を取る。しかし切符制で、特等から二等までは一週間前から前売りを行う。本家茶屋として従来から歌舞伎座の座付茶屋であった武田屋を残し、出方も置く。

また、入場方法は正面で買う方法(出方がつく)、案内所を通る方法(案内人が切符を取り、携帯品も預かってくれる)、本家茶屋を使う方法の三通りがある。茶・煙草盆・座布団、下足・携帯品の預りは無料。筋書・食事は注文がなければ持ってこない。どの等級の切符で入場しても食堂で食事することができる。終演後は電車の増発を電気局へ申請しており、規定料金の人力車券を販売する。さらに、雨天の際には傘と下駄の売店を劇場の表口へ出す。

ほぼ同時期の明治四十四年三月に開場している帝国劇場に先行、共通する点もあるが、どれも実在しない理想を追いかける改善案ではなく、座布団を敷いて座って見る従来の形式の劇場で、余計な金を使ったと観客に思わせず、個々の要望に応えるためにはどうすればよいかを考えた結果のサービスといえよう。明治末期から大正初期に行われた松竹の「改良」とは、簡約すれば、現状から離れ過ぎない具体策による合理性の追求である。大正期の松竹の活動にとって、東京の大劇場のいわば本丸であった歌舞伎座に進出して以降は、現実に即した観劇方法を関東で本格的に展開した時期でもある。

さらに松竹の取った方法は、帝国劇場だけではなく、その具体性において、前述した鳥熊こと三田村熊吉や、二十年十一月東京浅草で開場した吾妻座の方法と共通する点がある。松竹が伊勢への地方巡業の経験もしている(14)ことから見て、松竹の方法は特に明治以降の京阪の劇場や地方回りの興行師が広く使ってい た方法を、時代に合わせながら応用したと考えるのがより適当だろうと筆者は考えているが、検証は今後の課題である。

## 三　新しい台本を求めて

大正二（一九一三）年八月、経営陣から譲り受ける形で東京歌舞伎座を入手したのち、松竹は順次、東京の演劇・映画の劇場を入手していく。大谷竹次郎は後年次のように回想する。

今日まで、京都以来何十ぺんも劇場を買っておりますが、一人として私が働きかけて買つた劇場はありません。みな向うから頼みに来て、どうかやつて下さいと頼まれて断るだけの勇気がなくて……私が東京で買つた劇場の数は恐ろしいですよ、辰巳劇場から深川座まであるのだし、麻布もある〔。〕浅草では御国座、吾妻座、公園劇場、常盤座、金龍館、〔中略〕常盤座の根岸〔興行部〕にしても〔頼まれた」、帝劇だっていやだというのをその当時の重役に無理に頼まれたのです。[15]

引用中に見える根岸興行部は、常盤座座主の根岸浜吉の死後、大正二年に小泉丑治と、その子で根岸家の養子となった根岸吉之助が設立した興行会社を指す。映画館東京倶楽部と浅草オペラを上演した金竜館を一階・二階でつなぎ、常盤座と三館共通券を発売して人気を得た独特の興行方法で知られる。六年に設立され観音劇場・公園劇場を経営した常盤興行に吸収合併されたが、昭和五（一九三〇）年、さらに松竹キネマと合併した。[16] 大正から昭和初期の東京において先進的な興行街であった浅草の映画・演劇について考える際に外すことのできない興行会社である。近年、浅草オペラについては新たに一次資料による研究が進みつつあり、[17] 興行についても解明が進められるであろうと期待している。

話を元に戻すと、劇場を数多く経営したことを大谷が誇りとしていたのは、たとえば大谷没後の追悼座談会における永山雅啓（武臣）の発言からもうかがえる。

永山　会長は、小屋を三十六軒やったことがあるって、わたくしに言ったことがあります。お前は四軒か五軒じゃないかって。
戸板〔康二〕　東京、大阪、全国かな？
永山　浅草も、演芸場も入ってるんだと思います。
川口〔松太郎〕　そりゃあね、劇場に対する執着は実に強いよ。
戸板　松竹の歴史を読むと、織田信長が城を取っていくようなものね。砦を一つ潰し、あの砦を抑え、そうして城を取る、あれをやってますね。まあ、面白い時代でもあったろうけれども。
川口　取られたほうは旧派の興行師で、従来のまんまを踏襲しているに過ぎないんだ。大谷さんはあれだけの知恵者だから、新しい方法で、狂言の選び方も、江戸ッ子から言わせれば、幾分場違いの感じはあったけれども、客には受けたんだ。大谷さんが江戸ッ子だったら、あれ、成功しなかったろう。(18)

普通の興行師の場合、劇場を一つ経営するだけでも相当困難である。大正期の東京で松竹と演劇興行を事実上三分した残りの二つ、帝国劇場株式会社と市村座はそれぞれ単館経営であったが、結果的にどちらも松竹に主要な俳優を押さえられたり、経営が立ちいかなくなり自壊している。では、なぜ全国規模での多館経営が松竹には可能だったのかという、従来から続く問題が浮上する。

結論から言うと、変動する経済状況や時代の嗜好などが絡んでおり、明快な回答は得にくい。松竹が仕打から発祥していることに鍵があると現在筆者は考えはじめているが、それは本書の最後に述べることにしたい。幸いにして、大谷竹次郎は経営について語った資料を多く残しているので、多館経営を可能にした松竹の興行方針の示唆を得ることはできる。

『演芸画報』大正五年一月の特集「歌舞伎劇八面観」に、大谷の「興行主と歌舞伎劇」という談話記事がある。従来引用されることが多い資料だが、はじめは新派のほうが俳優と直談判で話を進められていいと思っていたが、開場前にごたつきが多いのがわかってきて、現在は話さえ行き届いていれば「イサクサ」(いざこざ)のない旧派(歌舞伎)のほうが好きになっている、今後の歌舞伎劇の発展のためには劇場主同士での俳優の融通が必要である、などの発言が続き、後年の発言と比較しても基本方針がぶれていないことがわかる点で重要である。そのなかで二度強調されているのは台本の問題である。主要な点を抜粋する。

何にしても興行の土台は、狂言の選定に依ります事で、歌舞伎劇にしましても、純旧劇を保存して行きますのと同時に、新しい脚本にも手を附けて、追々と向上を計りたく考へては居ますもの丶、扨今の所では其新らし《ママ》さに程度があります。〔中略〕私は成べく甘い形式で、内容の新らしい物を上場するやうに心掛け、それも精々中幕物の卅分位で切上るやうにして、漸々に程度を高めて行きたく考へて居ます

最後にもう一つ私の望みを申ますと、今日の劇壇に最も必要な物は、弘く一般の見物に理解されて、然も内容の新らしい、商売用として上場の出来得る脚本が欲しいのです〔。〕それに就ては新刊の雑誌に載つて居りますあらゆる脚本、又私共合名社の為に殊更に寄せられます脚本〔、〕およそ脚本と名の附きます物は、一つでも見落さないやうにして、月に数回の旅行の汽車中は、脚本を読む事を一つの務めにして居ります

先に引いた追悼座談会においても、まずはじめに出席者たちが語っているのは「脚本を読める制作者」（小見出し）としての大谷である。川口と巌谷槇一は作者として出されたアドバイスが「文学的にということ

じゃなくて、もっぱらお客が喜ぶ」（戸板発言）点で役に立ったこと、田村成義は歌舞伎一辺倒だったが大谷は浄瑠璃がよくわかること、真山青果には「俺お前」の仲で注文をつけていたこと、昭和初期、新富町に本社があった時代、暇があれば一人で脚本を読んでいたことを述べる。また戸板は、昭和二十六年、みずからの劇評でふれた加藤道夫の『なよたけ』を大谷が読みたいと言ってきたので本を貸したところ、翌日には上演を決めたと知らせてきたことを驚きとともに語っている。

そして、この動きはけっしてポーズに留まるものではない。松竹が「脚本部」を創設するという報道がはじめてなされるのは明治四十四（一九一一）年八月である(19)。脚本部はのちに文芸部となり、大阪では大森痴雪、渡辺霞亭、食満南北、東京では松居松葉、岡鬼太郎、岡本綺堂、木村錦花、川尻清潭など多彩な人材と交流を持ちつつ専属の作家を育成した。ほぼ田村の個人経営であった市村座は台本選定・制作の独立した部署を持たず、帝国劇場でさえ文芸部を設立するのは大正十年四月であったこと(20)を考えると、信頼できる複数の作者に依頼して専門の部署を作り、時代に合った新しい台本を求めようとする松竹の行動は早いと言える。

これらのことをつないで明らかになってくるのは、同時代の一般的な観客の理解を超えない程度の新しさを求め、晩年まで絶えず新たな台本を探していた大谷の姿である。その行動は、劇場の入場・観劇方法に具体的な合理性を求めることや、新富座は買収するが、歌舞伎座は（明治四十四年八月の買収未遂の際にかなりの執念を見せ、最終的に大株主となって実権を握るにしても）田村が反対し続ければ無理はしないこと、目指す方向として結局同じなのではないだろうか(21)。

大正から昭和にかけては多くの演劇・文学の雑誌が発行された時代であり、また、レーゼドラマを含む、戯曲形式で書かれた作品が有名・無名の作者により多量に発表される時代でもある。各種の定期刊行物が盛んに懸賞募集を行い、入賞して文壇へ出、読者の支持を得た作家も枚挙に暇がない。近代的な媒体に支えられた文学の大衆化が進行することで、大谷にとっては読んで考えるための材料がさまざまなレベルで豊富に出揃っていた。大谷がもともと資質として持っていた勤勉さと一種の合理精神が、近代社会を構成するシステムが働いた方向と合致して松竹の隆盛を招来したという結論は平凡すぎるが、松竹における台本の問題は、その結論を具体的に裏書きする要因の一つであろうと筆者は考えている。(22)

以上を踏まえると、たとえば、大正七年に数ある新劇劇団のなかで松竹が提携したのが、近代劇を一般社会に広く浸透させるうえで大きな役割を果たした芸術座だったことは妥当な選択と考えられる。主宰の島村抱月は、松竹からの話があったのは三、四月頃からで「松井と重な俳優数人とを松竹の専属にして、それの種々の俳優を組合せて面白い芝居を見せる案」を提案されたと述べている。(23)

条件付きで交渉し、承諾したのち、芸術座は九月に新派の河合武雄の公衆劇団と歌舞伎座で、十一月に二代目市川猿之助（のちの初代猿翁）らと明治座で合同公演を行った。特に後者は初日前に島村が急死し、ダヌンチオの『春曙夢』を小山内薫が翻訳した『緑の朝』で、松井須磨子が悲痛な舞台を見せたことで有名な公演である。しかしこの時同時に併演されているのは松居松葉作『妖霊星』、『根元草摺引《こんげんくさずりびき》』、『梅野由兵衛迎駕籠《うめのよしべえむかいかご》』、谷崎潤一郎原作・竹柴秀葉脚色『お艶新助』である。二本が純歌舞伎、二本が新歌舞伎で、松井と芸術座員は『緑の朝』にしか出演していない。

現在の感覚で見るとこの公演はいびつな構成のように思える。しかし、「純旧劇を保存して行きますのと同時に、新しい脚本にも手を附け」ようという大谷の方針を、一つの興行で忠実に具体化すればこの構成になるだろう。その意味でこの公演には、大正期の松竹らしさが如実に現れている。

最後に、やや松竹本体の話からずれるが、大正期の演劇興行に見られる複雑な人脈の一例を紹介して本節を結びたい。

明治の草創期から昭和三十年代まで活躍した新派の俳優、喜多村緑郎は、克明な日記をつけていた。その一部は、かなり省略があるが大正十二年から昭和四年までの分が『喜多村緑郎日記』として昭和三十七年に演劇出版社から刊行され、引き続く昭和五年から十二年までの分が完全版で三冊にまとめられ、近年刊行された[24]。この時期、松竹が興行を取り仕切る新派の重鎮となっていた喜多村の日常や俳優としての考え、歌舞伎から近代劇に至るまでの多彩な交流を垣間見させる、多面的な読みが可能な資料である。

翻刻が出たのをきっかけに全四冊を通読するなかで筆者がもっとも興味を引かれたのは、田村成義の補佐役として明治末期の歌舞伎座から大正期の市村座で働いていた三木重太郎の名が、号の「餅阿弥」も含めて頻繁に見られることであった。大正十四年末に三木は劇場の仕事から引退したようだが[25]、この日記には喜多村が開く雑俳の会の常連参加者として全冊を通じ名が見え、のみならず、昭和三年七月二十一日の項には「句楽会再開、三木君の多い力《ママ》である」とある。

句楽会とは、大正四、五年頃から市村座の仕切場（事務所）で開かれていた句会、つまりは一種の親睦団体である（詳しくは戸板康二『演芸画報・人物誌』[26]および、藤田加奈子「句楽会ノート――二長町市村座と玄文社と句集『もずのにへ』[27]」を参照されたい）。喜多村、三木はともにこの会の参加者である。ほかのメンバーは、大正十年から座主となる寿二郎、吉井勇、小山内薫、久保田万太郎など、寿二郎の出身校でもある慶應義塾に関係の深い文人たち、雑誌『新演芸』の編集者など幅広い顔ぶれである。

日記の刊行分の記述だけでは、喜多村と三木の交流が句楽会以前から続いていたものかどうか知る手だてがない。しかし、彼らの交流にとって市村座と句会が重要な意味を持っていたことが先の引用からは推測される。三木は、句会以外でも時折、喜多村の楽屋を訪問しており、昭和六年の巻末には当時の住所も記されている。そして、その席にはしばしば同時に久保田の名も見える。『三田文学』昭和十四年三月に掲載された「三田劇談会」は三木をゲストに呼び、歌舞伎座・市村座のかつての経営のありさまについて聞いているが、その冒頭で三木が久保田と親しいことをうかがわせる発言をしているのは、以上のような人的交流の結果である。

大正十二年四月、喜多村は市村座に客演している。それはその前年四月に河合武雄が客演していることと同様に、松竹および新派と市村座との関係だけで見てしまう可能性があるが、実際には、同時代の市村座とその関係者にとって、喜多村を呼んだことには人間関係のレベルが相当違う、幕内に近い人物を呼んだという印象があったはずだ。基礎となった交流は寿二郎が大正十三年に急逝し、その後市村座がさまざまな変遷を経て昭和七年に焼失しても変わらず続いていたことを、喜多村日記からは知ることができる。

このようなことが特別ではなく、さまざまな劇場とその周辺で同時多発的に起きている。松竹のかつて目指した漸進的な新しさ、あるいは合理性は、ジャンルを越境する複雑な人的交流を踏まえて進められたものであることを考えると、それをほぐしながら考えねばならない課題の累積にやや立ちすくむ感を覚える。しかし、おそらくそこに今後の発見の可能性も隠れているものと思われる。

## 注

（1）社名の変遷を記すと、大まかには明治三十五年から四十三年末まで「松竹合名会社」、四十四年から昭和三年まで「松竹合名社」、昭和三年十二月から「松竹興業株式会社」、六年七月から「松竹興行株式会社」、十二年七月から「松竹株式会社」である。そして、その間にさまざまな劇場や同系会社の吸収合併が行われている。

（2）『日本』明治四十二年十二月九日、「劇界一覧　劇場と俳優」（『歌舞伎』百十四号、明治四十三年一月）、『都新聞』明治四十三年九月二日など。

（3）『変貌する時代のなかの歌舞伎——幕末・明治期歌舞伎史』第三章第一節「明治初期大阪劇壇における『東京風』」（笠間書院・平成二十八年）。

（4）ちなみに大谷竹次郎は東京の興行界との関わりを記す時、必ず明治三十九年と四十二年に鴈治郎を歌舞伎座へ出演させたことから書きはじめる。

（5）「帝国劇場と松竹会社」（『歌舞伎』百二十二号、明治四十三年八月）。

（6）松竹株式会社・平成八年。

（7）青木繁『『松竹』以後の関西劇界』、法月敏彦「関西における松竹会社の動向」（歌舞伎学会・平成七年十二月）。

（8）国立劇場近代歌舞伎年表編纂室編、八木書店・昭和六十一年から平成十六年。

（9）玉の家「京都歌舞伎座評」（明治三十六年十一月九日）。

（10）本書の第三章第一節参照。

（11）『京都日出新聞』明治四十一年二月十一日。『近代歌舞伎年表』京都篇第五巻の引用の欠字を埋めるために、国立劇場所蔵のマイクロフィルムコピーを閲覧した。

(12) 劇場直営の茶屋。京阪の呼称とされる。

(13) 『近代歌舞伎年表』京都篇第四巻（注（8）参照）。

(14) 城戸四郎編・脇屋光伸『大谷竹次郎演劇六十年』（大日本雄弁会講談社・昭和二十六年）。

(15) 「大谷竹次郎・新春放談」きく人・利倉幸一（『演劇界』昭和三十年一月）。

(16) 『演劇百科大事典』第四巻「根岸興行部」の項（竹内道敬、平凡社・昭和三十六年）、台東区立下町風俗資料館編『浅草六区興行史』（昭和五十八年十一月）によった。

(17) たとえば小針侑起『あゝ浅草オペラ――写真でたどる魅惑の「インチキ」歌劇』（えにし書房・平成二十八年）、大西由紀『日本語オペラの誕生――鷗外・逍遙から浅草オペラまで』（森話社・平成三十年）。

(18) 「座談会・大谷さん」（季刊『歌舞伎』八号、昭和四十五年四月）。

(19) 『読売新聞』明治四十四年八月一日。

(20) 帝劇史編纂委員会編『帝劇の五十年』「帝劇五十年の歩み」（東宝株式会社・昭和四十一年）一七六頁。

(21) 簡潔かつかなり具体的に、明治四十四年八月の買収未遂から大正二年八月の田村の歌舞伎座引退に至るまでの動きをまとめた資料としては、木村錦花『近世劇壇史　歌舞伎座篇』（中央公論社・昭和十一年）、巌谷槇一「歌舞伎座物語」（『歌舞伎座』〈歌舞伎座出版部・昭和二十六年〉所収）がある。

(22) ただし、松竹の内部で実際の日々の経営活動についても合理化が進められたのかといえば必ずしもそうではなく、たとえば大正年間松竹に勤務していた鈴木清三、上野虎雄が松竹株式会社三十周年のため寄稿した文（「三十年前の事」、「その時分の松竹・新富座のこと」〈『演劇界』昭和二十六年五月〉）には、「内部に働く者の立場から言うと、実にのんきな会社」あるいは「のんびりしていた時代」といった語が見られる。興味深い問題だが本書では割愛する。

(23) 「芸術座と松竹の事（上）」（『読売新聞』大正七年八月六日）。

(24) 『新派名優　喜多村緑郎日記』（八木書店・平成二十二〜二十三年）。

(25)『読売新聞』大正十五年一月五日。

(26) 青蛙房・昭和四十五年。

(27)『游魚』No.6／2019（西田書店・平成三十一年一月）所収。大正期の比較的若く、新たな文学・演劇の形を追い求める人々が組織するのが「句会」であるのは一種の韜晦であり、そこにはもちろん永井荷風から引き続く江戸趣味の影響を見ることができるだろう。

# 第三節　大正期の市村座

本節で扱うのは、大正期の東京で、当時二十代から三十代の若手歌舞伎俳優を中心にした興行を継続して行い、歌舞伎に関心のある若い観客を多く集客し、特に河竹默阿弥の作品を数多く上演して、昭和の歌舞伎における上演レパートリーを決定するうえで大きな役割を果たした市村座である。

ここではまず、明治四十一（一九〇八）年十一月に田村成義が興行を継続的に開始するまでの前史をまとめたうえで、大正期の市村座が土地建物を株式方式で事実上所有しながら、極めて少人数による経営が行われていること、結果的にではあるが歌舞伎座の若手俳優たちを教育的に養成しつつ、六代目河原崎権之助の興行方針に影響されたと推定される固定的な興行の構成を行ったこと、田村の作品理解は多くの義太夫狂言とは対蹠的なものであったと思われることを特徴として述べている。そこにあるのは素朴な合理性の追求であった。

## はじめに　二長町市村座

大正期の市村座の興行とそこに出演した俳優については、大正期から昭和に至るまでの出演者や観客の証言、新聞・雑誌などの定期刊行物の記事を含めた文献資料、先行研究が極めて多量に残っている。管見に入ったものを可能な限り引用しながら、筆者は過去に、年表「二長町市村座年代記――菊五郎と吉右衛門の活躍を中心に」[1]をまとめた（以下「市村座年表」とする）。本節では主に市村座年表を参照しながら資料を加え、大正九（一九二〇）年十一月八日に没するまで制作の中心にいた、興行師田村成義の行った興行の特徴がどのような点にあるのかを考察する。

## 一　明治三十年代までの市村座

まず前提として、明治初期から三十年代に至るまでの市村座の経営状態について概略を述べる。

市村座は、表面的には江戸時代から続く江戸三座の末ということになる。すでに本書の第一章第四節でふれたように、市村座では幕末の嘉永四（一八五一）年、数え年八歳の十三代目市村羽左衛門を座元に立てて興行を続けたが、明治元（一八六八）年八月「座方借財多くして舞台勤がたく」、十三代目の弟竹松に十四代目を継がせた。この二回の代替わりは、負債の肩代わりと興行継続のためである。しかし負債は解消せず、明治五年には親戚の福地茂兵衛の子を村山又三郎と名乗らせ、座名も村山座と改称する。

しかしその後、宮本喜三郎、大薩摩吉右衛門、浜田廉太と名義が変わり、実質的に興行できない期間が六年ほど続いた。つまり、明治初期には、血縁的関係で相続する座元の系譜は実質的に切れていたということになる。座付茶屋水近江の経営者大木善助の子で、帳元でもあった中村善四郎が経営権を持つことにより、明治十一年以降の存続が可能になった。中村は弘化四（一八四七）年生まれで、劇場の帳元が実質的な経営代表者になったという点において、一歳年長の十二代目守田勘弥とほぼ同じ立場の人物である。

中村は十一年六月、「名前人」として青柳房吉（市川弁蔵）を立て、後見人として地主二名とともに再復願を出し、同年九月、新たに市村座として開場した。「名前人」とは興行の名義人のことで、名義上の座元である。(2)

しかしこの後、経営はあまりはかばかしくない。市村座が復活したと聞いて、負債の返済を請求してくる者を、中村は「今度の座名は市川弁蔵の『市』と、中村善四郎の『村』とを合して市村といったのだから、昔の市村座とは全く無関係である」と言って撃退した(3)という、よく知られた逸話がある。それは名義上の座元を別に立てたというのは、新富座で顕著に見られた、負債を逃れるための座元・座名の変更と同じ理由から行われていることを示していると考えられる。

十四年十月三十日に久松座と結んだ合併興行の契約証が、玉川大学図書館に所蔵されている(4)。この契約はやはりこの時期、類焼後に本建築の劇場を建てることを許可されたが、資金繰りのため、もと大名屋敷だった建設予定地にあった石を売ることまで考えた久松座(5)と、月替わりで興行を交互に行うことを目的としている。「金方に折合はぬふし」があって市村座が持ち込んだ合併だと『続続歌舞伎年代記　乾』(6)(以下『年代記』)は記す。全体的には久松座に有利な内容であるが、この契約証の末尾には、十一月十二日付で、一月以降合併しないことを「追加」として記している。資金繰りの試行錯誤の一つとして、これまで複数の座で行われたことのある合併興行を中村も行い、それが早々に不調であったということになろう。

とはいえ、『年代記』や『歌舞伎年表』第七巻(7)で明治期の市村座の興行状態を見ると、それほど休みがなく、座名の変更もせずに興行し続けている。明治二十四年春に下谷二長町《したやにちょうまち》への移転届を出し、翌二十五年、落成興行として、初代市川左團次を中心に『賤嶽真書太閤記《しずがたけしんしょたいこうき》』そのほかで開場した。しかしこの劇場は翌二十六年三月に類焼する。

建物再築のため、中村は同年から翌二十七年に浅草、次いで赤坂溜池で興行を行うが、出演俳優の鑑札種別をめぐって大劇場・小劇場それぞれの俳優組合から抗議を受け、東京府に上申書が出される事態になる。すでに佐藤かつらが『歌舞伎の幕末・明治――小芝居の時代』[8]第二章第三節「小芝居の劇場昇格をめぐって」で小劇場の観点から見た経緯を詳しく分析しているため、ここでその問題にはふれない。だが、これも本書の第二章第二節で述べたような、劇場間の格差が実質的になくなりつつある状況の延長で起こった問題として考えることができるだろう。二十七年七月、市村座は二長町で新築落成興行を行い、中村はこの興行で引退する。晩年は歌舞伎座に入って奥役を勤めたが辞職、明治四十五年二月七日に死去した。子の興吉は松竹に入り、新富座の仕切場に勤めた[9]。

つまり、負債による経営困難と劇場間の格差減少・競争が引き起こす問題を、新富座と同様に市村座も抱えていた。そして、勘弥同様に改善の決め手を持たないまま、中村善四郎は興行の世界を引退せざるを得なかった。

市村座は、その後三回名義人が変わり、三十年代には、新演劇・新派では山口定雄、伊井蓉峰など、歌舞伎では七代目市川團蔵、七代目市川八百蔵（のちの七代目中車）といった人々が代わる代わる出演していた。伊原敏郎『明治演劇史』は次のようにまとめる。

〔明治〕廿八年に九蔵や〔七代目澤村〕訥子が出勤したけれど、その間に、伊井と水野〔好美〕、角藤〔定憲〕と高田〔実〕、さういふ新俳優の一座が出演する事となつた。卅年には〔五代目〕菊五郎が二回も出演し、九蔵は後に団蔵と改名してからも度々出演したが、八百蔵、訥子、〔初代市川〕猿之助、でなければ、山口、伊井、川上の新俳優の舞台であつた。卅四年九月、山下清兵衛が帳元となつてから、歌舞伎座の二流俳優を掛持ちさす方針を執つたけれど、卅六年には大阪から福助（高砂屋）と〔四代目市川〕

延三郎を迎へたり、名古屋の子供芝居を興行したり、終に玉之丞・〔市川〕団童の一座を迎へる[10]

この記述からは、明治三十年代の後半、市村座は固定した一座を組んで興行が行えなかったことがわかる。

二十七年の再開場後、市村座は大正十二（一九二三）年の関東大震災による焼失を経て、翌年五月バラック建ての劇場を再建し、昭和七（一九三二）年五月二十二日焼失するまで下谷二長町で興行を行う。では、そこはどのような土地であったのか。

二長町は現在の台東区台東一丁目に含まれる地域で、千代田区との区境に接しており、町名は交差点の名称として現在も残っている。江戸時代には下谷御徒町に含まれる武家地であったが、明治十年代には警視庁によって「道化踊場」の開設が認められ、浄瑠璃座、福島座（のちの柳盛座）が興行を行い、明治二十三年に小劇場として整理される前の小芝居が複数あった劇場地である。[11]地理的な状況は、中村座が明治五年に移転を検討した福井町三丁目と似ており、近接区域に家満登座（のちの開盛座）のあった浅草七軒町（下谷七軒町ともいう）、明治十七年にやはり江戸三座の一つ、中村座が移転した西鳥越町がある。各劇場の開場期間が少しずつずれているが、もし一致していたら、東京の劇場地図は現在とはやや違うものになっていたかもしれない。

ただし、明治初期からけっして繁華な場所ではなく、大正年間に入っても交通の便はよくなかった。鈴木春浦「芝居案内記——市村座」[12]は次のように言う。

市村座へと云つて電車に乗れば、どこで乗換へても人形町行と南千住行との線に出ます、すると車掌が松永町（下谷）の停留所で「市村座前」と言つて三つ角で停めます、けれども市村座へは下車して東の方へ小一丁ばかり歩いて行つて北側、〔中略〕大溝《どぶ》へ板を張詰めて往来にした、南向きに立つてゐる間口十五間余の西洋造りの表付きが、櫓紋の立花《ママ》と共に其名も香しい、江戸三座の一として大昔から残つてゐる市村座です。

市村座のあった場所には現在凸版印刷の建物が建っていて、前に「市村座跡」の碑がある。[13] 現在の最寄り駅はＪＲ秋葉原駅であるが、そこから蔵前、あるいは浅草橋方面に実測で五百メートル以上ある。明治末期の東京の政治経済における中心地は丸の内だ。しかし、以上から見て、二長町市村座はそこからやや北に離れた、当時交通の便があまりよくない場所にあり、経営状態が不調なうえに、決まったセールスポイントがない劇場であった。そこに興行師田村成義が関わり、市村座は明治末期に新たな興行をはじめることになる。

## 二　田村成義の関与

本書の第二章第三節で記したように、田村は明治二十三（一八九〇）年頃から歌舞伎座に関わるが、二十九年末に歌舞伎座株式会社をめぐる問題がもとで東京を離れ、大阪道頓堀で秋山儀四郎の立てた道頓堀演劇会社に助力した。その期間は離れていたが、三十二年一月、東京に戻ってまた歌舞伎座に入り、三十七年十月から委員としてすべての興行に関与することとなった。[14]

田村の歌舞伎座における肩書きは、三十九年末の時点で興行相談役（興行主任）である。興行の実際の内容を「相談」されて決める立場にあったことは、本人の自伝的記述のなかで実際の仕事についてふれている箇所を読むと明らかだ。

そのようなかで田村が市村座を入手したのは、市村座の地主兼家主であった長谷川平内という人物から、歌舞伎座と同様に経営してほしいと頼まれたことがきっかけであると、伊原敏郎は『団菊以後』[15]で記す。

〔歌舞伎座の〕大河内〔輝剛〕社長の方針は、他人の芝居を経営することは御免蒙るが、自分の持ち物となればどうにかしようというのであった。それならば買い取ってほしい、どういう条件でも構わないという事なので、一時に現金では支払わない、興行毎の儲けで成し崩しに消却《ママ》する、そういう条件で、大河内と田村の二人で家屋だけを買い受け、さらにそれを株式にして、歌舞伎座に関係している大勢に分けてやった。

長谷川については、山形県の置賜《おきたま》郡の富豪という以上のことが現在不明である。しかし、実際に興行を行っていたのは座付茶屋の万金であったとも伊原は記しており、長谷川はあくまで土地建物の所有者として地代と家賃を得るだけで、それが得にくくなったため売却を図ったと見られる。東京都公文書館で大正期以降の市村座の経営に直接関わる資料を現在探し出すことができておらず、以下の劇場所有に関する記述は公的記録による傍証が取れていない。あくまでも伊原の記述からは、市村座は田村と大河内が共同で、歌舞伎座株式会社の支店としてではなく、私的に市村座の建物を買ったと推定される。

【図版 19】市村座外観（円城寺清臣・国立劇場調査養成部 芸能調査室編『東京の劇場』／国立劇場芸能調査室・昭和五十三年）

　また、この時株を分けられた者に、田村の妹婿で帳元として長く勤める足立繁美、関根黙庵、岸澤仲助、柏扇之助や、歌舞伎座に勤めたことで田村と知己を得て、大正五（一九一六）年から市村座の大札（仕切場、事務所）に入った三木重太郎などがいた。(16) 四十二年に大河内が死去した折には、遺族から田村に無償で持株すべてが引き渡された。(17) また、日にちは不明だが、四十四年八月から九月のどこかで、田村は長谷川から地所を三十年間借用する地上権を得ている。(18)

　市村座で、歌舞伎座に出演する若手俳優を中心とする興行が定期的に開始されるのは、四十一年十一月からである。しかしその以前、三十八年六月から試行版といえる興行が、名古屋御園座でのものを含めて七回行われており、そのうち四回に、歌舞伎座ですでに声価を得ていた十五代目市村羽左衛門と六代目尾上梅幸が出演している。つまり、当初田村は、すでに歌舞伎座で人気の出ているやや歳上の俳優を上置きにして二十代前半の若手を出演させる、というやり方で市村座で継続して興行することは考えていなかったはずである。

その目算が崩されたのは、四十一年六月から七月のどこかで、六代目尾上菊五郎の「支配人」と後年称される尾上大五郎（当時ははしご、のち牧野五郎三郎とも名乗る）が菊五郎の意志を汲んで、初代中村又五郎、尾上菊四郎、尾上多見之助らと市村座で同座させる計画を立てたからだとされる。この真偽は決め手となる新聞記事が確認できず、結局大五郎の著作『楽屋ばしご』[19]に拠るしかない。

しかし田村は、菊五郎たちだけで一座を組ませることにぎりぎりまで迷っていたらしい。それは、菊五郎と、そのライバルとなる初代中村吉右衛門が大河内に、「二長町へやってほしい」と直談判した[20]のが歌舞伎座の九月興行中であるのが確かなことと、市村座の新装開場のための改装がはじまるのが十月からであることでほぼ疑いがない。彼ら二人のほかに七代目坂東三津五郎、その弟十三代目守田勘弥、立女形として菊五郎の弟子分である八代目尾上芙雀（のちの三代目菊次郎）という構成で興行が開始されるが、菊五郎と勘弥が数えで二十四歳、吉右衛門二十三歳、三津五郎と芙雀が二十七歳という若手俳優たちの一座である。もちろん弟子格の厳しい師匠番として三代目市川新十郎や中村翫助、尾上蟹十郎らも出演しているが、一見して、定期的に興行するには安定した構成とは言えない。それは同時代の観客から見てもそうであったようだ。

四十一年十一月興行のメインは『一谷嫩軍記《いちのたにふたばぐんき》』と『親譲御所五郎蔵《おやゆずりごしょのごろぞう》』であったが、熊谷次郎直実を演じた吉右衛門と、御所五郎蔵を演じた菊五郎は、歌舞伎座との掛け持ち出演であった。翌年一月興行は非常な大入であったが、大正八年一月の『新演芸』に掲載された「十年前の菊五郎の役々」「十年前と今の吉右衛門」は次のように伝える。

その頃の市村座は、今日の如き劇界の一権威ではありませんでした。何となく子供芝居と普通の芝居との中間位に思はれてゐました。

「子供芝居で人気があり」十年前に既に老成せるが如く見えた吉右衛門は、何といつても二十六歳《ママ》の青年であつたのである。他の俳優の稚気を脱せざるが如くに、実は稚き模倣に過ぎなかつたのである。

吉右衛門は、上方で若年から人気俳優であった三代目中村歌六の子であるが、彼が市村座に出演することになったのは、菊五郎とほぼ同年ながら子供芝居の時代から時代物に経験が豊富な、菊五郎と対照的な特徴を持っていたためだけではなく、母が市村座の座付茶屋万屋の娘であったことが影響している。

菊五郎は後年まで、気を許した相手に「吉右衛門は家柄がないのに、僕と同じ格の役者になつた。それだけでもあの男はえらいと思はなくちやいけない」と言っていたと伝えられる[21]。彼の父五代目菊五郎がもとは市村座の座元であったことと、五代目と田村の明治初年から昵懇だった関係をふまえると、これは極めて自然かつ前近代的な感慨である。そしてこの二人に、やはり新富座の座元の子である三津五郎・勘弥兄弟を組み合わせたことには、一見常識外れで後年清新と評される大正期の市村座の興行にも、江戸の身分意識から完全に脱却したとは言いがたい面があり、次に述べるような細心な一面のある田村らしい目算が表れているとも考えられる。

## 三　市村座における田村の興行

明治四十一（一九〇八）年十一月から大正九（一九二〇）年十一月まで十二年間続く、田村の市村座における興行の特徴は、箇条書きで挙げれば、ほぼこのようなことになるであろう。

・小さな組織
・固定した構成と既成作品の上演
・素朴な合理性の追求
・若手俳優の「学校」

以下は順を追ってその特徴を検討してみたい。

田村が市村座で興行を行う十二年間は、明治四十四年三月に帝国劇場が東京の新たな劇場として興行を開始し、その方法が定着する過程と、京阪から東京に進出した松竹が大正二年に歌舞伎座を経営するに至る過程が重なった期間でもある。

本書の第三章第二節にも記したが、松竹は明治四十四年八月には脚本部を作っており、多くの作家を集め、育成して新作を求めた。また大正後期には、上演作品の構成についても「狂言会」という組織を松竹合名社のなかで作っていて、大谷竹次郎を中心に岡鬼太郎、木村錦花、川尻清潭などの合議制で、属する

田村成義氏宅に於ける市村座の世界定め（田村壽二郎・田村成義・中村吉右衛門・足立繁美・小笠原新兵衛・竹柴清吉・小出緑水の諸氏）

【図版 20】『新演芸』口絵（大正七年一月）

各劇場の上演作品を決めていたようである。[22]また、帝国劇場も文芸部を大正十年には設置した。[23]

これに対して市村座の上演作品は、田村の自宅でもある築地の旅館に、市村座の主だった人々が早朝集まって、朝食を摂りながら興行の話をする「金水館会議」と称される会で決めた。といっても「間は猥談や何かで、その間に重要な興行の話をする」[24]のんびりしたもので、三木は仕事の終わりが夜遅かったため出ていなかったが、足立、黙庵、仲助と、田村が興行する以前から市村座に関わっていた茶屋万金の主人などが参加していたようである。『新演芸』大正七年一月号の口絵にその様子を再現した写真があり、そこでは田村が編纂した稿本『続々歌舞伎年代記』が繰られている**【図版20】**。

ここまで書いただけでも同じ人名が繰り返し出てくることで明らかなように、明治末から大正の市村座は、土地建物の株を持っている人々が直接興行の構成も行う小さな組織で運営されていた。四十四年十月から「座主」は成義の嗣子寿二郎になり[25]、大正九年三月には株式会社となるが[26]、実質的な代表者は成義である。株式会社も資本金五十万円を株主十五人で払い込む組織で、現在でも中小企業でよく見られる、親族中心の経営を形式的に会社に引き直す形式と推定される。

そうした状況になったのは、田村にとって市村座が、入手した当初は歌舞伎座経営の脇で私的に手に入れた劇場であったためであろう。また、大正二年八月に松竹と交代する形で田村が歌舞伎座から去った時には、のちに死因にもなる腎臓病の悪化によりしばらく静養期間を置かねばならなかった、いわば第二(代言人時代から数えると第三)の人生に入らざるを得ない状態であったことも影響していると思われる。

では彼は、自身の意向が大きく働く小さな劇場市村座を、どのような方針で運営しようとしていたのか。手がかりとなる田村の所感を三つ抜粋して掲げる。

①近頃新聞雑誌の上で歌舞伎座の出し物に就ての批評も散見して居りますが、いつまでも古い狂言計り出して居るやうでは、到底演劇の改良は計られない、世の中は新しい作物を要求して居ると云ふやうな意味が多いのですが、〔中略〕今の所演劇を興行して金を儲けやうと云ふやり方のうちは、演劇の改良も或程度より以上に突飛な事は出来兼ます。〔中略〕完全なものであればとにかく、未成品として漸々《だんだん》にいい方へ運んで行かうと云ふものならば、商売としては一寸手が出し兼ますから、それよりも先づ安全な方へ手を附けて、一般の見物を呼んで金を儲けて置いて、扨其《さて》儲けた金を以て演劇の改良を計りたいと云ふのが興行主としての私の考へです[27]。

②近頃盛んに芝居道に進歩々々といふ事を聞くが、何にも劇界許り此世の中に先んじる必要はあるまいと思ふ。無論遅れぬといふ事は図るが、競馬の馬と同様やたらに先へばかり出ても、決勝点で後着になつてはつまらぬ。要するに時勢と共に進めばそれで足る事と思ふ。(28)
③今の見物は、芝居を見て其の狂言を研究しようと云ふ側の人ではなくて、多数は、平生の慰労をする為めに芝居を見物する人達です。〔中略〕数ある狂言の中から、今の見物に向くやうなものを択ぶとなると、それが大変です。わけて、程の好い面白い狂言がちやんと出来てゐれば好いが、さうは却々《なかなか》問屋が卸さないので弱ります。其の中から、手頃のを見付けて、これを今の見物に向くやうにするには、種々手加減が入るので、それには何時も弱らされます。
　同じ狂言でも、これが新作ですと大きに楽です。と云ふものは、新作だけに、はなから今の見物に向くやうに、面白くも亦悲しくも、長くも亦短くも、勝手放題に拵へることが出来るからです。(29)

①の引用（明治四十二年）から、②は三年、③は十年経過している。しかし世の中で新しいと見られていることにそう簡単には手を出さないという姿勢に、この間変化がないことは明らかである。これを一言に縮めれば「保守」ということになる。
ここで市村座年表を見て気づくのは、ほぼ固定した構成で毎回の興行が組み立てられていることだ。大まかに示すと次のようになる。

所作事（ない場合も多い）　一番目（時代物）　中幕（舞踊か一幕の時代物が多い）

## 二番目（世話物）　大切所作事か喜劇

全体は、当時の興行取締規則の制限から見て九時間ないし八時間以内である。[30] そして突出して長い作品が出ることは少なく、二番目に河竹黙阿弥の関与した作品の通しが上場される時は長めになる傾向だ。そして、新作の初演よりも、明治年間までにできあがっている作品の上場が圧倒的に多い。

江戸時代中期から幕末にかかる頃まで江戸でよく行われた歌舞伎興行の構成は、通し狂言を上演しつつ、続くうちに追って二番目や差幕《さしまく》をつけ、必要がなくなった幕を抜いていくものであった。この構成はそれを基本にしながら、最初の通し狂言を短い一幕（か、それに準ずる長さの）物にして、二番目や差幕に当たる作品を最初から決めて上場しているものと考えると、発想の系譜がはっきりする。

この構成は市村座でよく行われているため、市村座に特徴的な方法と考えられがちである。しかし、興行年表を作ってみると明らかになるのは、この形に似た上演を、嘉永から安政年間の河原崎座が行っているということである。特に嘉永年間の興行は、大正期の市村座と比較してもあまり変わらない構成で組み立てられている。

文政十三（一八三〇）年（興行を実際に行うのは天保八〈一八三七〉年）から安政五（一八五八）年までの河原崎座の座元は六代目河原崎権之助であるが、権之助は時代物を好み、収益を上げるために、評価の定まった既成作品を好んで上演したことで知られる。[31] 権之助と対立的な関係にならざるを得なかった、守田座（新富座）の座元十二代目守田勘弥の興行も権之助の行き方を学んでいるが、勘弥は、特に明治以降時代に合わせた新作を積極的に上演しているため、比較するとやはり田村のほうが権之助により近い構成である。

では、それはどの程度偶然の相似であるのかという問いが、次になされなければならないだろう。結論から述べれば、田村は意識的に権之助と同じ方法を取ったと筆者は考えている。その理由は二つある。一つは、市村座を本拠として興行を行わざるを得なくなる直前まで、田村は世間の好みを取り入れた作品を上場すべきであると述べたり、歌舞伎座の茶屋を一時的に廃止する「革新的」な面を一方で持っていたこと。もう一つは、田村自身の談話に時折見られる、特に義太夫狂言への理解の「ずれ」である。

本書の第二章第三節で、田村と目される人物が明治二十八年八月頃に述べていた劇場改革案について述べた。また先にもふれたが、田村は柳繁彦という人物に補佐させながら『続々歌舞伎年代記』と称する、全六十五巻前後と推定される江戸東京の歌舞伎興行の記録を作成していた。その第四十六巻から第五十五巻、明治四十四年から大正四年まで五年分の稿本と推定される写本が早稲田大学演劇博物館に残る(32)。

この稿本の四十四年九月から大正二年十月、巻数で言えば第四十七巻から第五十一巻の歌舞伎座に関する項で継続的に書かれるのが、茶屋を廃止して直営案内所とし、案内人を置き、切符の前売や食堂の営業といった入場制度改革の経過である。

大正二年十月から歌舞伎座で興行を開始する松竹によってその改革は中止され、松竹が京阪ですでに試みてきた制度が新たに導入されて、茶屋は「本家茶屋」という形で再び置かれることになるのだが、明治四十五年七月、歌舞伎座の重役会議で田村は十三箇条の改革案を提出して、その必要性を訴えた。その意見の一部を翻刻する。

自分は明治十三年より芝居道の人となりたる以来　芝居を亡ぼすものは茶屋あるが故なり　早晩廃止せざるべからずとの定見を抱有し　曩に廿六年深野座改革の際及び翌廿七年現今の市村座の出来たる時　将た又歌舞伎座改革に向つても度々茶屋廃止の止む可からざる事を切言なしたれども　其時々種々の障は《ママ》りありて是を果たすを得ず〔中略〕彼れの繁昌すると云ふ裏面には　観客が余計の出費をなすと云ふ苦痛ある事を忘るべからず　此弊漸次助長するに及ばゞ勢ひ観覧費の増額となりよく〳〵の好劇家は格別　普通の客にあつても其影響するところ余義無く芝居行きを避けざるべからざるに至るは見やすき道理にあらずや[33]

明治二十七年に田村が市村座へ助言して行おうとした改革の内容は、河竹繁俊『日本演劇全史』第九篇第三章の一[34]に簡潔にまとめられており、茶屋の「案内所」への改称と祝儀の禁止である。この抜粋からは、その達成が明治十三年以来一貫した念願であったことと、そうする根拠は観客の出費を抑えるためという、筋は通っているが極めて単純な理由によることが明らかになる。ここから想起するのは本書の第一章第二節に記した明治初年の十二代目勘弥の興行方針で、革新的な興行では茶屋を廃止するべきであるという姿勢が二人に共通していることが確かめられる。

ただし、明治四十一年からの市村座では、田村は茶屋廃止の改革を積極的に打ち出さず、最盛期である大正四年前後にも茶屋は存在していた。理由を正確に明らかにする資料を現在見ていないが、出資者の一人が座付茶屋万金の主人であったこともあるだろう。万金は大正三年に大森でラジウム鉱泉付きの温泉旅館を開業しているが、その広告は市村座の番付に付属する小番付として出されている[35]。市村座と万金の密接な関係の一証である。万金は大正六年六月に当時座付茶屋であった魚十、三州屋とともに「案内所」と改称するまで存続する。(36)

話を戻すと、権之助の興行方法に倣ったと思われる理由のもう一つ、上演作品の選定に関わる義太夫狂言理解の「ずれ」については、次の引用を見ると了解されよう。

> 今此処に、院本物の「嫩軍記」を出すとします。〔中略〕其の中から、壇特山と陣屋との二場を出すとします。すると、困るのは、幾分違ったところがあつても、後の陣屋は、前の壇特山の経緯を説明してゐるやうな虞があるのでうるさくなります。それから、これが「忠臣蔵」ですと、五段目六段目と並べますと、前の「嫩軍記」同様、六段目は五段目の筋を辿るやうなことになるから、私は何時も、此の二つを並べるのは何うかと思ひます。私は、狂言は一体に筋の長くて絡んだものがいけなくて、反対に善人悪人が入れかはると云つたやうなものが一等だと思ひます。(37)

『一谷嫩軍記』の「組討」と「陣屋」、『仮名手本忠臣蔵』の五段目と六段目の関係については説明の要がないが、まず置かれた謎が、次に事情を知る観客の前で解かれていくところにこの二作の興味があるのであり、「筋の長くて絡んだ」ところこそが重要である。しかし田村は、繰り返しになることがいけないと述べている。

もちろん、これが本心からの言説でない可能性も考慮しなければならない。だが、五代目中村芝翫（のちの五代目歌右衛門）は田村の嫌いな作品として『摂州合邦辻《せっしゅうがっぽうがつじ》』を挙げている。(38)ここまで見てくれば、その理由は、継子に業病になる薬を飲ませ、しかもそれが家を守るための行為で、その病気も特別な年月日に生まれた人間の生血を飲むことで治る、という筋が不合理に見えたからであろうと推測するのは容易である。

黙阿弥の作品、特に維新前に書かれた長編の世話物に、これら人形浄瑠璃の作品に範を取り通底する複雑な筋がしばしば見られることを考えると、おそらく田村は歌舞伎好きではあっても、歌舞伎の作品を成立させるために発生する不合理を受け入れることは、たとえ黙阿弥の作品であっても、たとえ興行の経験を長年積んでも、おそらくできなかったのではないかと推定される。

前節で松竹に関係した台本の作者たちが、田村は歌舞伎一辺倒だったが大谷は浄瑠璃がよくわかると述べていることを紹介した。その違いはつまり、こうした作品への理解のあり方に端的に見ることができる。そして、先に述べた田村が説く茶屋廃止の理由とその作品理解には、松竹の経営方針と共通する素朴な合理性の追求も同時に表れている。

この合理主義をもって収益が確実に上がる歌舞伎興行を考えるなら、先例を踏まえ既成の作品を選び、大きな間違いがなかった権之助の方法を取ることは自然の成り行きであろう。また、判例にのっとって弁護の方策を考えるのが代言人（弁護士）の仕事であることを考え合わせるなら、権之助の方法は田村にとって理解しやすかったとも考えられる。大正九年の死去時に、田村の遺産は当時の金額で五十万円近くあったとされる。(39) 手堅く素朴な合理主義が一定の成果を収めた結果と言えるだろう。

市村座において、田村の側近の一人であった関根黙庵は次のように述べる。

○田村将軍が菊吉の為に古い物のみを選んだのは両優が修行中の身を思つた為めと、新物を好まなかつた為めだと云ひますが、聞くところに依ると将軍は、芝居の興行師でありながらどつちかと云へば演劇《しばい》を嫌ひで余り多くを見ず《ママ》。親しい間柄とて五代目の狂言ばかり見てそれのみに知識を有つて居たから、自然その種の物を繰返したのだと云ひますが然うでせうか。
△或はさうかも知れません。一体田村氏は純粋の江戸ツ児で、殊に幕府の事情に通じていた関係上黙阿弥劇に知識を持ち、一方まだ頭脳《あたま》の固まらぬ菊吉になまじ新物を演らせるはもっとも冒険なことだと黙阿弥劇を繰返し、それが又前受けがよかつた所から、あらゆる世話物を演じ尽したと云ふやうな結果になつたのでせう。(40)

「嫌ひ」という語に含まれる内容はよく吟味する必要があるが、少なくとも田村にとって市村座の興行は、小さな組織で趣味的に行う部分を持ちながら、同時に収益の出る合理性を捨てるものではなかった。そのため、安全策として彼が選んだ「古い物」は、実際に彼自身が同時代人として見ていてポイントがよくわかり、どのような評価を得るかが上演前からある程度推測がつく黙阿弥作品を中心に据えることになったと考えられる。

そしてもう一つ、市村座の興行で田村が目指した重要なことがある。それは俳優の育成だ。明治四十五年に田村は次のように語っている。

私の考へでは営業の方は第二で、役者を拵へることを第一にしてゐる。〔中略〕なまなか微弱の内に新しいものを演らせるのは却てよくなからうと思つてゐる。先づ義太夫物などで体を固め、踊を仕込んで置けば、他のものはどうにかこなされるだらうと思ふ。兎に角これは私の道楽上の学校と思つてゐる。(41)

まず、どのように演じるか決まっているものを徹底的に行い、経験を積めば演じたことのない作品にも応用が利くようになる。これは手堅い合理性の追求とまったく矛盾しない。しかしこの方針による「学校」の成果が本格的に現れてくるのは、田村の死後、市村座での継続した興行が終了して、菊五郎や吉右衛門、そのほかの俳優たちが松竹に所属した昭和期以降のことになる。

## 四　新作の上演に伴う問題

市村座における、六代目菊五郎と初代吉右衛門を中心に据えた、いわゆる「市村座時代」の興行は、田村の死後、昭和三年一月の、松竹が市村座と五年契約を結んで行った興行で一つの区切りがつく。厳密に言えばその前に、十年三月九日の吉右衛門の市村座脱退、十二年九月関東大震災後の火災による焼失、十三年七月田村の嗣子寿二郎の死などいくつかの区切り目がある。何を重視するかで違ってくるが、市村座という劇場の生涯を考えるなら、所有者のはっきりした変更をめどとしたい。

その間、特に田村が市村座の実質的な代表者であった大正九（一九二〇）年まで批評家たちが指摘し続ける問題が、黙阿弥作品の上演の多さと新作上演の必要性だ。本節の最後にその問題についてふれる。

市村座における新作上演をもっとも意欲的に進めようとした俳優は、六代目菊五郎と十三代目勘弥であった。明治末年頃からこの二人は、当時「新しい芝居」と呼ばれていた、ヨーロッパから移入される同時代の演劇に範を取った近代劇に関心を寄せた。大正三年には相次いで狂言座、黒猫座の活動を行っている。また、菊五郎とその弟子尾上伊三郎（のちの五代目松助）は、文芸協会出身の林《はやし》和《やわら》が主宰した雑誌『くろねこ』(42)に寄稿している。林は黒猫座の中心人物でもある。

彼らが「新しい芝居」に関心を持ったとき、周辺には長谷川時雨、森鷗外、鷗外の関与した慶應義塾や林の関与した文芸協会の、彼らとほぼ同年代の若い人々がいた。そのなかにはたとえば、すでに真砂座や自由劇場で新たな試みを手がけた経験を持つ小山内薫もいる。小山内は大正七年から顧問として市村座の内部に関わり、先に述べた金水館会議に出た形跡もある(43)。

このような状況を、明治末年から劇場の外側で見続けた人に、たとえば楠山正雄がいる。楠山は明治十七（一八八四）年生まれ、菊五郎より一つ年上だ。早稲田大学の文科で島村抱月に影響を受け、文芸協会や芸術座で劇作品の翻訳を行う一方、現在も菊五郎について考えるうえで必須の論考である「菊五郎と吉右衛門と(44)」を書き、大正初期には『読売新聞』などで評論家として執筆をはじめていた(45)。

楠山が大正五年、三十三歳の時に発表した「劇界の末流時代(46)」の目的は、同年の東京の歌舞伎の状況を振り返ることである。しかしその冒頭は、この一年劇場に入っても「余所々々しさ」を感じ、「慈善会か園遊会の余興の演芸」を見るようであった、と否定的な所感からはじまる。なぜか。それは歌舞伎の伝統が重んじられ、古老たちが「国宝」のような扱いを受けるようになった一方、歌舞伎が同時代に生きている者にとって、身近なものとして受け止めることができないものになっているからだと楠山は考える。

芝居の見物は、「お能拝見」とはちがひます。まして「宝物拝見」ではありませぬ。芝居の興味はもつと強い、鋭い、生々しいものでなくてはなりませぬ。〔中略〕お能も無論のこと、古いお寺の宝物にでも見る人が見ればやはり今でも息は通つてゐるのでせうが、それの分かるのは限られた人達の

【図版21】上段左から田村寿二郎、小山内薫、下段左から岡村柿紅、三木重太郎。
(『小山内薫全集』第二巻口絵／春陽堂・昭和五年)

間のことです。

楠山がこの評論を書いた当時、まだ歌舞伎は「伝統文化」になりきっていない。たとえば、三代目中村歌六や四代目尾上松助といった、幕末の歌舞伎を実際に知っている古老がこの時期はまだ健在である。しかし同時に当時の歌舞伎には、そもそもその制度がまだないが、重要無形文化財指定を実際に受けた俳優は誰もいない。同じく「人間国宝」がいないにしても、すでに江戸時代に武士階級の教養の一つとなっていてある種の権威を持っていた能楽とは立場が違う。

だからこそ楠山は、歌舞伎で「強い、鋭い、生々しい」ことをやるべきであると考える。しかし、歌舞伎で大正五年に上演された黙阿弥とその系統の世話狂言の上演は、俳優には役への理解がなく、興行者にも理解がなく、観客は「錦絵ぶりの舞台と小道具の器用なとり合せと在来りのセンチメンタリズム」以外に感興がないと楠山は言う。

一般からいへばその舞台に〔、〕何も幕末の乱れた暗い時代に許されたやうな色情と残忍の写生画の細目を再現して見る必要もないでせう。これも一時唯美的の思潮が小説壇に勢力を占めた影響でせうが、文学の方は知らず、演劇のためには、劇場の空気を徒らに陰鬱にし低調にしたといふ以外に何の効果もありませぬ。

もちろんこの文章が書かれた時、歌舞伎座、帝国劇場、また多くの小劇場でも黙阿弥とその一門の作品の上演は盛んに行われている。しかし、楠山と同世代の俳優たちが中心となって、興行師の意向で黙阿弥作品を上演しており、楠山の関心の多くがそこにあったはずの劇場は市村座である。

歌舞伎を熟知した評論家の楠山が、にもかかわらず、黙阿弥の作品は暗くありきたりのセンチメンタリズムに満ち、唯美的であっても古くて時代に合わないと主張するのは、意外といえば意外である。しかしこれを、英文学を修めてヨーロッパの近代劇の翻訳にも関わり、今後の演劇の動向を考えていた若い評論家の黙阿弥作品に対する所感だと考えるならばどうか。ここには、維新以降の世相の激変のなかで成長した世代として、自分たちに合う新しい作品、新しい演劇ジャンルが必要だと思っても、歌舞伎ではふさわしい新作が現れず、歌舞伎と違う演劇を試みている人々はまだ成熟していない状況への苛立ちを読み取ることができるのではないか。

だが同時に、大正五年は市村座にとって三年頃から続く全盛期の真っただなかの年でもあった。この時期は大入が続き、興行中は毎日定員以上に観客が入って、警察に劇場の表掛りの人々が交代で呼び出される日が続いた。(47) また前年の一月からこの年の末まで、市村座は番付を江戸時代の形式に戻し、役割を場ごとではなく俳優ごとでまとめて庵を置く形式で作っており、五年十一月には顔見世番付を作っている。ここにはあくまで意識的に「古い」形式を選んでいることを標榜したいという主張が見受けられる。市村座のこの主張は楠山や彼と同世代の、演劇のこれからのあり方を模索していた人々にとっては腹立たしかっただろう。

先に述べたように大正七年、小山内薫は市村座の顧問となった。その主な業績の一つが、菊五郎のために行った、ダヌンチオ『春曙夢』の翻案『緑の朝』(同年八月帝国劇場に移動した市村座の一座で上演)であった。しかし新たな試みは続かず、九年に小山内は松竹キネマへ去る。この経過は、菊五郎と市村座のために近代劇の要素を取り入れた作品を作ることの、小山内自身に原因があったための困難と、その試みを形にすることが難しい（おそらく照明設備や舞台機構を含めた）市村座の環境を示しているだろう。

田村成義の死後、寿二郎に座元が代わる大正十年から、市村座では堰を切ったように同時代の文学と近代劇に関わる人々、たとえば山本有三、谷崎潤一郎、武者小路実篤、菊池寛、長田秀雄、鈴木泉三郎らが書いた作品が上演されていく。その選定には、慶應義塾の出身で「句楽会」を通じて彼らの一部、さらには吉井勇、久保田万太郎、喜多村緑郎、雑誌『新演芸』編集者の面々とも交流を持っていた寿二郎の意向が大きく働いていると考えられる。

松竹・帝国劇場との提携関係、十一年に舞台装置家として田中良、照明に有楽座や帝国劇場で経験を積んだ遠山静雄がスタッフとして加わっていること(48)、震災後、小林一三に助力を求めたことからはじまる宝塚大劇場における市村座公演など、田村寿二郎の興行には父成義と明らかに違う「新しさ」を意識した特色が見受けられる。詳しい分析は他日を期したい。

## 注

（1）『歌舞伎　研究と批評』二十三（歌舞伎学会・平成十一年六月）。
（2）以上の三段落の記述は、『東都劇場沿革誌料』下（国立劇場・昭和五十九年）による。
（3）伊原敏郎『明治演劇史』四三六頁（早稲田大学出版部・昭和八年）。

（4）『市村座久松座合併興行定約書』（玉川大学図書館蔵、請求番号W774.5- イ）。
（5）田村成義『芸界通信　無線電話』「紀岡権兵衛」（青蛙房・昭和五十年）。
（6）市村座・大正十一年。
（7）岩波書店・昭和四十八年第二刷。
（8）ぺりかん社・平成二十二年。
（9）木村錦花『興行師の世界』八一頁（青蛙房・昭和三十二年）。
（10）六九一頁（早稲田大学出版部・昭和八年）。
（11）嘉永四年尾張屋版「東都下谷絵図」、嘉永六年近江屋版「外神田下谷辺絵図」（『別冊歴史読本　江戸切絵図』〈新人物往来社・平成六年〉所収）、阿部優蔵『東京の小芝居』「柳盛座」「開盛座」（演劇出版社・昭和四十五年）。佐藤氏前掲書第二章第一節「明治前期の小芝居」（注（8）参照）。
（12）『新演芸』大正六年八月。
（13）児玉竜一・寺田詩麻「市村座切抜帖」（『歌舞伎　研究と批評』二十三、歌舞伎学会・平成十一年六月）。
（14）木村錦花『近世劇壇史　歌舞伎座篇』一三八頁（中央公論社・昭和十一年）。
（15）一八〇頁（青蛙房・昭和四十八年）。
（16）「三田劇談会」（『三田文学』昭和十四年三月）。
（17）『団菊以後』一八一頁以下（注（15）参照）。
（18）『歌舞伎』一三六号（明治四十四年十月）。
（19）牧野五郎三郎（私家版）・昭和十三年。
（20）注（15）参照。
（21）戸板康二『六代目菊五郎』四九頁（演劇出版社・昭和三十一年）。
（22）田村西男「各劇場の組織から狂言選定まで」（『新演芸』大正十年四月）。

(23) 帝劇史編纂委員会編『帝劇の五十年』(東宝株式会社、昭和四十一年)。
(24) 注(16)参照。
(25) 十月興行から翌年三月興行までの辻番付に「座主田村寿二郎」と記される。
(26) 田村西男「各劇場の組織から狂言選定まで」(『新演芸』大正十年四月)。
(27) 「興行法について」(『演芸画報』明治四十二年七月)。
(28) 「鈴鹿翁劇話」(『演芸倶楽部』明治四十五年第二号)。
(29) 「盲目滅法に狂言定め」(『演芸画報』大正八年一月)。
(30) 明治三十三年、大正十年の劇場取締規則による。参照は大石茂『明治以降における劇場関係法令の規制内容の史的変遷に関する研究　資料編』(早稲田大学演劇博物館蔵、請求番号ロ 10-367、京都工芸繊維大学工芸科学研究科博士前期課程造形工学専攻提出論文・平成三年)によった。
(31) 河竹繁俊『河竹黙阿弥』六八頁以下(吉川弘文館・昭和六十二年新装版第一刷)。
(32) 請求番号ロ 1-1015-46~55。
(33) 第四十九巻、一三九丁裏から。
(34) 八九三頁(岩波書店・昭和四十一年第三刷)。
(35) 演劇博物館蔵(請求番号ロ 22-64-108 ほか)。
(36) 鈴木春浦「芝居案内記——市村座」(『新演芸』大正六年八月)。
(37) 注(29)参照。
(38) 「初役の玉手御前」(『歌舞伎』百十七号、明治四十三年四月)。
(39) 三宅周太郎『演劇五十年史』一四一頁(鱒書房・昭和十八年二月再版)。
(40) 関根黙庵「時代の推移と現在の興行法」(『演芸画報』大正十一年七月)。
(41) 田村成義「演劇雑話」(『演芸画報』明治四十五年二月)

(42) 第一号から三号は日本近代文学館所蔵。ほかに個人蔵で五号があることを確認している。
(43) 注(16)参照。
(44) 『早稲田文学』明治四十四年十月。
(45) 逍遙協会編『坪内逍遙事典』(平凡社・昭和六十一年)。
(46) 『新演芸』大正五年十二月。
(47) 八世坂東三津五郎述、小島二朔編『父三津五郎』(演劇出版社・昭和三十八年)。
(48) 遠山静雄『舞台照明五十年』三二頁(相模書房・昭和四十一年)。

# 第四節　帝国劇場で演じられた劇

本節で扱うのは、明治四十四（一九一一）年三月に興行を開始し、大正十二（一九二三）年の関東大震災で焼失、翌十三年十月に改築竣工して、昭和五年一月、松竹と十か年契約を結ぶに至るまでの帝国劇場である。帝劇は、それまで劇場と関わりの薄い三井・三菱財閥の関係者および慶應義塾卒業者が経営陣の多くを占めるところが歌舞伎座株式会社と共通している。また、西洋を意識的に模倣しながら、具体的な興行方法に、経営陣が経験してきた鉄道・百貨店業界の手法から摂取したと見られるところがあり、川上音二郎の興行や、明治三十年代の宮戸座に共通する部分も多く持つ。上演内容は、比較的短い時間のなかでさまざまなジャンルの演劇を見せる傾向が強く、歌舞伎はその一つに過ぎなかったと考えられる。

## はじめに　設立の経緯

明治四十四年三月一日、東京市麹町区有楽町（現在の千代田区丸の内三丁目）に開場した帝国劇場（以下「帝劇」とする）は、十九年から政府が主導してはじめた演劇改良運動の目指す「改良」を、当時の水準で可能な限り具体的な形にした民間経営の劇場であった。

建設敷地はもと三菱合資会社所有地であり、「三菱が原」の最南端であった(1)。経営主体の株式会社は三十九年十月に設立された。翌四十年二月二十八日に行われた帝国劇場株式会社の第一回『株主総会報告書』(2)によれば、取締役会長渋沢栄一、賛助人西園寺公望、伊藤博文、林董《ただす》、創立委員は福沢捨次郎、

【図版 22】 帝国劇場外観（児玉竜一蔵。『よみがえる帝国劇場展』所収）

荘田平五郎、手塚猛昌《たけまさ》、日比翁助、福沢桃介、益田太郎、田中常徳、西野恵之助である。西野はこの後、四十五年三月まで専務取締役として、草創期の帝劇の建設と経営を牽引する。

これらの人々の履歴を調べて明らかになることは、三井・三菱財閥の関係者および慶應義塾卒業者が大部分を占めることである。その意味では、本書の第二章第三節で扱った明治二十九年設立の歌舞伎座株式会社と共通しており、そこですでに見られた実業家重視の傾向を発展させたところがある。また、渋沢は、十九年設立の演劇改良会に関わった時から、実際に劇場の設立にも関わる意思があった。手塚は歌舞伎座株式会社の取締役でもあり、益田は渋沢とともに二十年の東京演劇会社[3]（建設に至らなかった）の発起人となった益田孝の子である。

ほかの人々はそれまでは劇場とは関わりが薄いようである。しかし、前記の『株主総会報告書』を見ると、帝劇の設計図案が横河民輔によりほぼできあがった三十九年六月、その内容を検討する研究会が開かれている。そこには「林子爵、末松、穂積、坪内、坂田ノ四博士」および福沢捨次郎、荘田、横河に加えて高橋義雄、和田英作が参加している。

「末松」は顧問となる末松謙澄、「穂積」は渋沢の女婿で顧問となる法学博士の穂積陳重、「坪内」は、明治三十九年の日記がないため考証が困難だが、演劇改良運動の頃から改良に関する評論を書き、末松と論争を行い、日本演芸協会にも関与した坪内逍遙であろう。「坂田」は末松とともにやはり顧問として名を見ることができる坂田貞一である。彼の詳しい履歴は現在不明であるが、渋沢史料館が公開している「渋沢社史データベース」によれば、明治四十一年に日本石油付属新潟鉄工所で造船工場および修船架の位置の調査を行っている。もともと実業界と関わりのある工学博士と考える。茶人でもあった箒庵《そうあん》こと高橋義雄は時事新報社退社後多くの事業に関わるが、三井呉服店の理事として同店の百貨店化を推進したことでよく知られる。帝劇では三井鉱山の内規のため兼業できず顧問となった(4)。和田英作は東京美術学校（現東京藝術大学）教授の洋画家で、帝劇観客席の天井画を作成、開場後は顧問となり、舞台背景の制作にも関与したと推定されている(5)。

つまり、この研究会は演劇改良会と実業界を接続する人々、および帝劇を実際に作り、運営する人々が参加した会だ。創立メンバーと併せて見ると、帝劇は明治二十年代の歌舞伎座が目指した「改良」の理念をもっと大がかりに具現化するため、あくまでも民間の実業家たちが設立した劇場であることがわかる。

実際にできあがった劇場の建物は、コンクリートの基礎、鉄骨煉瓦造、フレンチルネサンス様式の西洋建築であった。横河は、すでに鉄骨造については三井本店の設計に携わったことがあり、耐震構造に関しても研究していた(6)。その学識経験を生かした建築である。全席椅子席、定員千七百名。オーケストラボックスを備え、花道は常設でなく、歌舞伎の上演の際に仮設した。

## 一　経営方針

帝劇の最初の社史で、創立から十年目までの興行について記した杉浦善三『帝劇十年史』(7)によると、実質的な経営責任者である西野専務の経営方針は、次のようなものであった。

見物方法を成るべく簡易ならしむること
見物料金を力《つと》めて低廉ならしむること
観劇の時間を適度に短縮すること

この方針に対する具体策としては、次のようなことが挙げられるだろう。

・観客席は全面的に椅子席とし、全席切符制度を導入する
・茶屋、出方制度を廃止し、飲食は食堂で行う
・通常は歌舞伎座と比較してわずかに安い料金を設定する
・開場は午後四時ないし五時からとする

上演作品の構成にもっとも影響を与えたのは開場時間だ。帝劇が開場した当時、東京で施行されていた

劇場取締規則（明治三十三年十一月布達）によれば、時間制限は日の出から午後十二時までのうち九時間以内だ。しかし、開場が四時ないし五時からとなると、仮に十二時まで開場しても最長七時間以内に上演時間が限られる。明治三十九（一九〇六）年六月の『帝国劇場株式会社目論見書』[8]によれば、当初の予定興行時間は夏季午後七時、冬期午後六時から最大四時間である。歌舞伎の多幕物通し上演を行うには相当のカットが必要で、この劇場の目的と上演年表から見ても、それは当初からほとんど想定されなかったと考えられる。ただし実際には夜のみ一回公演では採算が取れず、大正五（一九一六）年四月からマチネ公演が時折行われるようになり、十二年五・六月には昼夜二部制興行が試行される。

帝劇の興行の特徴として興行期間・幕間時間の一定、椅子席、切符による入場制度、食堂での飲食、開幕ベルがしばしば挙げられる。すでに児玉竜一が指摘するように[9]、これらは西野専務、大正二年二月から三年二月まで二代目専務となる手塚、三年二月から昭和五年の松竹との契約まで三代目専務となる山本久三郎が、いずれも鉄道業界と関わりがあることと切り離しては考えられない。西野は、山陽鉄道の運輸課長として鉄道会社のなかでももっとも早く、切符による座席販売、食堂車の連結などを導入した実績を積んだうえで帝劇に招聘された[10]。手塚は、現在の鉄道時刻表のもととなる『鉄道案内』を明治二十七年から発行しており、山本は西野の招きに応じて山陽鉄道から帝劇に入社した[11]。進行が時計によって正確に計ることのできる時間で区切られ、客が一定の時間座っている必要があるという点において、鉄道と劇場が行うべきサービスは同じだった。先に挙げた特徴は、近代以降興隆する公共性の高い事業である鉄道で一定の評価を得た合理的なサービスが、そのまま劇場に導入されたものと考えられよう。

ただし、帝劇の実施したサービスは、本書の第三章第一節でふれた、明治二十九年から三十年代にかけて川上音二郎ら新演劇の俳優たちが試行する入場制度改革とも多くの共通点がある。また興行方法とは直接関係はないが、帝劇に出演した女優たちを養成した技芸学校の前身は、四十一年九月音二郎の妻貞奴が開いた帝国女優養成所である。このように、川上が近代の劇場興行に与えた影響は非常に広範囲に広がっており、帝劇はかなり具体的なレベルで新演劇の入場制度改革を研究したものと筆者は考えているが、その過程の詳細は本書ではまったく明らかにできていない。今後の課題の一つである。

さらに帝劇は、「国際的な文化施設」として歌舞伎などの「鑑賞」を行う場であるとされた。(12) 日本の政治経済に関与する人々が、演劇の「改良」を念頭に置いて経営する劇場として、

・外国からの来賓、およびその当時そうした演劇で客を接待するような立場の人間にとってわかりやすく、綺麗で楽しめる演目が上演されること
・外国から来日した俳優、音楽家の芸術を日本人観客が「鑑賞」できる施設であること

を求めるようになるのは、賓客の接待を行い、社会的な立場にふさわしい娯楽と教養を得ようとするなら必然的な成り行きであった。そして、新しい演劇が行われる劇場というイメージが定着すると、今度はそのイメージを利用して劇場を借り、意欲的な公演を行う日本人の劇団や俳優が出現する。

この基本方針にのっとった帝劇の演目は、大きく四つに分けられる。

①主に帝劇の男優による歌舞伎

②帝劇の養成した女優を中心にする喜劇・ダンス
③近代劇の劇団による公演
④オペラと外国人来日公演

以下はこの四つに大別される、帝劇で演じられた演劇の内容と、それらが以降の演劇に与えた影響のあらましを述べ、帝劇の意義について考察しまとめる。

## 二　ジャンル①　歌舞伎

帝劇はそのはじめ、主な男優として六代目梅幸、七代目澤村宗十郎、四代目松助を歌舞伎座から、八代目高麗蔵（のちの七代目幸四郎）を明治座から引き抜いて陣容を整えた。詳しく言えば、歌舞伎座で単独トップにはなれないものの、トップの五代目歌右衛門より身体が利いて舞踊にすぐれた梅幸、梅幸の父五代目菊五郎の弟子で、世話物狂言の師匠番である松助、すでに明治三十七（一九〇四）年歌舞伎座で歌劇『露営の夢』を試み、藤間宗家でもあり團十郎系の骨太な役を得意とする高麗蔵、江戸和事を得意とする宗十郎である。

標準的な上演作品の構成は、一番目に史実に拠りながら大正当時の思想を加味して書かれた、後年「新歌舞伎」に分類されるような時代物、中幕に一幕の義太夫狂言や女優中心のダンス・喜劇、大切に舞踊か二幕程度の喜劇、全体が三本から五本立てである。新歌舞伎と舞踊の代表的な演目を挙げると、帝劇らしい作品の傾向がつかめるであろう。

・新歌舞伎『平家蟹《へいけがに》』(明治四十四年十月)、『出雲《いずも》の阿国《おくに》』(大正八年九月)、『切支丹屋敷《きりしたんやしき》・お艶殺《つやごろ》し』(十年七月)、『名月八幡祭《めいげつはちまんまつり》』(同年十月)

・舞踊『羽衣《はごろも》』(明治四十四年三月)、『金毛狐《きんもうこ》』(同年十一月)、『お夏狂乱《なつきょうらん》』(大正三年九月)、『三人《さんにん》石橋《しゃっきょう》』(九年十月)、『娘道成寺《むすめどうじょうじ》』(十一年五月)

だが、帝劇専属の男優は歌舞伎俳優であると同時に、女優に対する男優であることが求められた。女形として明治半ばからすでに高い評価を得ている梅幸でさえ、帝劇では同時に「補導」として男の役で女優劇に出演している。

先にもふれたが、帝劇では花道が仮設で引幕は使用されなかった。これは従来、歌舞伎を正しく理解しない劇場構造であったと批判的に言及されがちである。しかし、帝劇にとって歌舞伎は、そこで上演されるさまざまな演劇のなかのたった一つのジャンルにすぎなかった。つまり、花道や引幕は必要不可欠な舞台機構ではなかったので、それらがないことは、むしろその方針を象徴することがらとしてとらえることができそうである。

また、大正四(一九一五)年、山本久三郎専務は市村座と毎年三月・八月の出演契約を結んだ。前節で述べたように、この時期の市村座は六代目菊五郎と初代吉右衛門を中心とする最盛期にある。彼らは通常興行は市村座に固定して出演している。また、菊五郎や十三代目勘弥はその前年、帝劇で狂言座や黒猫座といった近代劇に近い作品の研究的上演を目的とする短期の会を行っている。帝劇の狙いは、彼らを加え、人気に便乗して興行利益を上げることにあったといえる。

この契約は、市村座、特に菊五郎にとっては、義兄の梅幸、父の弟子松助との共演が可能になる利点があった。さらに十二年三月、市村座の若手俳優であった四代目市川男女蔵（のちの三代目左團次）や七代目尾上栄三郎は、菊五郎を演技監督として、新舞踊の「踏影会」第二回公演を帝劇で行っている。第一回は前年十一月市村座で行われているのだが、これは菊五郎を含む市村座の興行側が、若手俳優が洋楽を使用した舞踊を踊ることの「新しさ」を表現するには、舞台装置や照明設備の点からも帝劇がよりふさわしいと考えたからであろう。つまり、彼らのほうも帝劇のイメージを利用して、「新しい」活動を行っていることをアピールしている。

歌舞伎座の女形として人気の出ていた五代目中村福助は、十一年二月と十二年三月、「羽衣会」を同劇場で催している。こちらのほうが試みとして早く、踏影会と狙うところは同じである。

## 三　ジャンル②　女優劇

帝劇における女優養成は、明治四十二（一九〇九）年七月、先に述べたように川上貞奴の帝国女優養成所を「帝国劇場附属技芸学校」と改称して引き継いだところからはじまる。第一期生として森律子、河村菊枝、初瀬浪子、鈴木徳子らを輩出した。『帝国劇場附属技芸学校写真帖』[13]で、この女優たちの素顔や舞台の様子を見ることができる。

しかし、帝劇は本開場後しばらく、歌舞伎の作品を女性の主役に書き替えたり、男優の歌舞伎の間に女優だけのダンス・舞踊の幕を挟んだりといった様子見を続けた。それは帝劇が、女優をどのように出演させるべきなのか模索していたためと推測される。

特殊な例としては、義太夫、長唄、舞踊の素養があって、男優に混じっても歌舞伎ができる女優として注目された村田嘉久子（第一期）・美祢子（第四期）姉妹などを挙げることができる。[14] しかし「帝劇女優劇」と言ってただちに連想され、実際もっとも女優が生かされたのは、喜劇、そのなかでも特に、重役である益田太郎（太郎冠者）が女優の個性に合わせて書き下ろした喜劇であろう。

益田の劇作は、明治三十七年一月真砂座で伊井蓉峰一座によって上演された『乞食の子か華族の子か』の原案提供にはじまるが、帝劇女優劇のための最初の作品は四十四年五月上演された喜劇『ふた面』で、以降、大正十二（一九二三）年までに上演された益田の台本は三十作近くに上る。[15]

だがこうした作品は、人間の生活やその底に流れる思想を、少なくとも正面から探求するものではなかった。そうした方向へ向かおうとしたものとしては、女優劇では佐藤紅緑作『日の出』（明治四十五年二月）のように写実的な作品が挙げられる。この作は、新聞社の社長夫人となった元芸者が、夫の会社の経営危機にかつてのなじみの客が絡んでいることを知り、交渉に出かけて危機を未然に防ぐが、夫とその妹に非難され、嘆いて自殺するという筋で、イプセンの『人形の家』の影響が見られるとされる。[16] しかし、劇評を見る限り、観客は喜劇のつもりで見てしばしば笑いが起きたようで、成功した上演とは言えなかったようだ。

そうした観点から、帝劇女優劇は「みるべき何物もなかった」[17] という評価が長らくなされた。しかし近年、脚本を読み直し、同時代の近代劇との比較も考慮した日本の喜劇史上における益田の位置づけ、あるいは「ヴァラエティ・シアター」としての帝劇の上演作品と興行の構成に対する再評価が、たとえば星野高によって行われつつある。[18]帝劇をさまざまな芸能のショーケースと考えるならば、なぜ大正期の帝劇の観客が、上演される演劇の一種としてこの劇場で養成された女優による喜劇やダンスを継続的に楽しんだのかという疑問は、観客が帝劇に求めた、ほかの劇場とは違うものがなんであったかを解き明かすために、今後も考察が必要であろう。

## 四　ジャンル③　近代劇

『帝劇の五十年』の「主要興行年譜」、および田中栄三『明治大正新劇史資料』[19]、小宮麒一編『歌舞伎新派　新国劇　上演年表』第六版[20]を見ていくだけで、帝劇における近代劇の興行は、少なくとも東京における近代劇の歴史を考えるうえで、欠かすことができない作品ばかりが上演されていることが自明だ。これらについては、すでに先行研究が多くあり、ここにはあくまで筆者なりの今後の留意点のみを述べることにする。

たとえば、近代劇劇団の嚆矢である二代目市川左團次と小山内薫の自由劇場は、明治四十二（一九〇九）年十一月に、その前年から開場していた有楽座で第一回試演『ジョン・ガブリエル・ボルクマン』を上演した。四十五年四月の第五回公演以降は、第八回以外を帝劇で行っている。また、坪内逍遙の文芸協会も、四十四年五月に第二次の第一回公演『ハムレット』を帝劇で行ったあと、東京における公演は、私設舞台で一回行ったほかは有楽座と帝劇である。

経営が合併されるのは大正九（一九二〇）年であるが、先行して丸の内に開場し、並行して興行している有楽座は、合併以前から帝劇と非常によく似た傾向で興行を行っている。では、そこに差異があるとしたらそれはどのような点で、また、合併で相互に影響はあったのか、劇場の種別や建物（有楽座は高等演芸場で、木造である）、舞台の構造、照明設備など具体的な観点から違いを比較し、再検討していくことが、帝劇における近代劇上演の問題を分析するためには必要であろうと、現在考えている。

## 五　ジャンル④　オペラ・外国人来日公演

「国際的な文化施設」としての帝劇の特性がよく表れたのは、オペラと外国人の来日公演である。

西野専務から、もと東京音楽学校助教授であった柴田（三浦）環に帝劇から出演交渉がなされたのは明治四十四（一九一一）年六月である。その後歌劇部が創設されて、十二月には上山浦路、中山歌子ら女子部員出演の『カヴァレリア・ルスチカーナ』、翌年二月には石井林郎（漠）ら男子部員出演の『熊野《ゆや》』がそれぞれ柴田の主演で上演されている。前者はイタリアのオペラ歌手アドルフォ・サルコリとの共演で、後者はドイツ人ヴァイオリニスト・指揮者で東京音楽大学における柴田の師でもあったアウグスト・ユンケルの作曲であったが、特に後者は、能で有名な題材をオペラ化した斬新な作品であった。

また、大正元（一九一二）年八月から五年五月の歌劇部解散まで、オペラやバレエの振付・演出を行ったイタリアのヴィットーリオ・ローシーも忘れてはならない存在である。帝劇で行われた西洋音楽・舞踊は、浅草オペラ、軽演劇、新舞踊運動などの源流となり、その流れは戦後の東宝・松竹をはじめとする興行会社が行う商業演劇へつながっていく。

外国人の来日で著名なのは、大正八年五月、初来日の梅蘭芳、十一年九月のアンナ・パブロワであろうが、そのほかにも八年九月のロシア・グランドオペラ団、十一年五月から数度にわたるエフレム・ジンバリスト（ヴァイオリニスト）の来日公演などを挙げることができる。いずれも世界的な水準で一流の芸術家であり、彼らの舞台を見たのは、当時から戦後に至る知識階級と、その予備軍である学生が多かった。

特に学生たちは、帝劇の舞台で上演される演劇や演奏会を鑑賞していただけでなく、建物そのものや、ともに観客席にいる小説家や評論家などの様子も見ていた。後年、彼らの記録によって、客席・ロビーを含めた観劇体験の一端を知ることができる。

小説家で、文芸評論や文壇に関する記録も多く残している浅見淵《ふかし》は、羽衣会におけるポール・クローデル作『女と影』の上演や、アンナ・パブロワの来日公演を帝劇で観た折の回想を綴っている。大正十一年、浅見は二十四歳で早稲田大学文学部国文学専攻の学生であった。

この存在は吉江喬松の「仏蘭西印象記」で早くから知っていたので、初日に早速出掛けたが、サン・サーンスの「瀕死の白鳥」を踊るパヴロワ夫人にすっかり夢中になってしまい、上演曲目が変わるたびに通った。その頃は今日のように、不意に行っても切符が買えぬなどということは無かったからである。

その何回目かである。幕間の休憩時間に二回の喫煙室に煙草をすいに行くと、縞ズボンに黒の上衣を付けた芥川〔龍之介〕が立っていて、周りに、三、四人の知人を集め、じつに颯爽とした面持ちで快活に談笑していたのだ。〔中略、芥川は開幕ベル後に観客席に入り、一階の最前列へ座った〕

ぼくは最初に来た時は三階から観たのであるが、肢が長くて胴の短い、そして小柄な、まるで腹わたの無い人形のようなパヴロワ夫人だけは例外として、他の連中は皆ビッショリ汗を掻《ママ》いていたからだ。まだ九月の初めのところへ、その年は特別に残暑がきびしかったので、賃貸しの安物のオペラ・グラスでのぞいていると、ロシアの踊り子たちのたくましい餅肌から、大粒の汗が次から次へと、水けの多い果物をしぼるように吹き出していた。ところが、芥川がオーケストラ・ボックスのまん前に坐ったその晩は、その時よりもまだ蒸し暑かったのである。(21)

大正末期の文学志望の学生が、帝劇で何をどのように見ていたかがよくわかる。ちなみに、芥川は『新演芸』から批評を依頼されてこの公演を見た。その「露西亜舞踊の印象」は同誌大正十一年十月に掲載された。『瀕死の白鳥』に「得体の知れない」「東洋に近い」野蛮で力強い表現を見出しているところにさすがに犀利さがあるが、全体としてはあまり興味を覚えていないことが明らかな内容である。

神山彰は、明治以降の東京の劇場について、江戸時代の、幕府が管理する指定の場所に建つ隠微で遊戯的な空間から、客席が外部の環境と切断され、実際の照明の照度も明るく、均質化された空間へと変貌していったと述べる。また、その変わり目は帝劇の前身と言うべき有楽座であったとして、同時代の観客の所感には有楽座の廊下の「明るさ」が挙げられることを指摘している。(22)

帝劇は有楽座の「明るさ」を引き継ぎ、展開した劇場であった。浅見が目の当たりにしたものは、遠くのものも手に取るように見せるオペラグラスを使用しなければ見えない、本来は隠微なものでもあったことを思い合わせてみてもよいのだろう。「ヴァラエティ・シアター」としての帝劇は、その内部が従来よりも明るく均質な空間であることを前提として、はじめて成立するものであったと言えるのかもしれない。

ちなみに、『帝劇の五十年』の「主要興行年譜」を見ていて気づくのは、第一次の時点から帝劇では洋画の活動写真（映画）の興行が、特に大正半ば以降よく行われていることである。活動写真は演劇より興行の仕込みに資金がかからず、ということは入場料を下げることが可能で[23]、興行時間が決まっていて、（弁士の問題はもちろん考慮しなければならないものの）作品を同じ質で繰り返し見せることが可能である。その意味で活動写真は演劇よりも均質化が進んだ、帝劇には似つかわしい芸能であり、経営を引き継いだ松竹が昭和六年十一月以降、帝劇を洋画専門の封切館にしたのは、劇場の特性を考慮した妥当な選択であっただろう。

## 注

（1）帝劇史編纂委員会編『帝劇の五十年』一五四頁（東宝株式会社・昭和四十一年）。

（2）渋沢史料館蔵。

（3）早稲田大学演劇博物館に、東京府に提出した願書の写本と推定される資料があり（『東京演劇会社設立願草稿』、請求番号12026）、林京平による翻刻「資料『東京演劇会社設立願・定款』『創立及営業ノ見込』――改良劇場創立の事情」（『演劇研究』四、早稲田大学演劇博物館・昭和四十五年三月）がある。

（4）児玉竜一「帝劇経営陣とその水脈――劇場・鉄道・百貨店」（『よみがえる帝国劇場展』〈早稲田大学演劇博物館・平成十四年〉所収）、福沢諭吉事典編集委員会編『慶應義塾百五十年史資料集　別巻二　福沢諭吉事典』（慶應義塾・平成二十二年）。

（5）増野恵子「和田英作と帝劇天井画」、坂本麻衣「帝国劇場背景部」（どちらも『よみがえる帝国劇場展』所収）。

（6）米山勇「建築家・横河民輔と帝国劇場」（『よみがえる帝国劇場展』所収）。
（7）引用は三三頁（玄文社・大正九年）。
（8）早稲田大学演劇博物館蔵（請求番号ロ10-58）。
（9）「帝劇経営陣とその水脈――劇場・鉄道・百貨店」（注（4）参照）。
（10）由井常彦編『西野恵之助伝』（日本経営史研究所・平成八年）。
（11）嶺隆『帝国劇場開幕――「今日は帝劇　明日は三越」』一八四頁（中央公論社・平成八年）。
（12）『帝劇の五十年』一五三頁（注（1）参照）。
（13）帝国劇場附属技芸学校・明治四十三年。
（14）『新演芸臨時増刊　役者の素顔』（大正八年六月）。
（15）星野高編『今日もコロッケ、明日もコロッケ――〝益田太郎冠者喜劇〟の大正』（早稲田大学演劇博物館・平成二十六年）。
（16）尾島菊子「帝劇」（『演芸画報』明治四十五年三月）。
（17）『演劇百科大事典』第三巻「女優劇」の項（平凡社・昭和三十五年）。項目執筆者は秋庭太郎。
（18）「帝劇の時代――〈ヴァラエティ・シアター〉としての大正期帝国劇場」（神山彰編『商業演劇の光芒』〈森話社・平成二十六年〉所収）。
（19）演劇出版社・昭和三十九年。
（20）小宮麒一（私家版）・平成十九年。
（21）『昭和文壇側面史』一八頁（講談社文芸文庫・平成八年）。
（22）『近代演劇の水脈――歌舞伎と新劇の間』第十四章「明治東京の観劇空間」（森話社・平成二十一年）。
（23）例外はあり、よく知られたものでは大正八年三月の帝劇における「イントレランス」の封切公開がある。映画興行師小林喜三郎が輸入したアメリカ映画であるが、一等料金十円という、当時の一般的な入場料の七倍から十倍ほどの値段がつけられて話題となり、大ヒットした。この成功が翌年の松竹キネマの誕生にも影響を与えた（田中純一郎『日本映画発達史Ⅰ　活動写真時代』〈中公文庫・昭和五十年〉）。

# 小結

第三章では、大正期の東京で歌舞伎座の経営に参画する松竹の起源と大正期の活動、歌舞伎座を引退した田村成義が晩年の足場とした市村座、拮抗する劇場としての帝国劇場、それぞれの経営の特徴について述べた。

明治三十五（一九〇二）年から松竹合名会社として活動する、白井松次郎・大谷竹次郎の興行には二つの特徴がある。その第一は、劇場経営上は直営方式か、劇場の所有者に仕打が劇場を借りる江戸時代以来の方式か、いずれにしても少数の経営者で利益を独占できる方式を採用し、すくなくとも当初は、近代的であっても株主で利益を細分せねばならない株式会社方式を積極的に採用しようとしないことであった。第二は、観客や内部の人間にとってよりわかりやすく便利にするための方法として、新演劇の俳優川上音二郎らの提唱した方法を、これは積極的かつ漸進的に採用することであった。

小櫃万津男は「大阪演劇改良会とその周辺」(1)で、大阪の明治二十年代初頭に演劇改良を試みる中村宗十郎が川上音二郎に直接影響を与えた可能性を指摘している。ここで川上と松竹のつながりが確認できるのであれば、あるいは四十年代以降の松竹の東京進出は、宗十郎が東京の状況から刺激を受けてはじまった演劇改良の流れが、東京に回流するということであるのかもしれない。

ともあれ松竹の二つの特徴に共通しているのは、方法の新旧にこだわらず、収益をより高く、少数で独占することを目的として、徹底して具体的な合理性を追求していることだ。非常に単純で、しかもこれまでの松竹について書かれた諸文献でもしばしば見かける結論である。いくらかの新味があるとすれば、これらに近い事例が松竹以前にも見受けられるのを指摘したことであろうか。

しかし、四十三年の新富座への進出以降、東京の諸劇場にとって松竹が急成長する脅威的な勢力となってゆくのは、実はこの、方法の新旧にこだわらず、すぐ効果の出る方法を採用する点にあると思われる。たとえば四十四年から大正二（一九一三）年にかけて、東京歌舞伎座でも田村の提言により何度か興行改革が行われる。しかしそれは茶屋の廃止と祝儀の全廃という末梢の部分で損失を糊塗しようとしていて、根本的なところから入場制度を変えるには至らない方法ばかりである。(2)その経過を追いかけてゆくと、大正二年十月歌舞伎座で松竹が興行をはじめ、入場方法から違う、徹底した改良を行うのを見るとき、それはほとんど夜が明けたような印象を与える。

そして、松竹の具体的かつ漸進的な「改良」は大正期も続く。第二節ではそれを、入場制度の改革と観客の理解を越えない新しい台本の探求の二点にしぼって述べた。

大正期の松竹にとって一つの節目となったできごとは、九（一九二〇）年二月の松竹キネマ合名社（翌年帝国活動写真株式会社と合併し、松竹キネマ株式会社と改称）設立である。新派・歌舞伎の大部分の俳優と交渉を持ち、京阪に続いて東京の大劇場を大部分掌握した松竹は、自前の映画会社を持つと同時に従来の社内機構も改組している。これは映画という、大正後期には誰もが知り、日常的に親しむようになっていた新たなメディアに、漸進的な改革を試み続けてきた松竹が全社を挙げて手を伸ばしたということである。

また十年六月からは帝劇、市村座と「三頭目会」を持ち、同年十月歌舞伎座が漏電による火災で全焼した時も、その関係から市村座で速やかに引っ越し興行を行うことができた。関東大震災では東京・横浜の劇場の大部分を失ったが、その危機も乗り越えて、昭和五（一九三〇）年にはすべての歌舞伎俳優を傘下におさめ、土地建物すべてが自社の持ち物である東京劇場（現在の東劇ビル）を歌舞伎座の斜め向かいに新築開場するに至った。つまり、大正という時代は松竹にとって、昭和初期に達する頂点へ向かって足場をじっくりと固めつつ上り坂を登ってゆく過程である。

その過程では、たとえば歌舞伎座時代の田村と大谷との間にあったようなあからさまな確執は、表面的には見るのが難しくなる。先に述べたように歌舞伎の興行にも、歌舞伎以外の俳優や従来の歌舞伎の枠にはまりきらない台本が登場することは珍しくなくなる。大正期の東京における演劇興行の解説がともすると通り一遍で終わってしまいがちになるのは、複数のジャンルや組織を横断することが珍しくない人や上演作品の流れがつかみきれず、整理しきれないことも一因であるのだろう。

明治三十年代までの市村座は、明治初期から続いた経営困難から抜け出す方法を見つけられず、立地条件も悪く、固定した一座やジャンルで興行ができない状況にあった。田村が私的に入手したあとは、土地建物を事実上自由にできるようにしながら、極めて少人数による経営が行われる。四十一（一九〇八）年十一月からは、六代目尾上菊五郎と初代中村吉右衛門の、どちらも二十代半ばに満たない俳優を中心にした若い一座の歌舞伎興行が継続的に開始された。

四十一年から大正九（一九一〇）年までの、田村の市村座における興行の特徴は、ほぼ固定した構成で、明治年間までにできあがっている作品の上演が多いことである。そこには、江戸時代末期の嘉永年間に河原崎座の座元であった六代目河原崎権之助と相似の傾向が見られる。その理由としては、収益を確実に上げるための素朴な合理性の追求と、その合理主義に根を同じくする、田村の独自の作品理解がある。また、一座の俳優育成の意図も盛りこまれていたようである。

市村座における田村の興行に当初から見られた、古い事物へと寄せていく傾向は、全盛期である大正三年から五年ごろにも顕著に表れていた。その状況は、時代に合った歌舞伎のありかたを模索する劇場外の批評家からは批判を受け、劇場内に入った演出家にも充分な活躍の機会を与えないものであったが、観客の誘因には成功を収めており、田村の生前に根本的な変更は行われなかった。そして、市村座における意識的な保守の方針と、その方針によって上演された作品およびその演出は、昭和期以降の歌舞伎における「古典」あるいは「伝統」の基準形成に影響を与えた。

たとえば田村が初演の企画と制作に深く関与し、黙阿弥が明治十八（一八八五）年に書きおろした『四千両小判梅葉』は、大正四年七月の歌舞伎座で市村座の若い一座が上演しなければ、「大牢の場」のしきたりのような細かい演出は初演の直接の関係者によって正しく残されることがなかった。また、この時に併演した『神霊矢口渡』は三段目の由良兵庫館を上演している。この上演に関する記録を参考に、平成二十七年十一月、国立劇場で二代目中村吉右衛門が由良兵庫を演じた。もし、大正四年の初代吉右衛門による上演がなければ、この上演も契機をつかむことは難しかっただろう。

ほかにも『鏡獅子』（大正三年一月）、『敵討天下茶屋聚』（同年七月）、『吉様参由縁音信』（七年九月）など挙げればきりがない。それは昭和末年頃までの菊五郎劇団における上演関係資料の、出演俳優たちによる芸談を見ていくだけでも明らかになるだろう。こうしたことに、あるいは並行して興行を行っている松竹や帝劇との意識的な差別化を見てもよい。

とはいえ、大正九年十一月の田村成義の死後、市村座を率いた嗣子寿二郎は、十年六月以降松竹の取締役も兼任する。近代劇の興隆を招いた立役者である小山内薫は、二代目市川左団次との縁から松竹と深く関与する一方、顧問として市村座に在籍していた時期があり、松竹キネマ合名社が設立されると同座を辞任して、そちらで原作提供だけでなく制作や監督も務める。また作品の選択、伝承、上演については、大劇場の上演だけでなく、小劇場・小芝居での並行した上演、伝承を考慮しなければならないケースもある。ここにも単なる拮抗では片づけることのできない人の横断が見られる。

帝国劇場は「改良」の理念を明治中期から持ち続けた人々が中心となって、従来よりも明るく均質な空間で、さまざまなジャンルの芸能を短く、きれいに取り揃え、合理的なサービスを添えて観客に提供した。さまざまな「新しい」芸能にふれた、特に若い観客たちは、その経験を携えて他の劇場で行われる芸能も見る。興行はけっして順調だったとは言えず、関東大震災までで十二年余、松竹への委譲までで十八年しか行われていないが、芸能のショーケースとして果たすべき役割は果たしたのではないだろうか。

昭和九年、大谷は帝劇を次のように評価する。皮肉交じりのようでもあるが、帝劇を事実上吸収合併した興行師としての実感である。

帝劇によつて新しい演劇のフアンとなつた人々は帝劇の座付俳優たる梅幸、幸四郎、宗十郎その他の俳優のみの芝居に直きなづんでしまひ、他の俳優の出てゐる芝居へと進出をはじめたのであつた。その為め帝劇の出現は当時の劇界の繁栄に非常に功労があつたのである。まるで怖ろしい病魔のやうに考へてゐた帝劇は、却つて全体の劇場に対して救ひの神だつたのだ。(3)

まとめれば、他の芝居を見る前にまず手ほどきをしてくれた劇場ということになろう。

経営の観点から見れば、帝劇は従来の劇場とあまり関わりがなかった実業家たちが中心となって株式会社を設立し、高等演芸場だった有楽座の役割を拡大して引き継ぎつつ、いくつかの試みを行っていることが注目すべき点である。それらは後続する劇場にも影響を与えた。顕著なものとして、観客席の全席椅子席化がある。また、たとえば興行時間もそのうちのひとつととらえられる。具体的には、マチネ公演と昼夜二部制興行の試行、奇数日・偶数日での上演作品変更である。

これらの試みは、大劇場としては新しいが観客にとって必ずしも新奇なものではなかった。昼夜二部制や一日ごとの作品変更は、すでに明治三十年代に小劇場・小芝居の宮戸座が、この構成で恒常的に興行しているからである。(4)

しかし、マチネについては、帝劇が範を取ったパリ・オペラ座の影響を当然考慮しなければならない。また、山本久三郎専務が劇場の償却を進めるためにその導入を決定したようである。(5) しかし帝劇は、そのほかの試みの発想をどこから得ているのか。大正期の経営陣の言説をくわしく調査していくことで、ある程度明らかになるという見込みを現在筆者は持っているが、今後に積み残す課題である。

帝劇が昼夜二部制を試行したのは大正十二年だが、昭和十六年頃から松竹の経営する東京歌舞伎座でもじょじょに導入され、戦災による焼失後、二十六年に再築開場する第四期歌舞伎座からは昼夜二部制が通常の興行形態になる。そうなった直接の原因は戦時体制下の興行時間制限が最大二時間半まで短縮されたことにあるが、建設前に一億円資本金の増資を行わなければならなかった[6]歌舞伎座が合理的に集客率を上げ、効率よく建物の償却を図るためにも、二部制は有効な方法として採用され続けることになったのであろう。

大正期の松竹と帝劇はそれぞれに「改良」を標榜しながら新たな作品、ジャンルを開拓し、市村座はのちに「古典」「伝統」を考える時の基準を形成しつつ比較的小規模の経営陣で保守的な興行を続けていた。そしてここで行われたさまざまなことがらが混合し、現在の「伝統」を標榜する歌舞伎興行の体制と内容の基礎が形成されたことが、第三章では具体的に確認できた。

この混合は、昭和初期に松竹が事実上すべてを吸収することで完成する。では、なぜ松竹にそれが可能だったのか。その問題は結論で改めて考察する。

## 注

（1）『日本演劇学会紀要』八（昭和四十一年六月）。
（2）詳しくは拙稿「演劇博物館所蔵の『続々歌舞伎年代記』について」（『演劇研究』十九、一九九六年三月）、および本書の第三章第三節を参照されたい。

（3）大谷竹次郎『社会教育パンフレット百九十七　歌舞伎劇雑考』四〇頁（社会教育協会・昭和九年）。
（4）阿部優蔵『東京の小芝居』「宮戸座」の項（演劇出版社・昭和四十五年）。
（5）『帝劇の五十年』一九九頁（東宝株式会社・昭和四十一年）。
（6）『歌舞伎座百年史』資料篇（松竹株式会社、株式会社歌舞伎座・平成七年）。

# 第四章　作品の上演
## ——興行に関わる問題を中心に

### 第一節　『曽我の対面』と「夜討」——黙阿弥以降

第四章では明治十年代から四十年代に初演された歌舞伎の作品で、これまでに述べてきた東京の歌舞伎興行史とそれに関わる諸問題を周縁のことがらとしてふまえると、テキストの読み取り方がやや違ってくると考えたものを四つ選び、考察を加えた。

本節では明治十八（一八八五）年一・二月千歳座で上演された河竹黙阿弥作の『対面』、上方系と推定される別の『対面』、福地桜痴と森鷗外の作品を順に取り上げ、『曽我の対面』と狩場での「夜討」の語られ方はどう変わっていったのか述べた。

#### はじめに　『曽我の対面』

曽我兄弟の仇討における敵工藤祐経との『対面』は十八世紀以降、ことに江戸において正月狂言の一番目大詰に組みこむことにほぼ決まっていた。それほど『対面』が繰り返されたのは、江戸城で正月の祝賀の折に行われた将軍の大小名に対する謁見を歌舞伎としてもどいたものであり、顔見世狂言の『暫』のやつしでもあったからではないかと郡司正勝は述べている。(1)だが、曽我物の代表作として取り上げられることの多い現行の『対面』は、河竹黙阿弥によって明治期にまとめられたものだ。『歌舞伎事典』(2)「曽我の対面」の項で、松井俊諭は次のように述べる。

明治になって河竹黙阿弥が様式を統一させた台本が近年に伝わり、「寿曽我対面」または「吉例曽我礎」などの外題で単独に上演されている。〔中略〕江戸期には曽我狂言のフィナーレのごとく、出演者一同が顔をそろえ初春を寿ぐという儀式的な性格が喜ばれてきたものだが、現代では歌舞伎の役柄の典型が集まり、扮装、動き、せりふ、音楽の各面で様式美を発揮する一幕として、季節をかまわず上演をくり返している。

実際には『対面』の「様式を統一」させたといっても、黙阿弥の作品のなかにもバリエーションがある。さらに言えば、現行の『対面』と細部が違う台本は、昭和になっても作られていた。

本節では黙阿弥による『対面』の諸作品を概観したうえで、現行の『対面』の成立について若干考察を加える。また現行とは少し違う『対面』の台本についても紹介し、その後、黙阿弥没後の作品として、福地桜痴と森鷗外の脚色作を取り上げ、最後に明治以降の曽我物の変遷についてまとめる。

## 一　幕末から明治中期の黙阿弥の『対面』

季刊『歌舞伎』三十九号[3]は論考八編から成る特集「曽我狂言の考察」を組んでおり、これによって一応の見通しを得ることができる。河竹登志夫は「江戸歌舞伎と曽我狂言」で、

明治も中期ごろまで、つまり黙阿弥在世中までは、曽我物はまだまだかなりの密度をもって、大同小異のパターンにもせよ新作されていたのである。

としたうえで、弘化四（一八四七）年から明治二十六（一八九三）年までに江戸東京で初演された黙阿弥作品の、名題に「曽我」とつくものを列記している。詳細は河竹氏論文を参照されたいが、その一覧を見る限り『夜討曽我狩場曙《ようちそがかりばのあけぼの》』は別として（江戸期において「夜討」は旧暦五月に上演するのが通例である）、名題に「曽我」を含む作品を一月ないし二月に行うという慣行が、明治二十年代中頃にはまだ廃れていない。

そして、脚色にはさまざまなバリエーションがあった。この時期に黙阿弥が関わった『対面』には、はっきりしているだけで次のようなものが挙げられる。以下は、春陽堂版『黙阿弥全集』を使用して、筆者が内容を適宜要約した。

・文久元（一八六一）年二月市村座『魁若木対面《さきがけてわかきのたいめん》』
　富本の舞踊。鎌倉長谷観音の三十三間堂で兄弟と祐経が対面し、狩場の切手を与えられる。居所替

わりで『契恋春粟餅《ちぎるこいはるのあわもち》』（粟餅売）へ続く。

・文久三年二月市村座『蝶千鳥須磨組討《ちょうちどりすまのくみうち》』

全体は『一谷嫩軍記』。大詰に『対面』。雪中の大磯鴫立沢で、兄弟が祐経の奥方梛の葉御前に対面する。桜田門外の変を暗示する演出があった。

・明治六年二月守田座『新年対面盃《しんねんたいめんさかづき》』

後述するが、現行の『対面』にかなり近い進行と推定される。

・明治七年三月村山座『蝶千鳥曽我実伝《ちょうちどりそがのじつでん》』

狩場に来た十郎が、亀鶴に狩場の絵図面を渡されたうえで、祐経と仮屋で対面し、酒宴で舞を舞う。『曽我物語』や幸若舞曲の作品などに取材する実録の時代物。十四年六月、夜討の場が増補され『夜討曽我狩場曙』として上演。

・明治十八年二月千歳座『千歳曽我源氏礎《せんざいそがげんじのいしずえ》』

全体は『源平盛衰記』に取材し、『義経千本桜』の裏を縫うように進行する実録の時代物。大切の『対面』は、先立つ一月四日から七日まで行われた当座の開場式でも上演され、現行の『対面』の原型とされる。

・明治二十三年三月桐座『一臈職狩場棟上《いちろうしょくかりばのむねあげ》』（上）・『名大磯湯場対面』（下）

清元と長唄の舞踊。（上）は狩場の普請中の仮屋の前で、祐経が朝比奈と梶原景高に、兄弟の父を殺したのは自分ではないと述べ、景高が大磯の廓での色模様を語る。（下）は散切物で、請負師須藤を父の仇と狙う材木商の佐賀兄弟が対面する。

概観すると、明治期に現行の『対面』が成立したとはいっても、すでに文久年間には似たようなものができており、その後は微妙に違う趣向を盛り込んだものをどう作るか考える段階に入っていることがわかる。

渥美清太郎は『対面』について「弘化期からは、殆んど脚本が固定してしまった」と記している。[4] 根拠は明記されないが、黙阿弥における傾向を一瞥しても、これは大量の台本を読んだ渥美の実感に即した記述であると考えられる。そして、台本の詳細が現行の『対面』とどれほど違うのか知りたくなるのは、明治六年の『新年対面盃』である。この作品について、河竹繁俊は『黙阿弥全集　首巻　伝記』[5]の「略年譜及著作解題」で次のように記す。

岸澤にて一場。曽我の五郎、十郎等、鎌倉なる工藤の邸前に於て対面をなし、工藤より盃を賜ひ五郎三宝を踏み砕く事あり、狩場切手を引出物として贈られる。〔中略〕対面に岸澤を用ひたのが新趣向であつた。幕明きへ出る浄瑠璃触れのせりふに、『昔を今に浄瑠璃の幕明きへ出る触書きはいつもお定まり。『それでは余り旧弊すぎ一洗してもよい所。『斯く文明盛んにして開化近よる秋に至り。『まだ劇場は開けぬか。『人参牛蒡の作者ども』と割ぜりふで言はせてある。

梗概から見る限り、この作は現行の『対面』にかなり近い内容と推定され、繁俊氏は実際に台本を見ているはずである。しかし、国立国会図書館、松竹大谷図書館、早稲田大学演劇博物館、国立劇場で調査を試みたが、この記述に相当する台本を見出していない。

ということで、現行の『対面』のルーツについてさかのぼるのは難しい。しかし、現行の原型とされる[6]明治十八年の『対面』の台本は、初演系と推定できるものがある。次にその記述の点検を試みる。

## 二　明治十八年一月・二月千歳座の『対面』

はじめにごく簡単に、台本の書誌情報を記す。

所　蔵　早稲田大学演劇博物館（以下「演博」とする）　請求番号ハ-51-32

表表紙　当ル酉の／初狂言／千歳曽我源氏礎／第弐番目大喜理／対面の場（出演する俳優の連名があるが省略する）「竹柴其水」印あり

裏表紙　明治十八乙酉年二月大吉日／楮員拾葉／千穐万歳大々叶／千歳座

全体は初演系の縦本の体裁である。本文には所々に貼紙や書入があり、初演時の修正か、再演以降で参考にされた時の修正か判然としない。以下、この台本を仮に「十八年本」と呼ぶことにする。

結論から言えば、十八年本の内容は確かに現行の『対面』とほぼ同じである。それはたとえば『名作歌舞伎全集』第十三巻[7]、『歌舞伎オン・ステージ』第十七巻所収[8]の台本と校合するとただちに納得されるレベルの相似である。ただし細部に修正があって、修正前の台本は現行の『対面』と少し違うことがわかってきた。

現行の『対面』の進行を、富田鉄之助[9]、石橋健一郎[10]の注解も参看しつつ、箇条書きでまとめると次のようになる。

・並び大名の渡りぜりふ
・正面家体の障子が上がり、工藤祐経の登場　↓　すすめられて高座へ上がる
・朝比奈（女形の場合は舞鶴）による曽我兄弟の呼び出し
・祐経、十郎、五郎の対面、はやる五郎を朝比奈が止める
・盃事　↓　五郎のつらね　↓　三宝を砕く
・祐経、兄弟に「紛失した友切丸が出ないうちは仇討は叶わない」と言う　↓　鬼王新左衛門が友切丸を持参する
・祐経、兄弟に狩場の切手を渡す　↓　絵面の見得

十八年本はこの進行点をすべて備えている。しかし、現行台本と比較すると違う部分が複数ある。異同が大きいのは、初代市川左團次が勤めた小林朝比奈のせりふであるが、ほかにも紙を貼ってカットされた部分などがある。わかりやすい例として、幕切れの部分を翻刻して示す。翻刻は凡例に従いながら、注記を傍記で示した。

①九丁【図版23】

芝〔祐経〕　是ぞ誠に友切丸

菊〔十郎〕　再び手に入る上からは
團〔五郎〕　祐経敵と名のれエ、
ト團十郎〔五郎〕立懸る　菊五郎〔十郎〕留る　我童〔鬼王〕後ロより留め
我〔鬼王〕　アヽコレ　時節と場所を弁ゑてじつとおこたへなされませ
團〔五郎〕　いやだ〳〵放せエ、
芝〔祐経〕　紛失なせし友切丸　計らず今日手にいつて曽我へのうたがい
はれたれば　今こそ名のるよつく聞《〔きけ〕》　三ヶ荘の意恨《ママ》によつて
河津の三郎祐康を遠矢をもつて討落せしは斯いう左衛門
祐経なるは
團〔五郎〕　扨こそなア
菊〔十郎〕　敵とお名のりある上は
團〔五郎〕　サア立上つて勝負なせ
芝〔祐経〕　イヽヤ　孝心にめで祐経が名乗合は致せども　今は叶わぬ時節を
まて

②十丁表**【図版24】**

芝〔祐経〕　コリヤ　◯　きつて恨みをはらせよ兄弟

我〔鬼王〕　スリヤ皐月下旬の
福〔虎〕・きく〔亀鶴〕　狩場にて
芝〔祐経〕　本望とげよ
團〔五郎〕　いふにや及ぶ

四角で囲った部分が、本文に紙を貼って隠している箇所だ。この部分を削除しない場合は祐経の意図がやや違ってくる。①では、紛失していた友切丸が見つかったため、祐経のほうから、自分こそが真実の敵であると明かすことになる。また②では、祐経の役目が済んだら何をすればよいのか、祐経自身が明らかに指示している。現行の『対面』では、祐経が狩場の切手を与えた本心は観客の推察に任されているが、明治十八年の時点ではその演出が必ずしも固定していなかった可能性があることが、この箇所から読み取れるだろう。

では、現行の形はその後いつ頃定着したのかが次の問題である。正確に知るためには明治期の『対面』の台本を悉皆調査する必要があるが、演博蔵の、黙阿弥一門が明らかに関係している本として、明治二十五（一八九二）年二月深野座のもの（請求番号ハ -51-31 、以下「二十五年本」）と、明治三十一年一月のもの（請求番号イ 12-740-1 、以下「三十一年本」）がある。試みに同じ箇所を比較してみる。

二十五年本は、十八年本と字遣いが違うが写しと考えられる内容で、問題の箇所は①②ともカットされていない。三十一年本では朝比奈ではなく舞鶴が出るがほぼ現行の形で、①は次のようになっている。

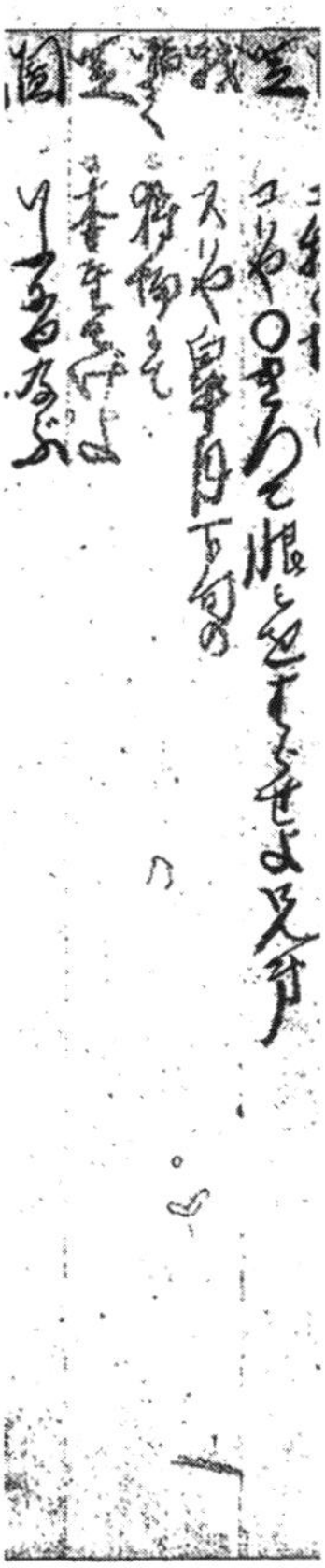

【図版 24】

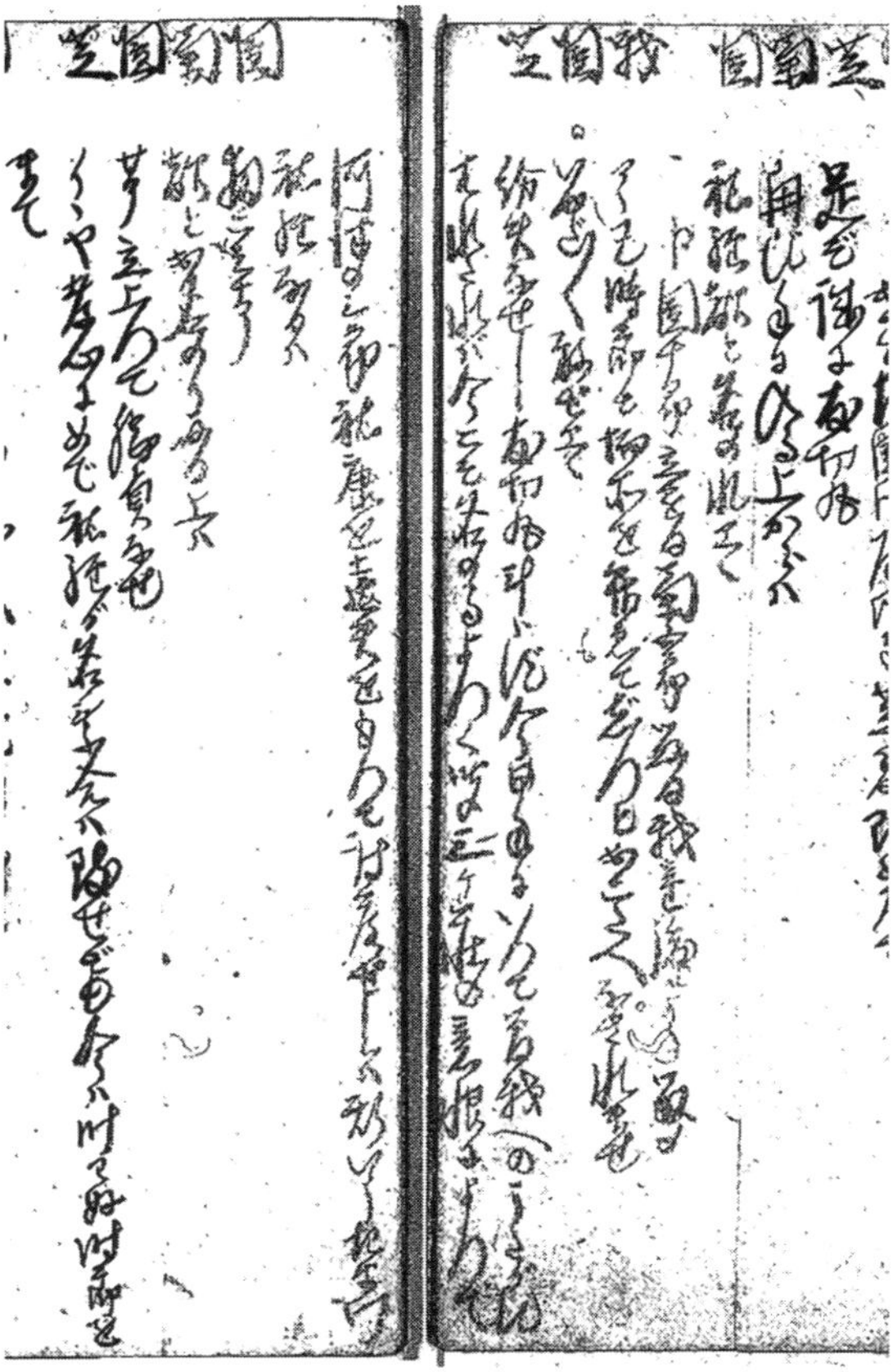

【図版 23】

五　祐経敵と名乗れエイ
祐　イヽヤ　孝心にめで祐経が名乗り合ひはい〔「た」脱〕せ共　今は叶はぬ時節を待て

②は次の通りである。

祐　ア、コリヤ　◯
　　トおさへて
切て恨みをはらせよ兄弟
五　いふにやアおよぶ

以上から、現行の『対面』の台本は明治三十年代にやっと幕切れが整ったということもできるのではないだろうか。鈴木英一は『最新　歌舞伎大事典』[11]「寿曽我対面」の項で、現行の台本は明治十八年の河竹黙阿弥本と、それを整理した三十六年の六代目尾上菊五郎襲名時の台本によるとする。本文の推移から見て適切な記述である。

台本に関する考察はひとまずここで止めるとして、明治十八年千歳座における『対面』は、上演自体に意味があった。

本書の第二章第二節に詳細は記したが、千歳座は現在の明治座の前身である。喜昇座、久松座と改名したのち明治十八年に千歳座と改め、一月四日から七日まで開場式を行った。

開場式の次第は、『歌舞伎新報』四百九十九号の雑報（以下『新報』）に報道された。それによれば、まず『式三番《しきさんば》』を行ってから声色遣いの声色で間をつなぐ。幕が開くと四代目中村芝翫が幼年の新富座座元大宮豊三郎、市川好太郎の手を引いて現れ、出演俳優たちが順に舞台へ出て並んだ。続いて鉞髷に柿色の上下を着用した九代目市川團十郎の口上とにらみ、名題と役人替名の読み上げ、子役の踊りがあり、『寿曽我対面』が演じられて打ち出しである。これは江戸時代、正月に江戸三座で吉例として行っていた仕初の次第をなぞるもので、明治十一年六月の新富座で行われた、散切り頭、洋服で立ったまま行う開場式を踏襲するものではない。『新報』によれば接待で洋食こそ出しているが、演説や洋服は意図的に除かれている。続いて『新報』から引用する。原文のルビは適宜取った。

記者曰　此吉例仕初《しぞめ》は　維新の後明治四年の頃猿若町三丁目守田座にてありしのみにて中絶し　其後は先年新富座開業式の節の様に　洋装の礼服着用で四角張た祝詞を読みし事が通座の如くなりしを　又今度《このたび》誰やらの思ひ付にて旧式を其侭に斯《かく》は仕初をせしものなれば

また、田村成義編『続続歌舞伎年代記　乾』(12)によれば、この開場式では、まだ地頭で丁髷を結っていた芝翫以外の出演俳優は、全員丁髷の鬘をかけていた。『新報』はその様子を次のように伝える。

午后の開場式には天窓《あたま》の支度も昔しに帰る旧弊姿に　各々一笑を催せし由

以上から、千歳座の経営陣と俳優たちは歌舞伎の「旧式」「旧弊」を「一笑」しながらも、それに従おうとしていることがわかる。さらにいえばここに、激動の明治も十七年経って、身近でなくなりつつある江戸への回帰志向を見ることも可能である。

そしてこの式の最後に上演されたのが『対面』であった。そのことは、新年および新劇場の開場を祝う心と、俳優の顔を揃えていることを示す儀式にふさわしい演目として、意図的にこの作品、この台本が選ばれていると考えてよいのではないだろうか。

しかしそれでは、千歳座がこれ以降まったく「旧式」に戻ったのかといえばそういうわけではない。経営の問題で初日が延び、二月八日から行われた開場興行では、『対面』および先述した実録の時代物『千歳曽我源氏礎』とともに、二番目狂言として黙阿弥の散切物の代表作『水天宮利生深川《すいてんぐうめぐみのふかがわ》』を上演しているからである。この興行で芝翫は、『千歳曽我』と『対面』の両方で祐経を演じている。『六二連俳優評判記』二十六編[13]の芝翫に対する評は、この興行を見た人の実感を端的に示していると考えられる。

前のは方今流行の活歴史の工藤　対面のは劇場伝来の工藤　かやうに二様に分れると云腹なれ　妙《ママ》でムり升が其辺は何とムり升ふか

この「妙」は「素晴らしい」と「なにか不調和である」の両方の意味を兼ねそなえているようだが、同じ興行のなかでの古さと新しさの併存に微妙な感想を持つことにこそ、明治の歌舞伎らしい面白さがある。そのような興行で、江戸以来の歌舞伎の儀式的な性格を表す作品として『対面』が上演され、その折に成った台本を現行の『対面』の原型とする説が今日まで継承されていることは、近代における歌舞伎の「規範化」あるいは「古典化」の過程を考えるために、もっと注目されてよい問題のように思われる。

## 三　別の『対面』

『対面』の台本を探して読むなかで、現行の『対面』と大筋は同じだが、やや違うものがいくつかあることも明らかになってきた。以下は特に筆者が興味を引かれた台本を紹介したい。管見では、松竹大谷図書館と演博に、同じ本から写したとみられる写本がある。ここでは松竹大谷図書館本（以下「松竹本」）を中心にして、紹介と考察を試みる。

松竹本の書誌情報を簡単に記す。

所　蔵　松竹大谷図書館　請求番号 K45-Ka98- ア

表表紙　当ル　紙員十五葉／寿曽我／第一番目四建目／吉例対面の場

「廣車」印あり

裏表紙　本主　高砂屋／大々叶　「白井蔵書」印、「廣車」印あり

頭書は役名で、縦本の体裁である。昭和三十二年寄贈、寄贈者は白井信太郎であるが、「本主　高砂屋」とあることから、もとは中村梅玉家の所蔵本か。本文には大薩摩の詞章や「合かた」などの書き入れ、せりふのカットがあり、実際に使用された台本と推定される。

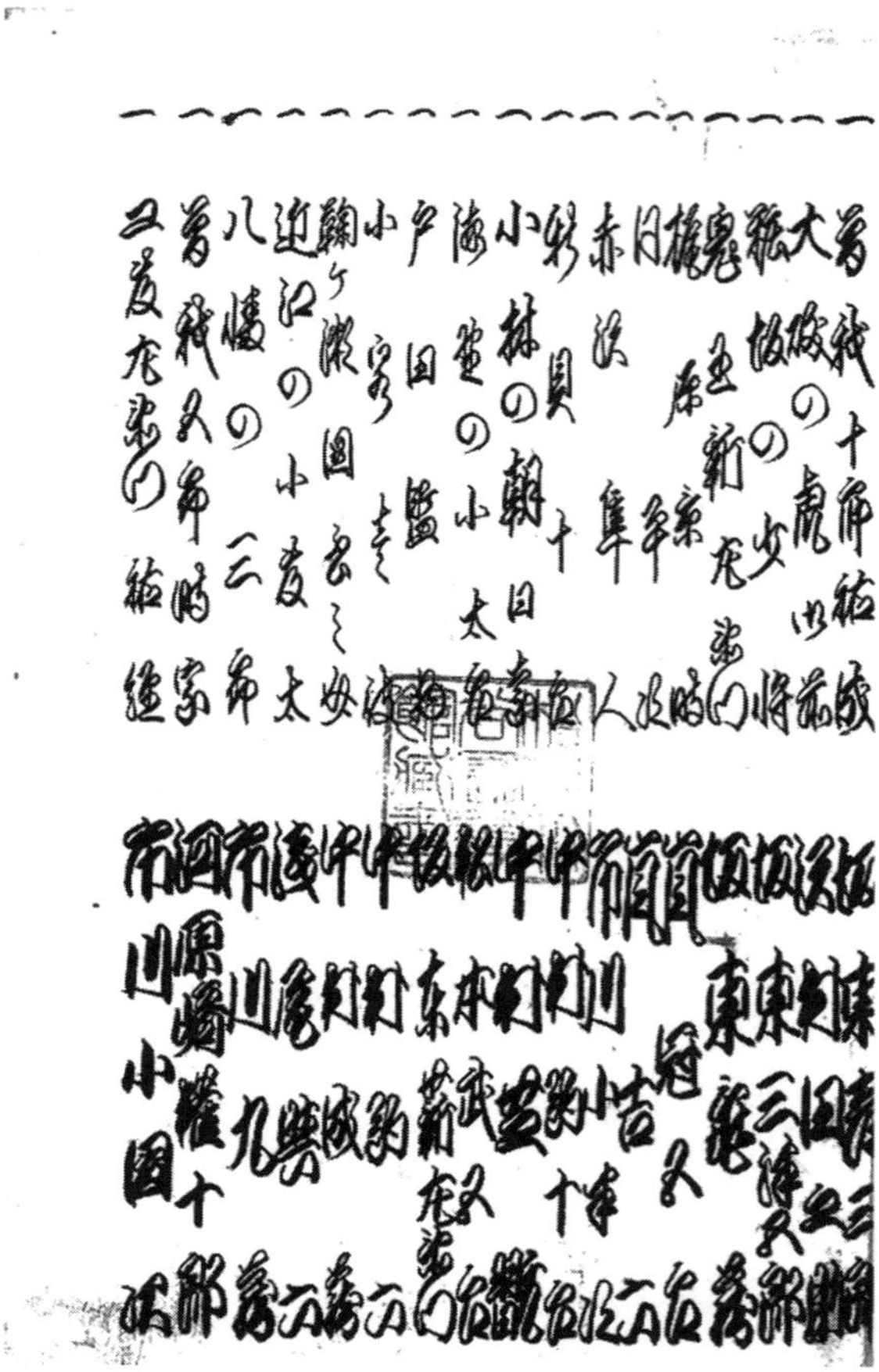

【図版25】松竹本　役人替名
資料提供：（公財）松竹大谷図書館

この台本には初丁表に役人替名がある。詳細は【図版25】を参照されたいが、主な役々だけ抜き出すと次のようになる。

曽我十郎祐成　坂東彦三郎／大磯の虎御前　澤村田之助／粧《ママ》坂の少将　坂東三津五郎／鬼王新左衛

門　坂東亀蔵／梶原景時　嵐冠五郎／同　平次　嵐吉六／小林の朝日奈《ママ》　中村芝翫／近江の小藤太
浅尾与六／八幡の三郎　市川九蔵／曽我五郎時宗《ママ》　河原崎権十郎／工藤左衛門祐経　市川小團次

この河原崎権十郎がのちの九代目團十郎とすれば、安政から慶応頃の江戸の主要な役者が総出演する豪華な『対面』で、出ていておかしくないのに名が見えないのは十三代目市村羽左衛門（のちの五代目尾上菊五郎）ぐらいである。しかし、この配役に該当する大芝居の興行を見出すことができていない。顔ぶれの豪華さから考えると、見立のような架空の配役か。年記がないため、幕末の江戸で実際に上演された曽我物の台本なのかどうか考証する手だてがない。ただこの本は、幕切れの見得を「江戸見得にてよろしく引ぱり」と記している。もし江戸で上演された台本をそのまま写したものであれば、「絵面の見得」もしくは単に「引ぱり」とするほうが自然であろう。

また先にふれたように、演博には冒頭の役人替名と本文の内容がほぼ一致する横本の写本がある。「帝国劇場株式会社／二宮蔵書」と保護表紙に記され、合綴された五種の台本の、最後の五冊目がそれで、中表紙に「京之部弐号」「丹波屋」とある（請求番号ロ16-421、以下「演博本」）。「丹波屋」が何者か特定できていないが[14]、もとは京都などで活動した人物が演博本を所有していたと推定される。さらに演博本は、冒頭の舞台書きを「造り物」ではじめている。これは一般に上方の台本の特徴である。

以上から見てこの『対面』は、もとは幕末に江戸で書かれ、上演された可能性があるのかもしれないが、上方で流布され伝存したものと言えそうだ。

松竹本の梗概は以下のようなものである。

幕が開くと網代塀の前に大名たちが並び、将軍頼朝の厄年の祝いのため、工藤祐経の館で今様の催しがあると話す。ワキを勤めるはずの朝比奈は来ていない。

網代塀を引いて取ると『小鍛冶』の謡になる。祐経が羽織に大小を差し、小鍛冶の冠を持った姿で、虎と少将が両脇に座り中央にせり上がる。大名たちが祐経のもてなしを褒め、富士の御狩の総奉行就任も祝い、朝比奈の陰口を言うところに、朝比奈が到着する。朝比奈と大名たちは祐経に高座をすすめる。

朝比奈は祐経に、会ってほしい若者がいると話し、十郎・五郎兄弟を呼び出す。大名たちが兄弟の格好を笑うと、朝比奈が叱る。兄弟は祐経と対面する。盃事となり、五郎はつらねを言ったあと三宝を砕く。祐経が「兄は逆沢瀉の鎧を紛失し、弟は母万戸の勘当を受けている。敵討は叶わない」と諭すところへ、鬼王が鎧を持って現れる。祐経は兄弟に狩場の切手を与え、再会を約束する。

朝比奈が兄弟を引き合わせるところからあとは、現行の『対面』とだいたい同じだ。大きく違うのは、はじめに祐経が虎・少将と『小鍛冶』の謡でせり上がることである。これは天明頃からの、はじめに舞踊がある『対面』を引き継いだ定番の脚色と考えられ[15]、たとえば元治元（一八六四）年二月守田座で上演された『優曲三人小鍛冶《ゆうきょくさんにんこかじ》』（『新小鍛冶《しんこかじ》』）を連想させ[16]、さらに祐経が兄弟とともにせり上がる『釣狐《つりぎつね》の対《たい》面《めん》』をも想起させる。

さらにこの『対面』では、十郎が逆沢瀉の鎧を紛失している。逆沢瀉の鎧といえば『草摺引』で五郎が朝比奈と引き合うものだが、そのもとは『曽我物語』で、和田義盛との酒宴の席にいる十郎のもとへ駆けつけた五郎の鎧の草摺を、朝比奈が引いて止めることに由来する。幸若舞曲『和田酒盛』、歌舞伎十八番『矢《や》の根《ね》』と連想がつながる。

また、松竹本の朝比奈はかなり荒々しい。たとえば、兄弟たちを笑う大名を叱るせりふは次のようなものである。

　エヽまたしても〳〵やかましいがらくためら　最前からおしだまつて聞て居ればさま〳〵の悪口雑言　達てぬかさばうぬら一チ〳〵そつ首引抜き一つにからげて　ふじの山のぜつてう《〔絶頂〕》から西の海の果へさらりとなげ込むぞよ

ちなみに、この朝比奈は「有難なすびの初夢だもさ」などという洒落も言わない[17]。

総じて松竹本と比較して明らかになるのは、現行の『対面』が綺麗に整理されていることである。現行では「将軍頼朝の厄年の祝い」という不明瞭な設定はなく[18]、大名たちが集まるのは、一臈職の祐経が狩の総奉行に任命された祝いのためというわかりやすい理由になっている。また、兄弟が紛失している宝物は、これも『曽我物語』にすでに見えて『助六』などにも登場する、持ち運びしやすい友切丸である。朝比奈は猿隈を取ってモサ言葉を使うが、荒事の性格は弱めである。

しかし一方で、現行の『対面』は整理がうまくいっているがために、不可解で粗削りな魅力が弱くなっている可能性もあるのではないか。もちろん整えたからこそ『対面』は、明治三十六（一九〇三）年には九代目團十郎監修の型がまとめられ、活字化[19]されるような古典として扱われるに至った。しかし、そうなるなかで失ったものもあるだろうことが、『対面』の台本の比較からは見えてくる。
そして現行とやや違う『対面』の台本は、実は昭和期にもある。演博蔵の、昭和十一年十月の年記を持つ初代坂東鶴蔵寄贈本『曽我の対面』（請求番号ロ 16-784）はほぼ現行と同じだが、十郎が逆沢瀉の鎧、五郎が友切丸を紛失したことになっており、鬼王が両方を持ってくる。そうした差異が出てくるのは、これまで述べてきたことを勘案すると、現行と少し違う『対面』の台本が影響したためかもしれない。

## 四　黙阿弥没後の曽我物（一）――『十二時会稽曽我』

このあとは、黙阿弥没後の曽我物のなかから二作品を紹介して結びとする。坪内逍遙は、歴史を扱う史劇について考察した論文「我が国の史劇」[20]において、史劇作者として近松門左衛門、河竹黙阿弥、依田学海、福地桜痴を挙げ、その作の傾向を比較分析した。本節ではそれに倣い、桜痴の『十二時会稽曽我《じゅうにときかいけいそが》』と森鷗外の『曽我兄弟《そがきょうだい》』（逍遙には曽我兄弟を扱った創作がないようである）を紹介し、その問題を考えてみる。

『十二時会稽曽我』は、明治二十六（一八九三）年五月歌舞伎座で初演された。作者は福地桜痴であるが、近松門左衛門の『曽我会稽山《そがかいけいざん》』を改作した作品である。作の意図などは、上演と同時に出版された台本[21]の前書きに著者自身が詳しく記している。まず、原作の筋をまとめて分析を進めることにする。

時は、頼朝が富士の御狩を行っている最中の、建久四（一一九三）年五月二十八日寅の一点（七つ時、午前四時）から翌日二十九日の寅の一点までの十二時、二十四時間である。この間に曽我兄弟は、下人の鬼王を通じて蒲冠者範頼から狩場の切手を得、梶原景高に妨害されながらも姉夫婦の助けを受ける。そして狩場の仮屋で祐経と対面し、いったん実家に戻って母や恋人と別れ、狩場へ赴き、祐経を討つ。十郎は戦いの最中に討たれ、五郎は頼朝の手によって縄を掛けられ、母たちと対面する。

こうして見ると『曽我会稽山』の興味は、夜討の前後でポイントとなることがらを一日に圧縮して描いていることだ。すでに諸先学の指摘されるところであるが、この作品には首尾一貫して、区切られていく時間への意識がある。そのことを重視するのであれば、梶原が藤沢寺の鐘の音の数を減らし、時間を操作して兄弟の仇討の計画を妨害しようとする二段目の「藤沢の街道」は、脚色する際カットしにくい場面であろう。

また、時間を意識するという意味では四段目の「狩場」の前半も重要である。ここでは、兄弟に狩場の切手を与えた範頼が切腹したことを頼朝が聞き、急遽鎌倉に帰ろうとする。しかし、雨が降れば出発を夜中の八つから朝の五つ（午前八時）に延ばすと決める。兄弟の母と虎・少将は、出立が早まれば祐経を討つ機会がなくなると心配する。彼女たちが天に祈ると雨が降り、出立は延期され、夜討の準備が整う。

しかし『十二時』ではこれらの場面は脚色されなかった。祐経と兄弟の対面する第二幕では、現行の『対面』に近いせりふが加えられている。「夜討」も『曽我物語』に戻って作り替えられ、五郎が御所五郎丸に取り押さえられて幕となっている。

桜痴の高弟榎本虎彦による『桜痴居士と市川團十郎』(22)には桜痴の「談片」として、演劇についての所感を記録した箇所がある。そのなかで桜痴は近松作品について次のように言う。

〔坪内逍遙らの近松研究会について〕彼の連中のは近松の院本を旨いものだと最初から極て置て研窮したらしい　僕が院本を研窮したのは夫《それ》に反対だ

そして洋行の折、通訳のためにシェイクスピアやシラーの作品を読んで感心し、帰朝後近松を読むと「甚だ拙劣」だと思ったが、研究すると「感心すべき所があるのを発見した」と語っている。

『十二時』の場合、おそらく桜痴にとって、夜討に関わるできごとを一日に圧縮しようとする趣向は「拙劣」であって、本来あくまで時間の区切りを前提にするからこそ、切迫感を持って進んでいた原作の叙述そのものが「感心すべき所」だったのではないか。しかし結果として『十二時』は主要な場面のいくつかが原作から離れ、歌舞伎として普通の曽我の夜討になっている。おそらくは補助をした三代目河竹新七、竹柴其水、竹柴賢治の力もあって、この作品ではせりふの語法もかなり従来の歌舞伎に近いため、ますます普通にまとまった感が強い。

つまりこの作品は、近松作品が見直されていた明治期でなければ成立しにくいが、原作の趣向を汲み取って近代人の観点から脚色されたとは必ずしもいえないところがある。そこが、『侠客春雨傘《きょうかくはるさめがさ》』が代表作として残る桜痴らしい作品であるのかもしれない。『十二時』は、興行としては、併演した『梅雨小袖昔八丈《つゆこそでむかしはちじょう》』『勧進帳《かんじんちょう》』の影響もあって「中々の繁昌」だったと『続続歌舞伎年代記　乾』は伝えている。

## 五　黙阿弥没後の曽我物（二）——曽我兄弟

『曽我兄弟』は森鷗外が、大正三（一九一四）年二月に行われた狂言座第一回公演のために顧問として書き下ろした作品である。狂言座は、六代目菊五郎と長谷川時雨の起こした、新しい演劇の流れを受け止めようとする歌舞伎の試演活動である。

鷗外の演劇への関心は明治十年代末までさかのぼることができる。その主張は、演劇は戯曲が中心で、上演には文学的な観点から戯曲を読み、上演に助言をする者が必要であり、劇場はなるべく「簡朴」であるべきだということに集約される。[23]ことに戯曲が中心だとする主張は後年まで続くもので、『曽我兄弟』はそのことを承知したうえでなければ、ある面で理解の難しい作品だ。

『曽我兄弟』は、黙阿弥の『夜討曽我狩場曙』の改作である。全四幕で、第一幕は工藤の仮屋に十郎が現れ、盃を受ける。第二幕は鬼王の家で兄弟が討入の支度をして出立する。第三幕は仮屋に討ち入った兄弟のうち、十郎が討たれ、五郎が御所五郎丸に抱き留められる。しかし、十郎の死の様子は観客に見えるところでは展開されない。第四幕は五郎が頼朝の前に呼び出され、祐経の子犬房丸に打たれる。頼朝がそれを止め、縄を手ずから打とうとするところで幕となる。[24]

全体を読んで感じるのは、渋滞のなさである。人物が出てきて、あることについて話をする。議論もする。しかしそのことがらについてどうにもならないと悩んだり嘆いたりするようなひっかかりが薄く、さらさらと話が進んでいく。単純に字数だけを見ても『曽我兄弟』は一万八千字程度でまとめられ、『夜討曽我』より大幅に分量が縮小されている。

韻文と散文が入り交じるように書かれているところは、鷗外訳の『ファウスト』などを連想させる。また十郎の死を舞台上で描かないのは、中村吉蔵の指摘するように[25]ギリシア劇から学んでいることを示すようでもある。そして結果として見えてくるのは、曽我兄弟の仇討という事件の、内容の単純さだ。

狂言座における上演は不評であった。そのなかでも率直な楠山正雄の評を、[26]しばしば引用されるものであるが、ここでも引用する。

「曽我兄弟」は器用に書いた記事文である。森先生のいつもの記録体の歴史小説の味はひではあるがあれにある歴史的伝奇的な事件をさら〳〵と書いて、部分々々の家常茶飯的なちよつとしたデイテイルスに何ともいへない自然な淡い面白味を含ませてゐる、それが一向この芝居にはなかつた。〔中略〕今まで三味線楽の情調でふつくり円い柔かい曲線で描かれたものを、三味線情調をぬいて、硬い直線に描き直しただけではつまらない。

こうした批評に鷗外は猛然と反撃した。その「旧劇の未来」[27]では、原作者とは面識もあって敬愛しているが、ギリシア劇の作者やドイツのシラーと「同じ地位に置くことは出来ない」として、次のように言う。

わたくしは旧脚本から、味ふ邪魔になる物を削つた。併し削つたのは文ではない。筋である。〔中略〕実にわたくしは妙な事をした。旧脚本の文をいたはらずに、場割や、出来事の進陟や、人物の出入をいたはつた。

「筋」を削ったことと「文をいたはら」なかったことが同じだとすると矛盾が起きるが、鷗外が言いたいのは、『曽我兄弟』はギリシア以来の西欧戯曲を模範として、原作から人物の出入や事の経過だけを抜き出しまとめた作品だということであろう。つまり鷗外は、曽我兄弟の仇討という事件が、経過だけ追えばいかに単純な話であるかこの作品であぶりだしてしまったのだ。言いかえれば、一見無駄なようでも、装飾する音楽、せりふの修辞、扮装してただ顔を出すだけの人物がなければ歌舞伎は成り立たないものであり、鷗外は『曽我兄弟』で、不要そうなものをすべて切り落としたらどうなるかというパンドラの箱を開けてしまったのではないか。

鷗外は、やや時日が経ってから書いた世評への反駁文「旧劇を如何すべきか[28]」で次のように述べている。

「曽我兄弟」がまづかるべき理由があつてまづいのだと云ふことは、私は信じてゐる。〔中略〕書直しの脚本を演ずるには、或は旧劇の脚本を記憶してをらぬ俳優が適当であるかも知れない。

「まづかるべき理由」は「受け入れられない理由」でもある。鷗外の『曽我兄弟』は、新しい歌舞伎の作品を模索した側から逆照射する形で、歌舞伎の曽我物、あるいは歌舞伎という演劇に必要だったものをはっきりと見せたのだ。

## おわりに　「曽我物」の限界

本節では、まず曽我物の一つである『対面』の現行の台本ができあがった時期を考えてみたうえで、現在のものとやや違う『対面』の台本を比較し、さらに黙阿弥没後の曽我物について二つの作品を紹介した。『曽我物語』について上原輝男は、「曽我の馬――一富士、二鷹、三なすび[29]」で次のように説く。

筋書きよりも因縁の証明といえば、このこと以外にない。おそらく、筋書本位以外の要素が多いために、却って現代では曽我物語は、いまだにＮＨＫ大河ドラマに登場出来ないのだと思われる[30]。

欧米の感化を受けた桜痴、鷗外が二人とも「夜討」をクライマックスとする作品を書いているのは、復讐の行為そのものが世界中どの時代でも、どの土地でも通用する普遍性を持っていることが大きな理由であろう。しかしそこへほかの場面をつなげていった時、桜痴は従来の歌舞伎の脚色方法に引きずられざるを得なくなり、鷗外の作品は筋を追うだけで面白くないとの評を受けることになった。そうなったところで、近代の史劇として曽我の仇討を脚色する試みは行き詰まってしまったのではないだろうか。

もっとも、たとえば明治三十年代、俄から出発して革新的な喜劇を創造していく中村珊之助と時代は、曽我廼家五郎、十郎と名乗った。この芸名は『曽我物語』とは関係なくつけられているが、しかし、曽我兄弟の記憶が世上の人々の間に残っていなければ発想されることのない名前である。そして、曽我廼家一門の名は現在も松竹新喜劇に残っている。そのようなことが起こりうること自体に、日本の民俗的な記憶の伝播の不思議があると言えよう。

## 注

（1）『対面』の予祝性――曽我の対面まで」季刊『歌舞伎』三十九号（昭和五十三年一月）。『かぶき論叢』（思文閣出版・昭和五十四年）所収。
（2）元版は平凡社。ジャパンナレッジの電子版にて閲覧。
（3）注（1）参照。
（4）渥美清太郎『系統別歌舞伎戯曲解題　下の一』七六頁（日本芸術文化振興会・平成二十三年）。
（5）春陽堂・大正十四年。

(6)たとえば、富田鉄之助は「現行上演の『対面』の脚本は、明治十八年一月千歳座で上演したとき、河竹黙阿弥が、享保以来数百遍の上演歴を重ねた『対面』の共通パターンを整理し、しかもその、後半部分のみをアレンジして纏めたものである」(「寿曽我対面　細見」(季刊『歌舞伎』三十九号〈注(1)参照〉))とし、諏訪春雄も「明治十八年(一八八五)の正月、東京千歳座の新築祝いで新富座との合併興行を行ない、作者の二世河竹新七が古い格式のある正統な一幕劇としてつくりあげたのが現行の『対面』であった」(『歌舞伎オン・ステージ』第十七巻、一六〇頁、白水社・昭和六十年)とする。

(7)東京創元新社・昭和四十四年。

(8)白水社・昭和六十年。

(9)富田鉄之助「寿曽我対面　細見」(注(6)参照)。

(10)「誌上舞台鑑賞　寿曽我対面」(『国文学　解釈と教材の研究』、平成十九年一月)。

(11)柏書房・平成二十四年。

(12)市村座・大正十一年。

(13)引用は法月敏彦校訂『六二連俳優評判記』下(国立劇場調査養成部調査資料課・平成十七年)によった。原本は愛善社・明治十八年四月。

(14)明治二十年代の京阪に片岡松太郎という俳優がおり、「大阪で丹波屋と云つて鳴らした」と二代目市川女寅(のちの六代目門之助)は語っている(「一役一言　寿座九月狂言『妹背山』」、『演芸画報』明治四十一年十月)。おそらくこの松太郎か、その近縁者と筆者は考えているが、確証を得ていない。

(15)富田鉄之助「寿曽我対面　細見」(注(6)参照)。

(16)大名題『甲子曽我大国柱《きのえねそがだいこくばしら》』。『白縫譚《しらぬいばなし》』の脚色作。演博に台本がある(請求番号イ-143)が『優曲三人小鍛治』に対応する冊が見当たらない。番付により、祐経、五郎、十郎の三人が『小鍛治』の所作を行うものであったのは判明している。長唄の音曲正本の翻刻が中内蝶二・田村西男編『日本音曲全集　長唄全集（下）』（日本音曲全集刊行会・昭和三年）にあり、『新小鍛冶』として紹介される。ただし歌詞に松竹本との明らかな関連を見ることは難しい。また天保十一年二月市村座の『七五三翫宝曽我《しめかざりおたからそが》』の一番目五立目所作事『大和歌手葉相槌《やまとうたてにはのあいづち》』は『小鍛冶』を祐経、虎、少将の三人で行ったようだが（稀音家義丸『長唄囈語』「二つの小鍛冶」、邦楽の友社・平成二十七年）正本と台本を確認するに至っていない。ほか、安政五年正月市村座の祐経（四代目小團次）、五郎（初代権十郎）、十郎（初代中村福助または五代目彦三郎）の三人を描いた、実際には上演されていない所作事の絵が池田文庫に所蔵される（倉橋正恵氏のご教示による）。以上から、似たような所作事が近接した時期に何度も企画されていることは明らかになったが、最適な上演を見つけることができていない。

（17）なお、先に述べた明治十八年千歳座の『対面』では、朝比奈は初代左團次であったが、『六二連俳優評判記』二十六編によると、鶴の丸の着付、着流しで三本太刀を差す扮装だったという。評は素袍を着るべきであったとする。この『対面』の場合、朝比奈の扮装は松竹本は羽織、演博本は大紋で、揺れがある。しかしこの荒々しさなら着流しで馬簾をつけてもよいように思う。あるいはもともと上方から来た左團次がイメージしていたのは、このような朝比奈であったのかもしれない。

（18）念のため言えば、たとえば初代瀬川如皐の『恋便仮名書曽我《こいのよすがかながきそが》』には、頼朝の前厄を避けるため祐経の館で秘法を行うという設定が見える。そうした先行作から取材したものであろう。

（19）清潭生「曽我対面の型」（『歌舞伎』三十五号、明治三十六年四月）。

（20）「我が国」は本によって複数の表記があるが、逍遙協会編『坪内逍遙事典』（平凡社・昭和六十一年）によることにした。

（21）博文館・明治二十六年。

（22）国光社・明治三十六年。

（23）詳しくは井戸田総一郎『演劇場裏の詩人 森鷗外――若き日の演劇・芸術論を読む』（慶應義塾大学出版会・平成二十四年）を参照されたい。
（24）森林太郎『鷗外全集』第十五巻（岩波書店・昭和四十八年）所収台本を参照した。
（25）「狂言座と黒猫座」（『演芸画報』大正三年四月）。
（26）「狂言座を観て（下）」（『読売新聞』大正三年三月七日）。
（27）初出は『我等』大正三年四月。『鷗外全集』第十五巻（注（24）参照）所収。
（28）『歌舞伎』百七十三号（大正三年十一月）。『鷗外全集』第十五巻（注（24）参照）所収。
（29）上原輝男・心意伝承研究会、児童の言語生態研究会編『曽我の雨・牛若の衣裳――心意伝承の残像』三九頁（上原多摩〈私家版〉・平成十八年）。
（30）ただし昭和五十四年制作の第十七作『草燃える』では、主役ではないが、曽我兄弟が登場して仇討を行う場面があった。

## 第二節　田村成義と『四千両小判梅葉』

本節では河竹黙阿弥の晩年の代表作の一つ『四千両小判梅葉』について、明治十八（一八八五）年十一月千歳座における初演の制作と上演の過程を検討する。そのうえで、この作品の制作にも関与した興行師田村成義にとっては、筋の流れが単純で「昔あったことをそのまま描く」場面がつく構成が、田村の前歴を生かすものであり、彼の歌舞伎への指向とも合致したと考える。また見る側も、近い過去に実在しながら実際を知ることが難しい大牢の様子を見聞する興味があり、かつ高尚であったり教育的であったりという意味の付加がないために、さまざまな後付けが可能だったと思われる。

### はじめに　『四千両小判梅葉』とは

『四千両小判梅葉』（以下『四千両』）は、明治十八年十一月二十二日から十二月十八日まで東京千歳座で上演された六幕の世話物である。河竹黙阿弥の晩年の代表作の一つで、現在も時折上演される作品だ。その制作には、当時千歳座に入ったばかりの興行師田村成義が関わっていた。

先行論文として今岡謙太郎「明治十年代の黙阿弥――『四千両小判梅葉』を中心に」(1)がある。簡にして要を尽くした記述で、明治十年代の黙阿弥作品として『四千両』が持つ意義と問題点を述べている。黙阿弥作品としての『四千両』について、筆者が付加できることがらは今岡氏論文以上にはない。

本節ではこの作品の上演に関与した田村の、本書の第二章第二節に述べたような千歳座における活動と、同じく第三章第三節に述べた田村の歌舞伎の作品理解のあり方を鑑みながら、田村が明治十八年十一月の千歳座でどのような形で『四千両』の制作に関わったのか、そして『四千両』と特にその眼目となる「大牢の場」は、上演後観客にどのように受容されたのかを考察する。

## 一　初演の上演経過

本書の第二章第二節にまとめたのでここでは要点だけ記すが、千歳座は以前からの経営状況の苦しさを抱えながら明治十八（一八八五）年一月、劇場名を久松座から改称して新たに開場した。高木秀吉・高浜敷勲《のぶより》が引き続き経営の実権を握りつつ、「座長」として十年間の契約で、債権者であった加藤市太郎という人物を外部から招聘した。

ただし加藤は興行の内容を構成できる人物ではなく、はじめその代わりに呼ばれたのが鈴木万蔵であった。鈴木はさらに十二代目守田勘弥を呼んだ。しかし勘弥は、仕込金に欠損を作り差額を加藤に請求したため、開場興行のみで手を引かざるを得なかった。

七月以降、千歳座は勘弥と不和となった五代目菊五郎を招聘し、菊五郎を中心とする安値興行を行う。この興行は好調だったようだが、十月は不入であった。田村に千歳座から協力要請が来たのは同年十月である。それは五日初日の『酔菩提新酒又六《すいぼだいしんしゅのまたろく》』が「明くと間も無く」のことであるという、田村の編による『続続歌舞伎年代記　乾』（以下『年代記』とする）の記述[2]から、初旬と推定される。

第二章第一節に記したように、田村はこの少し前まで代言人として横浜にも事務所を置いていた。十八年十月というのは、七月に横浜事務所を「出張所」とし、おそらく横浜での活動が一段落した直後で、改めて銀座を中心に活動を開始したと推定される頃である。この事務所の整理と千歳座への関与は連動している可能性があると筆者は考えているが、時期的に少し離れているため、少々無理があるかもしれない。千歳座から遣いにきたのは、のち新富座の座付茶屋猿屋の主人になった筒井与八（与八郎とする資料もある）であると『年代記』は記す。つまり筒井は新富座にも近い人間で、彼ら共通の知己で、勘弥と適度に距離のある田村の身が東京へ落ち着きそうなのを見込んで依頼したものと思われる。

各新聞に十月興行を二十三日限り閉場する広告が出され、翌二十四日には「旧幕の頃噂さ《ママ》の高き宝蔵の白浪」を書いた新作が出ることが報じられた[3]。これらの広告は千歳座名義で出されている。田村はその自伝的記述「芝居興行者としての三十年間」第五回[4]（この資料については以下、たとえば「三十年間」（五）と略する）で、「芝居を御覧なさる方は、先づ新富座へ行つて一番目を御覧じろ、其れを見た後で二番目狂言として千歳座御覧じろ」と世間へ触れさせたと述べている。傍証する資料が出てこないのだが、事実とすればそれは、こうした上演の広告制作にも田村が関与したことを示唆するものだ。

そして、十一月二十二日に初日が出る。座側は初日前に俳優へ給金を前渡しする当時の慣習を守れず、開場がいつになるか菊五郎は知らないままで、番付さえ初日に間に合わず二日目に出るほどの窮乏状態にあった[5]。その状態を脱出するため、加藤が初日の前日、春木座の三田村熊吉から金を借りる契約を結んでいたのはすでに記した。

初日は序幕のみで全席無料（この入場形態を「大入」という）、二十三日からは桟敷・高土間の一部と土間の六列目まで以外は一名十銭で、茶屋の茶代・祝儀を断るという安値興行となった。もっとも高い席が二円三十銭だったが、同じ年の五月、市村座が最大で桟敷四円五十銭の値をつけ「実にチト高過ぎました」[6]と評されたことと比較すると、ほぼ半額である。二十七日には全幕が出揃う。十二月十五日までの二十四日間に約四万九千人が入場する「希な大入」になった[7]。

日延べが噂されていたにもかかわらず、十二月十五日、突如三田村が翌年千歳座を借りるとの新聞記事が出る。十七日深夜、関係者が俳優の宅を回って翌日限りの打ち上げを伝え、十八日には新聞に高木・高浜連名の広告が出て三田村からの借金を否定し、加藤は「座主」ではないと述べる事態に至った[8]。ちなみに、一座はそのまま横浜蔦座にこの年の十二月三十一日から乗り込み、『四千両』を再演する。そちらも大入だったようだ[9]。

以上から『四千両』の上演経過は、相当の窮乏状態にあった千歳座が景気を回復しかけたところ、加藤市太郎と三田村熊吉との契約問題が明るみに出て座内の統制が取れなくなり、閉場に至ったとまとめることができる。すなわち、作品そのものは好評をもって迎えられたが、あくまで興行事情により上演を続けることができなくなったと考えたい。

では次に、『四千両』の脚色がいかになされ、そこに田村はどのような形で介在したのか、この作品がなぜそれほど明治十八年の東京の観客から人気を得たのかを、順に考えていく。

## 二　題材の選択

『四千両』の本筋である富蔵・藤十郎の御金蔵破りは、富蔵が故主の藤岡家の子息藤十郎に偶然会って江戸城の金蔵を破る計画に誘い、二人で四千両を盗み出すが露顕して罪に服するという単純なものだ。互いに家族にまつわる悩みや苦しみはあるが、因果応報の影は薄い。

また初演では、伊丹屋徳太郎と新宿辰巳屋の女郎お辰が心中未遂に至る別筋がある。お辰の客の一人として藤十郎、二人の巣鴨での道行に出会って金をやり助ける男として富蔵が関わるが、御金蔵破りの筋とは絡む必要がない。そして大詰で全体の眼目になるのが、罪人を収容する小伝馬町の牢を舞台とする「大牢の場」ということになる。

作者の黙阿弥によって、向島八州園で『四千両』の本読みが行われたのは十一月四日であった[10]。成立期間を考えると、田村は千歳座に入ってまもなく黙阿弥に台本を依頼しているのではないかと推定される。題材の決定について、田村のまとめた書でもある『年代記』は次のように記す。

> 小生が前興行に失敗したる菊五郎の為めに　何か目先の変つた好い種があるまいかと町奉行の旧記などを渉猟せしに　図らず金蔵どろぼうの宣告書を発見しこれこそ然るべしと思ふ折柄　恰かも好し絵入朝野新聞の小説が出で

好評だというので菊五郎と黙阿弥に話を通し、小説の作者柳葉亭繁彦に上演許可を取り、勘弥にも一応話を通したとしている。御金蔵破りの事件は安政年間に実際に起こった事件であるが、小説『千代田城噂白浪』（以下『千代田城[11]』）が出たのは明治十七年だ。

周知のように、黙阿弥がこの事件に作品のなかでふれたのは、これがはじめてではない。安政六（一八五九）年二月初演された『小袖曽我薊色縫《こそでそがあざみのいろぬい》』では、俳諧師白蓮実は大寺庄兵衛が御金蔵破りの盗賊という筋になっている。しかしこの時はその設定が問題になり、上演が途中で差し止めになった。そのこと小説の初出年代、および『年代記』の記述を合わせると、御金蔵破り事件の歌舞伎化は『四千両』よりかなり以前から黙阿弥にとっては企画としてあり、田村がほかの材料を見出し、実現の機会もきたため速やかに上演に至ったと考えることができる。

この題材を選択した黙阿弥の言葉を、菊五郎は『尾上菊五郎自伝』(12)（以下『自伝』とする）で次のように伝えている。

高野長英は余り堅過ぎて向きが悪い、また青木弥太郎は今生きているから面倒だから、いっそ藤岡藤十郎の方にするが宜かろう

三人に共通するのは実在する人物で、かつ小伝馬町の牢に入った罪人であることだが、三人の罪状と立場には差違がある。

藤田茂吉『文明東漸史』を基礎にする形で高野長英とその事件を描いたのが、明治十九年五月新富座で上演された黙阿弥の作『夢物語盧生姿画《ゆめものがたりろせいのすがたえ》』だ。この時、長英を演じたのは九代目團十郎であった。この人物と事件は、團十郎には向いていても菊五郎には「堅過ぎ」る。しかもこの時には長英の遺族から抗議が出て、興行中に都合の悪い部分を改作することになった。

青木弥太郎は百石取りの元旗本ながら、慶応年間に過激な攘夷鎖港論を唱え、軍資金を手に入れると称して金満家をゆすって投獄され、度重なる拷問を受けながら維新まで大牢に入牢した人物で、維新後釈放され、明治末頃まで料理屋・床屋を営んでいた。事件そのものも「小倉庵事件」と呼ばれ、明治年間には

広く知られていた。[13] 本人が存命しているので、事件の経過などは『四千両』以上にはっきりする部分があるだろうが、問題が起きる確率もそれだけ高くなる。そうすると、すでに『千代田城』が出ているが、特に問題の起きていない藤岡藤十郎を題材とするのは確かに安全である。

『年代記』でさりげなく書かれつつ気になるのは、題材を選択する際に「町奉行の旧記などを渉猟」したということである。つまりここには、過去に実際にあった興味深い事件を探し出して作品化しようとする姿勢がある。では、想定しうる実説とはどういうもので、『千代田城』にはないが『四千両』と一致する設定にどんなものがあるのかを確かめてみてもよいだろう。

実説に相当するものとしては、まず実際の事件が発覚し、仕置が決まった時点での同時代の巷説を記録した資料として『藤岡屋日記』第六十三[14]に含まれる安政四年五月十三日の記事（以下「日記」とする）がある。また『近世実録全書　明治編纂の実録三』第十九巻[15]の緒言には、この事件の罪状書とされる申渡し書（以下「申渡し書」とする）が掲載されている。「申渡し書」にどの程度信憑性があるのか決め手に欠けるところがあるが、書式は江戸の奉行所による重大事件の裁判の申渡しの形式[16]を踏まえており、一応頼ってよいものと考える。また、これと同じところから取材してかなり省略したと考えうる申渡しが、大詰の「牢屋敷言渡しの場」で読まれた形跡は確認できる。[17]

ただ「日記」と「申渡し書」を『四千両』と比較してみても、『千代田城』を経由せずに直接『四千両』の内容に関わると見られる記述はほとんどない。ほぼ、『千代田城』でいったん取り込まれたものが『四千両』で再度ふくらませたり削られたりしていると考えれば済んでしまうものである。そして「野州無宿の富蔵というのをやる心算[18]」の菊五郎の意向に合わせ、『四千両』の筋が小説の主人公藤十郎から、脇役だった富蔵に重点を置いた形へ変化したのは、すでに今岡氏論文が『千代田城』のあらすじを記したうえで比較して述べる通りだ。

唯一、「日記」に巷説として記述されていることで『千代田城』に該当する記述がなく、『四千両』に現れるのは次の件である。

富蔵、柱へ縛り上ゲられ、目を見開き、見物之衆題目を御頼申と、三度申聞候よし。

これは引き回しのあと、磔になったところで富蔵がそう言ったという内容であるが、「牢屋敷言渡しの場」で富蔵と藤十郎は、「お題目を頼むぜ」と見送る囚人たちに向かって呼びかける。

明治十八年の段階では安政四年は約三十年前であり、巷間では、まだ事件を直接見ずとも伝聞で記憶している人は多くいたはずである。実際の富蔵の引き回しを知る人々の記憶に合致するせりふが刑の執行（舞台上では行われない）の直前に発せられることで、この事件が以前確かに現実に起こったという感覚を、初演当時の東京の観客は持ったのではないだろうか。

そしてそのあと、牢屋敷が市ヶ谷に移転したあとの小伝馬町に集まった人々が事件を回想し、惣踊りとして題目踊を踊る「牢屋跡祖師堂の場」がつくことにより、事件は「過去のもの」として再び舞台上で封印されていく。おそらく、事実と異なる脚色を嫌いながらも勧善懲悪を旨とする傾向が続いていた歌舞伎に対する公の取締を逃れるためにも、御金蔵破りという江戸時代には破天荒だった実際の事件を描いたなら、それを最後には「過去」にする仕掛けが『四千両』には必要だった。

また大詰の、申渡しの前にある「大牢の場」は、「日記」や「申渡し書」にはもちろん『千代田城』にもこれに相当する場面がない。御金蔵破りを題材とした講談の速記は複数あって、筋の都合上、牢内の富蔵の行動は描いているが、牢内の情景やしきたりそのものを詳細には語っていない。これは視覚的・聴覚的に、舞台で俳優が表現することがもっとも向いているうえ、牢屋同心を務めた過去のある田村が介在することで具体的に見せる形が整った場面であったからだと考えられる。

## 三　「大牢の場」の問題

田村は、はじめて采配をふるったこの興行と翌十九（一八八六）年三月同座の『盲長屋梅加賀鳶《めくらながやうめがかがとび》』の二つが好評を得たことを、たとえば「小生は其の時分僥倖で当つて居たといふ事に気が付かず、大分自惚て居ました[19]」と、やや皮肉と自嘲混じりではあるが、誇りを持って振り返っている。そして、『四千両』が当たった原因として、「久々で菊五郎九蔵の顔合せと、牢内の場が物珍しく利い[20]」たことを挙げている。

藤十郎を演じた九蔵と菊五郎の顔合せは、田村の企画だったことが『自伝』や『年代記』の記述ではっきりしているが、この共演は、前年十月市村座で不仲になったあとの両優の仲直りというゴシップに関心が持たれたようである。ではもう一つ、富蔵の見せ場でもある「大牢の場」が観客を引きつけた理由はなんだったのだろうか。

初演の初日の五日前、『歌舞伎新報』（以下『新報』とする）六百二号は、『四千両』とその「大牢の場」をこう紹介した。

諸君も御存じの通り　三十年の昔旧幕の宝蔵より大金を盗み出せし藤十郎富蔵の事項を　梅幸〔菊五郎〕の需めに依て黙阿弥翁が筆を執れし新作〔中略〕取分大詰の牢内は其頃の実際を捜窄し〔中略、筋の経過を記し〕獄中の活暦《ママ》なるも

以下はしばらく「大牢の場」のどこが「実際を捜窄」しているのかを探ってみる。まず舞台書きである。台本は複数残存するが、今岡氏が前掲論文にも述べるように初演時のものと確定できる本がなく、比較しても字句の細かな異同しか見受けられないので、本節では『黙阿弥全集』第十八巻[21]所収の台本から引用する。

本舞台四間の間平舞台、正面柱二本、高さ三尺余の板羽目、此上へ大格子〔、〕二本目の柱際戸前口出入り、此上の格子に神棚取付けあり、羽目に橋紙手拭掛けあり、上の方画心に同じく板羽目大格子、下の方同じく、爰に五器口、流しあり、飯笊、桶、手桶、橋笊、物相の面桶、茶碗、小道具に誂へあり、名主、隅の隠居の上に夜具棚を取付け、夜具載せあり、全て伝馬町大牢の体。

現行上演でもほぼ同じように装置を飾るが、舞台の後ろが、囚人の出入口と食器の出し入れ口はあるものの、ほぼすべて三尺余の板羽目と格子で覆われている。つまり、観客はこの牢を内部から眺めている。置いてある小道具も牢内独特のものが多い。飯笊、物相《もっそう》の面桶（物相飯と汁を入れるための曲げ物）などがそうで、茶碗なども「誂へあり」ということは、牢内で使う特別の物という指定がなされる。

板羽目の前には牢名主以下のいわゆる「牢役人」が居並び、役のない囚人も大勢出る。続くト書きに「役

者総出」とあるが、初演時は舞台に並べる俳優が足りず、芝居茶屋から毎日十人ずつ交代で人を出した。[22]これは実際の大牢は畳一畳に三人から七、八人、甚だしい場合十八人もが詰め込まれたといわれる[23]ことに沿って演出しているのであろう。幕開きの黒御簾音楽は、牢の背後にある鍛冶屋が刑の執行のために必要な刀剣類を鍛える槌音である。

結果として観客は、そのほとんどが経験していない世界であるにもかかわらず、実際の大牢に入れられたような臨場感を覚えることになる。そして、それをさらに強めるのが牢内の儀式の実演であった。この作品を東京で継承した六代目菊五郎の談話[24]と、『新報』六百八号から六百十四号がそのことに詳しいので要点だけ抜き出すが、役者万九郎のスッテン踊り、富蔵が家族の仇である生馬の眼八をキメ板で打つ腹いせ、新入りの囚人へのシャクリと呼ばれる一種の訓辞である。

もちろんこれも、建前上はすでに過去のものとなっているからこそ舞台に上《のぼ》せることができたのであるが、演技のために実際の元入牢者を呼んで演出させたことも話題となった。すでに初演の上演中、『絵入朝野新聞』明治十八年十二月二日には次のような記事がある。

その頃入牢した者を疾くより尋ねて居たところ　吉原京町の砂糖屋の清坊（六十年）と云ふは其昔喧嘩や博奕で十四五度も入牢し　富蔵と同舎で獄中のことは大博士ゆゑ菊五郎は此人に就て牢屋だけの振付（でもあ《マ》るまいが《マ》）実地伝習を請たと云ひ

『自伝』や、後年の田村の複数の自伝的記述には、東の二間牢の名主代だった清坊のほかに、西の二間牢の角役だった元佃島無宿入墨の万吉にも頼んだとある。二間牢は町人や浪人の無宿者を収容するところだ。屋根屋の弥吉という名も『黙阿弥全集　首巻　伝記』(25)ほかに見える。

本書の第二章第一節にもまとめたが、田村は慶応二年から明治三年頃、生年から逆算すると十六歳から十九歳頃まで牢屋同心として小伝馬町の大牢にいたと推測される。維新前は入牢者と牢の出入口の管理を行う役目である鎰役《かぎやく》であった。これは牢屋同心の筆頭職で、役目柄囚人とのつながりも多く、賄賂のやりとりなどもある関係であったようだ。田村は自身や同僚の伝手を頼って以前の関係者を探し出し、考証を依頼し、みずからも作品作りに携わったと考えられる。

つまり「大牢の場」の特色は、観客が「実際にこうであった」というふれこみを与えられて、本来は大牢の入牢者でなければ見られない、聞けないことを擬似的に体験したように思わせるところにあった。そしてその演出に、田村はかなり具体的に関与していた。

さらにここで、第三章第三節にも引用したが、没する一年前の大正八（一九一九）年に田村が語った、歌舞伎の作品に対する理解のありかたを思い起こさなければならないのだろう。

　私は、狂言は一体に筋の長くて絡んだものがいけなくて、反対に善人悪人が入れかはると云つたやうなものが一等だと思ひます(26)

先に述べたように、そもそも全体の筋が複雑でなく、最後にみずからの経験を生かせる江戸の風俗の再現がつく。その意味において『四千両』は、まず実際の制作にも携わった田村にとって、納得でき、かつやりがいのある作品だったのだろう。

また今岡氏は前掲論文において、古井戸秀夫「黙阿弥の徳川」[27]を引用しながら、明治十年代の黙阿弥作品に見られる全般的な傾向を「市井の人物と、その周辺にあった『江戸』を再現しようという姿勢」とまとめ、「大牢の場」について「田村の発想と、この黙阿弥の指向が重なったところに『四千両小判梅葉』の成功があった」としている。的確な指摘であるが、以上のように考えると田村には「発想」だけではなく、おそらく「指向」もあった。それでは、黙阿弥と田村の合致した指向によって形になった『四千両』が、なぜ明治十年代末の東京の歌舞伎の観客に「大入」という形で迎えられることになったのかを考えてみなければならない。

## 四　「大牢の場」の受容

初演の翌年、明治十九（一八八六）年に出版された六二連の評判記には、前年の作品として『四千両』が取り上げられ、俳優ごとに評が記されている。『俳優評判記』第二十七編[28]（以下『評判記』）の「尾上菊五郎」の項にある、作品全体への評と「大牢の場」の評を見てみる。

○方今《とうじ》世話場《もの》にては天下に敵無と言大強者〔中略〕牢内の場が非常の大当りにて意外の見物を呼れしは　作者と役者の手柄とは申ながら　全く是迄に見ぬ目先の変つた趣向にて　実に面白い事でムり升た〔中略、各場の芸評のあと〕さて評判の牢内の場　先幕明の鳴物鍛冶屋の槌の音は能処へ気が付れ升て大請　此場の評は記者も噂さに聞た計り　目のあたり其体裁を見るは今回がはじめて

彼是可否する事あたはず、只わけもなく眼先新らしく煙にまかれて面白い事でムり升た

だが『評判記』全体を読むと、冊の前半にある、『有職鎌倉山《ゆうしょくかまくらやま》』『老樹曠紅葉直垂《おいきのはれもみじのひたたれ》』『船弁慶《ふなべんけい》』『水鳥記《すいちょうき》熟柿生酔《じゅくしのなまえい》』で開場していた新富座についての評は非常に厳しく、『四千両』のほうもじっくり見ていくと「さしたる事なし」という評が目につく。そのことを踏まえてこの抜粋を読み直すと、「意外」に観客が来た、あるいは「煙にまかれ」たとする評は、少なくとも六二連に加入するような当時の見巧者たちにとって、実は積極的に肯定する評価ではないのではないかとも思われてくる。

並行して開場した新富座の興行は、主演俳優である九代目團十郎がこの時期しばしば手がける、歴史上の事象をなるべく正確に考証して上演しようとする活歴に大きく寄った演出の作で固めており、能がかりの演出である『船弁慶』も含まれる。そして『四千両』の作者黙阿弥もスケとして同時に関わっているのだが、たとえば『評判記』の『紅葉直垂』に対する評は、考証による扮装は評価するが演技が渋すぎると言う。この作は、斎藤実盛が手塚太郎に討たれる準備として白髪を墨で染め、出陣する場面が見どころであった。

○〔臼杵の陣から旅宿へ帰るところは〕古画を写した好み請升た　我陣所は寺院の廊下に住居いる体道具の好も目新しく　□画巻物を見る様でムるての〔中略、白髪を染めるところは〕アヽ我ながら老たりと言せりふにて此道具廻る　さて余り狂言仕なすぎて困る　□此丈《ひと》の思入は油断をすると見残し升　爰らに至つて弥々渋い事　婦女子に一向通ぜず閉口〱

しかし考えてみれば、もう戻ることのできない昔の事象を考証し、舞台の上に乗せて見せるという意味では、『四千両』と『紅葉直垂』の目指す方向は同じである。神山彰のしばしば用いる言を借りるなら、それは「変なもの」として見せるということでもある。『新報』六百二号の作品紹介に見えた「獄中の活歴」という語は、そのことを示していると筆者は考える。そして後者は受けず（実際の興行も不入であったとされる）、前者は「意外」に受けた。

その違いは結局、江戸時代末期の大牢という舞台の選択が、時代が近く観客の感覚的な理解も届きやすいが「目先の変つた趣向」としてよく、しかも菊五郎が、團十郎のしない「狂言」をしたというところに、まずは見出すしかない。『評判記』によって知ることのできる菊五郎の演技は、細部に凝った即物的なところが評価されている。

本書の第二章第二節にも記したように、千歳座の興行を行う側の内情は十九年末まで揉めている。しかしその事情のなかでも興行は続くのであり、十九年三月に初演されたのは、やはり黙阿弥の、この時期の代表作の一つである『盲長屋梅加賀鳶』であった。この作品で選ばれた江戸の事象は、鉞髷を結って革羽織を着る、町の鳶とは違うことが外見からすぐわかる加賀鳶だ。鳶の間での揉め事と、菊五郎の按摩道玄をめぐる筋の間にはほとんど関連がなく、間をつなぐのは九蔵演じる鳶の松蔵だけで、しかも『四千両』で伊丹屋徳太郎を演じた二代目坂東家橘が、こちらでは鳶の頭梅吉の妻との不義の疑いをかけられる巳之助を演じている。

つまり、少し昔の「変なもの」を見せるところや筋の構成、俳優の使い方を含めて、『四千両』と『加賀鳶』はまったく同工異曲の作である。こうしたものが続いて作られたところからも、『四千両』は明治十八年から十九年に観客の関心を引く作と見なされたと言うことはできるだろう。さらに言えば、三代目河竹新七の作であるが、二十一年に千歳座で初演された『籠釣瓶花街酔醒《かごつるべさとのえいざめ》』もやはり、少し前の江戸の廓を対象として、考証的な視点を含めて描く点で共通している。千歳座における世話物は、ほかの作品も含めた包括的な検討がおそらく必要だ。

この後『四千両』は小芝居・小劇場でもしばしば上演され、大阪でも明治二十年九月中劇場（中座）で三代目片岡我當（のちの十一代目仁左衛門）が手がけて以降、広く上演されるようになっていく。ここでは東京の大正期の上演と受容について考察を加え、まとめることにしたい。

大正四（一九一五）年七月歌舞伎座で、田村成義は、当時深く関与していた市村座に固定的に出演させていた、六代目菊五郎と初代中村吉右衛門を中心とした若手俳優の一座で『四千両』の上演を行うことにした。この上演についての、伊原敏郎（青々園）による『都新聞』での劇評を引用してみる。引用中の傍線は筆者による。

> 『四千両』では矢張大詰の牢屋が色々な意味からもっとも興味を引いた〔中略〕不整頓の中に整頓のある舞台面といひ、其陰鬱で圧付けられそうな空気の中に彼等が社会に対する反抗心や失望的の勇気や、金銭万能の利己主義や、そうして牢座敷の外から聞こえる鍛冶屋の響きや飴売りの笛の音、そうした色々な目に見えるもの耳に訴へるものを織合せて一種の気分劇をなして居ると同時に立派な写生的な社会劇であるところに此の場の大いなる価値がある[29]

先に挙げた『評判記』の評と比較すると、伊原は巧みにそれを書き替えていることが明らかだ。しかしここで彼は『四千両』について、「一種の気分劇」「写生的な社会劇」でもあると言う。これは、『四千両』は意識的にそのつもりで作られていないにしても、大正四年当時において行われている、象徴主義の影響を色濃く受ける「気分劇」や、もともとそれと必ずしも背馳しない[30]、社会生活における問題を摘出して脚色し、舞台の上で見せる「社会劇」の読み方で読み替えることが可能な作品だという意味である。積極的な誤読と言ってもよいだろう。

同時にその「誤読」は、たとえば六代目菊五郎の、どんな内容の作品であろうと実際にあったこと・現在あることを優先させて演技を構築していこうとする姿勢（具体例は本章第四節で記すことになる）と相互に支え合って成立するものでもあった。さらに言えば、それは菊五郎だけにあったのではなく、彼のライバルで、大正期の市村座におけるコンビの相手、初代吉右衛門にも明確にあった。

この姿勢で、この二人がたとえば『菅原伝授手習鑑《すがわらでんじゅてならいかがみ》』「寺子屋」を上演すると、吉右衛門の源蔵がほとんど浄瑠璃の本文通りのせりふで思入をあっさりとし、菊五郎の松王丸が首実検で小太郎は殺されているという覚悟を決めているのが明らかな演技をして「理屈詰め」だと評されることになる。岡鬼太郎は劇評に「何卒菊吉に、新演出を正当になし得る新脚本を与へてください[31]」と書いた。だが、『四千両』の上演ではそういうことにはならない。それは『四千両』の、特に「大牢の場」が、実際にあったことの細部をそのまま描くことだけを目指して作られた、その意味で素朴な作品だったからではないだろうか。

大正十四年一月、当時市村座を脱退していた吉右衛門が久々に戻って菊五郎と上演した『四千両』について、たとえば三宅周太郎は以下のように述べる。この時点ですでに田村は亡くなっている。

畢竟、「四千両」は脚本としては「牢」などをわざ〳〵書いた所のスケツチの手腕に頭が下るだけだ。芝居としてよくなつてゐる後のものはだいい分、俗に言ふ「いい人だ」のいい人菊五郎君、をかしな男吉右衛門君のそれぞれのものが役立つたのである。(32)

三宅は「大牢の場」の描写を「スケツチ」、すなわち実際にあったことを写したものととらえ、その技術だけを評価する。そして、『四千両』の上演が「よくなつてゐる」と感じられるのは、菊五郎と吉右衛門という個人が持っている持ち味がそのまま演技に出ているからだとする。そこにはやはり、実際にあるものをそのまま見せることをよしとする――同時期の近代劇において導入されつつある演出方法と共通する――読み替えも『四千両』では可能だという意見の表明を見ることができるようにも思う。

ここまで見た、「大牢の場」に対する時期ごとの微妙な評価の違いは、この場面のうえに俳優と観客が乗せる意味が時代によって違うのが反映された結果ととらえることができそうである。それは「大牢の場」が活歴と共通する基盤から生まれた、「変なもの」であったにしても、歴史の「事実」を高尚かつ教育的に見せようとする付加価値を最初からつけなかったために引き起こされた結果でもあるのではないか。

## おわりに　『四千両』の特質

明治十八（一八八五）年十一月千歳座における『四千両』の初演は好評であったが、内容と関わりのない興行事情によって急な閉場を余儀なくされた。しかしその後もいろいろな人々によって現在まで上演され続けてきた。とはいえ筋の流れは単純なもので、もととなった題材の脚色の方法も、従来の先行研究で知られている以上に新しい事実はない。

『四千両』独自の場面と言えるのは大詰、特に「大牢の場」で、その興味は、観客の大多数に覚えのある近い過去に実在したものでありながら、実際を知ることが一般的に難しかった大牢の様子をそのまま見せ、聞かせるとふれこんだところにあった。舞台で上演される内容が「そのまま」になるよう考証するため、みずからの経験と人脈を提供したのが田村成義である。彼がのちに語る、歌舞伎の作品のあるべきあり方を参照する限り、『四千両』は彼にとっても筋の構成が納得できて、自身の経験も十全に生かすことのできる作品であったと考えられる。

初演時にあった「そのまま」への興味は、活歴と同様、たとえば美術的観点からは同時代に流行している生人形や細密さを極めた根付の加工などと共通する、世間一般の嗜好の反映でもあるだろう。その接続が予測されることを、ここでは指摘するのみにとどめたい。

## 注

（1）『江戸文学』二十一（ぺりかん社・平成十一年十二月）。
（2）四二〇頁（大正十一年・市村座）。
（3）『歌舞伎新報』（以下『新報』とする）五百九十四号、五百九十五号など。
（4）『歌舞伎』九十八号（明治四十一年九月）。
（5）『人間の記録四十二　五代尾上菊五郎』（『尾上菊五郎自伝』）一八三頁以下（日本図書センター・平成十二年第二刷）。

（6）『新報』五百六十三号。
（7）『読売新聞』明治十八年十一月二十八日、『年代記』など。
（8）『絵入朝野新聞』明治十八年十二月十八日、『新報』六百八、六百十、六百十四号、『読売』明治十八年十二月十五、十九、二十日。
（9）『新報』六百十六、六百十七号。
（10）『新報』五百九十九号。
（11）『絵入朝野新聞』明治十七年八月二十九日から十月二十二日連載、全四十回。ちなみに連載をまとめた本（早大図書館柳田文庫所蔵、請求番号は文庫10-A679）は同年十月廿日御届・十一月出版。編集人中村邦太郎。出版人野村銀次郎。発兌元鶴声社・滝野屋。序文・蒼海漁夫。『絵入朝野新聞』広告によれば、売出しは同年十一月二十四日。挿絵は新聞連載時のものを使用。連載分と本に本文の異同はない。
（12）一八一頁（注（5）を参照）。
（13）『名家談叢』十四号から三十五号（明治二十九年十月から三十一年五月）に連載された本人の懺悔録がもっとも詳しい。ほかに『旧幕府』明治三十一年三号・五号、『都新聞』明治四十三年三月二日の履歴記事を参照。
（14）藤岡屋由蔵・鈴木棠三、小池章太郎編『藤岡屋日記』第七巻（三一書房・平成二年）所収。
（15）早稲田大学出版部・昭和四年。
（16）石井良助『江戸の刑罰』（中央公論社・昭和三十九年）。
（17）『新報』六百十二号に、舞台上で読まれたものの全文が掲載される。そのほか、ほぼこれと同じ申渡し文に富蔵と藤十郎の年齢が付き、実説らしいものも付加された記事が『歌舞伎年表』第七巻四二頁（岩波書店・昭和四十八年第二刷）に見えるが、例によって出典がわからない。

(18) 一八一頁（注（5）を参照）。
(19)「三十年間」（五）（『歌舞伎』九十八号、明治四十一年九月）。
(20)「三十年間」（六）（『歌舞伎』九十九号、明治四十一年十月）。
(21) 春陽堂・大正十四年。
(22)『新報』六百八号。
(23) 大牢の実際については前述『江戸の刑罰』、『江戸学事典』（弘文堂・昭和五十九年）、原胤昭・尾佐竹猛『江戸時代犯罪・刑罰事例集』「牢獄秘録」（復刻、柏書房・昭和五十七年）、横倉辰次『与力・同心・目明しの生活』（増補版、雄山閣出版・平成六年）ほかを参照した。
(24)「御牢内の作法」（『演芸画報』大正四年九月）。
(25) 春陽堂・大正十四年。
(26)「盲目滅法に狂言定め」（『演芸画報』大正八年一月）。
(27)『国文学　解釈と教材の研究』平成十一年二月。
(28) 明治十九年二月御届・編輯兼出版人植木林之助。翻刻は六二総連編、法月敏彦校訂『六二連俳優評判記』下（日本芸術文化振興会・平成十七年）所収。
(29)「歌舞伎座の菊吉」（『都新聞』大正四年七月七日）。
(30) 越智治雄『明治大正の劇文学――日本近代戯曲史への試み』Ⅲの五「気分劇の位相」（塙書房・昭和四十六年）。
(31)「新狂言菅原伝授」（『新演芸』大正八年十月）。
(32)「市村座の『四千両』」（『演劇新潮』大正十四年二月号）。

## 第三節　「平山晋吉」印のある『桐一葉』台本

本節では、まず早稲田大学演劇博物館に所蔵される「イロハ台帳」と仮称される台本のシリーズについて調査した結果を記す。そのうえで「ニ」に所蔵される、明治三十七（一九〇四）年二月東京座初演のものと推定される『桐一葉《きりひとは》』の台本が持つ問題について考察を加える。興行上の問題として見せ場となる場面を後半にまとめたいという意向もあったようだが、本節ではそれ以上に、淀君の述懐がカットされかけた形跡があることから、装飾された言葉を声で聞かせる述懐を逍遙の原作通りに上演するのが、演劇における「写実」を目指した花房柳外の後輩でもある竹柴晋吉にとって困難だったのではないかと考えている。

### はじめに「イロハ台帳」について

早稲田大学演劇博物館（以下「演博」とする）に、「イロハ台帳」と仮称される歌舞伎・新派の台本のシリーズが所蔵されている。イ、ロ、ハ、ニの四種に大別されており、作品で数えると、それぞれイは四百八十二、ロは七十、ハは七十九、ニは二十二の題名を挙げることができる。これらは、幕ごとの複数冊で構成されているものがほとんどである。

すでに調査は行われており、河竹黙阿弥を作者とするものについては、『没後百年　河竹黙阿弥――人と作品』(1)において今岡謙太郎らにより作成された細目が発表されている。しかし、そこで明らかにされたのは実はこのシリーズのごく一部に過ぎず、イからニの末尾までは幕ごとの小冊で数えると七千冊を超える。演博のホームページ上から検索することのできるデータベースにより、ロ16とイ12に分類される台本を含めて、演博に貴重書として所蔵される歌舞伎の台本の題名と、おおよその構成が判明する目録が公開されている。

このシリーズが演博に収蔵された経緯は、結論から言うと明らかでない。筆者は本節のもととなった発表の準備段階で、戦後長く資料整理に従事された菊池明、林京平両氏に伺ったが、詳細はご存じないとのことであった。

現在、ニのシリーズの末尾には、坪内逍遙の代表作の一つ『桐一葉』を実際の上演に際して台本化したものが含まれている。イロハ台帳にはそのことにも関わる三点の特徴が現時点で確認される。順に挙げると、

・早稲田大学図書館、演博で現在使用される図書分類とは違う分類番号が使用されている
・イ、ロ、ハ、ニはそれぞれ、黙阿弥、新派、黙阿弥の門弟の作品、河竹其水と竹柴（平山）晋吉の作品と、おおまかに分類されているようである
・本節で紹介する『桐一葉』は、ニに分類される台本と共通する特徴を備えているにもかかわらず、長らく番号が付されていなかった

本節の目的は三つある。すなわち、先に挙げた特徴からイロハ台帳において現時点で推測できることがらを述べること、イロハ台帳のニに含まれているが内容の検討がなされてこなかった歌舞伎の台本『桐一

葉』を分析すること、その結果出てくる問題について私見を述べることである。

## 一　イロハ台帳本『桐一葉』の書誌

まず本節で扱う、イロハ台帳に含まれる歌舞伎台本『桐一葉』（以下、この本のことを「イロハ台帳本」と呼ぶことにする）について、書誌的な事項を述べる。

番　号　（イロハ台帳）ニ-21-1～10

寸　法　二十四．八センチ×十七．五センチ（1の縦横、補修後のため参考程度）
10までミリ単位の違いはあるが、ほぼ同じ縦本の体裁

表　紙　1と2は場名などの記載がなく、表紙右下に『桐一葉』の文字
3は表表紙に「坪内博士作／桐一葉／序幕返し／広書院蜜《ママ》訴の場」、裏表紙に「千秋万歳／大々叶／丁数六枚」の文字**【図版26】**、以下10までほぼ同じ体裁

内容備考　元は袋入り。袋には「桐一葉　八冊他二冊／改修桐一葉　五冊」の文字
袋、各冊の表紙、および各冊のノドの各所に「平山晋吉」印**【図版27】**
本文には書入、貼込、紙を貼ることによる削除が行われている

袋に書かれている「改修桐一葉」はニ-22として別に整理され、五冊を確認している。これは各冊にある大正八（一九一九）年九月の検閲印から、同年同月歌舞伎座で上演された際の台本と考えられるが、今

回問題にしたい点と直接関わる資料ではないので、本節では採り上げない。

演博に問い合わせ、資料受入原簿を確認していただいたところによると、イロハ台帳本と「改修桐一葉」は平成八年八月書庫整理の際に発見されており、その時点でイロハ台帳独自の番号は付された形跡がなかったという。しかし、その後再び未整理資料の山に埋没し、平成十八年四月再発見された。その際、体裁から見て共通する特徴を持つイロハ台帳の二の末尾に付加する形で改めて受入が行われた。そして、イロハ台帳本と「改修桐一葉」にはともに、平成八年発見の段階で、イロハ台帳に属するほかの本の右下に

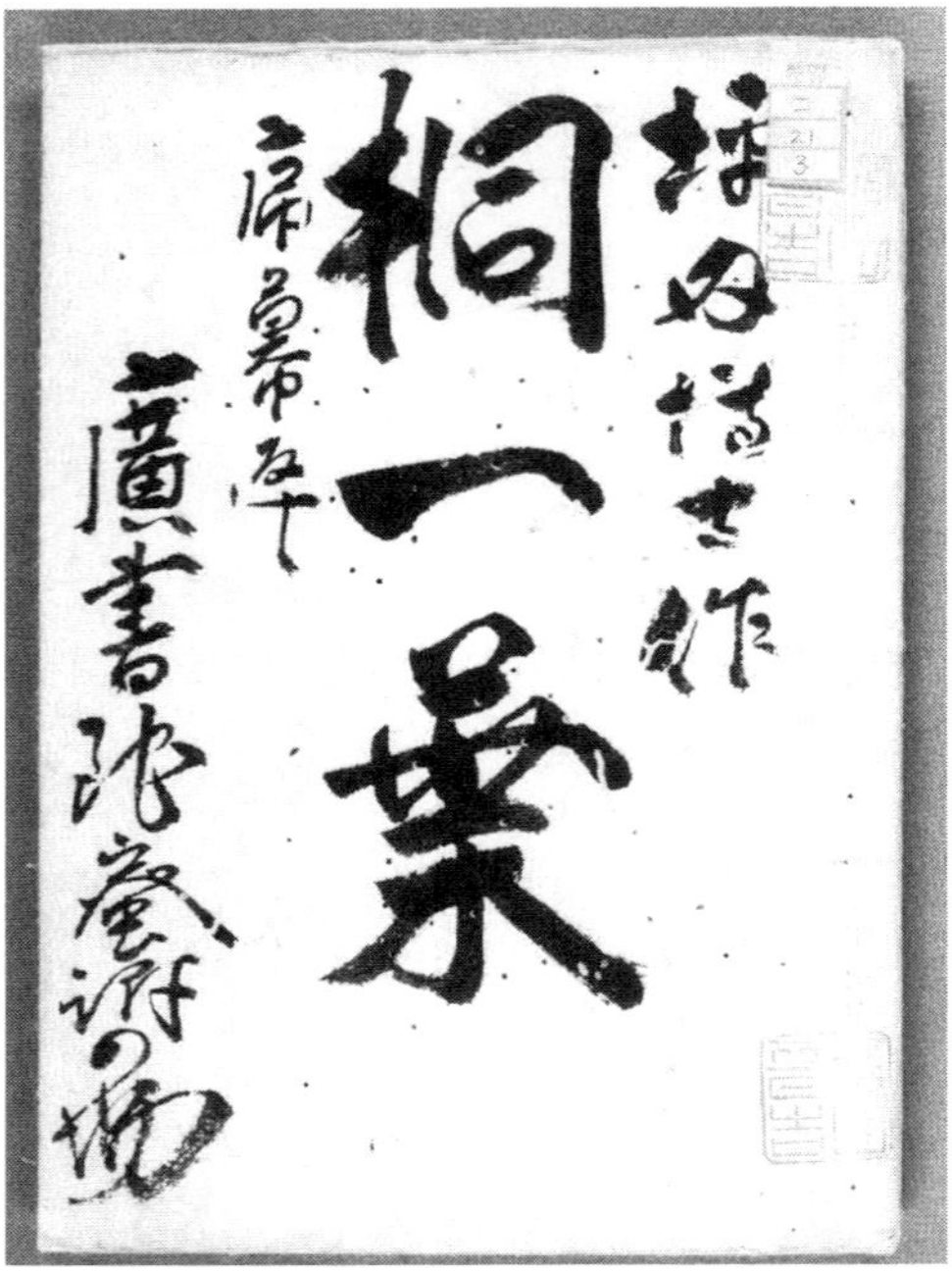
【図版26】

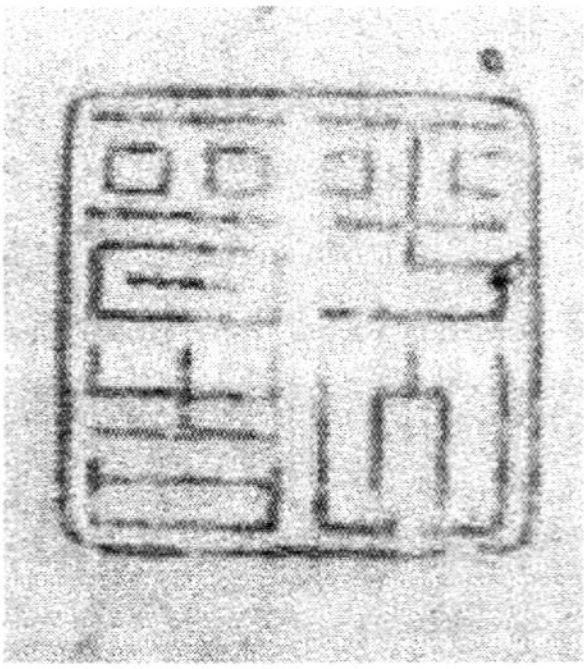
【図版27】

付けられている小さな番号札がなかったようである。

イロハ台帳本と「改修桐一葉」が二に分類されたほかの台本と別にされていたのは、この作品が館の創立者である坪内逍遙の代表作であることと関連しているのではないかと筆者は現在考えている。この資料が演博に寄贈または購収された際に、この台本に後述するような問題があることに気づいた人物が、逍遙に関する別の資料群とともに整理することなどを考えて別置したため、番号付けが行われなかったのではないだろうか。

そのことと、「はじめに」で挙げた三点の特徴を合わせると、時期がまったく不明ながら（菊池・林両氏がご存じなかったことから考えて、戦後の早い時期かと考えているが確証がない）、イロハ台帳の全体は寄贈もしくは購収後に、演博で一括して分類が行われ、番号が付けられて仮に整理されたものと推測する。整理の具体的な経緯についてこれ以上知ることは不可能である。

## 二　読み本体『桐一葉』の梗概

ここからイロハ台帳本の分析に入る。しかし『桐一葉』は、現在誰でも内容を熟知している作品であるとは言いにくい。そのため、前提として作品情報と、初演以降の劇化の原作である「読み本体《たい》」（『逍遙選集』第一巻所収）(2)によって梗概を記す。

○作品情報

坪内逍遙の作。「読み本体」（七段十五場）、「実演用」（六幕十六場）、部分的に改作した「改作桐一葉」

（一幕）がある。「読み本体」は、はじめ鶴田（長谷川）沙石に書かせたものを全面的に書き改め、明治二十七（一八九四）年から二十八年『早稲田文学』に連載、二十九年二月に刊行。せりふは人物毎の行分けをせず続け書き、間に竹本のような地の文が入る。

初演は明治三十七年二月東京座。立作者竹柴晋吉。出演は五代目中村芝翫（のちの五代目歌右衛門）、三代目片岡我當（のちの十一代目仁左衛門）ら。

○「読み本体」の梗概

時は方広寺鐘銘事件後、大坂冬の陣前夜。大坂城内では主戦派と講和派が対立している。講和派の片桐市ノ正且元は交渉を長引かせているが、淀君はその本心を疑っている。そこに淀君側の大野修理亮、短慮な石川伊豆守、戦争回避派の木村長門守などが絡む。別筋として、正栄尼の息子で愚かな渡辺銀之丞、片桐の娘蜻蛉《かげろう》、腰元椋鳥の三角関係がある。

【第一段　其一　浪花城奥殿・其二　同奥庭茶室】

大坂冬の陣直前。徳川方から片桐且元へ、秀頼の参勤・国替え・淀君を江戸へ送ることを承知するようにとの三か条が持ちかけられ、大坂城は騒然としている。石川伊豆守は大野道軒・修理亮親子に、且元は逆臣だと吹き込まれ逆上する。

【第二段　其一　吉野山桜狩・其二　奥殿二女密訴】

淀君の夢。太閤を交えての桜狩、死んだはずの家来たちなどが出てくるが、それらはすべて権力争いの末に斬首された豊臣秀次とその家族たちの亡霊が見せた幻想だった。淀君は亡霊に苦しめられる。夢から覚めた淀君に、正栄尼と大蔵卿（大野修理亮の母）が、且元は徳川に寝返る逆心があると讒言する。

【第三段　其一　場内溜の場・其二　黒書院再評議・其三　片桐邸】

且元が江戸から帰る。石川は且元をののしり足蹴にする。豊臣秀頼の御前で臣下たちが協議を行い、木村長門守が且元の真意を確かめる上使として且元を訪ねる。且元の真意は、徳川の意向を受けたことにしてできるだけ三か条の実行を延ばし、家康の死を待てば情勢が変わるかもしれないというものだった。物陰で聞いた石川は自分の不見識を恥じる。

【第四段　其一　豊国神社鳥居前・其二　同　宝前】

茶坊主野呂利珍柏は城中に勤める蜻蛉をだまし、且元の助命嘆願の手紙を木村宛に書かせる。蜻蛉はお家の不義御法度にひっかかり、饗庭局に預けられる。

【第五段　其一　渡辺内蔵邸・其二　饗庭局部屋・其三　奥殿乳母自害・其四　淀殿寝所】

渡辺銀之丞は蜻蛉の身を心配して泣きわめく。正栄尼は蜻蛉を訪ね、且元が城中に来るよう手紙を書いて銀之丞の妻になるなら助けてやると言う。蜻蛉は承知するが、その手紙を書いたらかえって且元に危害が及ぶと饗庭局に言われ、悩んだ末に自害する。銀之丞の乳母は銀之丞を探して城中へ来る。蜻蛉の死を聞いて乱心した銀之丞は泉水へ身を投げ、乳母も後を追って死ぬ。淀君は修理亮に、皆が自分の意向に従わない、且元の謀略で自分は江戸へやられるとヒステリーを起こす。大野が取りなすうち、淀君はまた幻を見て懐剣を振り廻し、隠れていた珍柏を殺す。

【第六段　片桐邸奥書院・第七段　長柄堤訣別】

且元は登城しようとするが、城で変事があり娘が死んだことを知る。石川伊豆守の死を賭けた忠告に動かされ、且元はひとまず大坂を落ちのびることにし、追ってきた木村長門守と長柄堤で今後について語ったあと別れていく。

## 三　竹柴（平山）晋吉

次に、イロハ台帳本とその袋に捺された印から旧蔵者と推定される平山晋吉とは、どのような人物であったのか、『坪内逍遙事典』「竹柴晋吉」(3)の項そのほかにより確認しておく。

竹柴晋吉は、本名平山留吉。慶応三（一八六七）年生まれ、昭和二十（一九四五）年没。江戸本所松坂町に、『三人吉三廓初買《さんにんきちさくるわのはつがい》』にも名が見える鳥料理屋「坊主しゃも」の長男として生まれた。歌舞伎観劇団体の六二連に加わってから作者を志し、明治二十五（一八九二）年、最後の直弟子として黙阿弥に入門、竹柴晋吉を名乗った。黙阿弥没後、三代目新七の預りとなり、東京座、帝国劇場で立作者となった。スケとして市村座にも出勤した。幸田露伴『五重塔』、徳富蘆花『不如帰』の脚色なども行っている。いつから本姓の平山姓を名乗るようになったのかはっきりしないが、筆者は大正末に帝国劇場が刊行した「帝劇」、および昭和一ケタ代の歌舞伎座の筋書に平山晋吉の名を確認している。

繰り返しになるが本節に関わる注目すべき点は、『桐一葉』初演の際、東京座の立作者として上演台本を作成した人物であることである。また、印のあるほかの台本から見ても、歌舞伎の狂言作者であると同時に、現在では新派に分類されるような作品の脚色も並行して行っていることがわかる。

## 四　初演の問題

さらにイロハ台帳本の分析のために知っておかなければならないこととして、初演時の改訂の問題がある。以下、いくつかの資料を引用しながらなるべく簡潔に記すことにする。引用文中の傍線は筆者による。

たとえば『坪内逍遙事典』「桐一葉」の項で、大村弘毅はその問題を次のようにまとめている。

> この時は、本来第二幕目《ママ》の吉野山桜狩、畜生塚怨霊、淀君寝所密訴を第五幕目に変更した。始め逍遙は不許可の方針であったが、熱海に使いした竹柴晋吉が旅館に泊り込み本を書き改めたが、逍遙の気に入らず、東京に一応持帰り修訂し、やっと許諾したという経緯がある。著者は大不満であったという。(4)

この記述は、初演にあたって上演台本を作成する段階で、原作通りの脚色ではなく、場面の一部を後ろにずらしたということを意味している。初演については、晋吉と逍遙がそれぞれの立場から台本が作られた経過と所感を述べている。

発表順に、まず『芸術殿』昭和七年二月に掲載された「『桐一葉』の初演」によって晋吉の所感をまとめる。

晋吉は、『早稲田文学』で完結してから約十年経っていたこの作をこの時期に上演しようと考えた理由を、日露戦争による不景気のなかで「文学博士作の演劇は今迄に例がない、それだけでも観衆に歓迎されるだらう」と思ったからだと述べている。

ただし河竹登志夫『近代演劇の展開』[5]によれば、晋吉の相弟子で、明治三十五（一九〇二）年に新派の作者としてイプセンの翻案上演も行っている花房柳外が先に『桐一葉』の上演を考えており（実現しなかった）、晋吉が柳外に触発されて上演を実現したようである。晋吉は初演時の談話「桐一葉の道具及上場顛末」[6]で、明治二十年代、柳外のほうが逍遥に先に面識を得ていたと述べており、『桐一葉』の上演は晋吉独自の企画ではないらしい。

ともあれ、文学者の執筆した台本の上演は、明治三十七年の時点ですでにいくつか先例があるが、逍遥の作品が歌舞伎で上演されるのはこれが最初であった。

主演者・資本主の五代目芝翫と興行主（鈴木金太郎）の了承を得てほかの配役も決まり、伊原敏郎（青々園）を通じて「借用上演」を依頼し、「台帳式に書き直しておいた物」を持参して、熱海の旅館樋口家で静養中の逍遥を訪ねたのは二月四日だった。そして、晋吉の記憶では七日午前まで熱海に滞在することになる。この記述で重要なのは、熱海を訪ねた時点で晋吉が、自身で台本化した『桐一葉』を持参したのが明らかにされていることだ。

逍遥は台本を見る前から不機嫌であった。晋吉によれば次の通りである。

「わたしの書いた『桐一葉』を本来誰れに許されて勝手にお書き直しなされたか、甚だその意を得ない。巻末に興行権が著者所有と書いてあるのを御存じないか。越権の所置である」「僕は狂言作者ではない。或種の目的があつて劇を書いて見たのである。このたびは御使用に応じ難い。貸与は御免蒙る。お断りします」

現在の著作権意識から判断すれば、原作者逍遥の主張は理不尽とは思えない。これに対して晋吉が「途方にくれ」たことに、むしろ当時の著作権取り扱いのルーズさが露呈しているとも言えよう。そこへ逍遙を訪ねてきた市島春城（謙吉）のとりなしにより、晋吉は、持参した台本を逍遙の言う通りに「添削」することを条件にして上演許可を取りつけた。

しかし、晋吉がどうしても譲ることのできない改訂のポイントがあった。すでに述べたように、読み本体で第二段に置かれている場面を五幕目に移動することであった。

その頃の開場時間は〔一日一回興行で〕午前十一時であつたから、二幕目、花見の場の舞踊劇が十二時前後の開幕になつてしまふ。折角趣向を凝らしてある所作事が観客の来揃はぬ中に終幕になるのであるから困つたのである。今の興行時間の四時開幕であつたらかうした杞憂はない。四幕目渡辺邸お虎自害の場、五幕目片桐邸の場は、どちらも愁歎場で淋しさが重なるので、この間に花見の場を加へると配合がよく、場が際立つて見映えがする。そこで芝翫丈からくれ〳〵も花見の場の繰り上げを依頼されてをつたのである。

晋吉は序幕から順に書き直しはじめ、逍遙の検閲を受けながら不眠不休で改訂を仕上げた。台本とともに持参した原作の単行本に、逍遙は「畜生塚悪霊の場」から「淀君夢覚の場」にかけて朱筆を加えて渡した。その本が関東大震災で焼失したことや、二番目狂言の『日本勝利歌《にほんのかちどき》』が晋吉による際物の新作であること、舞台装置・衣裳考証の責任者はいなかったこと、初日前に逍遙が稽古を見にきて本読みを行い、せりふの指導をしたことなどが晋吉の所感には続けて語られる。しかしそれは置いて、次に逍遙の所感を比較しながらまとめたい。

自身が執筆者として深く関わっていた雑誌『芸術殿』に発表された晋吉の所感に、逍遙はいくつかの疑問を持ったようである。そこでそれに応える形で、逍遙は翌月の『芸術殿』の連載随筆「柿の蔕《へた》」に所感を述べた。

逍遙によれば、上演を勧める伊原の書簡は一月二十九日に来ているが、「タカヾ上演させてはどうか程度の勧誘」であったという。そして自身の日記によると、晋吉は三日に来て六日午前に帰ったと述べている。しかし実際に確かめても晋吉の来訪は四日が正しいようで、このずれが起きた理由は不明である。晋吉が述べた改訂の経過には逍遙は異議を唱えていない。主な所感は、引用すると次の通りである。

とにかく書き直した台本といふのを聞かせて貰はうといつて、一通り読んで貰つたが、不快は募つた。といふのは、興行用の台本は、きまつて配役本位であり、時間短縮本位であるから、筋さへ通ればいゝといふ風に刈込む習ひである。さうして又初心な素人作者に限つて、一から十まで原作の段取なり、文句なりを重大視して、それを無沙汰で取舍《ママ》される事を一大侮辱と感ずる。殊に、原作意を誤解されたり、最も肝要な文句を削られたりした場合にさうした感じが深い。当年の私は其初心者の一標本であつた上に、神経衰弱の予後頗る不良と来てゐたので、極めて無愛想に「原作通りの段取でなら上演を許諾しよう、其書直しのでなら御免を蒙る」といつた。

続きには、初日から三日目の二月二十九日に実際の上演を見て「大不快」「此夜眠る能わず」と日記に記したこと、晋吉が記したような本読みやせりふの指導は行った覚えがないことが書かれている。[8]

晋吉と逍遙の所感を並べて検討することで現れる初演台本成立上の問題は、箇条書きにしてみると次のようになる。

・晋吉は逍遙に上演許可を取る以前に、自分で上演用に書いた台本を制作し、熱海に持参していた
・持参した台本をそのまま上演することを逍遙は拒否したが、原作二段目の三場を五幕目に移動させることは、平山は上演上どうしても譲ることができなかった
・逍遙は「原作意を誤解されたり、最も肝要な文句を削」られることを拒み、「原作通りの段取」で上演することを望んだ

先に述べれば、イロハ台帳本は以上の経過と一致する構成で書かれていると筆者は考える。以下しばらくは、そのことを検証する観点から検討を行う。

## 五　イロハ台帳本の細目と特徴

まず、イロハ台帳本の三冊目（以下はこれを「3」と記す。他の冊も同様である）から十冊目の表表紙に書かれた場名を挙げる。

3　　序幕返し　　広書院蜜《ママ》訴の場

4　弐幕目上　城中溜の間の場
5　弐幕目中　黒書院評議の場
6　三幕目　奥庭豊国社の場／御廟前詮議の場
7　四幕目　渡辺内蔵邸の場／饗庭局部屋の場
8　五幕目　吉野山夜桜の場／畜生塚怨霊の場／淀君御前閨の場
9　大詰　片桐邸玄関の場
10　大詰の返し　長柄堤生別の場

表紙に場名が書かれていない1・2のうち、1は内容を比較すると、細かいせりふはかなり異同があるが、筋の運びは読み本体の「浪花城奥殿・同奥庭茶室」と一致する。

そこで、明治三十七（一九〇四）年三月東京座の初演の場割を番付から抜き出し、イロハ台帳本と比較してみる。

| 初演番付による初演の場割 | | イロハ台帳本 | | |
|---|---|---|---|---|
| 序幕 | 浪花城奥殿の場 | 1 | （浪花城奥殿） | |
| | 同　奥庭茶室の場 | | （同奥庭茶室） | |
| 同返し | 広書院密訴の場 | 3 | 序幕返し | 広書院蜜訴の場 |
| 二幕目 | 城内溜の間の場 | 4 | 弐幕目上 | 城中溜の間の場 |

| | |
|---|---|
| | 黒書院評議の場 |
| 同返し | 片桐邸上使の場 |
| 三幕目 | 奥庭豊国社の場 |
| | 御廟前詮議の場 |
| 四幕目 | 渡辺内蔵邸の場 |
| | 饗庭局部屋の場 |
| | 長廊下自害の場 |
| 五幕目 | 吉野山夜桜の場 |
| | 畜生塚悪霊の場 |
| | 淀君御前閨の場 |
| 大詰 | 片桐邸玄関の場 |
| 返し | 長柄堤訣別の場 |

| | | |
|---|---|---|
| 5 | 弐幕目中 | 黒書院評議の場 |
| 6 | 三幕目 | 奥庭豊国社の場 |
| | | 御廟前詮議の場 |
| 7 | 四幕目 | 渡辺内蔵邸の場 |
| | | 饗庭局部屋の場 |
| 8 | 五幕目 | 吉野山夜桜の場 |
| | | 畜生塚怨霊の場 |
| | | 淀君御前閨の場 |
| 9 | 大詰 | 片桐邸玄関の場 |
| 10 | 大詰の返し | 長柄堤生別の場 |

比較すると、初演の場割とイロハ台帳本の場割はほぼ一致する。再演以降、少なくとも東京の大劇場における上演で、この場割と一致する上演は行われていないことを[9]年表と番付により確認している。推定される旧蔵者から見ても、イロハ台帳本は初演時の台本とすることに無理はなさそうである。

ただし、明治三十年代の歌舞伎・新派の上演台本にしばしば見られる警視庁の検閲印が、イロハ台帳本にはない。また、縦本に書入・貼込が行われることは一般的に歌舞伎台本ではけっして珍しくないが、イロハ台帳本の場合、書入については、対照すると読み本体の本文に近づける方向で改訂が行われている。

その二点から見ればこの台本は、体裁は決定稿に用いられる縦本形式ではあるが、決定稿の前段階の台本である可能性が高い。そしてその推定は前章で述べた、初演の上演台本が製作される過程での紆余曲折と矛盾しない。

読み本体と比較しながらイロハ台帳本を読んでいくと、イロハ台帳本の問題は三点あることがわかってくる。すなわち、

①「弐幕目下」、初演の場割で言えば「片桐邸上使の場」に相当する冊がない。

②同様に「四幕目」の一部、初演の場割では「長廊下自害の場」に相当する冊がない。

③表に含めることのできない2は、8と筋が重複するが簡略化されたもので、ほかの冊に行われているような書入・貼込がまったくない。

順に述べると、①は初演で「片桐邸上使」が上演されていることが劇評(10)により判明するので、単純に相当する冊が失われたものと考えられる。袋にその痕跡が認められない以上、旧蔵者の手元にあった時点ですでに失われていたのであろう。

また②については、7の後半（十二丁裏からと思われるが貼込がおびただしく、確定することにあまり意味がない）に相当する場面があり、やはり劇評で上演が確認できる。①②ともに、初演台本の成立過程を考えるうえではあまり大きな問題ではない。

重要なのは③である。表表紙に場名が書かれず、8と内容が重複する2がイロハ台帳本に同時に存在す

ることは、いったい何を示しているのか。

## 六　2と8の内容比較

イロハ台帳本
2と8の筋の運びを比較すると、次のようになる。

2　桜狩　↓　秀次の亡霊出現　↓　淀君の寝室、懐剣を抜く淀君を珍柏が止める　↓　大野修理が来て珍柏去る　↓　大野と淀君の対話、「片桐が江戸から帰った」と聞いて二人は寝所へ

8　桜狩　↓　秀次の亡霊出現、淀君は懐剣を抜き立ち回り　↓　淀君の寝所、小車・腰元（原作では椋鳥）と対話、下がらせてから一人で「咲き乱れたる姫百合の……」の述懐　↓　大野修理登場、淀君をなだめつつ対話　↓　淀君狂乱、懐剣を抜き立ち回り　↓　大野・止めに出た珍柏刺される

読み本体の梗概と比較すると明らかであるが、8は原作をほとんど改変せず第二段と第五段其四をつないだ台本で、書入・貼紙も多い。しかし2は、筋の進行は整理されているが、大きな違いは珍柏が殺されないことと淀君の述懐がないことである。さらに、先に述べたようにこの冊には書入・貼込がない。

実際の初演で第二段と第五段其四がどうつながれて上演されたかは、初演を見た逍遙自身が記録しているので、やや長いが引用して比較してみる。

第一、末三幕が混雑《ごたつき》過ぎ、銀之丞の振事と夢の振事〔桜狩〕とが衝《つ》き、夢でも淀君が短剣を抜き現でも抜き、幻でも抜き、ほとんど同じ幕のうちに三度同じ仕草、そればかりでなく、あの怖い不気味な夢のあとで直《すぐ》色合もお《ママ》かしなもの、〔中略〕夢と幻と前後照応させようとして、態と二度寝所を使つたのも贅《むだ》となりました。〔中略、夢の場は〕淀君の台詞が唄へ取られて振が付いたのと、怨霊の悩ましになつてから、暗中に唄が聞えるのとはまったく作者の思ひつかなかつた面白味で、これは全く舞台方の働きです。(11)

「三度」とあるのは二度の誤りではないかと思われるが、「淀君の台詞が唄へ取られて振が付いた」とあるのは、8で淀君が夢の中で子を思い太閤へ述懐するせりふに「ウ」「せり（ふ）」と傍記した指定が入っていることで、淀君のせりふが部分的に唄へ取られていることに相当するようであり、「怨霊の悩ましになつてから、暗中に唄が聞える」というのも、一致する段取りを8で確認することができる。該当箇所を翻刻する。

**【8の七丁表・裏】【図版28】**

淀　勿体なや御しんもじの御情けうけまいらする我が身　此の上に何不足　あつぱれたぐひなき豊臣の栄華につるゝかたじけなさ　嬉しいと思ふにつけ　〔朱書〕ウ「杞憂《トリコシ》は女心の浅ましや千丈の堤もあり〳〵と」せり行衛の崩れ案じられ」　せり〔朱書〕「接木の枯れて幹も根も朽ちや果てなんさりながら　むづかしい世の口のは○

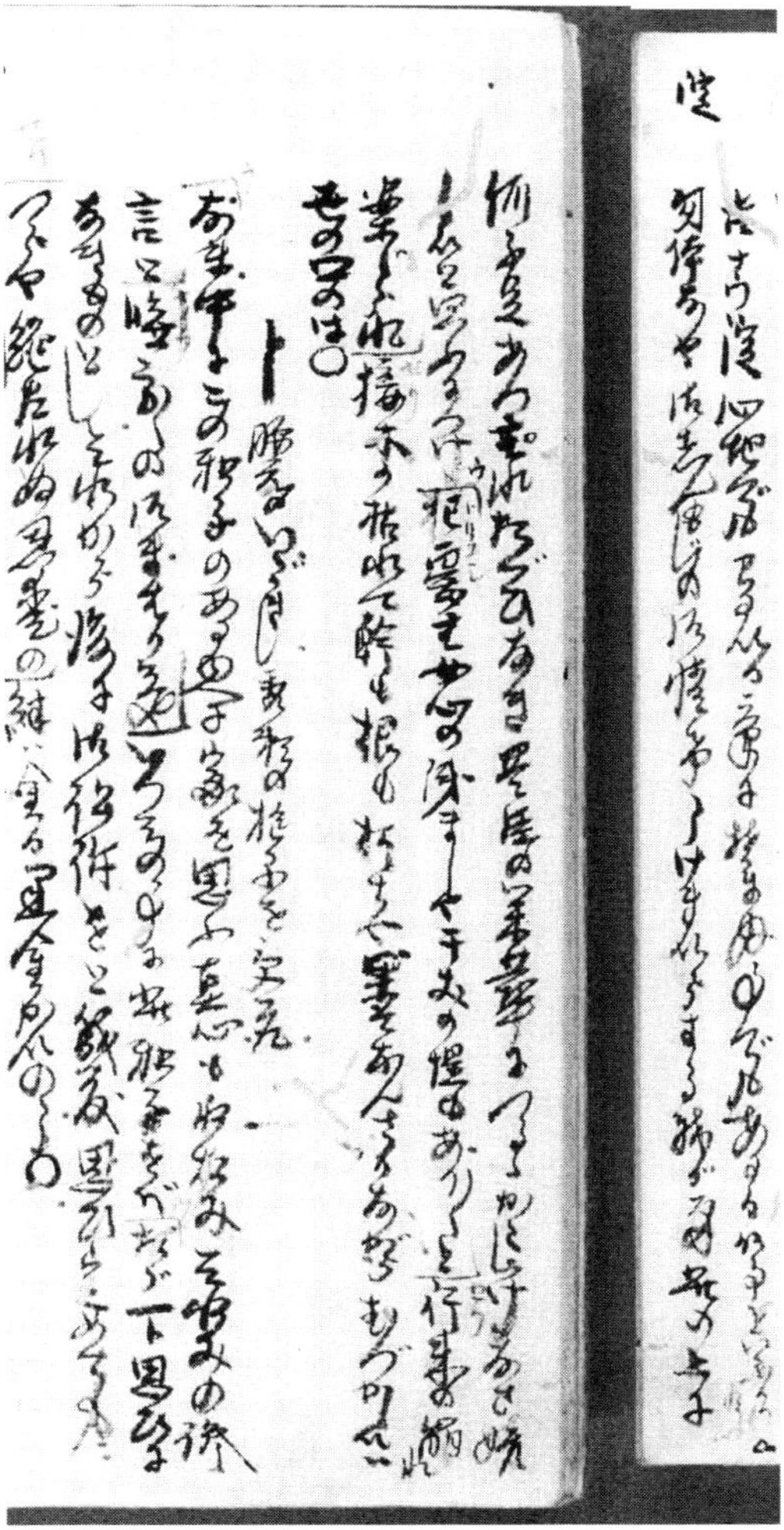

【図版 28】

ト腰元のいだきし秀頼の抱子を受取
〔朱書〕ウ「なま中にこの和子のあるゆへに　家を思ふ真心もねたみそねみの讒言と」〔朱書ウを消す〕嘸
方々の御まはり気」いつその事に此和子をば　〔朱書〕ウ「たゞ一ト思ひになきものとし　それから後
に御訟訴をと幾度思ひ定めても　せり「つらや絶たれぬ恩愛の」絆は金か黒金かいのう〇

【同八丁裏から九丁表】【図版29】

秀（乙・太）　我が実みの子の秀頼を世に立てんとてその如く　しうねく謀りし〔「カシラ」？〕讒言に

我れ太閤のにくしみ受け○

竹「といふは殿下にあらぬば玉の　四下《アタ》りはいつか真の闇

ト是にて電気の採用にて舞台を闇くする　道具能程に秀次の亡霊

実に応報の怖ろしや　年頃積みし悪業に報ひは廻りきいの国　高野山の木の下露とはかなく消えし

栄華の夢　修羅の呵責の恐ろしく〔中略〕やがてぞ思ひ知らすべきぞ

朱書ゥ「いふかと思へば前うしろ　右にもはつと左にも　こゝにもそこにもかなたにも一度にはつと

鬼火のひかり　朱書「トあかるくなる」「土まんぢうにあり〳〵と畜生塚のあら石碑〔以下の〔　〕は朱書〕〔黄

金の鈴と見へにしは　鬼火に青き雲間より微かにきらめく星の影〕

ト是にて電気をハツトあかるくすること宜しくあつて

本舞台一面の平舞台　正面九尺中足の弐重　其上大成る畜生塚　後ろ壱面芒原所々に立樹を置き

都て畜生塚芒原の体にて道具納る(12)

2はどちらの箇所も読み本体のままである。ちなみに『逍遙選集』第一巻所収の「実演用」では、読み本体と比べてせりふ・詞章が改訂されているが、秀次のせりふ「年頃積みし」がはじまると徐々に暗くなり、唄が「あら石ぶみ」で切れるとだんだん明るくなるという指定がなされている。

以上から、2は晋吉が読み本体を整理してつなげた初演の五幕目の初稿、8はその段取りに逍遙が抗議

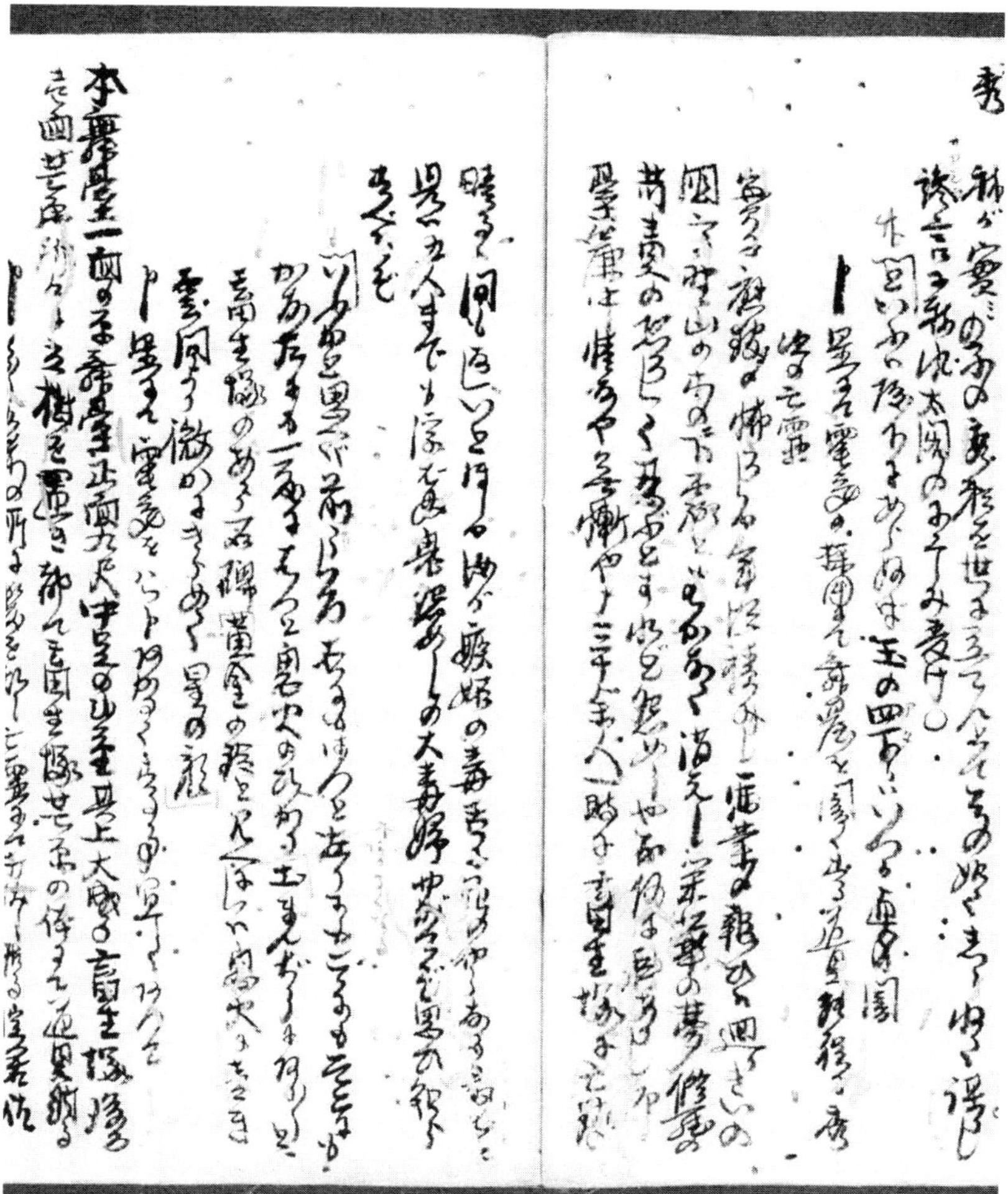

【図版 29】

したことによって全面的に書き直され、実際に上演された五幕目のもととなった台本ではないかと考える。そうであるならば、逍遥が晋吉の台本を見た当初「最も肝要な文句を削」られたと感じたのは、具体的には、夢から覚めた淀君の述懐の削除だったのではないだろうか。

逍遥は読み本体のためと推定される腹案の筋書を残しているが[13]、すでにそこでは第二段の筋書は「二幕目」として、ほかの段よりも詳しく別立てで書かれている。そしてそのなかに「独なりて夢のおそろしさにつきて思ひいづる述懐」とあることから見れば、読み本体の構想段階で淀君が夢覚めの述懐をすることは決定していたと考えられる。

さらにこのせりふは逍遥だけではなく、初演から最晩年までこの役を当たり役として演じた芝翫、のちの五代目歌右衛門にとっても、美声とエロキューションを聞かせるしどころであった。そのことは、このせりふをノーカットで入れている「淀君寝所の場」のＳＰレコード[14]が発売されていることや、晩年歌右衛門の足が不自由になり、立ち居が難しくなっても「寝所の場」が繰り返し上演されていることから明らかであろう。

しかし、淀君の述懐が削られた形の台本が作られ、上演される可能性があったことは、初演の明治三十七年当時、このようなせりふの扱いについて、当時の歌舞伎や新演劇（新派）に関係する人々が直面した試行錯誤の様子を示している。

河竹登志夫『日本のハムレット』[15]第二章の三と、第三章の一の四によれば、現在の上演で省略することは考えにくい『ハムレット』の「To be, or not to be」ではじめられる第四独白は、たとえば明治十九（一八八六）年の仮名垣魯文による翻案『葉武列士《はむれっと》倭錦絵《やまとのにしきえ》』ではほかの独白すべてとともにカットされた。

また、三十六年十一月に新演劇の川上音二郎が本郷座で上演した『ハムレット』でも、かなり原作に沿った山岸荷葉の翻案ではおおまかに訳出されるが、実際の舞台ではカットされたと推定されている。その理由は結局、荷葉の把握では『ハムレット』は家庭悲劇であり、「我が劇の生世話物としては〔独白は〕最も無理」だったからである。

また先に述べたように、平山が『桐一葉』の上演を触発された先輩には花房柳外がいた。

神山彰は『近代演劇の来歴――歌舞伎の「一身二生」』[16] Ⅲの第三章『『自然主義』のなかの『江戸』――抱月・柳外・新派の人々」において、柳外が明治三十年代に主張する「洋式演劇」は、「写実」であろうとするために竹本をはじめとする「音楽と踊りの要素を排し、台詞を口語に近づける」ものであったと述べる。そのうえで、『桐一葉』の装飾的な独白は作者逍遙にとって「人物に生動感を与え、血肉化された強度のイメージを観客に与える」ものであり、「調子」すなわち声の魅力という、彼が演劇で必須だと感じる魅力を堪能できるものでもあったことを指摘している。

イロハ台帳本から具体的に推測される、述懐の扱いで起きた揺れは、表面的には、同じような場面が繰り返しになるという興行上の都合で起きたもののように見える。しかしおそらく同時に、装飾的な述懐を原作通りに上演することの困難が、新演劇（新派）とほぼ同じ時期に同じ形で歌舞伎に――というより、柳外とその後輩である晋吉に[17]――あったことを具体的に示しているのではないか。『ハムレット』のポローニアス刺殺の影響を指摘される珍柏の刺殺が、やはり2では削られ8で入っていることも、本質的に同じ問題から起因した結果であるように筆者には思われる。

## おわりに　現代演劇の上演例

最後に平成二十八年九月から十月にかけて行われた、劇団花組芝居による『桐一葉』の通し上演について付記する。これは、新劇へのアンチテーゼを内包しつつ発生した小劇場演劇から引き続く劇団が、歌舞伎を念頭に置いて行った（部分的にカットはあるが）通し上演だからだ。歌舞伎では、渡辺銀之丞の件を含める上演は昭和四十二年十一月以降行われていない（部分上演はその後も何度かなされている）。

「全七段通し上演」と銘打ったように、もとになっているのは読み本体で、原作通りの進行であるが、二時間半の上演時間に収めるため、脚本・演出の加納幸和によってカットと語の改訂がなされていた。全体には重複するせりふを整理し、いたずらに晦渋な部分を言いかえることで、テンポがよく、初見の観客でも筋がよくわかり、批評的な観点も含まれた良質の上演であった。この上演で加納氏は淀君を演じた。

前記のようなことを考えつつあったため、筆者の関心は主に、二段目の淀君の述懐の上演がどうなされるかにあった。述懐の部分を、場内で販売された上演台本から引用する。ルビは適宜取った。「……」は原文ママである。

淀君　……妾《わらわ》が仕掛けた黒百合の、花比べが元となり、北の政所の憎しみ受け、果敢なく滅びし佐々成政。いでその頃が盛りの花。我一度笑む時は、布衣より出でて六十余州を掌握ありし、太閤も何英雄、世に聞こえたる男も女も、皆自らを憚りの、豊臣の世は泰平よと思いの他、去《さ》んぬる三年の秋の風、頼みに思いし石田三成も、荒れすさび行く木の下陰。（ト愁いのこなし、ヒステリー風に泣く事あって）

にっくきは徳川家康、ご遺言を反古となし、秀頼が柔和を幸い、自らを女と侮り、世が世なら家の子同然の陪臣《またもの》に、（ト言い掛けて泣き）エ丶、武運も末となったるか……。

述懐をまるまるカットはしない。筋に必要なところを注意深く選び、「治部少輔」を「石田三成」とするなどの言い換えを行って、三分の二ほどの分量に縮めながら意味の通る形になっている。

率直に言えば「咲き乱れたる姫百合の」からはじまらないことを想定していなかったので、見た折には驚いた。しかし、歌舞伎そのままではなく、現代演劇として批評的に歌舞伎の作品を上演してきた劇団にとっては、これは必要にして当然の改訂であっただろう。現代演劇として上演すると淀君の述懐がこの形になることに、『桐一葉』という作品が上演に際して持つ困難さが如実に表れている。

## 注

（1）早稲田大学演劇博物館・平成五年。
（2）坪内逍遥・逍遥協会編（第一書房・昭和五十二年）。
（3）逍遥協会編（平凡社・昭和六十一年）。項目執筆者は河竹登志夫氏。ほかに三世竹柴金作『狂言作者の変遷』（三世竹柴金作〈私家版〉・昭和五十四年）、小島二朔『狂言作者』（青蛙房・昭和三十三年）を参照した。
（4）以下、引用文中の傍線は筆者による。
（5）日本放送出版協会・昭和五十七年。なお、花房柳外についてくわしくは藤木宏幸「花房柳外と様式演劇」（『共立女子大学文芸学部紀要』第十九輯〈昭和四十七年三月〉）を参照されたい。

（6）『歌舞伎』四十八号（明治三十七年四月）。

（7）大村弘毅翻刻・校注「逍遙日記　明治三十七年の巻（一）」『坪内逍遙研究資料　第十集』（逍遙協会編、新樹社・昭和五十六年）所収。

（8）二十九日の観劇については、日記（注（7）参照）にそのままの文言を確認できる。そして翌日、芝居茶屋魚十で「俳優に役々の性根を語る」とあることからは、本読みはともかく、出演俳優に対して役についての話はしたらしい。

（9）『国立劇場上演資料集百五十七　桐一葉』（昭和五十三年十二月）所収。

（10）芹影「東京座の桐一葉」（注（6）参照）。

（11）「舞台に上れる『桐一葉』につきて」（注（6）参照）。

（12）翻刻は通行字体を用い、適宜空白を補った。小字の部分は原資料通り起こすことを企図した。注記の必要な箇所は〔　〕で括って示している。

（13）菊池明「逍遙自筆『桐一葉』腹案筋書」（『日欧・日亜比較演劇総合研究プロジェクト　成果報告集』〈早稲田大学演劇博物館・平成二十年〉所収）に翻刻と紹介がある。

（14）ポリドール 5106 ～ 5107。

（15）南窓社・昭和四十七年。

（16）森話社・平成十八年。

（17）匿名「めさまし草評」（筆者は森鷗外と推定されている。『めさまし草』明治二十九年二月二十五日）など。

## 第四節　長谷川時雨『さくら吹雪』について

本節では、小説家・劇作家の長谷川時雨によって書かれ、明治四十四（一九一一）年二月歌舞伎座で六代目菊五郎らによって初演された『さくら吹雪《ふぶき》』を取り上げる。まず、先行研究で従来指摘されてこなかった典拠を特定したうえで、『さくら吹雪』は主人公の分身となる尼小百合を作り、控えめな構成ながら、道徳から自由になれない女性の苦しみを立体的に描こうと試みたことが特色であると考えた。本節では初演の興行上の事情についても述べ、最後に本作の上演の意義についてまとめた。

### はじめに　長谷川時雨の『さくら吹雪』

長谷川時雨は、(1)『旧聞日本橋』や『美人伝』シリーズで著名な小説家である。また、時雨の書いた歌舞伎・舞踊作品は何度も実際に上演され、しかもそのいくつかがレパートリーとして現在まで残っている。

本節で取り上げる『さくら吹雪』は、明治四十四年二月十七日から東京歌舞伎座で、六代目菊五郎（以下「菊五郎」とする）らによって初演された、時雨の歌舞伎の第二作で、先行研究によって、「時雨の劇壇での地位が不動のものとなった記念すべき作」「歌舞伎界で地歩を固め」(2)た作品と評されている。

### 一　梗概

『さくら吹雪』は、『演芸画報』明治四十三（一九一〇）年八・九月に『操』の題で発表された。主演の菊五郎の談話(3)により、翌年の初演は初出にかなり忠実に行われたと考えられる。よって初出の台本により梗概を述べる。

［時代設定］　弘治元（一五五五）年冬から二年晩春

【第一場】

もと織田信行の家臣・佐久間七郎左衛門は、同家中の津田八弥を殺し、美濃稲葉城の斎藤道三のもとへ立ち退いている。七郎左は信行の兄信長の執権柴田勝家の甥で、信長の重臣佐久間玄蕃の弟でもある。そのことをかさに着ているため斎藤家でも好かれていない。

冬の夕暮れ近く、稲葉山の麓にもと織田信行の侍女・勝子とその僕・五平が通りかかる。尼が勝子に話しかける。尼は実は津田の隠し妻・小百合で、七郎左を夫の敵と思っているが、隠し妻なので表立って討てないこと、勝子に会いにその出身地の山城へ向かっていたことを打ち明ける。勝子にとっても、津田は主君の前で女夫の盃をしたその夜殺された夫だった。小百合は拾った証拠の短刀を勝子に渡し、勝子が敵を討ったらその菩提を弔うと約束する。勝子は襲いかかる七郎左の家来たちを追い散らす。道三の子・斎藤龍興がその腕前を見て、自分の母に仕えさせると約束する。勝子は「小百合」と名乗り、尼と別れて斎藤家へ向かう。

【第二場】

龍興が母・門田に勝子を紹介する。女中たちが歌を詠むよう迫り、紅葉の枝で打ちかかるのを勝子はやり過ごす。道三が出てきて「織田信行が七郎左を渡すよう使者を送ってきたが、信長の重臣の縁者で、信長にとっては弟より家臣のほうが大事であろうことを考えると渡せない」と語る。春に騎射の催しを行うと言う道三に、龍興は「不義の武士である七郎左とは勝負したくない」と抵抗する。勝子は自分を騎射に加えてほしいと頼み、道三は承知する。

【第三場】

騎射の当日、勝子は七郎左に「津田八弥」と名乗り切りかかる。龍興は勝子を討とうとする家臣たちを下がらせ、家来を加勢にやる。陰から見ていた五平の加勢も得て、勝子は七郎左の脇腹をえぐり、敵を討ち、道三の問いに応じてこれまでの次第を物語る。門田は龍興と相談して、徳川家康の領地岡崎へ勝子を落とすことに決める。龍興と勝子は心を残しながら別れる。

【第四場】

桜が咲く春の岡崎城内。夜半に奥女中三人が勝子の部屋へ来て、信長の追及が厳しくなっているが、家康は「古来稀なる烈婦、今の世の鑑」だからやらぬと言っていることを話す。三人が下がったあと、美しい尼が訪ねてきていると召使が告げる。勝子は「あゝ逢へた」と喜び、小百合と対面する。勝子は小百合に、龍興へ宛てた文を見せ、龍興への恋を絶って操を守るため自害する決心を明かす。小百合は止めるが、勝子は小百合の手から白湯を受け、屏風の内で自害する。召使が来て、玄蕃の放った刺客二人が城内で発見されて討たれ、さらし首になったことを告げて下がる。小百合は屏風の内から形見の小袖と手紙を取り、部屋から出る。

【第五場】

明け方、さらし首のある大手前の松原。城から出た小百合が通りかかるところに、信長方の池田三左衛門と家康方の大須賀康高が行きあわせる。池田は、さらし首の脇に立てられた制札の文言に玄蕃の名が書かれたことを抗議するが、大須賀は「玄蕃の家臣と記したのはあくまで自白によるもので、そのように自白したと書かなければかえって佐久間と織田家にとって不名誉だろう」と言い開く。供人同士が斬り合いになるのを池田・大須賀双方が引き分ける。このまま帰っては信長の顔が立たないと言う池田に、大須賀は、勝子が自害したことと、信長に直接宛てた勝子の遺書を届けて怒りをとく使いにいくことを明かす。これですべての争いがとけるだろうと二人は感慨にふける。小百合は木陰から出て、美濃の国へ急ぐ。

## 二　典拠となる物語

『さくら吹雪』の時代は、織田信長が美濃を攻める直前の、弘治元（一五五五）年から二年に設定されている。出てきてもよい斎藤道三の子義龍が現れないことなどから、歴史的に正確とは言えない設定であり、また、『信長公記』『三河物語』などでは、津田勝子についての記事を見ることができない。

しかしすでに先学により、真田増誉『明良洪範』巻二十四に「勝女」の記事があることが明らかにされている。(4) 増誉は宝永四（一七〇七）年に没した、軍学に精通した僧侶である。(5)『明良洪範』は戦国期から徳川五代将軍綱吉の頃までの、歴史に関わる大小さまざまなことがらを記した本で、全国に板本・写本が残存し、(6) 広く読まれた書物のようだ。以下に『明良洪範』「勝女」の梗概を記す。(7)

勝女は京都の生れ。主君織田信行の酒宴の戯れにより、農民の出ながら美男で才知ある津田八弥と夫婦の盃を取り交わす。老臣佐久間七郎左衛門は津田が主君の寵を得たことを妬み、ある夜津田の家に放火し、刺殺したのち斎藤道三に身を寄せる。信行は勝女に尼となるようすすめるが、勝女は恨みを酬いたいと乞う。信行は証拠の短刀を与えて暇を出す。勝女は岐阜の叔父の元に身を寄せるが、道三の嫡子龍興に見出されて道三夫人の侍女となる。三月十五日の騎射の催しで十五番に出た佐久間の名乗りを聞いて、勝女は走り出て脇腹を突き抜き、仇を討ったと呼ばわる。

道三夫人に預けられた勝女は出奔を勧められ、岡崎の大須賀康高を通じて徳川家康の扶助を受ける。織田信長は家臣佐久間玄蕃の弟の仇を渡すよう要求するが、家康は貞婦であるからと拒否。玄蕃は刺客二名を送るが失敗し、二名は梟首される。その罪状を述べた制札の文言がもとで織田と徳川が不穏な状態となり、勝女はそうした事態は本意でないとして自害する。

『さくら吹雪』と比較して、登場人物名と話のだいたいの流れが一致することが確かめられる。細かい点でも、金目貫の丸竜に正宗の刃という証拠の短刀の造作、敵討の舞台が「騎射の催し」であること、「佐久間玄蕃に頼まれたと騙った盗賊を処刑した」という制札の文言が、佐久間の名を出すこと自体無礼だとして問題になる運びが一致する。

時雨自身は『さくら吹雪』の典拠について何も語っていないので、『明良洪範』に直接拠った作と言うことはできない。だが以上から少なくとも、『さくら吹雪』以前、すでに広く巷間に知られていた勝子の敵討の逸話を、時雨がなんらかの形で知り、それをもとにして『さくら吹雪』が書かれたと言うことができるだろう。

勝子の敵討の物語は、大阪で歴史に題材を取った小説を多数執筆した宇田川文海によって、明治二十二

（一八八九）年、周辺の人物が増やされ、脇筋が潤色された新聞小説『烈女勝子伝』となった。[8]この小説は三十二年三月大阪浪花座で『勝笠懸女鑑《かちがさかけおんなかがみ》』として、岡崎城での自決までを補った形で歌舞伎化されている。[9]この時の勝子役は三代目片岡我當（のちの十一代目仁左衛門）で、日延べまでする大入であった。これは大阪での小説化・劇化であり、東京においての知名度や劇化された時の影響と単純に同一視することはできない。また脚色の方法からも、『さくら吹雪』に直接先行する作品と言うことも困難である。だがこの小説化と劇化は、この逸話が明治以降も一般に知られ、多くの人を引きつける魅力を持っていたことの一証にはなりそうである。

多少横にそれるようであるが、時雨は、大正八（一九一九）年に実業之日本社から出版された『名婦伝』の「津田勝子」でもこの逸話を扱っている。「津田勝子」は津田八弥と主君織田信行の出会いに脚色があるが、それ以降の叙述内容は『さくら吹雪』よりも、『明良洪範』の「勝女」と類似する点が多い。

## 三　時雨の脚色

さてそれでは、時雨が『さくら吹雪』で行った脚色はどのようなものか、考えてみたい。

巷説や小説、能、人形浄瑠璃、歌舞伎などの先行作品をもととして、時代に合った脚色を加え、新たな作品を作るのは、歌舞伎のみならず、日本の古典芸能全般で常套的な作劇法である。ここで扱う敵討という事件のパターンは、歌舞伎のなかでは一般的な題材の一つで、女が行うのも珍しいことではない。

『さくら吹雪』の具体的な書き方に見られる特色としては、まず各場冒頭の舞台書きが歌舞伎の定式に近い。わかりやすい例として、第二場の冒頭、稲葉城奥殿を挙げる。[10]

稲葉城の奥殿の一室、正面は金砂子を押したる美しき模様の壁絵。向つて右の方は書院窓あり、其隣室《となり》は奥方の居間。左手の方は襖を明はなちありて次の間に続く畳廊下なり。正面に蒔絵の書棚を飾り、窓近くに其期節《ママ》の紅葉を挿したる花車、室の中ほどには手焙りなど据えある。灯ともしごろ、女中達は灯火を点じゐる。

本職の狂言作者のような、「本舞台三間の間」などではじまる専門用語を用いた書き方ではない。しかし歌舞伎の舞台で、書院造りで上手に奥の一間があるような武家の奥座敷の場を見たことがある人が読めば、だいたいの様子が想像できるであろう。なお、この書き方は、時雨の師坪内逍遙の『桐一葉（実演用）』などの舞台書きと形式がよく似ている。

また、第一場、二場、四場の冒頭のように複数の家来や腰元、奥女中などを出して登場人物のだいたいの性格やこれまでのあらすじ、周辺の状況を説明させ、それが一段落してから主要な人物が出てくるのは、従来の歌舞伎がよく用いる段取りである。第二場の女中たちによる勝子いじめも、たとえば『鏡山《かがみやま》旧錦絵《こきょうのにしきえ》』の「花見の場」を連想させる。第三場の道三への物語も、「一応まをして見い」と声を掛けられて物語る、歌舞伎や人形浄瑠璃でおなじみの段取りで書かれている。

おそらくこのようなことから、時雨は自作について、

なるべく舞台にのせるのに好い様にと、最初からその心地で書きましたのですから、在来の上場された脚本とあまり異なつた新しみもございませんでせうと思ひます。(11)

ない作品だという意味である。

と述べるのであろう。伊原敏郎（青々園）がこの作品についての初演の劇評で、「三幕目までは甘い在来りの芝居」と言っているのも、言いかえれば、第三場までは従来の歌舞伎からはみ出して見えるところがない作品だという意味である。

『さくら吹雪』においてはいくつか、『明良洪範』の「勝女」や宇田川文海の小説では無理のあったことがらを合理化した点がある。一点だけ例を挙げれば、第三場の敵討を勝子が一人で行うのでなく、僕の五平や龍興らが助力していることである。

しかし、『さくら吹雪』において時雨の独自性が発揮された脚色は、尼の小百合を創造したことであろう。これについては作者自身が、「勝子といふ此劇の女主人公が、清い童貞で世をさつたといふ、其影の心地に僧体をかりて現した」[12]と述べている。仮説として、筆者はこの発想の原点を、『明良洪範』の「勝女」で勝子の出立を織田信行が止める際、「其貞節の志ならば尼法師と成て八弥が菩提を弔ふべし」と言っていることに見たい。『さくら吹雪』でその作意は、第一場の小百合と勝子との会話において、小百合が「陰の此身」と言うのに対して、勝子が「お前様と私しとは《ママ》、二人合せて丁度一人」と答えることで明確に表現されている。

ただ、勝子から小百合を分裂させることによって時雨が表現しようとした内容がはっきりするのは、実は第四場である。それはすでに伊原が『演芸画報』『歌舞伎』『都新聞』に掲載された劇評で言及している。[13]とはいえやや意味が取りにくいので、以下しばらくはその指摘を筆者なりに言いほどいてみたい。

第四場の勝子は、織田信長の厳しい追及からかくまってくれる家康への遠慮よりも、むしろ「命で操を救ひませう」との言葉に現れる通り、敵討で明らかにした津田八弥への操を、斎藤龍興への恋によって汚さないために自害を決意する。勝子が龍興に宛てた書き置きは劇中でその一部が読まれるが、要するに未練が隠されている。

読んだ小百合は、「義理でなされた」敵討と誰もが知っていることなのに、龍興への恋を殺すのは無理だと言う。ここから勝子の自害を見送るまでの小百合のせりふは、すべて、自害に追い込まれながらそれをあえて受容しようとする勝子への、その心情を汲んだ反論である。それは最終的に、勝子を自害へ追い込む「むごいむごい世の中」に対する抗議へと発展する。

すなわち、勝子一人が形式的な操とそれに相反する自分の恋との板挟みを述懐するよりも、操に縛られる部分を勝子に、恋の弁護の部分を小百合に振り分けて対話にすることによって、その葛藤が立体的になっている。このことがまず、小百合を分裂させたことで生まれる効果だ。

しかし、この効果によって時雨が表わそうとした作品のテーマは、ではなんであるのか考える必要がある。それが、小百合のせりふに繰り返し言及される「操責め」である。まずこの言葉の意味を考えることからはじめてみよう。

第四場から、「操責め」に言及する小百合のせりふを二か所引用する。

①褒《ほめ》られようとてなされた敵討《あだうち》ではなし、義理でなされたとは誰も知つた事。それを操責めにして笑ふものがあれば、そりや其の笑ふ者が無理なは知れてをりますではござりませぬか。

②恋しい人の後追はれぬ義理で、髪落《おろ》した生残りを殊勝な尼ぢやと言ひ、操責めにして死なせるお

前様をば、潔い最後ぢや、貞節なことぢやと語り艸《ぐさ》にするのであらう、むごいむごい世の中は……

「義理」でした敵討をもし義理だけのものと言い、恋に従って行動したならば「笑ふ」者がある。①によって、本心に従って行動しないように「義理」を守らせ、一人の人間の自由を制限することが、「操責め」の具体的な内容であると言える。伊原は同じことを「旧時代の習慣が再婚を不徳とする事」と言っている。しかし戦国から江戸時代にかけては、実際は主君なり親なり目上の者の許しがあれば、女性は何回も再婚をするのが普通だったから、(14)伊原の説明は「勝手な再婚」とするほうが歴史的にはより正確になるであろう。

さらに②で小百合は、「義理」から生き残らねばならない自分自身と、「義理」に縛られる「操責め」で死なねばならない勝子をどちらも褒めるであろう世の中は、二人の女をそれぞれの義理を守ることでしか許容しない「むごい世の中」だと非難する。

そしてここまで来ると、これも伊原が指摘するように、第一場に戻ってこの二人の関係を読み直さなければならなくなる。その理由は、伊原は「作者の意のある所」を知るためとのみ言っている。それをもう少し詳しく言うと、この二人の抱える「義理」の内容が同じ内容なのか、違う内容なのかを確認するためである。

第一場で小百合は、自分が「隠し妻」であり、夫の死を発見し証拠の短刀を得る「深い縁」がありながら、表立って敵と名乗りかけることができない身だと述懐している。本心から敵を討ちたいのに、形式上は妻でない。形式に守られないからあえて敵を討たない。これが小百合の抱える義理である。

対して勝子は、「御主君信行様の御前にて、女夫になれいと御諚を受けた其日が初のお目もじにて、其日がまた長のお別れ」と言い、顔もよく見なかったので「今更思へばとて面影にも夢にだにも見られませぬ」と述べている。形式上は妻だが、その形式のなかに、殺された夫を追憶するような心情は籠りようがない。しかし義理にでも夫の敵を取らなければ、不貞と世間から非難される。

つまり小百合と勝子の抱える「義理」の内容はまったく正反対で、津田八弥という殺された夫を間に置いて鏡写しにした「敵を討たない義理」と「敵を討つべき義理」だ。そして再び第四場にかえって考えると、「操責め」がもたらす本当のむごさとは、夫への追憶を持つ事実の妻が「討たない義理」のために生き残らねばならず、形式上の妻が「討つべき義理」のために死ななければならない皮肉――これを伊原は「皮肉」の一語のみで説明しようとしているが――であることが明らかになる。おそらくこうした、形式なり体裁なりによって人間が思うように行動する自由を制限され、本心に背いて傷つくことの痛ましさこそ、時雨がこの作品で書こうとした主題である。

それを踏まえると、第五場で佐久間玄蕃の手の者のさらし首を前に池田三左衛門と大須賀康高が、制札に玄蕃の名を出すことが侮辱にあたる、ただ帰るのでは寵臣の親族を殺された主君信長の顔が立たないと長々と言い争うことの理由も見えてくる。

池田と大須賀が争うのは、あくまでも男の社会における規範と体面の問題である。決着がなかなかつかないことに苛立つ大須賀の供人は、次のように言い放つ。

女子一人の為に、あたら士ともある男どもが此ざま

『明良洪範』にも相当する部分はあるが、表現としては『さくら吹雪』のほうが強くなっている。しかしそのあと、勝子が「天晴貞女の名を止めて見事」自害したことが明らかになれば、斎藤、織田、徳川の確執がなくなると言い、男たちは「感慨に沈む」。そこには男の規範と体面を乱す、士よりも低い立場にある女が、規範と体面に殉じてくれたことへの安堵感が隠されている。

様子を見届けたあと、しぶとく生き残った女の分身、小百合は「美濃の国へと途を急ぐ」。以上のように読んでくると、この最後のト書きは控えめではあるが、義理から逃れて生きのびた女の、本心から行きたい場所へ向かう出立であることを示しているようにも思われる。

『さくら吹雪』の、『演芸画報』初出時の題は『操』である。この題をつけた理由を時雨は「よい名題が出ませぬので」とのみ述べている。[15] しかしこの作品を以上のように、「操」を守るため行動の自由を妨げられ、本心に背く女の物語であると読むならば、皮肉で的確な題である。

作者の生涯と作品を重ね合わせることは、場合によってはその読解をさまたげる場合もある。しかし時雨は幼少時、代言人の子として生まれたが、女であるというだけで自由に本を読むこともままならない環境にあった。家の事情によって意に染まない結婚をしたが、夫が文筆活動に理解がなく放蕩者であったため生活は悲惨であった。釜石から単身帰京して三年後の明治四十（一九〇七）年、離婚が成立した。前年の三十九年七月以降『歌舞伎』では、「志ぐれ女」「水橋しぐれ」などの名で劇評が見られるようになる。

『さくら吹雪』を執筆した四十二年は、同じ逍遙門下の中谷徳太郎と作品を通じて親交を深めつつあった。つまり彼女にとって『さくら吹雪』を書いた時期は、多くの犠牲を払って「女」や「結婚」という形式から抜けだそうとし、今後の活動を模索していた時期であった。『さくら吹雪』の主題が、そうした作者自身の経験に裏打ちされていると読むことは可能であろう。

ただ、そのことはよほど注意深く読まない限り、第四場まで読んで改めて第一場に戻って読み直さなければ明解にならない。それが『さくら吹雪』の構成上の大きな弱点である。

また、すべての伏線は控えめに書かれている。たとえば、第一場で尼はもとの名が小百合であることをはじめ自分では名乗らないので、勝子と五平のせりふを読み（聞き）のがすと、「小百合」が本当は誰の名なのか一瞬混乱するであろう。また龍興の勝子への恋は何度か暗示されるが、勝子の龍興に対する恋は第三場の幕切れの顔を一瞬見合わせるしぐさでやっとわかるので、せりふだけ読んでいては勝子がどう思っているのかよくつかめない。この結果、第四場で勝子が龍興への恋を語り、自害するのがやや唐突に感じられることになる。そして、特に第三場までが従来の歌舞伎を逸脱する表現と内容には見えないため、この作品の隠れたテーマはさらに見えにくくなっている。

## 四　初演をめぐって

『演芸画報』に台本が発表された時は、『操』について目立った評価はなされていない。発表誌は師の逍遙が推薦したものかと思われるが、初演よりほぼ半年前の発表であるから、はじめから具体的な上演の話を受けて書き下ろしたものではないと推定される。しかし、歌舞伎座は翌四十四（一九一一）年二月、『さくら吹雪』と改題してこの作品を上場することにした。改題は時雨自身による。

木村錦花『近世劇壇史　歌舞伎座篇』(16)などによってすでに明らかな通り、この年から東京の劇壇で歌舞伎座と帝国劇場の対抗、それに対する市村座の挑戦が明確になる。特に歌舞伎座の興行師田村成義にとって、この年の三月開場する帝国劇場は大きな脅威と感じられたようで、劇場落成下見会の翌日二月十一日には『都新聞』に、あからさまに挑戦する姿勢を見せた談話が掲載されている。

しかし、歌舞伎座は主要な俳優が大阪弁天座に行っており、二月から三月は田村が普段市村座に出演させている若手俳優で興行しなければならなかった。さらにそのなかでも、菊五郎のライバル初代吉右衛門、立女形の八代目尾上芙雀、二枚目の十三代目守田勘弥は地方巡業中で、菊五郎と七代目坂東三津五郎のみが中心に立たざるを得ない一座であった。

つまり歌舞伎座はこの無人《ぶにん》にもかかわらず、開幕劇が新作の時代物『頼朝』である帝国劇場と対抗できる程度に、新作にも理解を示しながら存在をアピールする必要があった。そこで無人一座の粗が目立たない上演作品として選ばれたのが『さくら吹雪』であったと考えられる。歌舞伎座で田村の腹心の一人であった関根黙庵は述べている。

〔菊五郎は新作を熱望しているが〕初日が切迫して居るので誰人に書いて貰う時日がなく、幸ひ貴社の紙上で拝見した長谷川時雨女史の「操」が芝居にも成つて居るし、役もどうか振れるだらう〔中略、一般の見物でも〕此位な狂言なら頭から不解と云ふこともありますまい(17)

この作品は、一見すると貞女が主人公で筋も複雑でなく、興行側にとってもほどのよい冒険だった。ここでは叙述の控えめさ、主題のわかりにくさがプラスに作用したと言うこともできよう。

作者時雨にとっても、この上演は絶対に成功を収めなければならない機会であった。

此度『さくら吹雪』で味噌をつけなければ、つゞいて新作ものを俳優から座の方へ、要求することが出来るやうになるのだといふ事です。此一座の試みとともに、私にとつても脚本を書き得るかどうかといふ懸念がついてをります。[18]

そして主演の菊五郎にも、また別のもくろみがあった。

ねえ、今度は何うかしてウンと入れさして下さいな。此の芝居がこけると、私の五月にもくろんだことはフイになつてしまふんだから。高島屋の自由劇場で洋服物をやるのは彼方の畑で結構だが、私は其うではなくて、日本の物で新しいのをドシ〳〵やつて見たいんです。[19]

「五月にもくろんだこと」とは、自由劇場風の団体を組織して年二回歌舞伎座で試演を行いたいという計画である。[20] ここからは二代目市川左團次の自由劇場への対抗意識、失敗したらあとが続かないという焦り、日本を題材にした新作――別のところではみずから「自由劇場風の芝居と旧劇との間」と規定しているが――を上演したい菊五郎の希望が読み取れる。

つまり『さくら吹雪』の初演は、新たな脅威となることが確実な劇場の開場を契機に、ほどよい新作を要求する歌舞伎座の興行師たちと、「日本の物で新しい」作品の上演を熱望する作者・俳優がかみ合った

【図版30】六代目菊五郎の勝子。第三場の狩場で騎射笠を着た男装。
(復刻版『長谷川時雨全集』第五巻／不二出版・平成五年)

ところで成立したと言うことができる。

菊五郎の演出は、したがって非常な熱意を持って行われた。演じる役はもちろん勝子である。台本は初出の『演芸画報』をそのまま用い、本読の日にはすでにせりふを暗記していた。言いにくいせりふも勝手に直さない。合方はできるだけ使わず、鬘は有職故実に従うことで定評のある菊池容斎の絵を参考とし、

「鍋倉さんのお嬢さん」(22)という実在の若い女性の顔をモデルに化粧を研究した【図版30】。また、心から女性に扮するため褌を締めなかった。

舞台の意匠は久保田米斎に依頼した、やはり考証的なもので、その大きな方針は、江戸時代以前の衣裳・道具にすることだった。第一場の龍興の狩衣に小袴という狩の衣裳、また第二場の奥座敷で、脚本指定で花車となっているのを銅壺に変えたのはその例である。(23)

演出方針として共通するのは、実際にはあり得ない不自然さ・虚構をできるだけ除いて、現実に存在したこと・存在することを優先する態度である。これは明治以降の、特に九代目團十郎によって実践された活歴の方法、また演劇改良で提唱された演出の方法に共通する態度でもある。同時に、たとえば本書の第四章第二節における「大宇の場」は、菊五郎のこの志向にふさわしい作品であったことも明らかであろう。

菊五郎の歌舞伎の演出は『さくら吹雪』以降もずっと、従来上演されてきた歌舞伎の作品にまで敷衍して、実際にあったこと・ありそうなことを追求する方針で行われていった。たとえば現実からまったく離れた世界を表現しようとした新作を上演する場合は、それが作品の意図とされ違って失敗に終わる場合もあったが、(24)『さくら吹雪』は、外面の本当らしさを追及しすぎて作品の本来の意図がわからなくなるような作品ではなかった。

二月十七日から三月十日まで行われた初演は好評であった。三年前の四十一年二月に歌舞伎座で上演され、作者時雨の美貌とともに話題となった『花王丸(かおうまる)』も菊五郎主演であった。前作の好評という下敷きに、新作に対する菊五郎の熱意が加わったのがよく観客に伝わったということか。売切続きで歌舞伎座は三千余円の利益を得て、千穐楽当日に時雨を新橋の「花月」へ招いて大入祝を行った。(25)『歌舞伎』百二十九号掲載の真如女史（森久子）・しぐれ女（時雨）・芹影女（岡田八千代）による「歌舞伎座初日合評」によれば、時雨の感想は、俳優が不足しているが皆よく研究しているという結論で、結果に満足しているようである。

先にも述べたが、東京の代表的な劇評掲載誌である『演芸画報』『歌舞伎』『都新聞』の『さくら吹雪』評はすべて伊原敏郎（青々園）なのであまり違いがない。演技については、菊五郎や小百合を勤めた五代目岩井粂三郎の「あゝ逢へた」「むごいむごい世の中は」という難しいせりふ（テーマを理解するポイントになることよりも、単純にせりふとして言いにくいことに重点が置かれているが）が自然に聞こえたことを評価しながら、尼は勝子よりも難役だから「［菊五郎の兄、六代目尾上］梅幸あたりにさせたらばと思つた」と惜しんでいる。

## おわりに　時雨にとっての本作の意義

『さくら吹雪』以降、時雨は菊五郎が望む新作を書き、ほかの作者の作品についてもアドバイスし、企画に応じて人材を紹介して、彼と交流を深める。そして菊五郎とともに、明治四十五（一九一二）年五月には第一回舞踊研究会、大正三（一九一四）年二月には研究的な歌舞伎の新作を上演する第一回狂言座を行う。時雨と菊五郎の交流は相互に影響を与えあいながら、終生にわたって続いた。これらは遡れば、『さくら吹雪』の成功を受けて本格的にはじめることができた活動だった。

『青鞜』に関与し、昭和に入ってから『女人芸術』『輝ク』を主宰する時雨の念頭には、常に女性の才能を発見し、育成・奨励することがあったようだ。それを踏まえて、たとえば『さくら吹雪』の第四場と第五場を読むと、また別の読み方ができるとも思われる。しかし本節ではあくまでも明治末期の歌舞伎、あるいは菊五郎との関わりにおいて、この作が時雨の活動の方向を決定づけたという、従来の先行研究の結論が妥当なものであることを述べておきたい。

## 注

（1）明治十二（一八七九）～昭和十六（一九四一）年、以下「時雨」。以下の伝記的記述は注（2）に挙げた先行研究のほか、岩橋邦枝『評伝長谷川時雨』（講談社文芸文庫・平成十一年）、『近代文学研究叢書』第四十八巻（昭和女子大学近代文学研究室・昭和五十四年）などによった。

（2）引用は森下真理「著書解説・著書目録」（長谷川仁・紅野敏郎編『長谷川時雨・人と生涯』、ドメス出版・昭和五十七年）、尾形明子「長谷川時雨の戯曲」（『悲劇喜劇』平成七年十一月）によった。尾形氏『女人芸術の世界――長谷川時雨とその周辺』（ドメス出版・昭和五十五年）もほぼ同じ言及。

（3）一記者「菊五郎談片」（『歌舞伎』百二十九号、明治四十四年三月）には「一字一句も勝手に直さないで演つて居ますよ。何うです。台本は此の通り、『演芸画報』なんです」とある。

（4）『朝日　日本歴史人物事典』「勝子」の項（朝日新聞社・平成六年）。項目執筆者は真下道子。

（5）『国書人名辞典』「増誉」の項（岩波書店・平成八年）。

（6）国文学研究資料館の「日本古典籍総合目録データベース」によれば、所在が判明している公共図書館だけで三十館を数える。

（7）早稲田大学図書館蔵。請求番号　文庫5-1127-24。巻一の見返しに貼付された本の袋によれば、山崎直行校・郁文堂蔵、刊年不明。同館には、ほかに同板の後印本とみられる板本一種と二種の写本が所蔵される。写本は内容の順序が板本と整合するものと、整合しない抜き書きのものがある。翻刻『明

（8）良洪範』（国書刊行会・明治四十五年）も参照した。このなかで抜き書きの写本には「勝女」の項を見ることができなかったが、その他の四本には、すべて巻二十四に「勝女」の項がある。板本のカタカナが写本と翻刻ではひらがなに直されており、その他の用字にも若干の異同があるが、四本を比較して内容に違いはない。
半痴居士の筆名で大阪朝日新聞に七月十二日から九月二十八日まで連載、敵討までの六十回で打ち切り。のち「勝子」と改題、『貝よ勢』（二号・四号が早稲田大学図書館蔵、明治二十五年出版）に収録。なお、明治二十年代の宇田川文海の歴史小説と大阪の歌舞伎における脚色については、日置貴之『変貌する時代のなかの歌舞伎――幕末・明治期歌舞伎史』第三章第五節「明治期大阪の歌舞伎と新聞――続き物脚色狂言の誕生」（笠間書院・平成二十八年）に詳しい言及がなされる。

（9）『近代歌舞伎年表　大阪篇』第三巻。（八木書店・昭和六十三年）

（10）以下のせりふの引用はすべて初出台本による。

（11）『「さくら吹雪」の脚本」（『歌舞伎』百二十九号〈注（3）参照〉）。

（12）注（11）参照。

（13）「歌舞伎座の菊五郎芝居」（『演芸画報』明治四十四年三月）、「菊五郎の『さくら吹雪』」（『歌舞伎』百二十九号〈注（3）参照〉）、「車輪となつた菊五郎」（『都新聞』明治四十四年二月二十二、二十四〜二十六日）。

（14）参照した主な概説として、脇田修「幕藩体制と女性」（『日本女性史　近世』第三巻〈東京大学出版会・昭和五十七年〉所収）を挙げる。

（15）注（11）参照。

（16）中央公論社・昭和十一年。

（17）「歌舞伎座の『さくら吹雪』」（『演芸画報』明治四十四年三月）。

（18）注（11）参照。

（19）一記者「菊五郎談片」（『歌舞伎』百二十九号〈注（3）参照〉）。

（20）『都新聞』明治四十四年二月二日、十七日。

（21）尾上菊五郎「一役一言　津田八弥が妻勝子」（『演芸画報』明治四十四年三月）。

（22）『現代人名辞典』（中央通信社・明治四十五年、復刻『明治人名辞典』〈日本図書センター・昭和六十二年〉参照）に記載される、横浜正金銀行頭取人事係の鍋倉直である。先祖は鹿児島藩士で牛込に住み、二女を持つ。このどちらかであろう。ちなみに鍋倉と赤坂芸者寺田きんの間に三男として生まれ、菊五郎の養子となったのが、のちの七代目尾上梅幸である（尾上梅幸『梅と菊』、日本経済新聞社・昭和五十四年）。

（23）詳しくは『さくら吹雪』の衣裳道具」（『歌舞伎』百二十九号〈注（3）参照〉）。

（24）大正六年二月に市村座で、菊五郎と六代目尾上梅幸により上演された、吉井勇の作『髑髏尼《どくろに》』はその典型的な失敗であった。これは夢幻的な作品だが、小山内薫は『髑髏尼』に就いての対話」（『新演芸』大正六年三月）で、「何でも「芝居」さへしなければ好いと思つてるのが第一の誤りです。唯「素」でやれば好いと思つてるのが間違ひです。「芝居」をすべき場合には、随分「芝居」をしても好いのに――寧ろ「芝居」をしなければならないのに――出来るだけ何か為ないやうに為ないやうにとしてゐるのが間違ひです」と評している。

（25）田村成義編『続々歌舞伎年代記』第四十六巻、八十丁表（早稲田大学演劇博物館蔵、請求番号ロ**1-1015-46**）。なお、注（1）に挙げた岩橋氏前掲書によれば、長谷川家には戦後もこの時の記念メダルが残されていた。

## 小結

本章では、これまでに述べてきた東京の歌舞伎興行の諸問題と関連づけると読み方が違ってくるのではないかと考えた歌舞伎の作品を四つ取り上げた。

第一節では、河竹黙阿弥のまとめた現行の『対面』と、現行とやや違う台本、福地桜痴と森鷗外が「夜討」の場面をクライマックスとして書いた作品を比較して、『曽我物語』の脚色の変化を概観した。

明らかになったのは、曽我の仇討を歌舞伎として脚色上演する場合、儀式性と装飾性が必要であることと、ほんの百年ほど前まで、歌舞伎に関わった人たちは、さらに合理性をも兼ねそなえる脚色方法を求めて試行錯誤していたことだ。それは、単純な物語にどのような「近代的」な意味づけをすれば、明治という時代に行うにふさわしいものになるのかという試みだった。そして現行演目として残ったのは、「対面」の場面で行うべきことを様式的にパッケージ化した黙阿弥の台本だった。第三章の小結にも書いたように、歌舞伎は興行の仕方を時代の動きに合わせて変えながら、内容には「古典」「伝統」の意味づけをすることで、大正期以降も延命をはかった面がある。その動きから見れば、現行の『対面』が残ることは当然の成り行きだった。

第二節では、興行師田村成義がその成立に関与した『四千両小判梅葉』を取り上げ、特に「大牢の場」の持つ意味について考察した。

『四千両』自体は、筋は単純であり、実際にあった事件に基づく作品ではあるが、脚色の方法もほとんど、特に目新しいものではない。ただし「大牢の場」は、実際を知ることが一般の人には難しかった小伝馬町の大牢を、観客に体験させるような舞台作りをしたところに工夫があった。実際にあった歴史的事実を「そのまま」描いたというふれこみをする点において、この場面の狙いは九代目團十郎の活歴と同じであった。だが、活歴と違うのは、観客に対する教育的効果を持つことを予測したとは考えにくいことである。「大牢の場」は実際にあったものをそのまま描こうとする以上の目標を持たずに作られているため、初演以降の上演において、その時々の観客がよしとする方向で読み替えて解釈できる余地があり、かえって現在まで、活歴と総称される作品群の大部分よりも長い生命を保ってきたのではないだろうか。それは、過ぎ去った事物に積極的な意味づけをせず、なるべく具体的な根拠がある見世物としてのみ見せる、いわば漸進的な「新しさ」が評価されてきたのだとも言うことができそうである。その「新しさ」は、大正期以降の歌舞伎が行ってきた漸進的な改良傾向ともそぐうものであった。

第三節では、演博所蔵の『桐一葉』初演時のものと想定される台本（イロハ台帳本）の問題について述べた。坪内逍遙の原作を竹柴晋吉が脚色し、上演台本を作成しようとする際にもっとも問題となったのは、原作の第二段に相当する場で語られる淀君の述懐を削除しようとしたことであったと推定される。

しかし周辺の人物関係や他ジャンルの演劇の状況を加味すると、実際の舞台上演を想定して書かれた台本で述懐がいったん削除され、原作者が抗議したことでまた原作通りに戻される過程には、「写実」をどのように舞台の上で形にするかという、明治三十年代後半の歌舞伎が直面した問題が表れていたのではないか。それは、従来の歌舞伎の段取りから離れることのできない原作者と、当時の一般の観客が楽しめる合理的な上演のありかたを考えた劇場側の脚色者との、見解の相違があらわになったということでもある。そして初演から百年以上経過した、現代演劇における『桐一葉』の上演では、淀君の述懐は要点を整理された形になっていた。

第四節では、明治四十年代に女性劇作家として登場した長谷川時雨の作『さくら吹雪』に原作があることと、構成・上演の問題について述べた。

『さくら吹雪』は、表面的には、明治四十三（一九一〇）年の発表当時すでに巷間に知られていた、戦国時代の貞女の敵討の物語をもとに書かれた作品で、その脚色は、一見従来の歌舞伎の範疇を大きく出る方法ではない。しかも伏線が暗示的に書かれていることから、途中から再読しなければその近代的なテーマ、人間の自由を空疎な形式で縛ることは痛ましいとの訴えを読みとることが困難である。

しかしだからこそ、翌年の初演で主演した六代目菊五郎の演出方針とも齟齬が生まれにくいうえ、上演決定の際にも興行師の側に抵抗感がなく、観客にも好評を博したと言うことができる。初演は、他の俳優が力不足であったにもかかわらず成功だった。しかもこれは「もし将来の劇壇に菊五郎時代といふものがありとすれば、其時代の第一ページは今度の興行であると思ふ」(1)と伊原敏郎が述べるように、菊五郎にとっては他の併演した演目、父譲りの世話物『人情噺文七元結《にんじょうばなしぶんしちもっとい》』や舞踊『釣女《つりおんな》』などでも好評を得ながらの成果であった。

第四章の検討からは、どの作品においてもその上演時に、観客が合わせることのできる余地を上演する側が残さなければ、意味のある作品として解釈されるのも困難であることがわかった。これは演劇一般において極めて当然の話だろうが、ここまで振り返ると、実は「古典」「伝統」を看板とする演劇ジャンルの歌舞伎においてもまったく同じ経過が認められることが、具体的に明らかになったように思う。

明治以降の歌舞伎の「改良」は、時に急進的な意見が出ることがあっても、基本的には漸進的に夾雑物を整理し、合理化することを目指した。作品もその方向に沿ったものが上演され、合わせる余地の大きいものが「再演されうる作品」として残ってきたのである。

## 注

（1）表記の異同があるが、「歌舞伎座の菊五郎芝居」（『演芸画報』明治四十四年三月）、「車輪となつた菊五郎」（『都新聞』明治四十四年二月二十二、二十四～二十六日）は、どちらもこの文で結ばれている。

# おわりに――「継続」のための実体化

ここまで、明治・大正期の東京における大劇場の興行経営の変化について、第一章では守田・新富座の座元であった十二代目守田勘弥、第二章ではその補佐を行ったのち千歳座、歌舞伎座、市村座で活動した田村成義、第三章では大正期の大劇場の興行を担った松竹、市村座、帝国劇場を対象に考察した。また、第四章では大劇場で行われた興行のために書かれたり改訂されたりして、演出・上演された作品に発生した問題について、作品を読み解きながら考察した。

では、「はじめに」で挙げた四つの問題点を再掲する。

①巨額の負債を抱える経営難は明治以降、歌舞伎をとりまく政治・文化の状況が変わると改善されるのか。そのためにどのような試みがなされるのか。
②大芝居であった江戸三座は昭和戦前期までにすべて退転するが、それはなぜなのか。
③明治以降登場するさまざまな劇場は、どのような人々が設立し、経営に関与するのか。
④劇場は順次会社方式を導入していくが、会社それぞれに少しずつ違いがあるらしい。どういうところが違うのか。

そして昭和初期の展開も踏まえ、現時点での回答を述べると以下のようになる。

①江戸時代以来の負債を抱えた経営難は、明治以降もまったく解消されない。解消するために、たとえば勘弥や田村は茶屋・出方の廃止を含めた改革を唱えるが、廃止にはいたらない。勘弥は座元を名義上のみの幼年の者に変えたり、負債を資本金と見なす会社を設立したりするが、長期的に継続する解決法にはならない。

②中村座は、明治二十六（一八九三）年に火事で焼失後再建できない。市村座は四十一年から歌舞伎座の若手俳優が出演することで一時持ち直すが、その前は完全に大劇場としての格を失った状態だった。新富座は勘弥が経営を立て直すことができず、その後もほぼ市村座と同じ状態で、四十三年から松竹が直営劇場とすることでやっと延命する。それはひとえに、座元を経営代表者とする経営の不調を転換するため、次の段階へ移行できなかったのが原因と考えられる。

そのことは、江戸時代に（すでに形式的なところはあったが）行われていた、世襲相続を基盤とする経営が幕府の助けを失うと完全に崩壊したことも示している。

③たとえば千歳座（のちの明治座）のように、小芝居からはじまって官許を得て大劇場になった劇場があり、また歌舞伎座のように新興ではあるが明治政府とのつながりを持つ人々が設立し、個人の安定した資金力をもとに経営を続けるうち、劇場外部から実業家も参画する株式会社方式へ切り替えることに成功する劇場が出現する。

これらは、明治六年に官許を受ける劇場が十三座（実際に開場するのは十座）に増加し、二十三年には道化踊場として管理されてきた劇場のなかからも「小劇場」として認可されるに至るものが出てくるという、官許の劇場増加の傾向に乗って出現する。これは、取締側にとっては税収の安定と統一的な管理が目的でもある。

④歌舞伎座、帝国劇場、市村座、松竹は会社方式を導入する。明治座は、明治四十五年から伊井蓉峰が経営するが不調で、大正八（一九一九）年にいったん松竹の所有となる。

このうち、歌舞伎座と帝国劇場は劇場外からの実業家が参画する取締役会が経営を行い、株式を上場する株式会社だ。会社発足当時、土地建物は会社の所有である。市村座はまず少人数で経営を行っており、大正九年から株式会社となるが、その状態が少なくとも田村成義の生前は根本的に変わるわけではない。土地は三十年間の地上権所有、建物は自前である。松竹の場合は、複数の劇場を経営するが、その所有のあり方は劇場によって違う。明治三十五年頃の発足当時は個人経営に近い形態の合名会社であり、映画部門から先に株式会社へ改組していくのは大正後半以降である。

土地建物を所有していた歌舞伎座と帝国劇場の経営は、取締役会の分解や興行の不調で不安定となり、昭和五（一九三〇）年までに松竹が経営に関与することになる。市村座も関東大震災による焼失の打撃から、バラック建ての劇場で再出発はするが、ついに本建築を建て直すことはできなかった。六代目尾上菊五郎をはじめとする出演俳優たちは、すべて松竹の配下に属することになる。

明治以降の政治・経済・文化の激変による安定しない景気のなかでも劇場は興行を続けていて、その経営は、はじめ座元という経営代表者が地所の所有にも関与し、劇場の建物建設を含めた責任を取る形であった。名義上の座元を置いて借金を肩代わりさせる対策を何回か取っても責任を取りきれなかった勘弥に、金に関する実権を持たせないようにする目的も兼ねて、新富座は株式会社方式を試行したが、その試みはうまくいかない。劇場の本建築が進まなければ、仮建築で切れ切れにしか興行ができず、経営はますます困難になる。続いて登場する歌舞伎座、帝国劇場は、ひとまず株式会社方式での運営や設立に成功して十年単位のスパンで経営を行うが、取締役会と興行が不調になると経営が成り立たなくなってくる。

ここまで見てきて、劇場経営の問題は、実は土地建物の所有や償却をどう行うかが継続していくためには重要なのだという、おそらく松竹や東宝にとっては今さら言う必要もないほど当然であるはずの結論に達しつつある。松竹は土地建物、およびそのなかで行われる興行を無理に丸抱えせず、互いを切り離したうえで「興行すること」そのものをまず会社にした。仕打が会社になるというのはそういうことなのであった。

そして仕打が会社となって、すでに建物ができている劇場に出資して入る形で興行を行えば、不調であれば出資を打ち切り、土地建物を所有することになった場合も別の形で償却すればよい。不動産事業として、松竹の白井松次郎が千日土地建物株式会社の社長となるのは大正十二年一月だ。昭和以降に登場し、松竹と拮抗していく東宝も不動産処理はそのための会社を立てる。

歌舞伎の興行は、企画されたあと、劇場で俳優とスタッフを揃え、装置を組んで、扮装をさせ上演することではじめて実体化する、本来形のないものである。形のないものを形にすることがそもそも非合理といえば非合理な話のようにも思われるのだが（そして演劇改良会の、現在から見ればやや滑稽さすら感じる問いかけは、実はその根本に対してなされたものであったが）、明治以降、その実体化に伴う夾雑物を整理していくことが、観客の入場方式を最大の問題とする、劇場における合理化の正体であった。その夾雑物を具体的な作品の上演のなかでどう削除し、見せるべきものを見せるのかという試行錯誤が、たとえば第四章で見た四つの作品の上演には現れていたように思う。

最後に、昭和九年に出版された大谷竹次郎『社会教育パンフレット第百九十七号　歌舞伎劇雑考』（社会教育協会）から、当時の大谷の所感を見てみる。このパンフレットは、ほかの著者のものも見る限り、有識者が一般向けの概説を行うために作られている冊子で、そのためもあるのか、大谷のかなり率直な、歌舞伎を含めた演劇全般に対する所感が見受けられるのが興味深い資料である。

その「四、私の見た移動劇場」では来日したハーゲンベック大サーカスについての感想を述べたあと、自宅のある葉山で見た、行く先々で仮設の劇場を建てて家族経営で新派の公演を行う「喜多村青峰」という俳優の一座について記す。

この一座のことを考へると、私達の関係してゐる芝居と云ふものは、夢に見る豪奢を極めた宮殿に等しいであらう。俳優、表事務員、道具方等々すべて画然たる区別がついてゐて、各々その各自の仕事以外はけっして横の物を縦にもしない。自分だけの仕事が終はればすつと帰って行ってしまふのである。と云つても是は現在の整頓された制度であつて、この制度を悪いものだと云ふのではけっしてない。〔中略〕

劇場を持たぬが為めに、演劇と云ふ慰安に接し得ぬ山村僻地の人々に、私はこの移動劇場を発達完成させる事によつて、楽しい芝居を充分に見せたいと近頃しきりに考へてゐる。

必要なところにその時だけ劇場を建て、興行する。松竹の発想からすれば移動する劇場はきわめてそぐうものであって、大谷が不思議なほどの感銘を受けている理由も、ここまで見てくると明らかになるのではないだろうか。

今後の課題は山積している。まず、十一代目守田勘弥と対抗し、十二代目勘弥と田村成義の直接の手本となっているはずの、六代目河原崎権之助とそれを引き継ぐ七代目権之助、のちの九代目市川團十郎が行った興行について、本書では書くことができなかった。しかし、勘弥、田村との比較検討を行うことで、おそらく東京の大劇場の興行方法はかなりの部分が明らかになるはずである。

また、松竹や帝国劇場が行う観客入場に関する合理化の具体的な施策が、いったいどこから発想されているものであるのか、そこに実業界の他ジャンルでの試みや川上音二郎の新演劇だけでなく、地方回りの興行師の手法なども取り入れられているのか、明治以降の合理化にどれほど江戸の残滓があるのかを考えるためにも、徐々に解決策を探らなければならない問題だ。

そのほか、本書に引き続いていく昭和期以降の、松竹と東宝の角逐もやはり考究を進めなければならない問題であろう。昭和期の大劇場についての筆者の知識ははなはだ曖昧なものであり、他ジャンルの興行に混じりながら歌舞伎がどのような位置を占めていくのか、そこにこの二つの会社がどのように関わるのか、現在の歌舞伎について考えるためにも、もっと詳しく知りたいと考えている。

本書を作成するうえで、資料閲覧に以下の諸機関のお世話になった。
京都府立総合資料館（現・京都学・歴彩館）、公益財団法人渋沢栄一記念財団渋沢史料館、公益財団法人松竹大谷図書館、国立国会図書館、東京都公文書館、東京都立中央図書館特別文庫室、独立行政法人日本芸術文化振興会（国立劇場）、文京区立文京ふるさと歴史館、早稲田大学演劇博物館、早稲田大学現代政治経済研究所、早稲田大学図書館

しばしば参照している「民事判決原本データベース」を管理する国際日本文化研究センターにも、毎年閲覧を許可されていることを特に記す。

また、資料の所在・閲覧、解読、研究発表について次の各氏・研究会に御教示を賜った。厚く感謝する。
今岡謙太郎、金子健、川口明代、菊池明、倉橋正恵、児玉竜一、佐藤かつら、永井美和子、中村千之、中村文也、林京平、藤元直樹、古井戸秀夫、安冨順、和田修、「近代日本における音楽・芸能の再検討」研究会（京都市立芸術大学）、近松の会、日本近代演劇史研究会（日本演劇学会）

本書は、日本芸術振興会科学研究費補助金（特別研究員奨励費）による研究成果の一部でもある。

# 付章　歌舞伎の興行と資料

## 明治東京の歌舞伎番付
### ――早稲田大学演劇博物館所蔵資料を中心に

付章では興行に関係する文献資料を取り上げ、その問題について考察する。

本節では、明治時代の東京の歌舞伎・新演劇（新派）・新劇の興行に際して出版された、現在のポスターやプログラムに当たる辻番付・絵本役割・筋書について具体的な形態変化を報告しながら、変化から推定することのできる劇場・興行の変化についても述べる。

### はじめに　歌舞伎番付の先行研究と課題

歌舞伎の上演に際して出版（板）された番付の概説は、近代以降の学問的な観点からのものとしては守随憲治・秋葉芳美『歌舞伎図説』(1)図録篇』や河竹繁俊『歌舞伎作者の研究』(2)（特に三八七頁以下）が起点であろう。その後も番付については多くの論考がなされてきた。もちろん相互に関連しているが、歌舞伎番付の研究と、浄瑠璃絵尽を中心とした研究に大きく分けることができるように思われる。

ここでは前者のみについて本節に直接関連する主な論考を挙げるが、須山章信・土田衞編『歌舞伎絵尽し年表』[3]、赤間亮・古井戸秀夫・和田修「江戸顔見世番付一覧」[4]、神楽岡幼子「江戸歌舞伎絵本番付考——安永期における展開」[5]、池山晃「歌舞伎番付整理上の問題若干——近世後期上方役割番付の場合」[6]、同氏「館蔵上方歌舞伎番付の目録に関する覚書」[7]などを皮切りに、資料をできるだけ集めて考証と分析をする方向で研究が進められてきている。それらの結実の一つとして、早稲田大学演劇博物館編・赤間亮『図説　江戸の演劇書　歌舞伎篇』[8]がある。

また、古井戸氏が個人的に複写された各所の番付の私的整理であるため一般公開・目録化はされていないが、氏による江戸の歌舞伎番付の種類別カード整理とその方法が、その後の研究者の歌舞伎番付の整理と活用に大きな学恩を与えていることはここで述べておきたい。早稲田大学演劇博物館（以下「演博」とする）の特別資料目録『芝居番付　近世篇』一～四[9]、東京大学国文学研究室制作CD-ROM『芝居番付目録と影印』[10]、演博特別資料目録『芝居番付　明治篇　東京横浜の部』上（八）・下（九）[11]、『東京文化財研究所芸能部所蔵　芝居番付目録』[12]『日本大学総合学術情報センター所蔵　DVD版歌舞伎番付集成』[13]などは、その影響を大きく受けて作られた目録や番付集成である。引き続く形で、倉橋正恵、藤本百々子らにより、海外の博物館・図書館などにおける番付の所蔵調査、目録化、紹介も行われている[14]。

ほかに、番付に書かれた文字情報を翻刻のみで紹介し、新聞などの定期刊行物による情報を付加する集成として、国立劇場調査養成部調査資料課近代歌舞伎年表編纂室の作成する『近代歌舞伎年表』大阪篇・

京都篇・名古屋篇[15]がある。

以上のような資料整理の進展により、特に歌舞伎や浮世絵の研究者にとって、番付はすぐ参照できる必須の資料になった。また以上の研究成果をもとに、演博、立命館大学アート・リサーチセンター、松竹大谷図書館、東京大学国語国文学研究室などでインターネットを介した画像データベースでの番付や関係資料の公開が行われ、活用されている。

しかし歌舞伎番付の書式そのものなどについては、先に挙げた『図説　江戸の演劇書　歌舞伎篇』のほか、平成三年刊行された『横浜開港資料館所蔵　芝居番付目録』と、翌年発表された、古井戸氏による横浜の各劇場の辻番付を中心になされた論考「横浜の芝居番付」[16]、赤間氏「歌舞伎の『筋書本』に関する覚書――次世代の歌舞伎のために」[17]、加藤圭「歌舞伎『番付の語り』の変化――江戸寛政期を中心に」[18]など、現在に至るまで論考がそれほど数多くあるわけではない。

その理由の一つとしては、近代以降も番付の形式は、たとえば三升屋二三治の『賀久屋寿々免』や『作者年中行事』[19]に記される枠からはみ出すものではないため、時代に合わせた微小な変化はあっても新たに検討を行う必要はないと考えられてきたからであろう。

しかし、実際に演博の明治東京の歌舞伎番付を整理して近世のものと比較検討すると、形式と記述内容にかなりの変化が見られる。それは具体的には、書くべきことがら、興行を行う側の方針、初日に至るまでの過程が変化することに伴っていると考える。

すでに古井戸氏の「横浜の芝居番付」によって、辻番付を考えるための着眼点として、番付の意匠とその画者、版元、口上に現れる興行方針が挙げられている。本稿はもう少し形態に即した立場に立ち、

一　版が大きくなること
二　役人替名の並べ方が役者ごとから場ごとになること
三　興行責任者の交代による版元と形式の変化
四　小判の担う役割

以上の四点について明治東京の歌舞伎の辻番付における具体的な事例を挙げ、それが興行上のどのような問題から引き起こされているのか考察する。また最後に付加する形で、明治以降に現れる新たな番付の形態である絵本役割と筋書について、若干の考察を述べる。

## 一　版が大きくなること

古井戸氏が指摘するように、近代東京・横浜の辻番付におけるもっとも顕著な変化は、資料そのものが近世の標準的な辻番付と比較して約一・五倍、明治後期には匡郭周囲の余白を含めるとほぼ二倍の大きさになることだ。

そこで演博蔵の番付により検討する場合、撮影して紙焼き写真にしたもので手がかりをつかむことができた。近代東京の辻番付は、その大きさのために画面一枚に収めることができず、左右に分写することが多かったためである。[20]

確認した限り、左右分写でもっとも早いものは、明治三（一八七〇）年八月十五日守田座の『狭間軍紀成海録《はざまぐんきなるとのききがき》』の辻番付であった**【図版31】**。試みに、守田座（明治八年一月以後は新富座）の辻番付五十興行分の版面

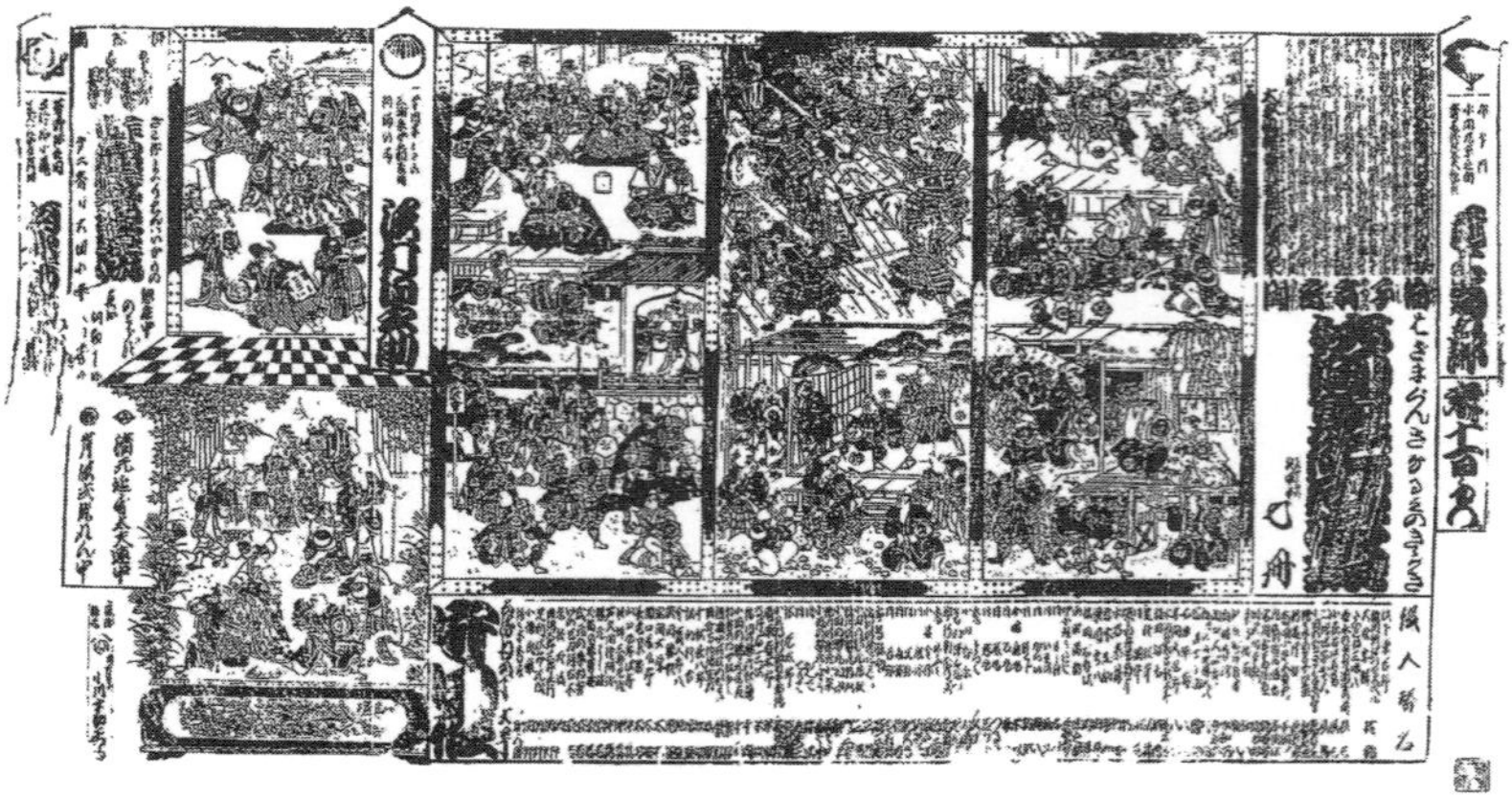

【図版31】ロ22-51-29　明治三年八月　守田座

の縦横を計測し、どのようなきっかけでどう変化しているかを確認した。この調査法をとった理由は、第一に守田(新富)座が、主に本書の第一章に述べたようなさまざまな活動を行った劇場だったため、興行実態を反映する番付の変化もおそらく他座よりも早く、読みとりやすいであろうと考えたこと、第二に、演博に年表類で確認できる守田(新富)座の通常興行の辻番付が、今回調査した明治元年二月から十一年六月に新築初興行を行うまでの分が二興行を除いて揃っていることによる。(21) 版面の大きさは、枠飾りや庵のため区切りをつけにくいが、縦は枠飾りの一番上から役人替名の匡郭の下線までとした。横は匡郭の左から右まで、庵のある場合は庵の外側まで含めた長さを測っている。

明治元年から三年五月までの番付は、縦が平均三十センチ、横が四十二センチである。それが大きくなるのは前述した三年八月で、縦が三十三・三センチ、横が六十三センチと横だけが約一・五倍の長さになる。この時の番付が大きくなったのは、直接的には四代目中村芝翫、二代目澤村訥升、初代市川左團次出演の二番目大切所作事

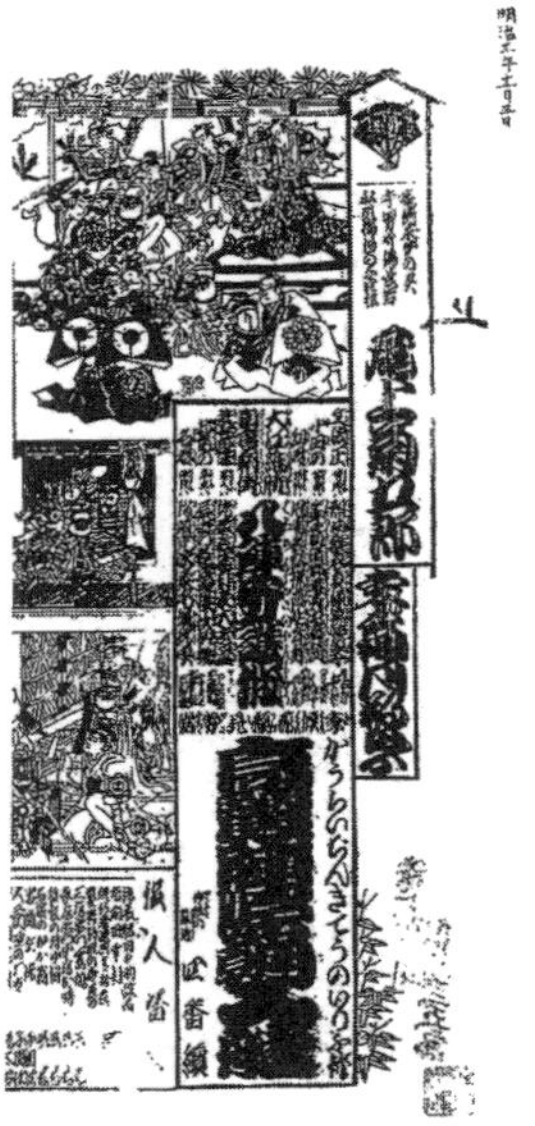

【図版32】（右）ロ22-51-31　明治三年十一月　守田座
（左）ロ22-51-33　明治四年一月　同座

『雑魚寝祭縁異物《ざこねまつりえんはいなもの》』の絵が大きくなったことによる。

しかしその後、明治五年二月までは平均で縦三十一センチ、横約五十センチと大きさが戻る。この間に後述する枠飾りが出てきたり、匡郭外に絵の一部がはみ出したりする試みが行われている【図版32】。

横の大きさが五十四センチを超えるようになるのは、明治五年三月二十九日新富町への移転許可が下りて、十月移転後初興行を行う前後である。五年五月から六年九月までの番付は一番目名題を中央に置くが、十一月の『音駒山守護源氏《おとこやまもりたてげんじ》』『東京日新聞《とうきょうにちにちしんぶん》』から元に戻る。演博に残っているこの番付は、二番目狂言の名題右隣付近から紙を糊でつないで横にのばしている。その後しばらくは平均して縦三十二センチ、横五十六センチである。

横の長さが六十センチを超えるのは、八年一月に株式制度を取り入れて改称してから三興行目の、六月『明治年間東日記《めいじねんかんあずまにっき》』の番付（縦三十三センチ、横六十四センチ）である【図版33】。この狂言は明治元年の上野の戦争を序幕、八年を大詰として構成したもので、番付の絵も一年につき齣を二つずつ宛てて描いてある。直接的にはこのために横の長さが伸びたのだと思われるが、実際に見ると非常に不安定で不格好な感じを受ける。

その後、横の長さは多少戻るが、五十五センチを下回ることはほとんどなくなる。縦が微妙に伸びはじめ、もっとも長い場合三十五センチ（明治九年三月）まで伸びる。明治十年前後にはほぼ、以降の東京の辻番付の典型的な形式が完成する。参考に、十一年六月の新富座新装開場時の番付（縦三十三センチ、横六十センチ）を掲げる【図版34】。十七、八年頃には各座の番付も、ほぼこの番付に類似した書式と字体になる。つまり、辻番付の大きさの変化はまず横が伸びることからはじまり、それから縦の寸法が伸びはじめる。そして徐々に拡大していき、明治三十年代には余白部分を含めてほぼ二倍の大きさで固定する。ちなみに二章で詳述する二十二年十一月歌舞伎座開場時の番付は、縦三十八・五センチ、横六十五・八センチである。

横の長さが伸びはじめるのは、役人替名に書かれる役者の数が多くなっていること、すなわち絵本番付などと比較すると、役者が増えたということでは必ずしもなく、近世の辻番付であれば書かれなかったであろう身分の役者までが含まれるようになっていくこと、一番目が七幕以上あることが珍しくなくなっているうえに、中幕や二番目大切所作事の絵が徐々に面積を広げていること、名題やカタリ、役人替名の字がはっきりして大きくなることなどが複合的な理由として考えられる。しかし、守田（新富）座の場合、新富町への移転と、改称して座内の組織変更を行った前後がもっとも変化の幅が大きいことを考えると、

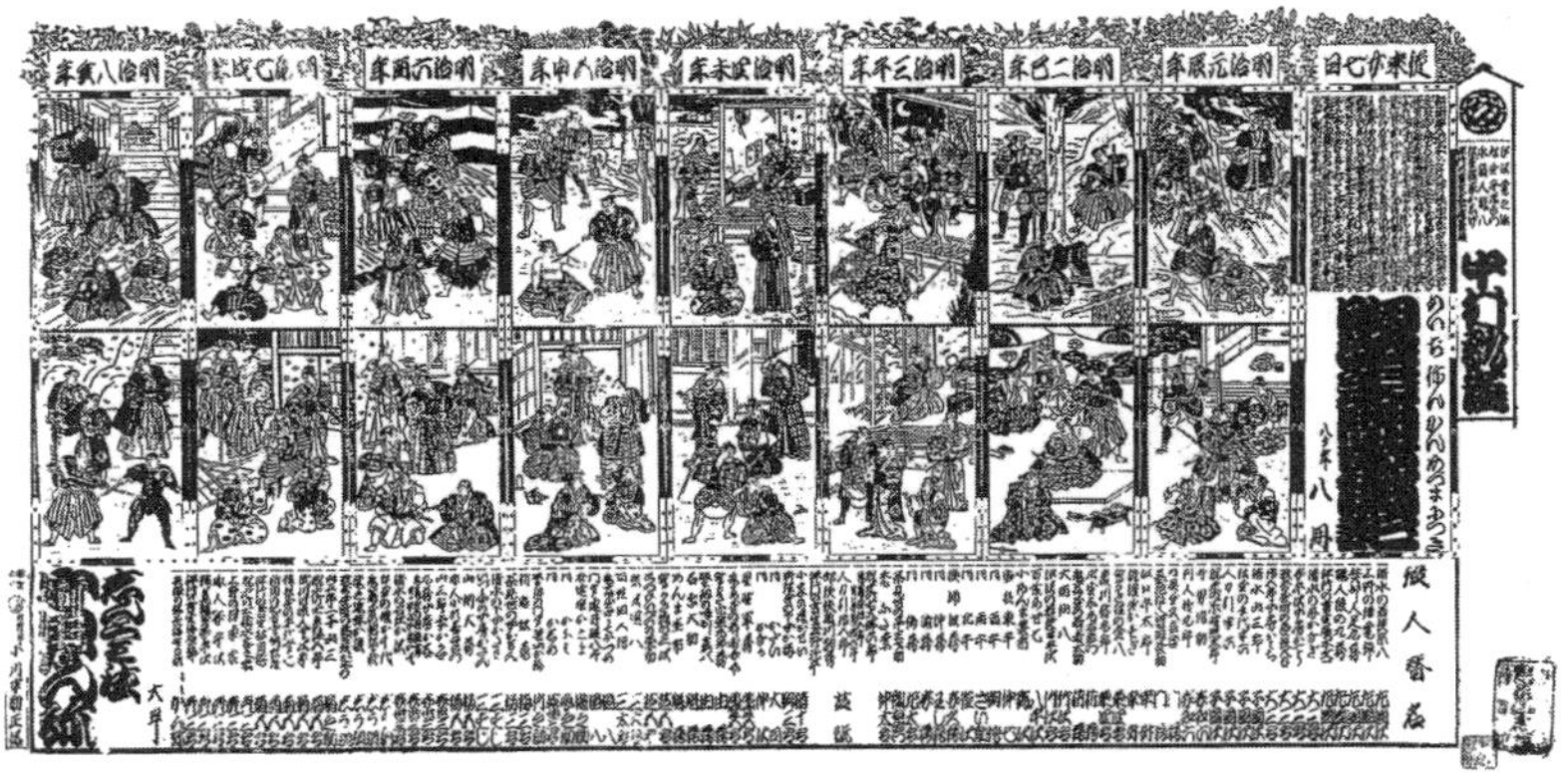

【図版 33】ロ 22-51-75　明治八年六月　新富座

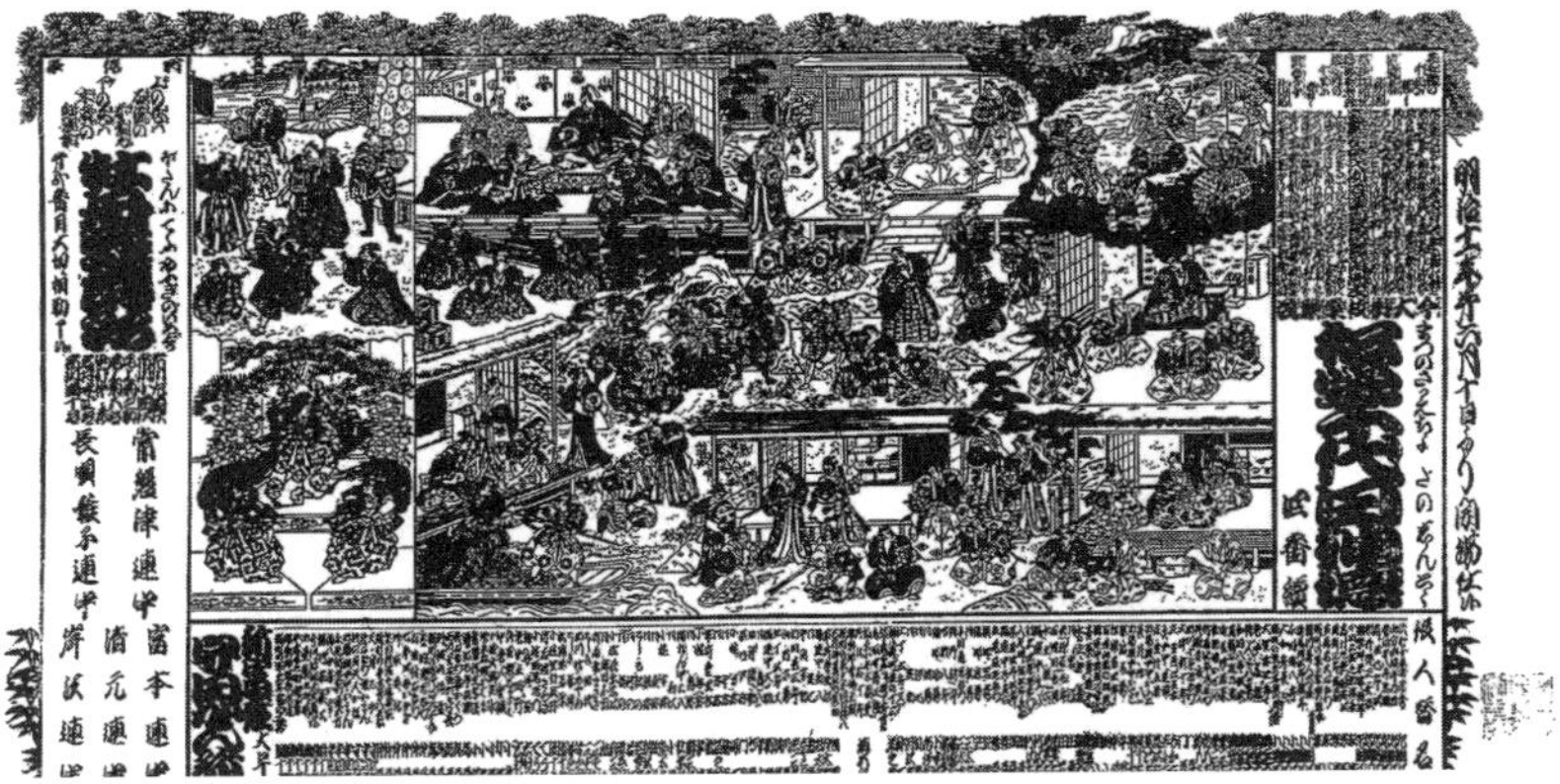

【図版 34】ロ 22-52-11　明治十一年六月　新富座

やはり興行経営の変化も番付の大きさに変化を与えていると言えるのではないだろうか。

もう一つ、明治期の辻番付から書かれるようになったもので、匡郭の主に上部を囲うように描かれることの多い花や笹などの飾りも、大きさとともに注目すべき書式の問題点だ。これらが守田座の番付で確認できる初出は、明治三年十一月の『高麗陣帰朝入艦《こうらいじんきちょうのいりふね》』のものである。これは東京のみならず、古井戸氏の前掲論文で指摘されるように、横浜でもさまざまな形で現れてくるのであるが、何に由来するものか解決がつかないまま保留している。

原道生氏から、洋書の表題部分や本文ページの外周を囲む形で見られる線による飾り、あるいは花飾りの間接的な影響は考えられないかとのご指摘を戴いたが、現在のところ証明する手段を持たない。

## 二　役人替名の並べ方が役者ごとから場ごとになること

すでに劇書や年代記類の記述により知られているように、江戸の場合、辻番付の役人替名の並べ方には一定の決まりがあった。例外も多いが、原則としては、一番右に売り出し中の立役が「書出し」として書かれる。それより比較的若い立役が「二枚目」に来る。座頭とほぼ同等の位置の役者であっても、わずかに実力が下であったり、はっきりした座頭がほかに決まっている場合は、番付の中央に「中軸」として書かれる。左端は右から順に一座の立女形、座頭、座元が書かれる。座元は実際に演じない「捨役」、たとえば右大将頼朝公、足利義満公などをあてられていることが多い。主だった役者の役も、位置の釣り合いを取るために捨役を追加されていることがある。客演の役者や上方下りの役者の多くは、番付の右上端や左上端、名題脇などに「庵」を作って記載される。

しかし明治二十年代には役割を場ごとに区切り、そこに出演する役名と役者をその都度並べていく形式に大きく変化する。出演順に並べる場合と役者の顔の順で並べる場合があるが、捨役はなくなり、役人替名に形式的に座元が記されることがなくなる。

この変化に早い時期からふれているのは岡本綺堂である。『明治劇談　ランプの下にて』「歌舞伎座の新開場」[22]から引用する。

たとえば新富座では団十郎が座頭、菊五郎が中軸、左団次が書出し、〔中村〕宗十郎が客座というように、その位地に応じて番付面にその役名と芸名を記すのが習いで、その番付面の位争いというものが頗る面倒であったとか聞いている。〔中略〕今度の歌舞伎座では一切その旧習を打破って、各俳優の役割は一幕ごとに記すこととし、その身分には頓着せずに総て登場の順序で列べてゆくことにした。役割の文字も在来の勘亭流を廃して、すべて活字を用いた。

これを読むと、番付の改革をはじめて行ったのは歌舞伎座開場の時であるように思われる。しかし実際には、これに先だって役人替名を場ごとに記した番付の例がある。明治二十（一八八七）年十一月開場の吾妻座の絵本役割（この形態についてはのちに述べる）がそれで**【図版35】**、活版を用いており、それまで絵本の後ろに役者ごとに並べ二段組で記述した役割をつけていたのを、場ごとにして絵の下に二段組にしたことが、この番付の特徴である。結果として、この絵本役割は同じ年代に類を見ないごく斬新な印象を与える。

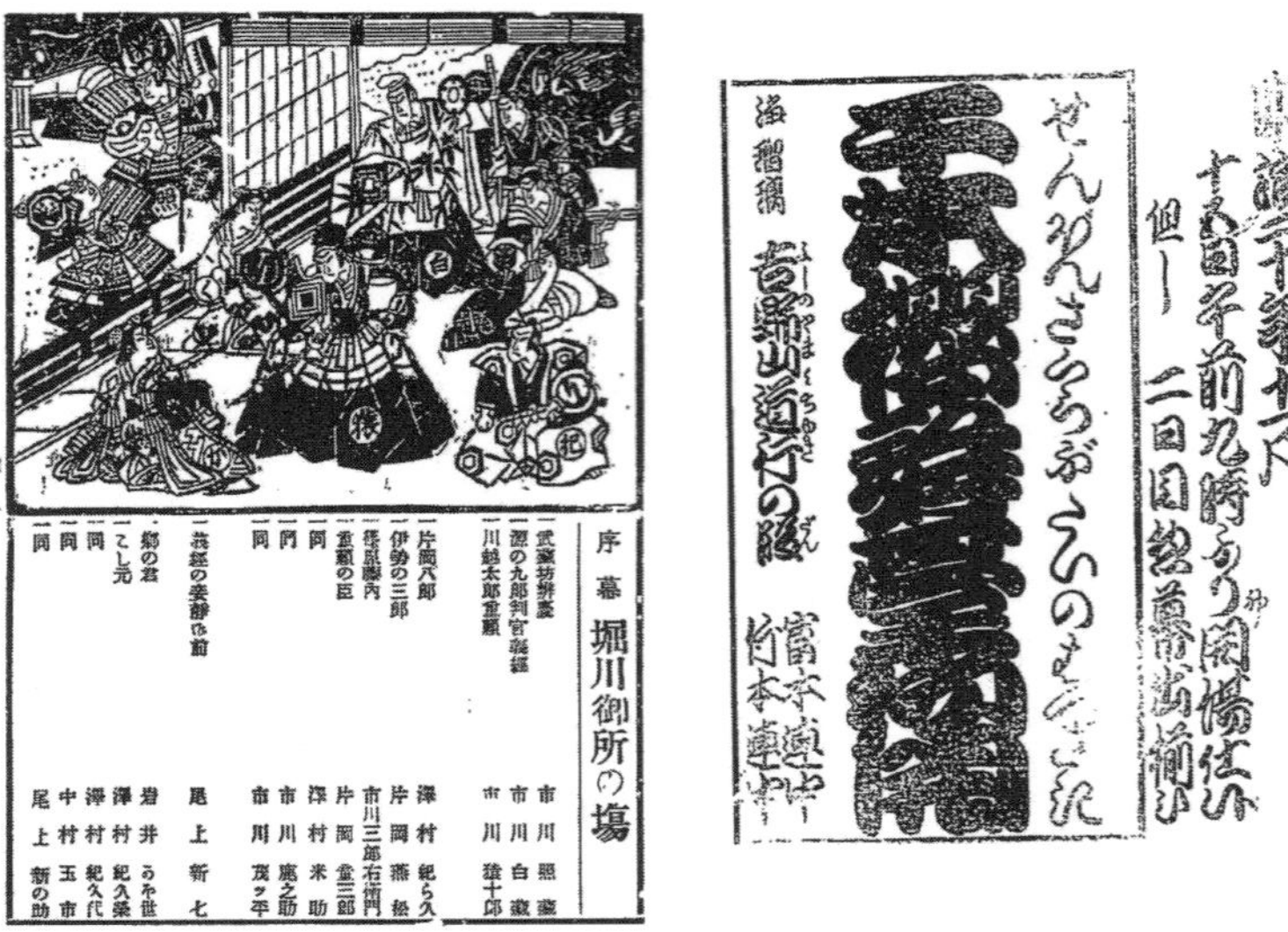


【図版35】ロ24-7-26A　明治二十年十一月　吾妻座
絵本役割　表紙見返し・初丁表

吾妻座と歌舞伎座に共通するのは、興行の金主が同じ千葉勝五郎であることだ。千葉は金貸しで、新富座の十二代目守田勘弥の金主でもあったが、合理的な劇場の経営を求めて、みずから浅草公園に開いたのが吾妻座であった。千葉が吾妻座、歌舞伎座の経営に関与する過程について、詳しくは佐藤かつら『歌舞伎の幕末・明治――小芝居の時代』第二章第二節「明治二十年前後の小芝居」[23]を参照されたいが、吾妻座開場時の辻番付は裏面をいっぱいに使い、口上・改良広告・御場所之事・地図・上演狂言『千本桜舞台初開《せんぼんざくらぶたいのはつさき》』の場割・大入場値段・食物定価・茶屋広告・人力車定価広告の箇条に分けた詳細な案内を記している【図版**36**】。

劇場の改良方針を番付にチラシの形で添えて述べたのは、先行例として明治五年十月新富座の新装開場時におけるものがあり、以後各座で行われる劇場改良の広告は大体そこで規定され

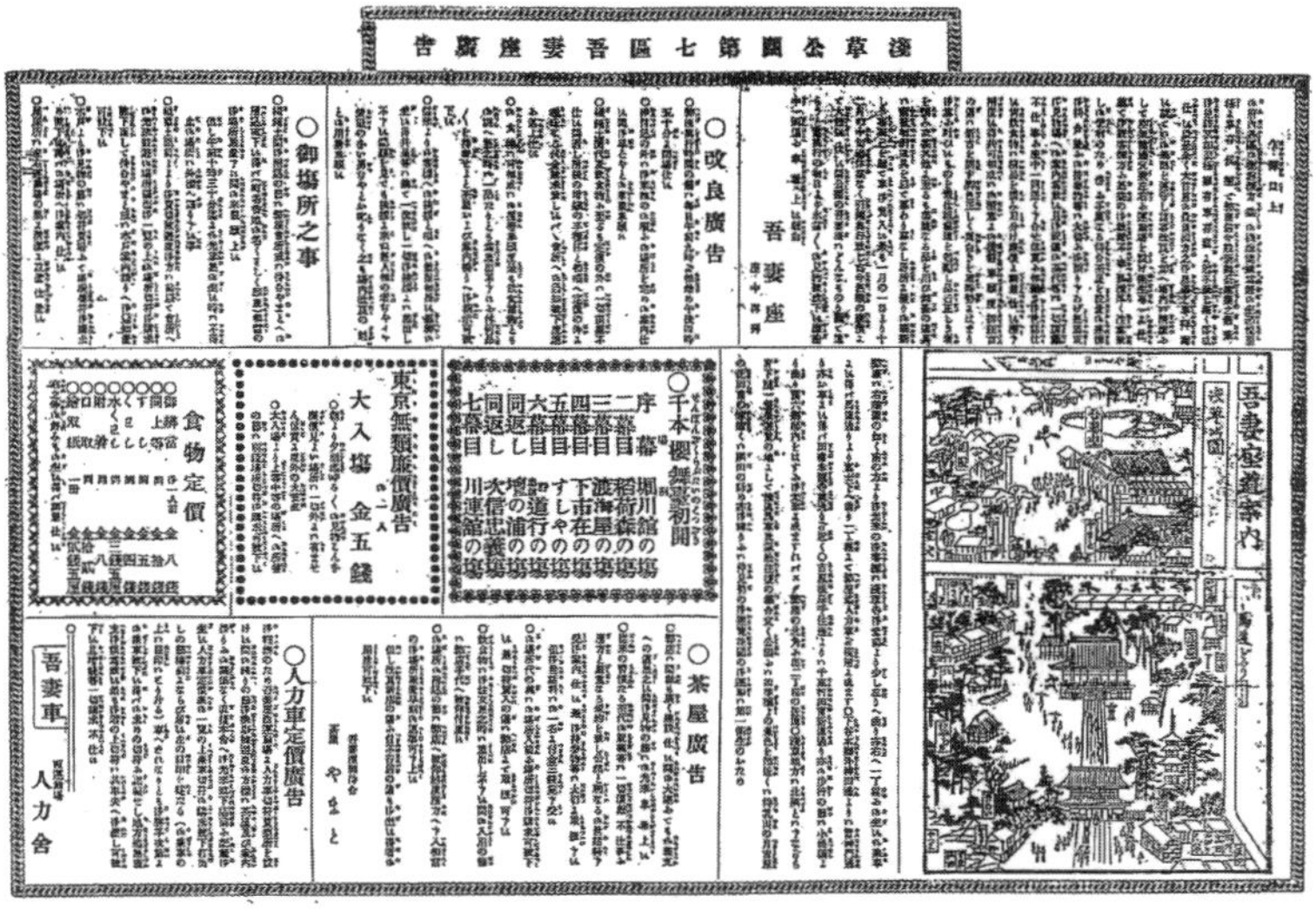
淺草公園第七區吾妻座廣告

○改良廣告

○御場所之事

吾妻座

吾妻座道案内

○千本櫻舞臺初聞

東京無類廉價廣告

大入場金五錢

食物定價

○茶屋廣告

○人力車定價廣告

吾妻車

人力舍

【図版36】ロ22-51-353　明治二十年十一月　吾妻座　辻番付裏面

た範疇から出るものではない。これも大まかな内容は同様であるが、地図や狂言の場割まで入れ、番付裏面をいっぱいに使って改良広告を行っている例は、これ以前には管見に入った限りほかにない。また、吾妻座の口上は狂言の仕組み方についてまでふれているところが興味深い。以下に抜粋する。原文は句読点がないため、適宜空白で区切った。以下の引用中の空白も同様である。

> 御規則を遵守し諸事改良を加へ　場内は清潔にして空気流通宜敷　左右に運動場を設け衛生専一に仕　全て御観客様方に無益の御散財不奉掛様厚く注意致し〔中略〕狂言の儀は新古を問ず脚色正しく面白きを取　時勢にはまり御意に叶ひ候ものを取仕組　芸道を勉励し品行正しき者を撰み　衣裳其他に至るも美麗なる品を

用ひ　舞台の道具は新発明引道具を以て　幕あり幕なし居所に変り　御目新しき事而己《ママ》を勉て奉御覧入候

ここから見ることのできるように、吾妻座の経営は金をかけるところにはかけるが「無益の散財」を厭い「時勢にはまる」ことをよしとする、合理性を目指すものであった。同じ興行、およびこの後の吾妻座の辻番付は、同じく活版を使用しながらも、役人替名は場ごとでなく役者でまとめているのが問題なのであるが、おそらくそれは、配り物や諸所への掲示を目的とする辻番付においては役人替名を示すにはその形で充分であり、観劇時に詳しいことを知るには絵本役割を参照すればよいという考え方だったのではないかと推測される。それはそれで一種の合理的な方針である。

そして二年後、千葉が新たに福地桜痴とともに経営に乗り出したのが歌舞伎座であったが、歌舞伎座の番付は場ごとの役人替名を採用した。また開場興行で出された絵本役割も、洋紙の両面刷を綴じた形で、役人替名は場ごと、絵と二段組、各ページ下段の左下にはその場のあらすじを記している**【図版37・38】**。おそらく辻・絵本役割双方に見られる場ごとの役人替名と、絵本役割の二段組化は、吾妻座の絵本役割で採用された書式を辻・絵本役割両者に取り入れ、さらに徹底したものではないかと思われる。『歌舞伎新報』千六十八号に以下のようにある。

同座は愈々明廿一日開場にて去る十七日番付を配りたり　先一体の位置は常の番付に変らねども鳥居風の絵を廃して芳年の門人年方の筆にて紋所名つぼ等も無し　名題は福地氏自ら筆を執られし

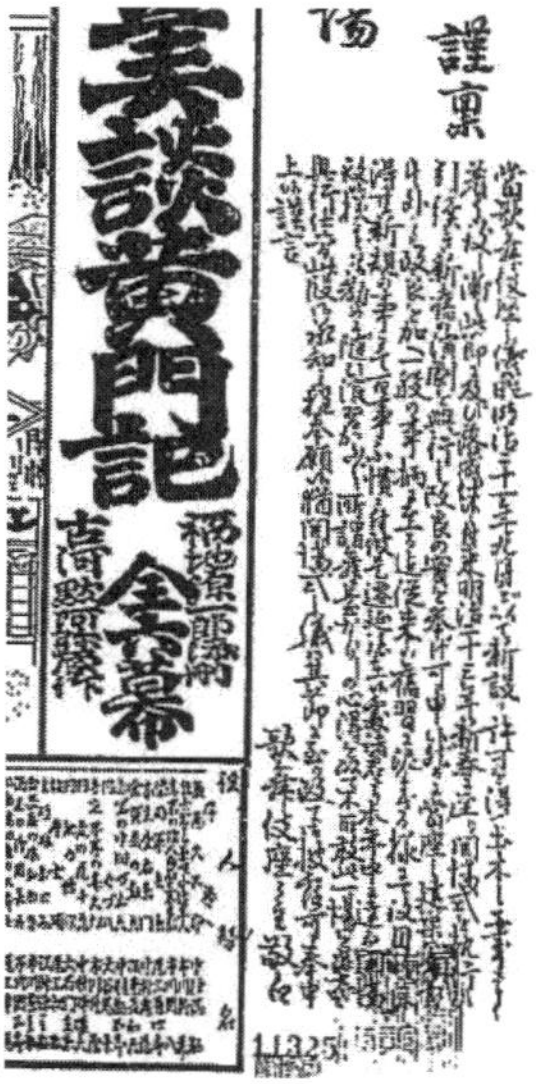


【図版 37】
ロ 22-53-42　明治二十二年十一月
歌舞伎座　辻番付

【図版 38】ロ 24-7-28A　明治二十二年十一月
歌舞伎座　絵本役割　初丁裏・二丁表

物にて大いに劇場の面目を改めたる容なり

「年方」は水野年方で、鏑木清方の師として知られ、新聞小説の挿絵なども手がけていた日本画家である。「紋所名つぼ等も無し」とは、絵のなかの役者の衣裳に紋や役者名の一部を記していないことを言うようである。役者の演ずる役を重視する姿勢の表れと言えるだろう。その後この記事は「番付の添書」についてふれるが、内容から考えてこれは、辻番付の右側に置かれた「謹稟」と題される口上を指すものと考えられる。辻番付から一部を引用する。

明治二十三年新春に至り開場式を執行ひ　引続き新旧の演劇を興行し改良の実を挙げ可申候　然るに当座の建築は舞台其他に改良を加へ　一般の事柄に至る迄従来の旧習に泥まざる様にて致目的に候得共　新規の事にて万事不慣に付　彼是遷延罷有候処　諸君より本年中に達而開場致候様にとの御勧めに随ひ　演習かた〳〵所謂舞台ならしの心得を以て　不取敢此一場を当冬に興行仕候間　此段御承知の程奉願候　猶開場式之儀は其節に至り改て御披露可奉申上候　謹言　歌舞伎座々主敬白

従来の番付であれば「さる方様のお勧めに従ひ」となるべきところを「諸君」としたり、興行を「演習」と呼んでいるところに、新聞経営や政治活動に携わり、演劇改良会の委員でもあった福地の関与がうかがわれる。歌舞伎座の番付は、座主の改良の姿勢に沿った口上を持ったと言えよう。

以降、字体や庵の廃止、絵本役割における洋紙の両面刷、あらすじの記述、登場順の配列は普及しなかったが、場ごとに役人替名を並べる形式は他座においても次第に踏襲されていく。それは歌舞伎以外の新演劇などが勃興して、新しい（ということは観客に筋のなじみがない）題材も扱うようになる明治二十年代以降の劇界において、結局見やすくわかりやすかったからではないかと筆者は考えている。

場ごとに役人替名を並べる傾向が一般的になってくると、たとえば劇場の方針が、古い狂言を中心に上演する保守的な傾向になった場合は、役人替名が役者ごとに戻る逆転現象が起きることがある。すでに拙稿で一度ふれたことがあるが[24]、たとえば大正四（一九一五）年から五年の市村座の辻番付である【図版39】。この頃の市村座は田村成義の経営により、若い俳優の育成を考慮しつつ、既成の作品を中心に固定した構成で上演していた（詳しくは本書の第三章第三節も参照されたい）。六年一月になって観客の増加傾向が下火になってくると、番付の役人替名は場ごとに戻る【図版40】。翌月は興行方針を転換して吉井勇の新作『髑髏尼』を上場する。これこそいささか逆説的ながら、場ごとに並べるのが新しい形式ととらえられていた証左であろう。

## 三　興行責任者の交代による版元と形式の変化

明治以降の歌舞伎番付は残存数が多い。演博で整理済の東京の辻番付は、重複を含めて平成十五年の段階で約七千枚にのぼる。その理由は第一に、単純に劇場と番付の数が増加したためである。

江戸の劇場は官許の下りている中村、市村、森田の三座とその控櫓以外は、寺社奉行の管轄する宮地芝居であり、番付の残存数は少ない。ところが明治六（一八七三）年二月、劇場の許可制限数が十座に増えることからはじまった劇場制限の拡大は、二十三年八月の劇場取締規則の改定によって「道化踊場」を「小

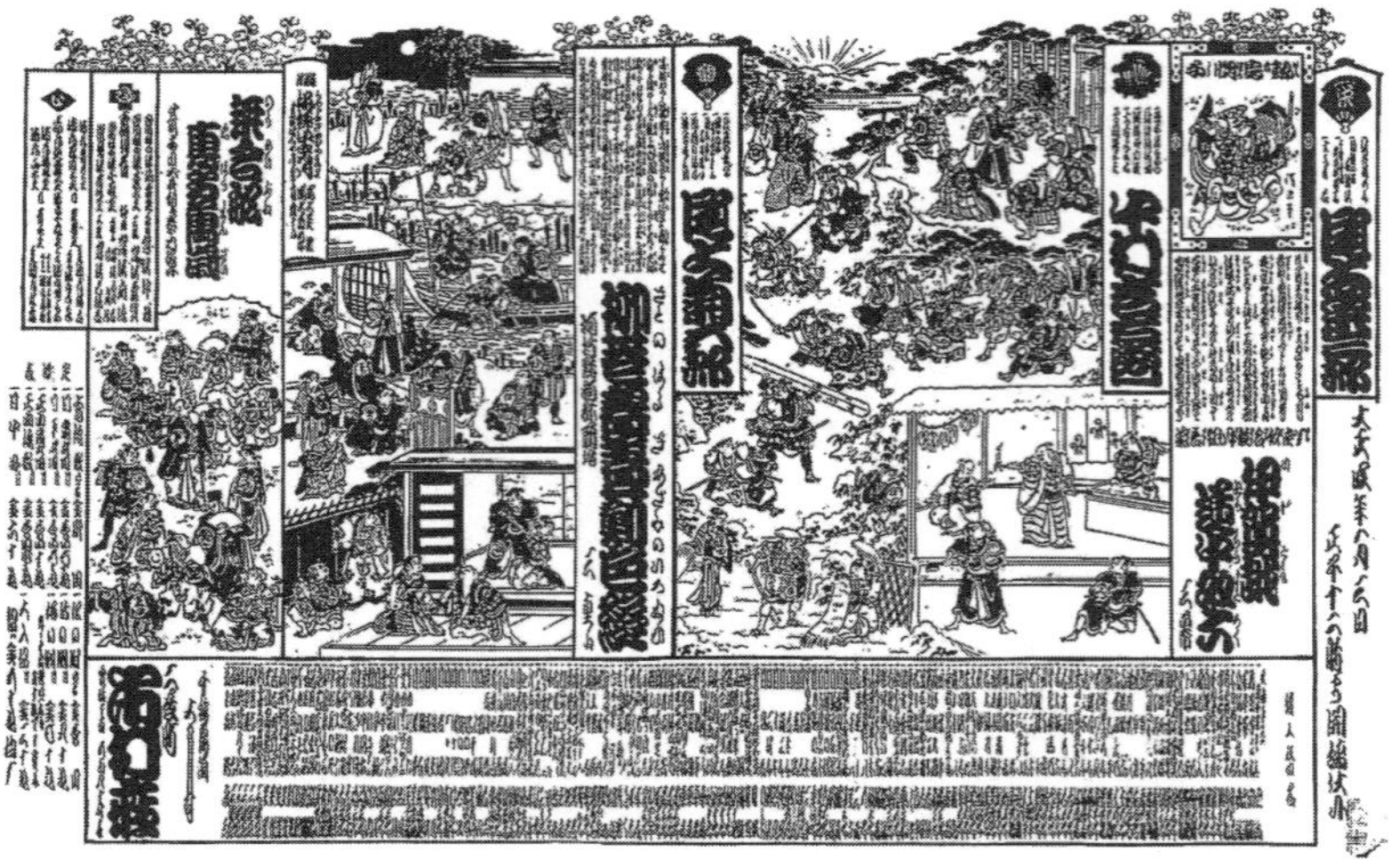

【図版 39】ロ 22-55-248　大正四年一月　市村座　辻番付

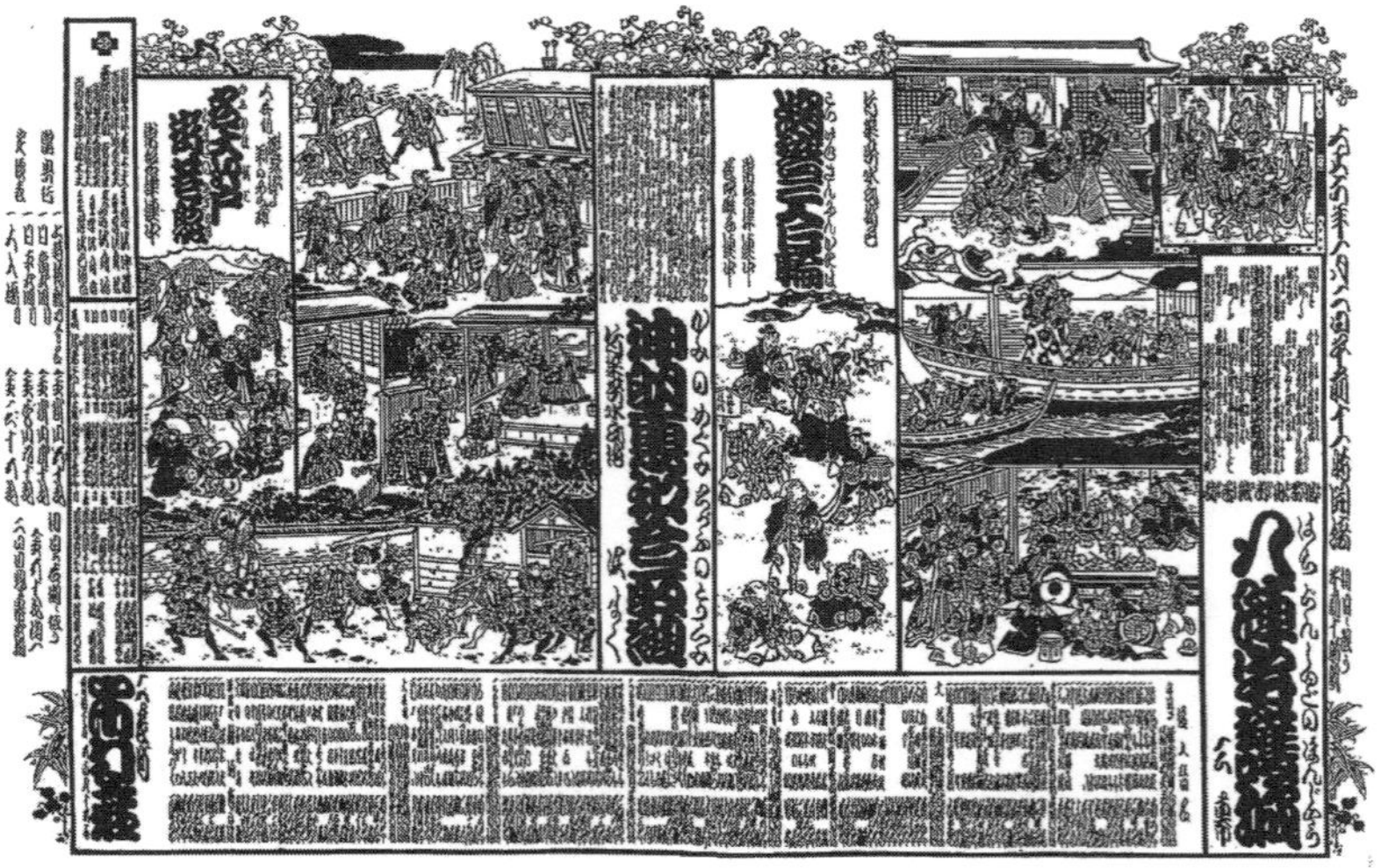

【図版 40】ロ 22-55-708　大正六年一月　市村座　辻番付

劇場」と規定し、取締規則に違いはあっても劇場であることに変わりはないとするに至る。取り締まる役所や法律、興行形態に事実上差がなくなってくると、番付も、小劇場のもののほうが多少小さい傾向が強いが、大小劇場でほぼ同じ形式のものを作る。

第二には、年間の興行数が大幅に増加したためである。伊原敏郎の写本『明治十二年各座書上』[25]を見る限り、明治十一年から十二年当時の一興行の日数は新富座の場合平均四十日前後であり、最長で六十日である。他座はもっと短く、二十五日前後のところもある。不入の場合それよりも興行は短くなるわけであるから、結局一回の興行期間は劇場によってかなり違いはあるが、一か月弱から一か月半程度と考えられる。ここから伊原は、たとえば『明治演劇史』二四〇頁などにおいて、明治初期の一回の標準興行日数を四十二日間としたのであろうが、その結果として興行数が増加し、番付の数もそれにともなって増えた。

以上二つの理由があいまって、近世とは比較にならない多数の番付が残ることになったと考えられる。しかも、演博以外の図書館・博物館のみに所蔵される番付や、未発見の番付があると見込まれるので、実際に発行された番付の数はさらに増えるであろう。

劇場の座元ないし興行責任者が変わると、番付の版元や形式、役者の格付けなどに差異が出る可能性があることから、興行を行う人々と番付、さらにその版元との関係をたどっていくことは重要であるが、実はこれはかなり困難な問題でもある。その理由の一つに、明治二十年代後半から本紙に版元を刷り込む習慣がなくなっていくことが挙げられる。はじめは、匡郭外側の余白を、貼込帖に仕立てるなどの保存上の理由から切り落としたため、版元名が失われたのかと考えていたのであるが、複数同版のものが残っていて余白が多量に残されているものがある場合にも版元が見出せないケースが増えてくることから、刷り込む習慣が失われていくと考えざるを得なくなった。そのため、座ごとに番付の版元を追うことは、ある時期以降かなり困難になる。

しかし、版元をある程度追うことができ、同時に座元ないし興行責任者が交代すると形式が変化することを立証するのが、明治十八年から二十年の春木座の番付である。番付の形式が東京のものから大阪のものに変化する極端な例は、江戸の大芝居では興行組織と形態から考えてまず例がない。しかしこれは、人間の往来が頻繁になった近代以降の劇界の変化を端的に示す事例の一つでもあるので、図版は演博蔵の番付を使用するが、文京ふるさと歴史館（以下「歴史館」と略する）蔵の番付から得たデータを補完して、その変化を順に追うことにする。

本書の第二章第二節でも記したように、明治十八年五月、興行師三田村熊吉（鳥熊）は大阪の役者を連れて上京し、本郷の春木座で興行をはじめた。この年は「各座とも兎角不入にて、近年珍しき不景気」[26]で興行界は沈滞していたが、この値安興行が大入になったことで他座にも入場料の値下げが波及する。

その前の興行である十七年十月の辻番付は、明らかに東京の形式で作られている。版元は中川久兵衛・若竹柳吉の二名が記される【図版41】。しかし、三田村が興行を行うようになると、「太夫本」[27]はその手代と『歌舞伎年表』に記される舩橋藤輔になり、番付が役割と絵の二枚に完全に分離した形に変化する【図版42】。版元は、絵のほうは、大阪やその周辺地域の番付の版元として幕末から明治中期頃まで多く現れる玉置清七である。役割のほうは、左端に玉置が記され、右端に中川久兵衛・若竹柳吉の名がある。役割だけ相版のように見えるのであるが、名題や役者名の字体は大阪のものである。また、

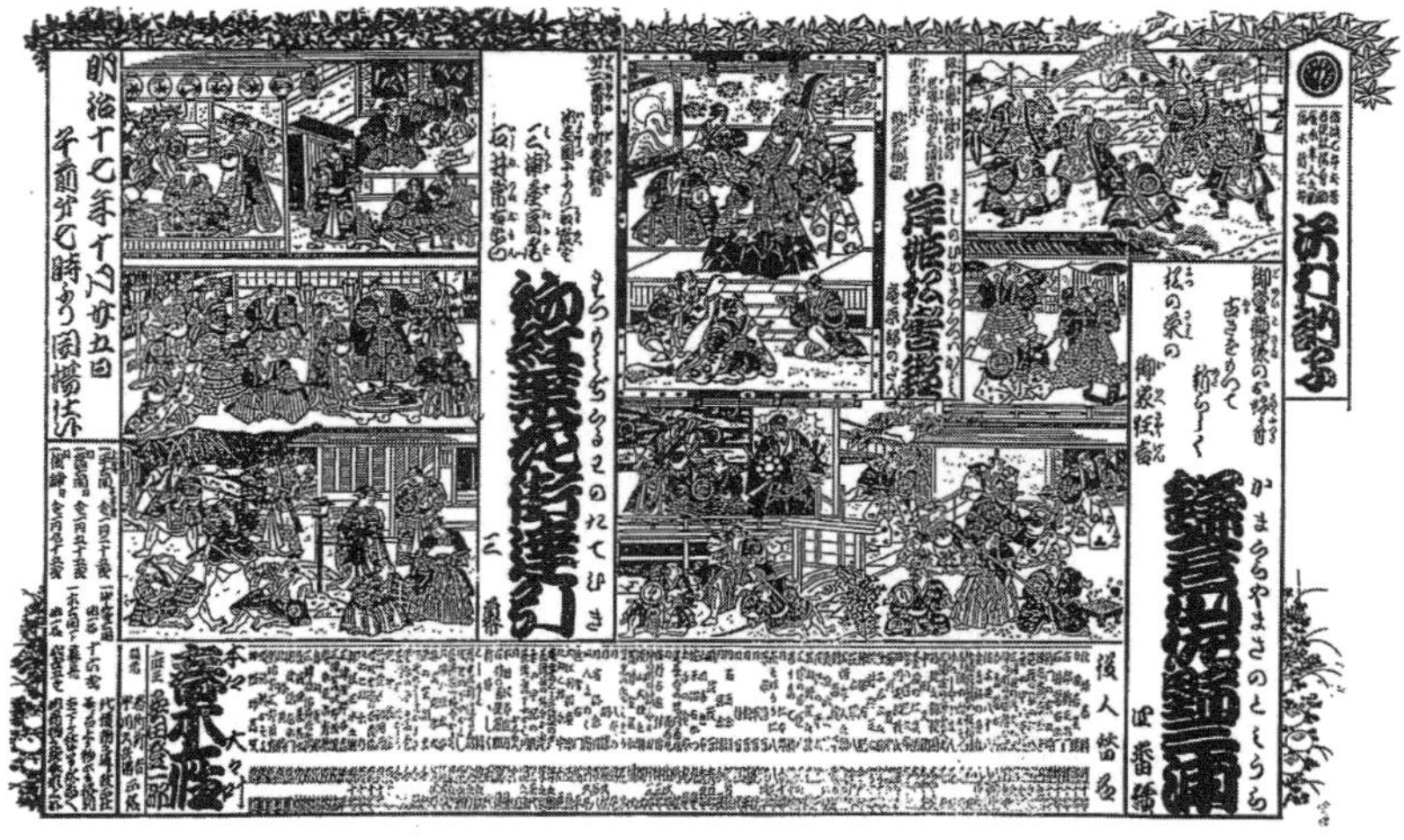

【図版41】ロ22-51-246　明治十七年十月　春木座　辻番付

・役人替名の役者名の一部と役名部分が不調和に細い字体
・五〜七月の役割に記された御届・出版年月日がすべて四月廿日・廿一日
・興行ごとに役割を見比べていくと、下段役者の並び順の変更など、変更部分のそばには彫り替えたと見られる削れがある
・入れ替える役者名はほかの部分と違和感のない大阪の字体

などの特色がある。

ここからは、旧版元の中川・若竹は版元としての権利をまだ手放していないが、番付の名題や役者名のもとになる字を書くのは大阪から来た座内の者であることが考えられる。玉置は、大阪形式の番付の枠組の権利だけを持って三田村に四か月更新で貸しているということか。同時期の大阪の番付は出版御届をほぼ一か月ごとに取っており、同様の例は今のところ見ていない。土台となる

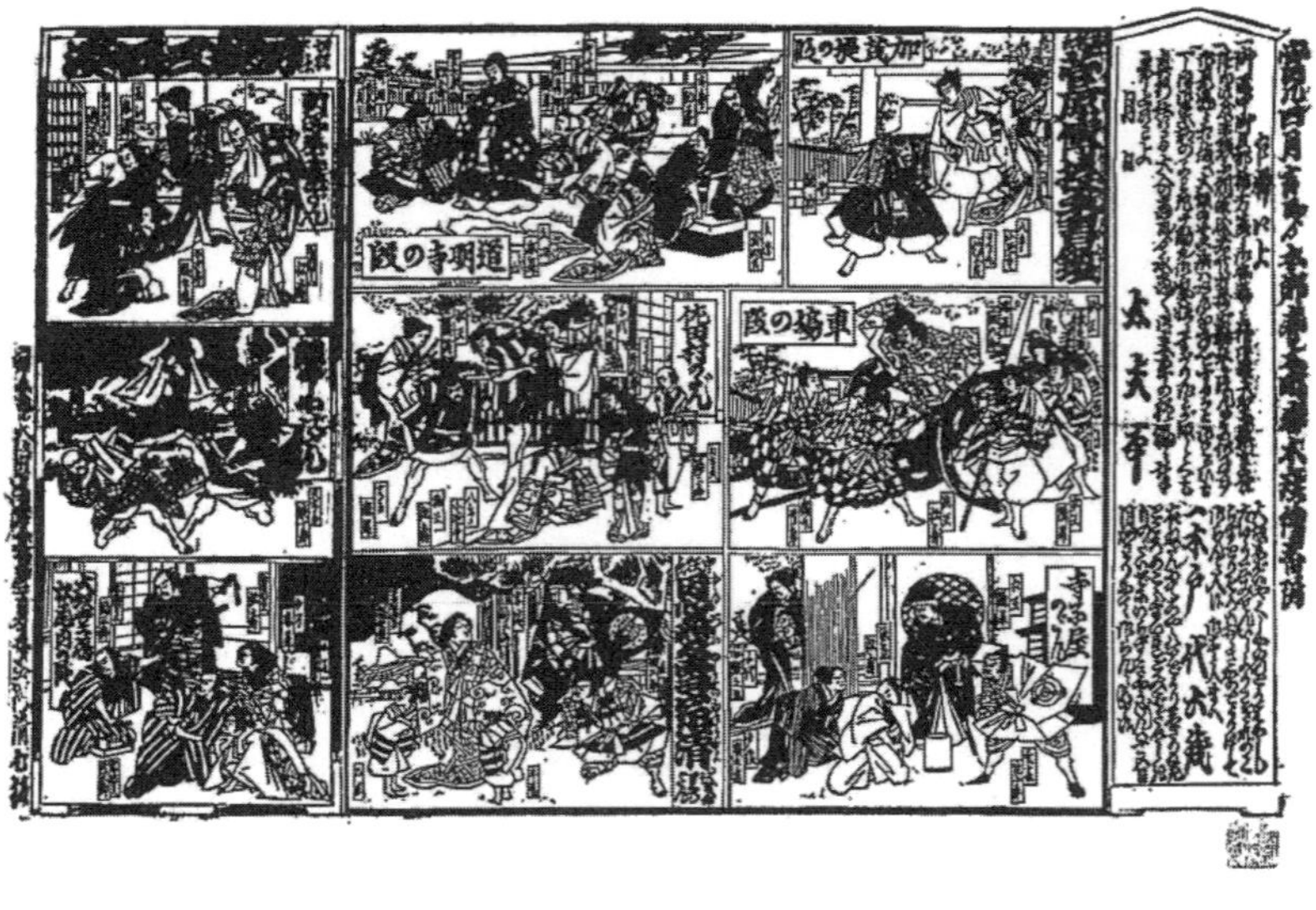

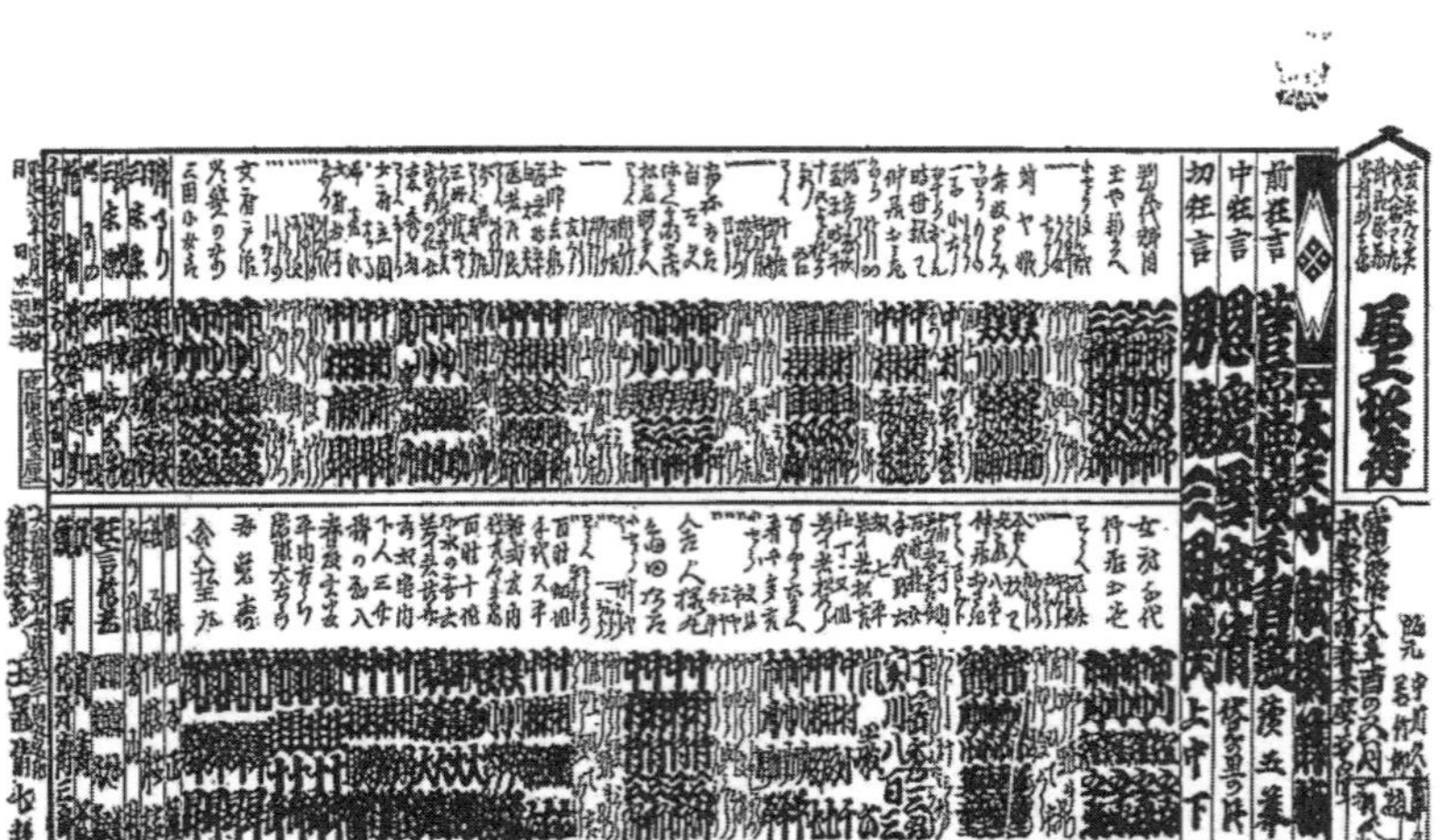

【図版 42】 ロ 22-51-264A・B　明治十八年五月　春木座
絵と役割（一枚物）

番付の版下と、一座で上演可能な狂言の名題、役者名個々の部分をまとめて大阪で作り、役名部分だけ東京の版元でその都度作って組んで印刷した可能性も考えてみたが、それならば版に荒れや匡郭の不整合などが出るだろうと思われる。そうしたものがほとんど目に立たないことが、この問題をさらにわかりにくくしている。

明治十八年九月から十一月の番付では、絵・役割双方の版元は歴史館のもので補完しても、玉置清七の単独の署名になるようである【図版**43**】。役割に記された御届・出版はすべて八月廿六日・廿七日になっていて、ほかの特色も引き継がれている。

演博蔵の明治十九年一月の役割は版元が記載されていない。おそらく組になる絵があるはずだが未見である。太夫本は舩橋藤輔のままだ【図版**44**】。

同年二月の番付は、現在絵のみのものしか確認していないが、これ以後も歴史館の番付、および国文学研究資料館がインターネット公開する東京大学総合図書館蔵秋葉文庫の貼込帳『特殊番付　春木座[28]』所収の番付を加えて対照すると、文字と絵が分離した形の番付がある。二月の番付も、これと組になる一枚物の役割が存在すると思われる。版元は佐々木熊次郎（または熊二郎）【図版**45**】。東京では春木座の番付でしか見ない版元である。太夫本舩橋藤輔は変わらない。番付では七月までこの状態が続くことを確認している。

同年十一月の番付は、歴史館蔵の一回目の興行『浅草《あさくさ》霊験記《れいげんき》』の番付が役割と絵の二枚組なので、演博蔵の同月二の替興行と目される、役割しかない『義経千本桜』も二枚組の番付だったのだろう。この三枚のどこにも版元は記されない。そして「座主」奥田登一郎と記される【図版**46**】。

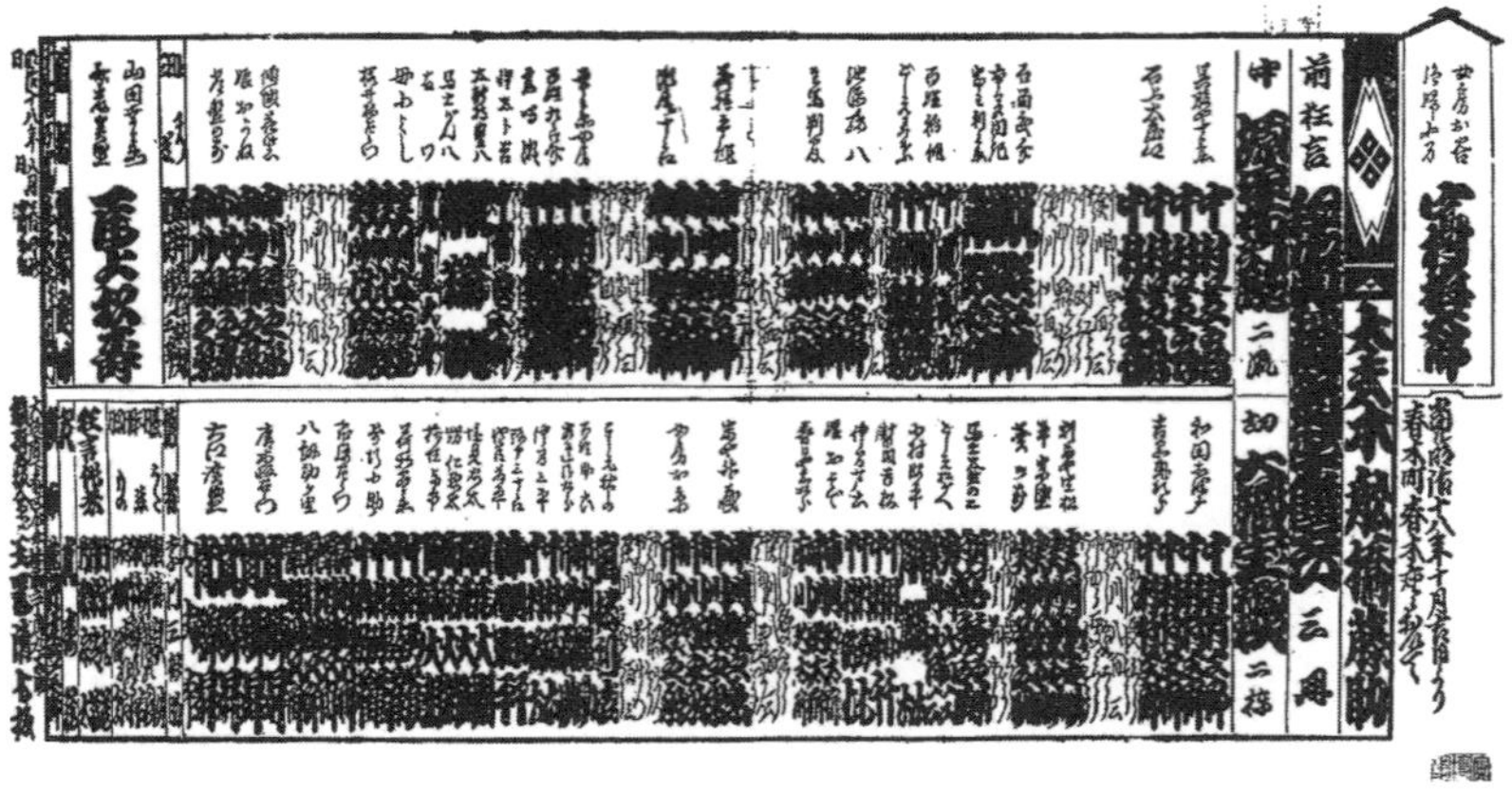

【図版 43】 ロ 22-51-283　明治十八年十月　春木座　役割のみ

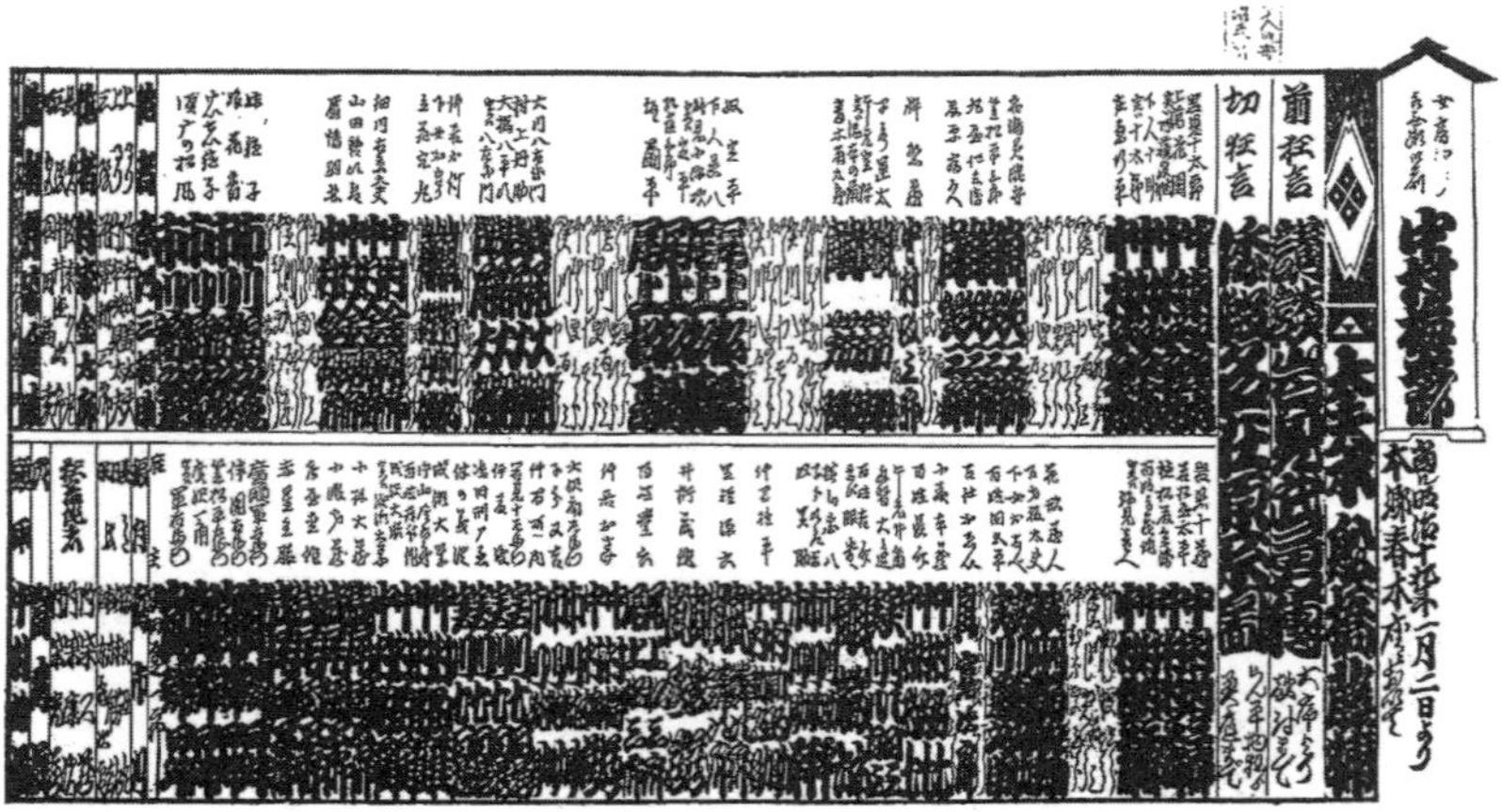

【図版 44】 ロ 22-51-294　明治十九年一月　春木座　役割のみ

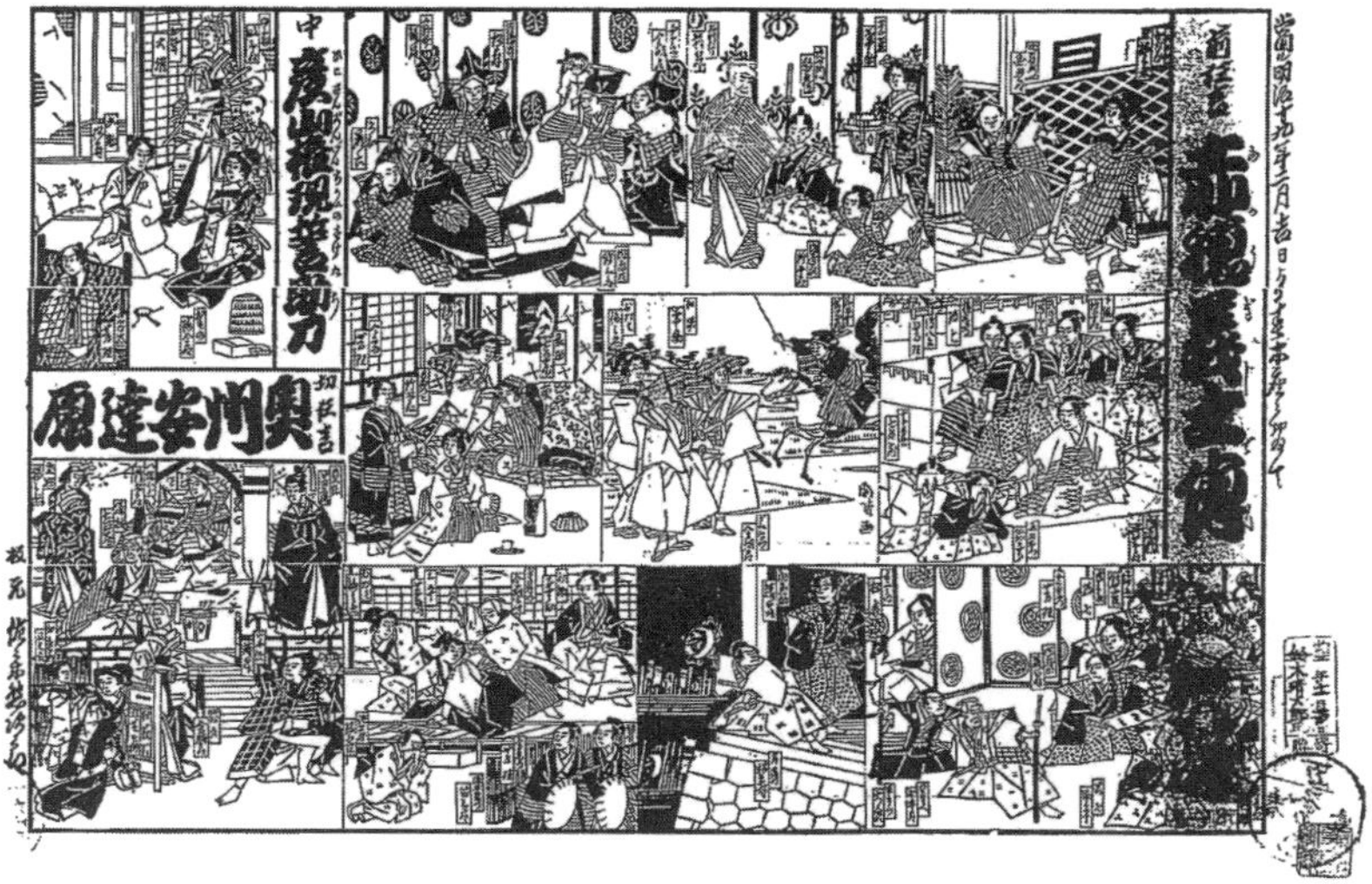


【図版45】ロ 22-51-297　明治十九年二月　春木座
二枚組？の絵のみ

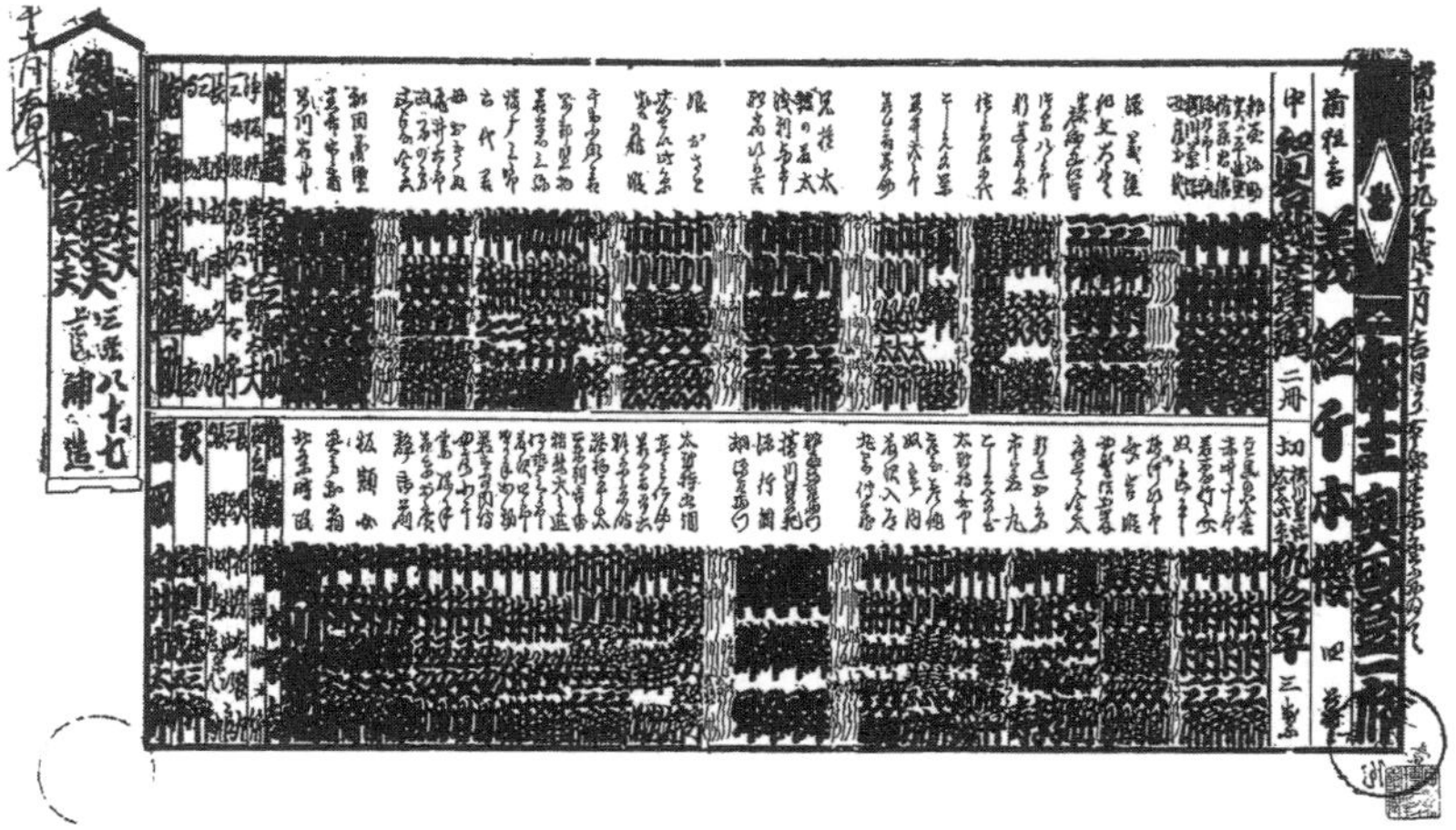

【図版46】ロ 22-51-320　明治十九年十一月　春木座　役割のみ

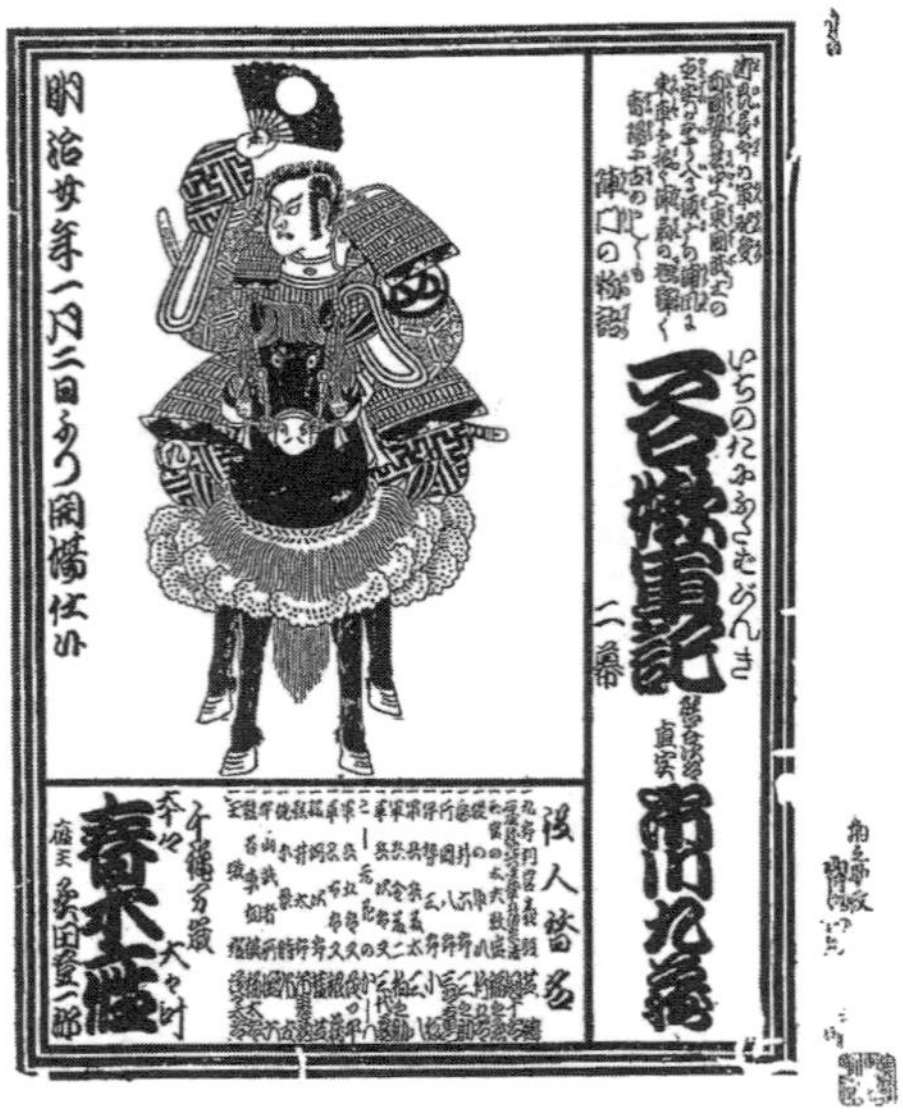


【図版 47】ロ 22-63-80
明治二十年一月
春木座　小判

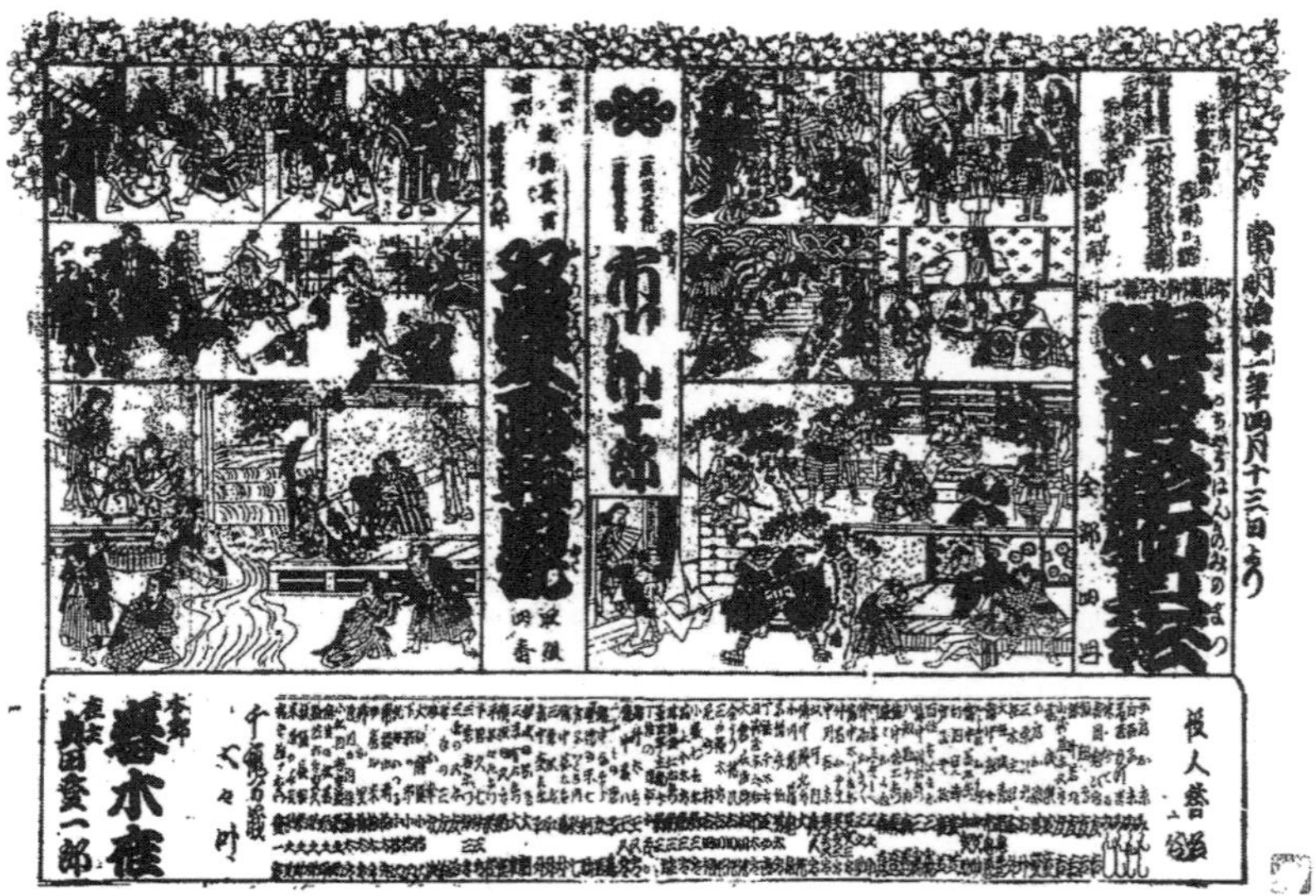


【図版 48】ロ 22-51-370　明治二十一年四月　春木座　辻番付

二十年一月の番付は、演博蔵の版元不明の役割しか現在見ていないのであるが、この番付には東京の形式で作られた中幕の「小判」がついている【図版47】。「小判」は普通の辻番付よりも小型で、名題とその初日、内容を示す絵、役人替名、座名などを記した番付である。河竹繁俊は一括して「小判」としているが、『歌舞伎図説』は江戸におけるこうしたものを「追番付」と「別番付」の二種に大別している。三、四月の番付は役割と絵に分離した二枚組形式で、四月のものには小判がある。この東西の形式折衷状態があったのち、演博蔵の番付で、完全に東京の形式に戻ったことを確認できるのは、明治二十一年四月である【図版48】。

これも本書の第二章第二節に記したが、三田村が不祥事を起こして春木座を離れたのは十九年三月以降で、その後、船橋藤輔が興行を行い、十九年十月から前身の奥田座「座主」であった奥田登一郎が復帰したとするのが一般的な説である。しかし、俳優の顔ぶれはほとんど変わらず、番付の形式も、完全に東京の形式に復帰することが確認できるのは、三田村が経営を離れたとされる十九年三月から見てかなりあとである。そう考えると、三田村のもたらした影響は明治二十年頃まで続いていて、座内事情は複雑だったと推測することができよう。

もちろん、その裏付けは今後、他館所蔵の番付を補い、新聞や雑誌の記事を見ていかなければならないが、ともあれ春木座の辻番付からは、経営者や経営方針が変わるとそれを表現する形式も忠実に変化すること、また番付の変化から興行の変動を読みとるきっかけをつかみうることが明らかなのではないかと思われる。

## 四　小判が担う役割

先に述べたように、「小判」と「追番付」と「別番付」に分けて考える場合もある。「追番付」は、興行が行われている途中で一番目の途中やその後に幕を差し加える時、また大立者が途中から加入し、幕や場を加える時などに、それを追って予告するために出すものである。そのため、そこに書かれている月日は、組になる辻番付より何日も、あるいは何十日も遅れることが多い。

「別番付」と呼ばれるものは、浄瑠璃や舞踊の見どころとなる場面について出す番付で、『歌舞伎図説』では「これに限つて役人替名を出さぬのが通例である」としている。平成三十一年現在、歌舞伎座は毎月の興行に出演する主要な俳優が勤める、もっとも主要な役の扮装写真を大きなポスターにして、たとえば歌舞伎座地下の柱に貼りつけているが、別番付の機能はこのポスターに類似したものである。ほかにも小番付、小判、番付の小版など様々な呼称があるが、ここではひとまず小判に統一する。

歌舞伎の興行では、江戸時代から、初日近辺では時間の都合で出せなかった幕が途中で加えられていくことが普通に行われており、明治以降になっても相当遅くまでこの慣習が残るようである。明治二十年代に入っても、新聞で「出揃い」と出ているのに、実際に見にいくと予定だけで出ていない幕が二、三幕はあるのはよくないとの投書がある。(29) 遙かに後年、松竹が参入している大正四（一九一五）年六月の新富座においてさえ、初日には大詰と中幕が出ていない。(30)

しかしこうしたことがあっても、新たな一幕物を興行の途中で差し加えたという劇評や記事がなくなっていくことから見て、興行開始後に幕を追加することは、考証しうる限りにおいて頻度が少なくなっていくようである。そうなると、小判の役割は装飾的な方向へ比重が傾き、すでに出ることが決まっている興行全体の見せ場、もしくは華やかな場面を専門の絵師の手で美しく描いた絵を見せることが中心となる。すなわち『歌舞伎図説』の呼称に従うなら、「追番付」よりも「別番付」の比重が高くなっていくのである。

たとえば、明治三十年代後半から大正前期にかけて、歌舞伎座や明治座、市村座で出している小判は、絵はほとんどが七世鳥居清忠とその弟子筋の手によるものだが、初日や名題をきちんと記していないものが散見され、月を「一月」「七月」「九月」と書かず、「初春興行」「盆興行」「菊月興行」と記す例が多くある**【図版49】**。また、『本朝廿四孝《ほんちょうにじゅうしこう》』の名題で上演している狂言の小判に付された題が「八重垣姫」となっている、明治三十九年三月東京座のような例もある**【図版50】**。すでに辻番付や新聞などほかの媒体で上演する狂言がはっきりしていなければ、こうした番付は出版されないだろう。これらは遅れてくるものの告知ではなく、広く知られていることをより美しく知らせる添え物へ、小判の役割が大きく傾いていることを示唆するものだ。

後年の回想を含む記述ではあるが、明治四十一（一九〇八）年十月十二日初日の歌舞伎座興行について、木村錦花が『近世劇壇史　歌舞伎座篇』[31]に記す記事を引用する。

> 此の興行には、景清、堅田落、大徳寺、戻橋、信田妻など、番付の小版を五枚も付けて、本紙とも六枚の豪華版でありました。俳優の納まり勝手から、止むを得ぬ事であつたかも知れませぬが、小版五枚は全く異例で、興行者としては決して良策ではなかつたのであります。そこで興行の成績は如何であつたかと云ふと、中日頃から日払ひも足らぬ程の不入で、会社の組織改つて以来の大損、

【図版 49】ロ 22-64-144　大正四年二月　歌舞伎座　小判

【図版 50】ロ 18-91-4CC　明治三十九年三月　東京座　小判

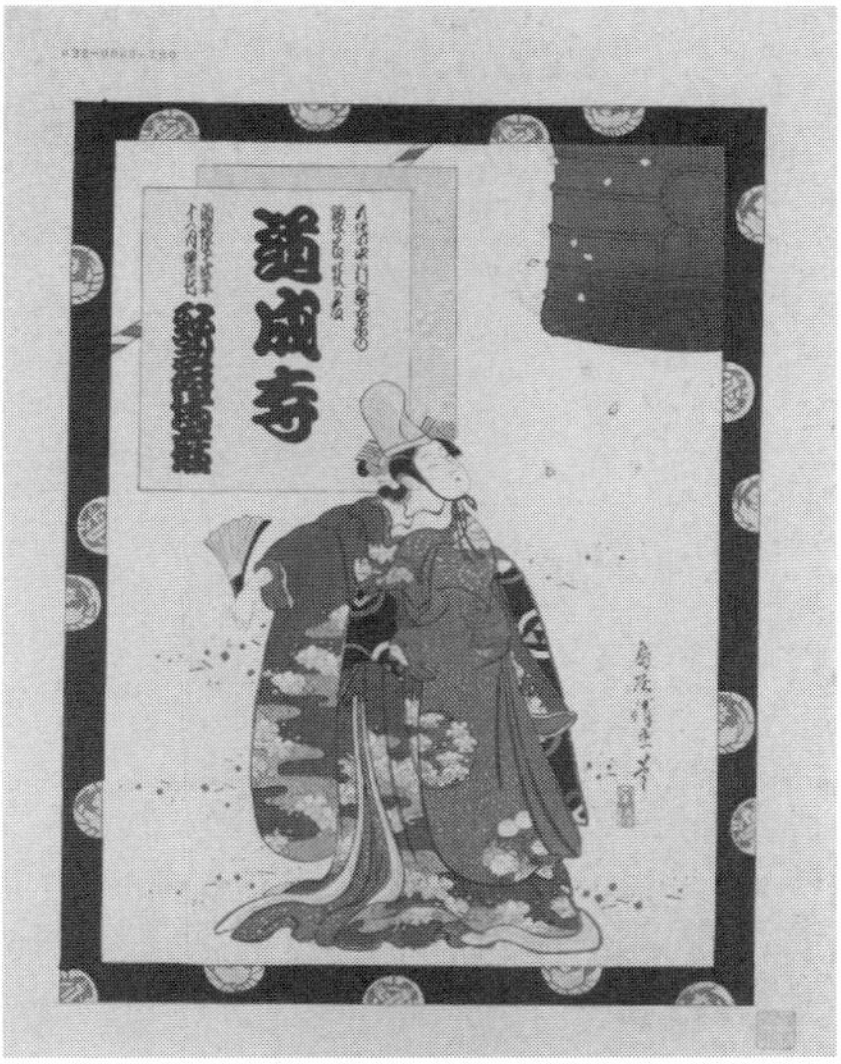

【図版51】ロ 22-63-720
明治四十四年十一月
歌舞伎座　小判

漸く二十日間打つて楽。

この記述は、役者がみずからの出演する幕の小判を出版させることによって、幕内での勢力を示そうとしていることをよく表わしている。

そして、明治四十四年十一月、五代目中村歌右衛門襲名披露で出た『道成寺』の小判**【図版51】**を見ると、錦絵のような多色摺である。近代の東京において、多色摺の小判は管見に入った限りほかに例がない。この襲名は、初代中村鴈治郎との間でこの年の七月からどちらが名乗るかが争われ、系図調べまで行われた末に五代目中村芝翫が勝利した事件として有名である。すでに新聞・雑誌でその騒動の経緯が逐一報じられている襲名をことさらに麗々しく宣伝するのは、新歌右衛門の力を示すためであるとしか考えられない。こうした小判は、近代以降の歌舞伎のなかに残る「江戸」の一証でもある。

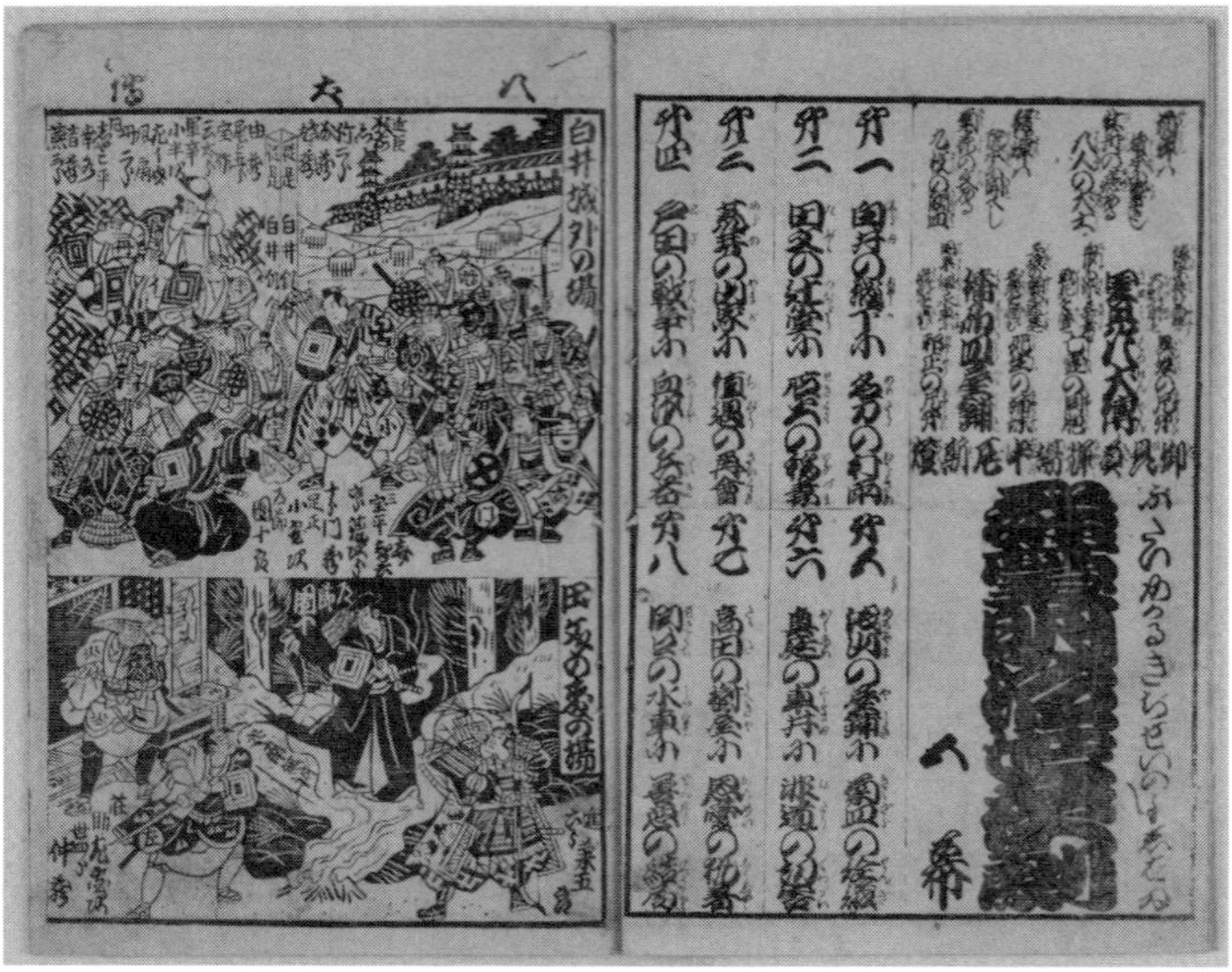

【図版52】ロ 24-15-1　明治十一年八月　新富座　絵本役割
初丁裏・二丁表

## 五　絵本役割と筋書

すでに赤間氏前掲論考「「歌舞伎の『筋書本』に関する覚書――次世代の歌舞伎のために」に概略は述べられているのだが、以下は資料分類としての「絵本役割」について説明し、若干の図版を加える。

絵本役割は、先に一場から二場を丁の片側にまとめる形で場ごとの絵を出し、そのあと全体の役割を付けたもの、すなわち絵本番付と役割番付を合わせたものとされる。近世上方の中ゥ芝居の番付に絵本に付随した役割が見られることは、すでに池山晃が前掲「館蔵上方歌舞伎番付の目録に関する覚書」で指摘しているが、東京の絵本役割は、おそらくこれに直接つながるものではないと筆者は考えている。

絵本役割の嚆矢は、明治十一（一八七八）

年八月新富座の『舞台明治世夜劇《ぶたいあかるきじせいのよしばい》』とされるが、ではその番付を見てみよう。

表紙を開くと、まず従来の絵本と同じ形式の絵が二丁あり**【図版52】**、そのあとに従来と同じ形式の二段組で書かれた役割が一丁つく**【図版53】**。要は、従来二冊だったものを合冊した形にとどまっているが、なぜこの興行でこうした形式が開始されたかといえば、これが通常と異なる夜興行であったことは考慮してよいのではないか。この番付の最後には、食べ物について「夜中の事故《ゆえ》」「極御手軽に」すると記すのだが、夜だけの手軽な興行として、番付も一冊にまとめて簡便にしたという可能性はないだろうか。

この形式は以降、多くの劇場で順次採用されるようになり、十月には中島座で絵本役割が出ている。その最終丁裏は作者連名の場所に上演時間についての口上が刷り込んであり、空いたスペースに劇場の直売らしい「食るい」の一覧が入っている、あまり見ない形式である**【図版54】**。中島座は官許劇場のなかでも独特な位置にあり、特色のある劇場であることはすでに佐藤かつらがまとめている(32)。演博の所蔵する絵本役割のなかでこの出版は、江戸三座以外で明治六年官許を受けた劇場としては喜昇座と並ぶ早い時期のものであるが、そのことそのものが、この二つの劇場の立場をよく示しているだろう。

この形式は、はじまるとほぼ同時に「絵本役割」と称されていたらしい。同年九月市村座の絵本役割の表紙には大きくそのように記される**【図版55】**。おもしろみのないデザインだが、便利な形式であることを前面に出した仕様である。そして絵と役割が二段組になっていく過程については、本節の二で記した通りである。

絵があり、役割がある。そこに筋の説明が付加されるようになれば、たとえば現在歌舞伎座で売られているような「筋書」ができあがる。「筋書」に相当する小冊は大阪のほうが早く出るようであり、また大

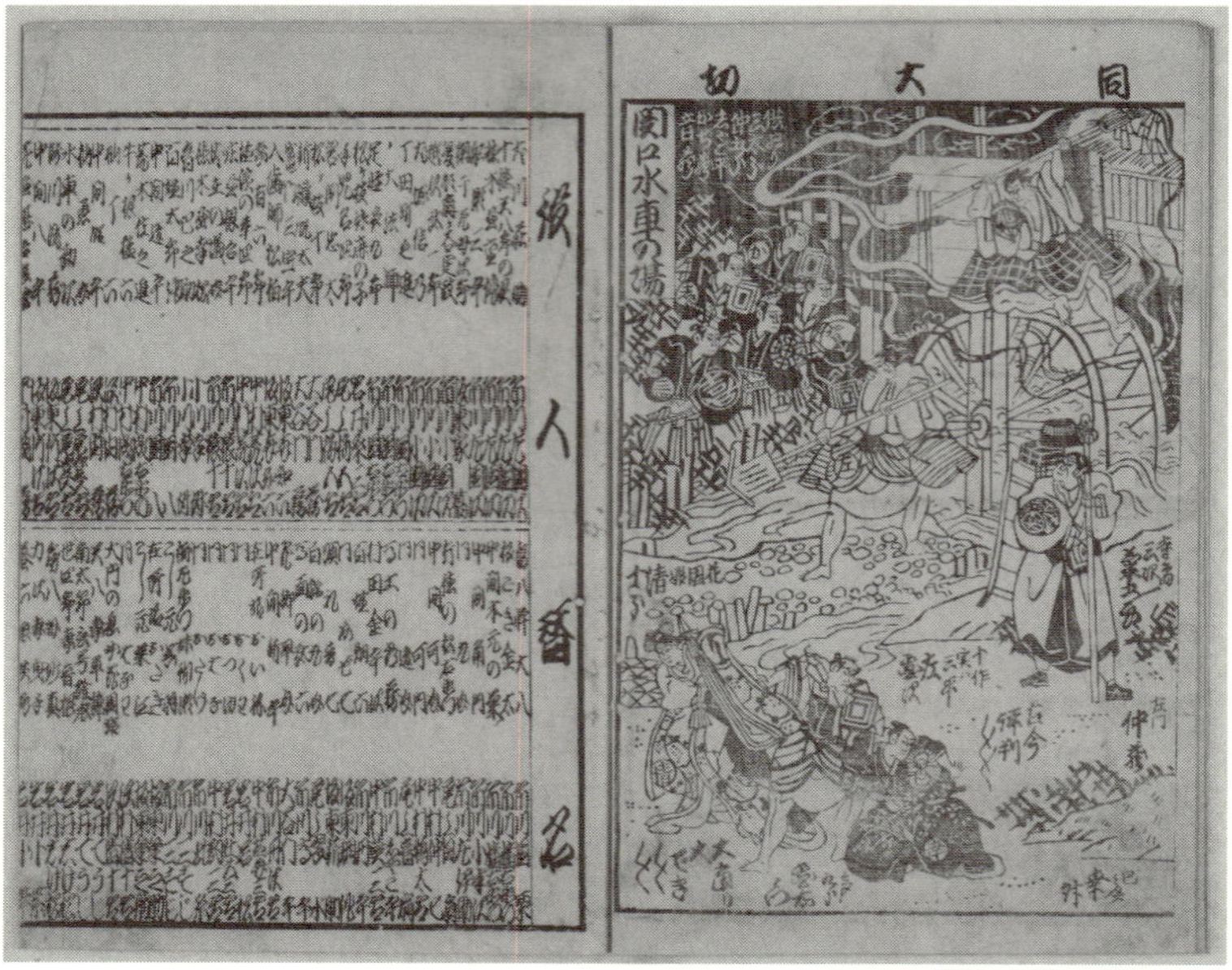


【図版 53】 ロ 24-15-1
明治十一年八月
新富座　絵本役割
三丁裏・四丁表

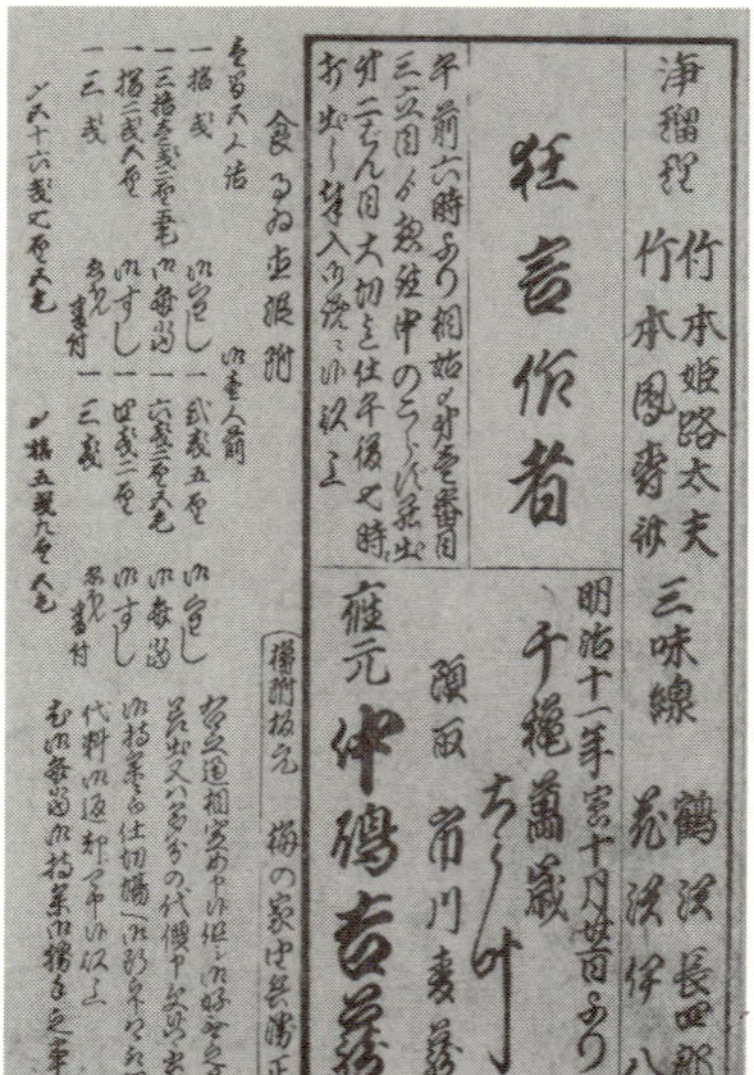


【図版 54】 ロ 24-13-103
明治十一年十月
中島座　絵本役割
終丁（奥付）

正期の資料をあまり系統的に見ていないので詰めきれていないが、東京の筋書には少なくとも二種類あることがわかっている。一つは、上演の際作られた台帳から取材したと推定され、ところどころ書き改めたり省略したりするところがある、劇場外で出版されていることが明らかなものである。『図説　江戸の演劇書　歌舞伎篇』一五八頁に言及があるように、明治二十年代に劇場外で出版される筋書は、表紙に多色刷りの絵があり、多くの場合表紙裏に役割一覧が記される。そして筋をまとめた文章が活版刷二段組で記される。

ここに、矢内賢二が『明治の歌舞伎と出版メディア』第二章第一節「『歌舞伎新報』における筋書」[33]で扱っているような、明治十一年の『新報』創刊当時から掲載された各劇場の上演作品の台本の抜き書き（これは当時から「筋書」と称されている）を合わせてみると、形式的によく似ていることがただちに了解される。そしてこれは、明治から昭和まで演芸雑誌でしばしば見受ける「見たまま」へとつながっていくものであるようだ。

また、これとは別系統の、劇場が作成している筋書がある。管見に入った限りでは、明治三十年代後半以降の新演劇（新派）で多く作られているようである。

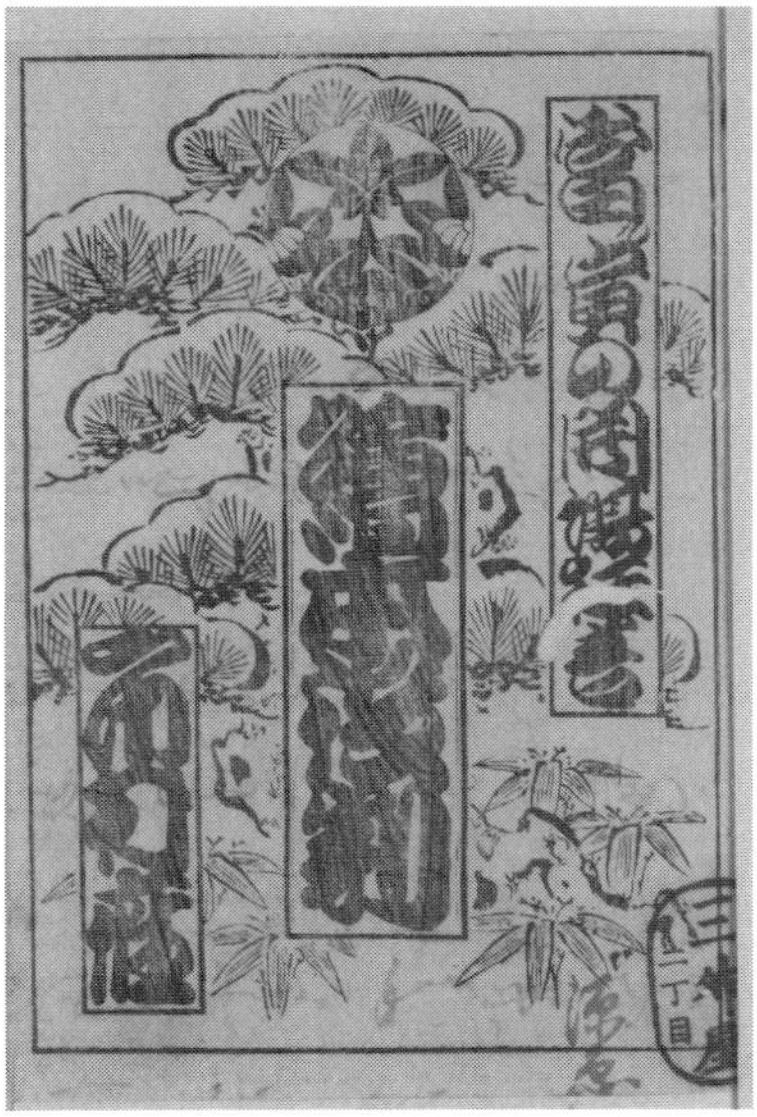

【図版55】ロ 24-13-100
明治十一年九月
市村座　絵本役割　表紙

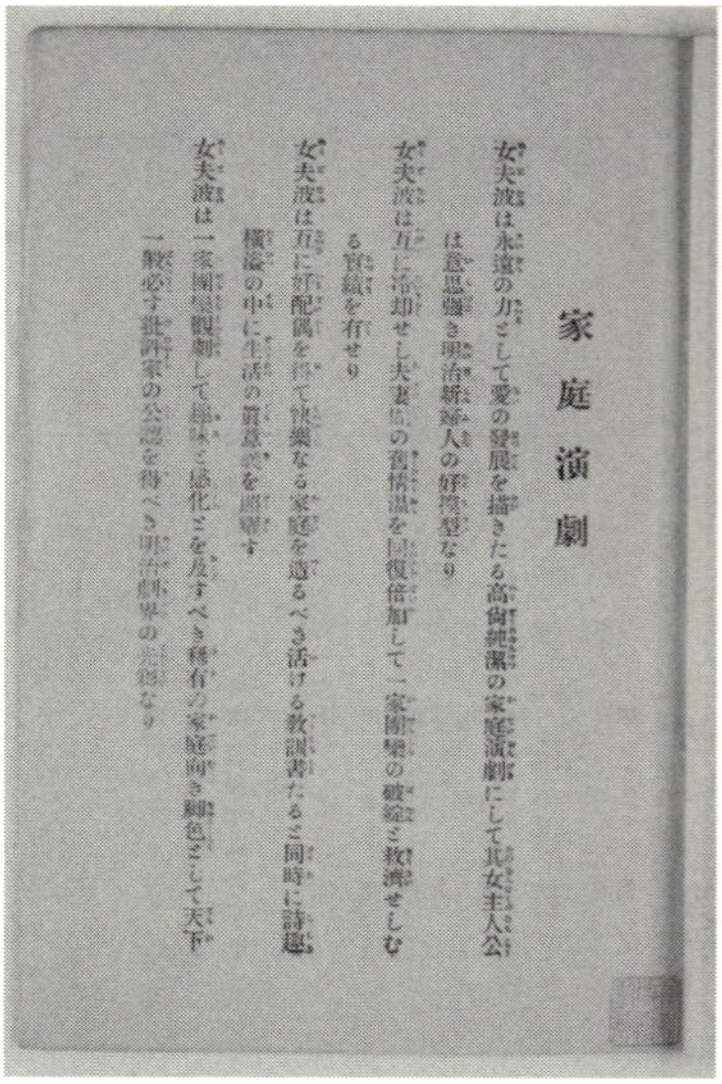

家庭演劇

女夫波は永遠の力として愛の發展を描きたる高尚純潔の家庭演劇にして其女主人公は意思強き明治新婦人の好模型なり

女夫波は互に冷却せし夫妻間の愛情温を回復倍加して一家團欒の破綻を救濟せしむる實績を有せり

女夫波は互に好配偶を得て快樂なる家庭を造るべき活ける教訓書たると同時に詩趣横溢の中に生活の眞意義を闡明す

女夫波は一家團欒觀劇して趣味と感化とを及すべき稀有の家庭向き脚色として天下一般必ず批評家の公認を得べき明治劇界の光彩なり

【図版 56】ロ 8-103-209　明治三十八年八月　東京座　筋書

最後にそのことにふれて本節のまとめに入りたい。

もっとも早い時期の資料として、三十八年八月東京座の新演劇革新派による『女夫波』のものがある。ここでは筋書部分の後半と、二段組の絵本役割の最初の頁を見る【図版**56**】。筋書と言っても、まだこの段階では宣伝コピーのようなものである。これがもう少し進むと、かなり詳しい筋が掲載されるようになる。四十年九月明治座の伊井蓉峰一座のものは、まず二段組の絵本役割があり、次に筋書が七頁あって、裏表紙に値段付と劇場名、初日が記される。筋書の最初の頁はこのようなものである【図版**57**】。

絵本役割のなかに筋を書き込む形が、すでに歌舞伎座の開場興行で行われていたことは本節の二で記したが、絵本役割に伴ってくる筋書が新演劇（新派）で目に立つのは、歌舞伎は過去に上演されて観客が筋を知っている作品が多

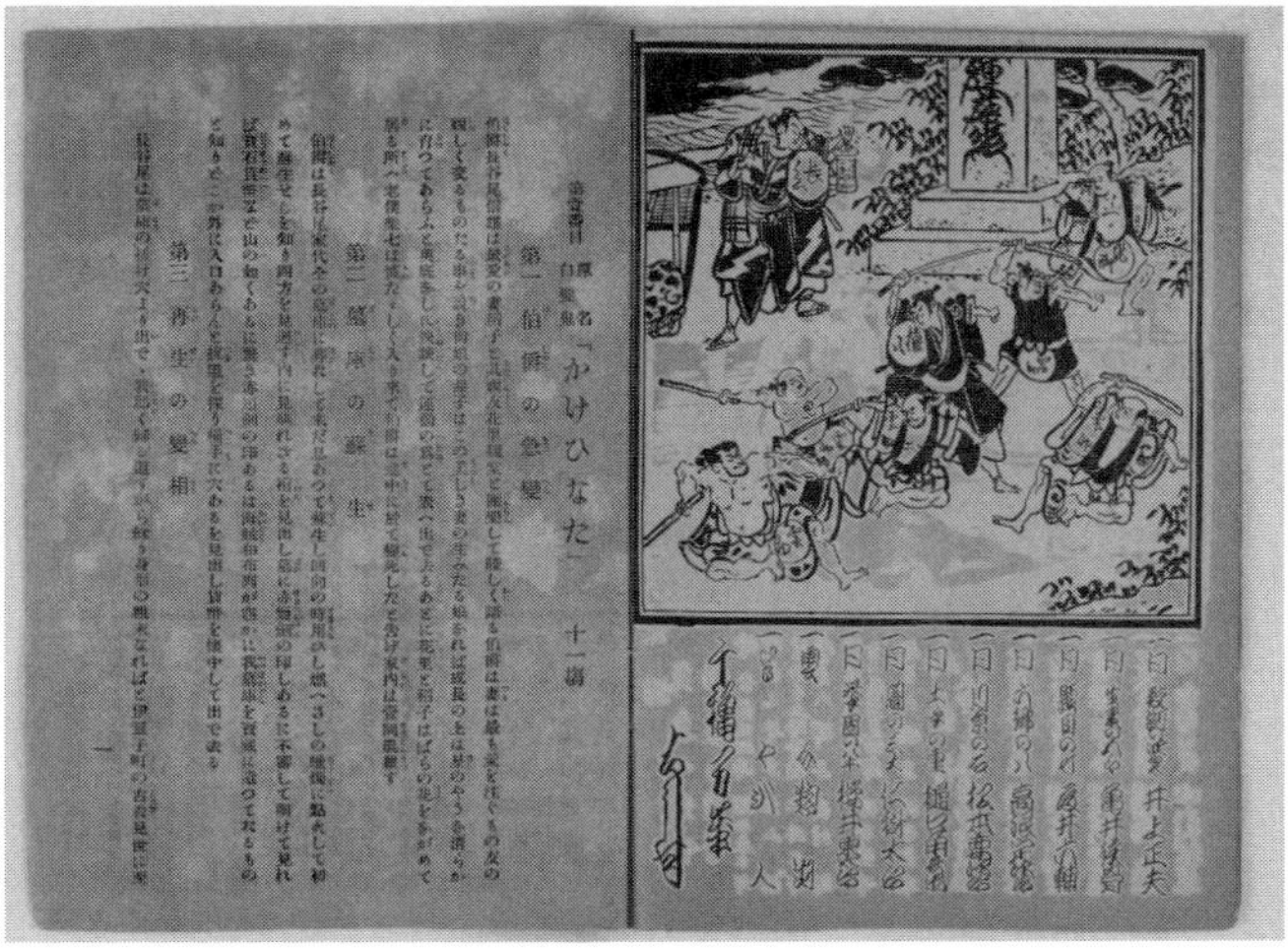


【図版 57】 ロ 8-103-273　明治四十年九月
明治座　絵本・役割・筋書の部分

く、劇場外で筋書を作ることもすでに慣行化していたため、新たな形式が生まれにくかったからではないだろうか。ほぼ同じことを赤間氏も述べておられるが、つまりこの形式は、新演劇（新派）でも上演作品のあらすじが知りたいという欲求が観客側にあり、新演劇（新派）の筋書の作り方を模索したところで生まれてきたものであるようだ。

この形とよく似ていながら、四十四年五月文芸協会が帝国劇場で『ハムレット』を上演した時の筋書は、絵本役割と筋を分けず、幕ごとに役割と筋をなるべく並列して見ることができるように編集されている。その状態が了解しやすい第二幕の部分を見てみる【図版**58**】。

こうした形態が恒常的に行われるようになっていくと、今の筋書の祖型が誕生する。ただし、ここに西洋の演劇におけるプログラムの影響が考えられるのかという問題や、実際の資料によ

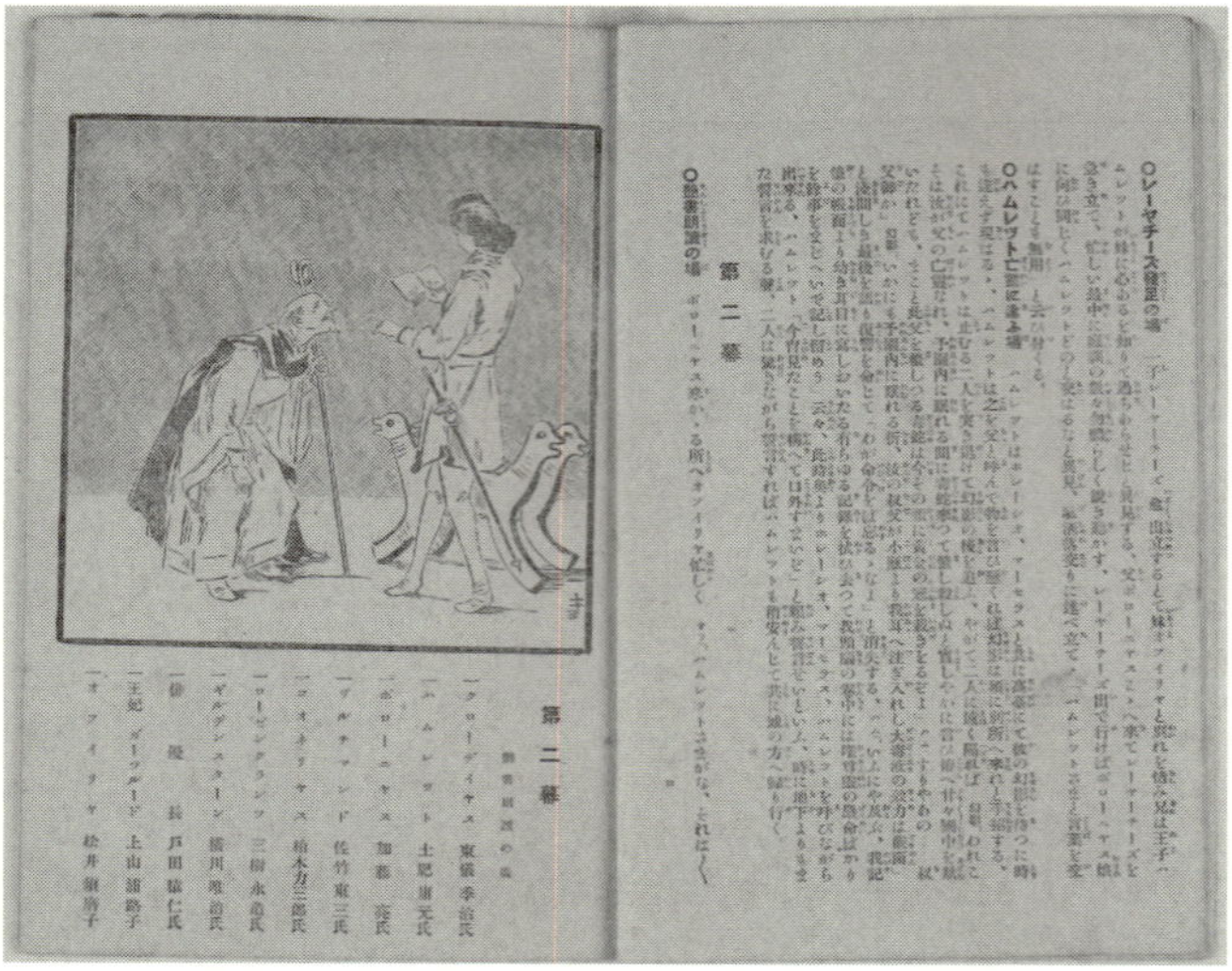


【図版 58】 ロ 8-103-184　明治四十四年五月
帝国劇場　文芸協会　筋書

る段階的な考証はまだ進んでいない。今後の課題の一つである。

## まとめ　番付の意義

ここまで辻番付・絵本役割・筋書の形式に見られる問題を採り上げ、明治時代の歌舞伎番付が示唆する問題について述べてきた。番付の形態の変化は、実は興行形態の変化を示していることがかなり判明したのではないかと思う。具体的に言うならば、興行内容が変化すれば番付の大きさや形式に変化が現れる。役人替名の並べ方からは経営方針の表明がうかがわれ、小判の記述の変化からは小判の果たす役割の変化が読みとれる。

もっと具体的には値段付を読んでいけば入場料の変動が読みとれるわけであるし、もちろん江戸時代から番付は興行を反映して作られるものだが、明治以降には点数と劇場が増えるだけさらにダイナミックに、一見雑然とした劇界のありさまを反映しているといえる。それが近代東京の歌舞伎の番付を縦覧してもっとも興味深い点だ。

番付について考えなければならない課題はまだまだ残されている。たとえば明治以降の京阪の番付は、複数のデータベースと『近代歌舞伎年表』で昭和期までの概要をつかめる段階にきているが、東京の番付との、版元の問題を含めた比較検討は、明治二十年前後の春木座のことなどを考察していくうえで今後必要であろう。

東京の筋書についても、第四期の東京歌舞伎座で配布されていた、いわゆる「ただパン」については、水田かや乃が『歌舞伎座掌本』と東明社(34)でまとめている。しかし、筋書がいつからプログラムになるのか、プログラムにも複数の種類がある場合があるが、それは何が違うのか、挿絵が口絵写真に変わっていくのはいつからか、それはどのような手順で組みこまれていくのかなどの問題について、特に大正期以降昭和戦前期の資料を網羅的に扱う研究は、おそらくまだない。また、たとえば平成三十一年現在、東京歌舞伎座の筋書は中日を過ぎてから実際の舞台写真の入る異版が発行されるが、現在当然のように行われるそうしたことは、百年経てばそうなる理由がおそらくすぐにはわからなくなる。

歌舞伎の番付には、歌舞伎を見せる人、見る人双方の、見せたい点と見たい点が合致したことがらが書かれている。そしてそれは時代が移り変われば変わるものである。「番付」と総称される資料の移り変わりの全体像を今後つかむことができれば、おそらく芸能の興行に人が求めてきたこと、知りたいことの移り変わりの一端が理解できるようになるのではないだろうか。

## 注

（1）万葉閣・昭和六年。
（2）東京堂・昭和十五年。
（3）桜楓社・昭和六十三年。
（4）『近世文芸　研究と評論』三十四から三十六（早稲田大学文学部神保研究室・昭和六十三年六月から平成元年六月）。
（5）『近世文芸』五十二（日本近世文学会・平成二年七月）、のち『歌舞伎文化の享受と展開——観客と劇場の内外』（八木書店・平成十四年）収録。
（6）『演劇研究』十五（早稲田大学演劇博物館・平成三年三月）。
（7）『演劇研究』十七（早稲田大学演劇博物館・平成五年三月）。
（8）八木書店・平成十五年。
（9）早稲田大学演劇博物館・平成四年から六年。
（10）長島弘明監修、池山晃・佐藤知乃編集、日本学術振興会・未来開拓学術研究推進事業「マルチメディア通信システムにおける多国語処理の研究」プロジェクト成果物（平成十二年）。
（11）早稲田大学演劇博物館・平成十四年から十五年。
（12）東京文化財研究所芸能部・平成十五年。
（13）八木書店・平成十六年。
（14）倉橋正恵「大英博物館所蔵絵尽しコレクションについて」（『アート・リサーチ』十五、立命館大学アート・リサーチセンター・平成二十七年三月）、藤本百々子「大英図書館蔵　近代歌舞伎番付目録」（『演劇学論叢』十三、大阪大学文学部演劇学研究室・平成二十五年七月）など。

(15) 八木書店・昭和六十一年から一年に一冊が続刊中。
(16)『横浜開港資料館紀要』第十号（横浜開港資料館・平成四年三月）所収。
(17) 木村一信・奥村剋三編『世紀転換期の日本と世界　五　文化の変容と再生』（法律文化社・平成八年）所収。
(18)『日本文学』四十八（日本文学協会・平成十一年九月）。
(19) どちらも翻刻が、芸能史研究会編『日本庶民文化史料集成』第六巻（三一書房・昭和四十八年）所収。
(20) 付言すると、これは本節のもととなった論文初出時の平成十三年の状況で、現在はデータベースにより、どんな大きさでも分写せず画像一枚で辻番付一枚の全体を見ることができるようになっている。ただ、論の前提になる箇所なので今回改稿していない。
(21) 明治二年一月『当納芝福徳曽我《あたりどしふくとくそが》』と十一月『手向山栬幣《たむけやまもみじのみてぐら》』のみがない。全体の論旨と結論に影響が出ないと判断し、以下はこのまま進めている。
(22) 一三七頁（岩波文庫・平成五年）。
(23) ぺりかん社・平成二十二年。
(24) 拙稿「二長町市村座年代記」大正四年一月の項（『歌舞伎　研究と批評』二十三、歌舞伎学会・平成十一年六月）。
(25) 演博蔵、請求番号イ 13-145-C。
(26) 伊原敏郎『歌舞伎年表』第七巻（岩波書店・昭和四十八年第二刷）。
(27) この「本」字の使用も東京の番付ではかなり珍しい。
(28) http://base1.nijl.ac.jp/~tkoten/owners/syusyuu_list/list_toudaiakiba.html により閲覧。もとの請求番号は A00/ 芝 6/17。
(29)『歌舞伎新報』八百九十四号（明治二十一年五月二日）。

（30）本間久雄「新富座劇評」（『演芸画報』大正四年七月）。
（31）三〇九頁（中央公論社・昭和十一年）。
（32）『歌舞伎の幕末・明治——小芝居の時代』第三章第一節「中島座の芝居」（注（23）参照）。
（33）ぺりかん社・平成二十三年。
（34）『近松研究所紀要』二十四（園田学園女子大学近松研究所・平成二十四年十二月）。

＊本章の図版は、すべて早稲田大学演劇博物館所蔵資料から採取した。キャプションは【図版番号】請求番号、発行年月、上演劇場、資料の説明の順に記述している。

# あとがき

本書は、二〇一六年十二月早稲田大学文学学術院に提出し、翌年四月論文博士（文学）の学位を授与された論文『明治・大正期東京の歌舞伎興行――大劇場における経営の変化を中心に』に改訂を加えたものである。主な変更点は以下の通り。

・各章末に小結を付した。
・学位論文で第一章第一節付録とした、「翻刻『差上申御詫一札之事』」を、第一章第一節のなかに組み入れた。
・同じく付章二とした、『東都演劇年鑑』と稿本『続々歌舞伎年代記』を割愛した。

全体を読み返すと、十二代目守田勘弥と明治前半の演劇改良運動との関係、江戸の大芝居から歌舞伎座に継続された具体的なことがら、歌舞伎座が以降の歌舞伎のありかたに果たした役割についての記述が手薄であることが気にかかっている。どれも歌舞伎という演劇の、二〇一九年現在の社会的な受容のされかたを理解するためにもおさえておかなければならない問題である。

第一の点については、現在ある出版社で企画が進行している論集『河竹黙阿弥の世界』(仮題)に「演劇改良と黙阿弥」を寄稿し、そのなかで明治前半期の勘弥の動向についても述べた。第二の点については、『近代日本演劇の記憶と文化7　興行とパトロン』(森話社・平成三十年)に寄稿した「歌舞伎座そして田村成義」で一定の見解を述べた。ご関心のある方には、機会があれば本書の論述を補助するものとしてお読みいただければありがたい。

第三の点については、株式会社設立以降、大正二年に松竹が経営に関与するまでの時期の、成功しなかった試みも含めた改革の動きが重要だろうという見込みを持っている。しかしそれは、興行師田村成義の活動全体を検討したうえで考察することが必要である。まとめるにはまた別の機会をいただきたい。


以下は謝辞である。

論文審査は、主査・児玉竜一、副査・神山彰、古井戸秀夫、和田修の各氏によって行われた。古井戸先生は学部以来の指導教授である。神山先生は日本学術振興会特別研究員の期間に明治大学で受け入れてくださり、以降折々にご指導いただいている。和田修、児玉竜一の二氏には、学部時代に早稲田大学演劇博物館のアルバイトに入った時からご指導いただいてきた。ご多忙のなか審査をお引き受けいただいたことも含めて、これまでの各氏のご恩に感謝申し上げる。

また内山美樹子先生、松本伸子先生、岡田万里子氏に、変わらぬ叱咤激励と、論文提出・出版のおすすめをいただき、いつも先に立って勇気を与えてくださっていることを深く感謝したい。

これまで多くの方にお世話になり、ご迷惑を掛け、励まされてきた。さまざまな仕事をすることで多くの出会いもあった。お名前を挙げきれないことが心苦しいが、特に演劇博物館に助手として勤務した同期の各氏、および同僚の皆さん、国立劇場でのアルバイトの皆さんには、公私を問わず利害を考慮せずによい関係を今日まで保っていただいている。こうしたつながりは求めたからといって得られぬもので、つくづく希有なことだと思っている。

現在勤務する龍谷大学では同僚の先生方にご指導いただき、学生にも新たな気づきを日々与えられている。本書には、文学部と短期大学部により構成される龍谷学会から出版助成を受けた。助成を許可されたことに心から感謝申し上げる。

出版をお引き受けくださった春風社の石橋幸子氏、下野歩氏には、世間一般の厳しい出版状況のなか、たいへんお世話になった。内容改訂について下野さんに多くの具体的な提言をいただいたことも特に記す。「編集者に迷惑をかける」ことの具体的な内容を、私は今回はじめて知った。申し訳なく思うが、所在地の横浜は本書の内容とも関わりのある地で、この地で刊行されることに浅からぬ因縁を感じてもいる。

最後に、読書と芸能の楽しみ方を手ほどきし、心身の健康を支えてくれた父と母に一言の感謝を述べることを許されたい。子どもの頃から自分がしたいと思うことしかできなかった人間を、あれこれ言わず見守ってくれた二人に、本書がいくばくかでも応えるものになっていてほしいと願っている。

二〇一九年五月

# 初出一覧

## 第一章第一節　安政から文久年間の守田（森田）座

「差上申御詫一札之事」（『演劇研究』二十六、早稲田大学演劇博物館・平成十五年三月）、「安政から文久年間の森田（守田）座――十一代目・十二代目守田勘弥と中村翫左衛門」（『演劇研究センター紀要Ⅸ』、早稲田大学演劇博物館21世紀COEプログラム刊行物・平成十九年一月）

## 第一章第二節　新富町移転までの守田座

二の前半のみ「明治の座元――中村座と千歳座の問題を中心に」（『歌舞伎　研究と批評』五十八、歌舞伎学会・平成二十九年四月）の一部、ほかは書き下ろし

## 第一章第三節　明治十年前後の新富座

「明治十年前後の新富座と宝樹座の関わり」（『歌舞伎　研究と批評』四十四、歌舞伎学会・平成二十二年二月）、部分的に「明治十年前後の新富座――再建への過程」（『近代日本における音楽・芸能の再検討』、京都市立芸術大学日本伝統音楽研究センター・平成二十二年三月）から増補

## 第一章第四節　新富座の株式会社化

「新富座の株式会社化――演劇博物館所蔵資料の紹介を含む」（『早稲田大学大学院文学研究科紀要』第四十八輯第三分冊、平成十五年二月）

第二章第一節　田村成義と横浜
「田村成義と横浜」（『早稲田大学大学院文学研究科紀要』第四十四輯第三分冊、平成十一年二月）

第二章第二節　田村成義と千歳座
一のみ「明治の座元――中村座と千歳座の問題を中心に」（『歌舞伎　研究と批評』五十八、歌舞伎学会・平成二十九年四月）の一部、ほかは書き下ろし

第二章第三節　歌舞伎座株式会社の設立
「歌舞伎座株式会社の設立――その再検討と評価」（『演劇研究センター紀要』Ⅲ、早稲田大学演劇博物館21世紀ＣＯＥプログラム刊行物・平成十六年一月）

第三章第一節　明治三十年代京都の松竹
「明治三十年代京都の松竹――その経営の性質」（『演劇研究センター紀要』Ⅶ、早稲田大学演劇博物館21世紀ＣＯＥプログラム刊行物・平成十八年一月）

第三章第二節　大正期東京の松竹
「大正期東京の演劇興行――松竹についての検討を中心に」（『歌舞伎　研究と批評』四十八、歌舞伎学会・平成二十四年十二月）

第三章第三節　大正期の市村座
四のみ「黙阿弥と大正期の新劇」（『河竹黙阿弥の世界』、文学通信・平成三十一年刊行予定）の一部、ほかは書き下ろし

**第三章第四節　帝国劇場で演じられた劇**

「帝国劇場で演じられた劇」（『よみがえる帝国劇場展　図録』、早稲田大学演劇博物館・平成十四年）

**第四章第一節　『曽我の対面』と「夜討」――黙阿弥以降**

『対面』ほか二、三の曽我物――黙阿弥以降」（『歌舞伎　研究と批評』五十六、歌舞伎学会・平成二十八年三月）

**第四章第二節　田村成義と『四千両小判梅葉』**

書き下ろし

**第四章第三節　「平山晋吉」印のある『桐一葉』台本**

「平山晋吉」印のある『桐一葉』台本――演劇博物館蔵イロハ台帳に関する私見を含む」（『近代日本における音楽・芸能の再検討』Ⅱ、京都市立芸術大学　日本伝統音楽研究センター・平成二十四年三月）

**第四章第四節　長谷川時雨『さくら吹雪』について**

「長谷川時雨『さくら吹雪』について」（『演劇学論集』四十三、日本演劇学会・平成十七年十月）

**付章　明治東京の歌舞伎番付――早稲田大学演劇博物館所蔵資料を中心に**

「近代東京の歌舞伎の辻番付――館蔵の明治期の資料を中心に」（『演劇研究』二十五、早稲田大学演劇博物館・平成十四年三月）

今回、既出の論文も改稿した。

# 主要参考文献一覧

○本文の注に詳細を記しており、かつ改めて作成すると膨大な量になったため、【明治・大正期定期刊行物】の項に挙げた資料に収録された記事は原則として一覧に挙げていない。特例として、本書の論述上、筆者が重要と考えた記事のみ挙げている。


**【明治・大正期定期刊行物】**

『曙新聞』
『演芸画報』
『かなよみ（仮名読新聞）』
『歌舞伎』（第一次、第二次）
『歌舞伎新報』
季刊『歌舞伎』
『旧幕府』明治三十一年三号・五号
『京都日出新聞』
『くろねこ』（日本近代文学館蔵）
『時事新報』
『自由新聞』

『新演芸』
『東京日日新聞』
『東京横浜毎日新聞』
『二六新報』明治四十四年八月十三日
『万朝報』
『都新聞』
『名家談叢』十四～三十五号（明治二十九年十月～三十一年五月）
『郵便報知新聞』
『読売新聞』

**【事典類（除ジャパンナレッジ）】**
『朝日　日本歴史人物事典』（朝日新聞社・平成六年）
『江戸学事典』（弘文堂・昭和五十九年）
『演劇百科大事典』（平凡社・昭和三十五～三十七年）
『歌舞伎俳優名跡便覧』第四次修訂版（国立劇場調査養成部調査記録課・平成二十四年）
『近代文学研究叢書』第四十八巻（昭和女子大学近代文学研究室・昭和五十四年）
『現今日本名家列伝』（明治三十六年・日本力行会）
『現代人名辞典』（中央通信社・明治四十五年、復刻『明治人名辞典』〈日本図書センター・昭和六十二年〉所収）
『国書人名辞典』（岩波書店・平成十一年）
『最新　歌舞伎大事典』（柏書房・平成二十四年）

『成功名家列伝』（明治四十一〜四十三年・国鏡社）
『当代紳士伝』（明治四十二年・帝都交進社）
『日本現今人名辞典』（原本は明治三十三年、高野義夫『明治人名辞典』Ⅱ〈日本図書センター・昭和六十三年〉所収）
『別冊歴史読本52　江戸切絵図』（新人物往来社・平成六年）

【インターネット上で参照できる事典・データベース】

国際日本文化研究センター「民事判決原本データベース」
国文学研究資料館「日本古典籍総合目録データベース」
ジャパンナレッジ『国史大辞典』『日本大百科全書（ニッポニカ）』『歌舞伎事典』『世界大百科事典』
松竹大谷図書館「芝居番付検索閲覧システム」
東京大学国文学研究室「芝居番付画像データベース」
立命館大学アート・リサーチセンター「歌舞伎・浄瑠璃データベース」
早稲田大学演劇博物館「近世芝居番付データベース」

【演劇史】

秋庭太郎『東都明治演劇史』（中西書房・昭和十二年）
秋庭太郎『日本新劇史』上下巻（理想社・昭和四十六年再版）
阿部優蔵『東京の小芝居』（演劇出版社・昭和四十五年）
石塚豊芥子『続歌舞妓年代記』（広谷図書刊行会・大正十四年）

伊原敏郎『近世日本演劇史』（早稲田大学出版部・大正三年再版）
伊原敏郎『明治演劇史』（早稲田大学出版部・昭和八年）
伊原敏郎『歌舞伎年表』第六〜八巻（岩波書店・昭和四十八年第二刷）
伊原青々園『団菊以後』（青蛙房・昭和四十八年）
漆澤その子『明治歌舞伎の成立と展開』第一章第四節「歌舞伎座開場への道程」（慶友社・平成十五年）
小笠原恭子『都市と劇場――中近世の鎮魂・遊楽・権力』第二章五「江戸四座の確立」（平凡社・平成四年）
岡本綺堂『明治劇談　ランプの下にて』（岩波文庫・平成五年）
河竹繁俊『日本演劇全史』（岩波書店・昭和四十一年第三刷）
河竹登志夫『近代演劇の展開』（日本放送出版協会・昭和五十七年）
京都府立総合資料館編『京都府百年の年表　九　芸能篇』（京都府・昭和四十六年）
倉田喜弘『東京の人形浄瑠璃』（日本芸術文化振興会・平成三年）
倉田喜弘『芸能の文明開化――明治国家と芸能近代化』（平凡社・平成十一年）
小池章太郎『増補新訂　考証江戸歌舞伎』（三樹書房・平成九年）
国立劇場近代歌舞伎年表編纂室編『近代歌舞伎年表』大阪篇・京都篇・名古屋篇（八木書店・昭和六十一年から続刊中）
小針侑起『あゝ浅草オペラ――写真でたどる魅惑の「インチキ」歌劇』（えにし書房・平成二十八年）
小櫃万津男『日本新劇理念史――明治の演劇改良運動とその理念』明治前期篇・明治中期篇（正続）（白水社・昭和六十三年、同・平成十年、未來社・平成十三年）
小宮麒一『歌舞伎・新派・新国劇　上演年表　第六版』（小宮麒一〈私家版〉・平成十九年）
小宮麒一『歌舞伎・新派・新国劇　配役総覧　第七版』（小宮麒一〈私家版〉・平成二十三年）

佐藤かつら『歌舞伎の幕末・明治――小芝居の時代』（ぺりかん社・平成二十二年）
国立劇場芸能調査室編・関根只誠纂録・関根正直校訂『東都劇場沿革誌料』上下（国立劇場・昭和五十八～五十九年）
田中栄三『明治大正新劇史資料』（演劇出版社・昭和三十九年）
田中純一郎『日本映画発達史Ⅰ　活動写真時代』（中公文庫・昭和五十年）
田村成義編『続続歌舞伎年代記　乾』（市村座・大正十一年）
遠山静雄『舞台照明五十年』（相模書房・昭和四十一年）
利倉幸一『続続歌舞伎年代記　坤』（演劇出版社・昭和五十四年）
芸能史研究会編『日本庶民文化史料集成』第六巻（三一書房・昭和四十八年）
服部幸雄『歌舞伎の原像』（飛鳥書房・昭和四十九年）
林公子『歌舞伎をめぐる環境考』（晃洋書房・平成二十五年）
日置貴之『変貌する時代のなかの歌舞伎――幕末・明治期歌舞伎史』（笠間書院・平成二十八年）
松本伸子『明治前期演劇論史』（演劇出版社・昭和四十九年）
松本伸子『明治演劇論史』（演劇出版社・昭和五十五年）
光延真哉『江戸歌舞伎作者の研究――金井三笑から鶴屋南北へ』（笠間書院・平成二十四年）
三宅周太郎『演劇五十年史』（鱒書房・昭和十八年二月再版）
守屋毅『近世芸能興行史の研究』（弘文堂・昭和六十年）
柳永二郎『新派の六十年』（河出書房・昭和二十三年）
早稲田大学演劇博物館編『江戸芝居番付朱筆書入れ集成』（早稲田大学演劇博物館・平成二年）

【劇場の歴史】

円城寺清臣・国立劇場調査養成部 芸能調査室編『東京の劇場』（国立劇場芸能調査室・昭和五十三年）
大谷竹次郎『社会教育パンフレット　第百九十七　歌舞伎劇雑考』（社会教育協会・昭和九年）
木村錦花『近世劇壇史　歌舞伎座篇』（中央公論社・昭和十一年）
木村錦之助（錦花）『明治座物語』（歌舞伎出版部・昭和三年）
京都新聞社史編さん小委員会編『京都新聞百年史』（京都新聞社・昭和五十四年）
京都府立総合資料館編『京都府百年の年表　九　芸能編』（京都府・昭和四十六年）
児玉竜一・寺田詩麻「市村座切抜帖」（『歌舞伎　研究と批評』二十三、歌舞伎学会・平成十一年六月）
「座談会・大谷さん」（季刊『歌舞伎』八号、昭和四十五年四月）
『松竹七十年史』（松竹株式会社・昭和三十九年）
杉浦善三『帝劇十年史』（玄文社・大正九年）
台東区立下町風俗資料館編『浅草六区興行史』（台東区立下町風俗資料館・昭和五十八年）
田中純一郎『大谷竹次郎』（時事通信社・昭和三十六年）
田中緑紅『祇園さん――祇園町界隈』（緑紅叢書第三十八輯、京を語る会・昭和三十六年）
帝劇史編纂委員会編『帝劇の五十年』（東宝株式会社・昭和四十一年）
『帝国劇場株式会社　第一回株主総会報告書』（渋沢史料館蔵、明治四十年二月）
寺田詩麻「二長町市村座年代記―菊五郎と吉右衛門の活躍を中心に」（『歌舞伎　研究と批評』二十三、歌舞伎学会・平成十一年六月）
徳永高志『芝居小屋の二十世紀』（雄山閣出版・平成十一年）
永山武臣監修『歌舞伎座百年史』本文篇上下・資料篇（松竹株式会社、株式会社歌舞伎座・平成五～八年）

永山武臣監修『松竹百年史』本史・演劇資料（松竹株式会社・平成八年）
日比繁治郎編『白井松次郎伝』（白井信太郎〈私家版〉・昭和二十六年）
藤田洋『明治座評判記』（明治座・昭和六十三年）
藤田洋・明治座編『明治座評判記　続』（明治座・平成十八年）
三嶋良藏監修『歌舞伎座』（歌舞伎座出版部・昭和二十六年）
嶺隆『帝国劇場開幕――「今日は帝劇　明日は三越」』（中公新書・平成八年）
『明治大正建築写真聚覧　建築学会創立五十周年記念展覧会出陳』（建築学会・昭和十一年）
脇谷光伸編・城戸四郎『大谷竹次郎演劇六十年』（大日本雄弁会講談社・昭和二十六年）
早稲田大学演劇博物館編『よみがえる帝国劇場展』（早稲田大学演劇博物館・平成十四年）

## 【個人史】

榎本虎彦『桜痴居士と市川団十郎』（国光社・明治三十六年）
大槻如電『第十二世守田勘弥』（守田寿作、好作〈私家版〉・明治三十九年）
大村弘毅翻刻・校注「逍遙日記　明治三十七年の巻（一）」（『逍遙協会編坪内逍遙研究資料　第十集』、新樹社・昭和五十六年）
河竹繁俊『黙阿弥全集　首巻　伝記』（春陽堂・大正十四年）
河竹繁俊『河竹黙阿弥』（吉川弘文館・昭和六十二年新装版第一刷）
河竹黙阿弥「著作大概」（河竹登志夫『河竹登志夫歌舞伎論集』〈演劇出版社・平成十一年〉所収）
『没後百年　河竹黙阿弥――人と作品』（早稲田大学演劇博物館・平成五年）
喜多村緑郎、紅野謙介・森井マスミ編『新派名優　喜多村緑郎日記』第一～三巻（八木書店・平成二十二～

二十三年）
木村錦花『守田勘弥』（新大衆社・昭和十八年）
木村錦花『興行師の世界』（青蛙房・昭和三十二年）
福沢諭吉事典編集委員会編『慶應義塾百五十年史資料集　別巻二　福沢諭吉事典』（慶応義塾・平成二十二年）
小島二朔『狂言作者』（青蛙房・昭和三十三年）
後藤隆基『高安月郊研究――明治期京阪演劇の革新者』（晃洋書房・平成三十年）
三世竹柴金作編『狂言作者の変遷』（三世竹柴金作〈私家版〉・昭和五十四年）
三代目中村仲蔵著・郡司正勝校註『手前味噌』（青蛙房・昭和四十四年）
少女庵主人「守田勘弥」（『万朝報』明治三十二年十月二日～三十三年二月十三日掲載、全九十五回）
逍遙協会編著『坪内逍遙事典』（平凡社・昭和六十一年）
白川宣力『川上音二郎・貞奴――新聞にみる人物像』（雄松堂出版・昭和六十年）
『新演芸臨時増刊　役者の素顔』（大正八年六月）
田村成義「興行者としての三十年間」（『歌舞伎』九十四〈明治四十一年五月〉～九十九号〈同年十月〉に（一）～（六）、百二号〈四十二年一月〉に（七）、百三号〈四十二年二月〉に（八）、百七〈同年六月〉～百十一号〈同年十月〉に（九）～（十三）、百十九〈四十三年五月〉～百二十四号〈同年十月〉に（十四）～（十九）、百三十四号〈四十四年八月〉に（二十））
田村成義「歌舞伎座物語」（『演芸画報』明治四十三年八月～四十四年三月、全五回）
田村成義「歌舞伎座今昔物語」（『新演芸』大正五年三月～六年十月、全二十回）
田村成義「私と芝居」（『演芸画報』大正七年七月～八年五月、全十一回）
田村成義『芸界通信　無線電話』（青蛙房・昭和五十年）

帝国劇場附属技芸学校『帝国劇場附属技芸学校写真帖』（帝国劇場附属技芸学校・明治四十三年）
戸板康二『六代目菊五郎』（演劇出版社・昭和三十一年）
戸板康二『演芸画報・人物誌』（青蛙房・昭和四十五年）
永井啓夫『四代市川小團次』（青蛙房・昭和四十四年）
中村歌右衛門述・伊原青々園編『歌右衛門自伝』（秋豊園出版部・昭和十年）
『人間の記録 四十二　五代尾上菊五郎　尾上菊五郎自伝』（日本図書センター・平成十二年第二刷、元となった『尾上菊五郎自伝』は時事新報社・明治三十六年）
八世坂東三津五郎述・小島二朔編『父三津五郎』（演劇出版社・昭和三十八年）
星野高編『今日もコロッケ、明日もコロッケ――〝益田太郎冠者喜劇〟の大正』（早稲田大学坪内博士記念演劇博物館・平成二十六年）
牧野五郎三郎『自伝　楽屋ばしご』（牧野五郎三郎〈私家版〉・昭和十三年）
「三田劇談会」（『三田文学』昭和十四年三月号）
由井常彦編『西野恵之助伝』（日本経営史研究所・平成八年）
四代目尾上松助・邦枝完二編『名人松助芸談』（興亜書院・昭和十八年）

【法令・公文書】
大石茂『明治以降における劇場関係法令の規制内容の史的変遷に関する研究　資料編』（早稲田大学演劇博物館蔵、請求番号ロ 10-367、京都工芸繊維大学工芸科学研究科博士前期課程造形工学専攻提出論文・平成三年）
倉田喜弘編『日本近代思想大系　十八　芸能』（岩波書店・昭和六十三年）

警視総監官房文書課記録係編纂『警視庁史稿　巻之一』（警眼社・昭和二年第二版）
警視庁編『警視庁事務年表　明治二十三年分』（竹内拙三・明治二十四年）
東京市（都）編『東京市史稿　市街篇五十九　帝都（十一）明治十年』（東京都・昭和四十二年）
警視庁編『東京市史稿　市街篇六十　帝都（十二）明治十年』（東京都・昭和四十四年）
警視庁編『東京市史稿　市街篇第六十四　帝都（十六）明治十三年』（東京都・昭和四十八年）
『法令全書　明治九年』（内閣官報局・発行者長尾景弼・販売所博文社、明治九年）
吉田節子編『江戸歌舞伎法令集成』正続（桜楓社・平成元年、おうふう・平成九年）

○東京都公文書館所蔵資料

『回議録・第九類・諸願伺・五〈(庶務課)〉』（608.C5.11）
『回議録・願伺〈土木課〉明治十二年七～八月』（610.C4.07）
『官省進達往復留〈常務課〉』（605.D4.06）
『金銭出納帳〈(出納係)〉』（605.D8.05）
『区戸長伺・全』（605.D2.08）
『劇場遊廓諸届〈庶務課〉』（東京都公文書館蔵、請求番号605.D7.11）
『往復録・第五類・裁判所・全〈庶務課〉』（608.C2.04）
『通常会答弁参考書〈議事課〉明治十八年度』（614.B2.13）
『明治二十九年第一種共三十八冊ノ三十三　第三課文書類別　農商　会社　十二　自四十至四一』（621.D2.17）
『明治二十九年第一種共三十八冊ノ三十六　第三課文書類別　農商　会社　十五　自百二十至二〇〇』（621.D3.3）
『明治二十九年第一種共三十八冊ノ三十七　第三課文書類別　農商　会社　十六　自二〇一至三〇七』（621.

D3.4)
『明治三十年第一種共六十三冊ノ四十七　第六課文書類別　農商　会社ニ関スル書類　二十一　自八九至一一九』(622.B3.3)
『明治三十年第一種共六十三冊ノ五十　第六課文書類別　農商　会社ニ関スル書類　二十四（番号朱字のため不明)』(622.B3.6)
『明治卅一年　文書類纂　第一種　農工商　普通会社　第九』(623.A2.9)

【古典籍相当資料】

『伊勢辰文庫貼込帳　一』「新富座株式会社証券」（早稲田大学演劇博物館蔵、請求番号 E11-17300-1）
『市村座久松座合併興行定約書』（玉川大学図書館蔵、請求番号 W 774.5- イ・明治十四年）
伊原敏郎『十一代目守田勘弥夫婦の手紙――守田座再興事情』（早稲田大学演劇博物館蔵、請求番号 18715）
伊原敏郎『九世団十郎事歴』（早稲田大学演劇博物館蔵、請求番号イ 13-65-1~3)
伊原敏郎『明治十二年各座書上』（早稲田大学演劇博物館蔵、請求番号イ 13-145-C)
大谷竹次郎『今は昔の話』（松竹大谷図書館蔵、請求番号 770.4-084）
「歌舞伎座興行契約証」（早稲田大学演劇博物館蔵、請求番号 22236)
「桐一葉」（早稲田大学演劇博物館蔵、請求番号ニ -21-1 ～ 10）
稿本『続々歌舞伎年代記』四十六～五十五巻（早稲田大学演劇博物館蔵、請求番号ロ 1-1015- 46 ～ 55）
「差上申御詫一札之事」（早稲田大学演劇博物館蔵、請求番号 18635-1）
真田増誉著・山崎直行校『明良洪範』（早稲田大学図書館蔵、請求番号　文庫 5-1127-24）
「寿曽我　対面の場」（早稲田大学演劇博物館蔵、請求番号ロ 16-421）

「寿曽我　第一番目四建目　吉例対面の場」（松竹大谷図書館蔵、請求番号 K45-Ka98-ア）
『新富座新築届書写』一号（早稲田大学演劇博物館蔵、請求番号ロ 10-162）、二号（同ロ 10-163）
「新富座家屋組証券」（早稲田大学演劇博物館蔵、請求番号 E20-117）
「新富町演劇会社証券」（早稲田大学演劇博物館蔵、請求番号 E20-116）
『済口証文　三巻』（国立国会図書館蔵、請求番号古典籍 811-27）
『団十郎及芝翫負債整理書類』「金主姓名及見込書」（早稲田大学演劇博物館蔵、請求番号イ 13-178）
『千歳座維持之為メ返納金減額之嘆願』（早稲田大学演劇博物館蔵、請求番号ロ 10-48）
「千歳曽我源氏礎　第弐番目大喜理　対面の場」（早稲田大学演劇博物館蔵、請求番号ハ -51-32）
『帝国劇場株式会社目論見書』（早稲田大学演劇博物館蔵、請求番号ロ 10-58）
『東京演劇会社設立願草稿』（早稲田大学演劇博物館蔵、請求番号 12026）
『東京新富町演劇会社創立』（早稲田大学演劇博物館蔵、請求番号ロ 10-24）
東京代言人組合『組合人名明細録』（中村文也蔵）
『東京四座俳優契約証』（玉川大学図書館蔵、請求番号 W774.5 ト W14883）
『東都演劇年鑑』（東京都立中央図書館特別文庫室蔵、請求番号東京誌料 5711-014）
『春木座株式会社仮定款』（早稲田大学図書館蔵、請求番号ロ 10-50）
「明治元年九月　中村・守田合同興行　口上番付」（東京大学総合図書館秋葉文庫蔵）
「明治十年十一月五日付　長谷川勘兵衛・清五郎より守田勘弥宛建築請負書」（国立劇場蔵）
森鷗外『名倉系図』（東京大学総合図書館鷗外文庫蔵、請求番号 鷗 H20：469）

**【演劇・文学のテキスト】**

森林太郎著『鷗外全集』第十五巻（岩波書店・昭和四十八年）、第十六巻（同上）
『歌舞伎オン・ステージ』第十七巻（白水社・昭和六十年）
『近世実録全書　明治編纂の実録三』第十九巻（早稲田大学出版部・昭和四年）
坪内逍遙・逍遙協会編『逍遙選集』第一巻（第一書房・昭和五十二年）
『全七段上演　桐一葉』（花組芝居上演台本、平成二十八年九月）
『千代田城噂白浪』（早大中央図書館柳田文庫所蔵、請求番号文庫 10-A679　発兌元鶴声社・滝野屋・明治十七年十月廿日御届、十一月出版）
長谷川時雨「操」（『演芸画報』明治四十三年八・九月）
『長谷川時雨全集』第五巻（日本文林社・昭和十七年、復刻は不二出版・平成五年）
半痴居士（宇田川文海）『烈女勝子伝』（『大阪朝日新聞』明治二十二年七月十二日〜九月二十八日）
福地源一郎『十二時会稽曽我』（博文館・明治二十六年）
法月敏彦校訂・解題『六二連俳優評判記』上中下、同校訂『六二連俳優評判記　歌舞伎新報編』上下（国立劇場調査養成部調査資料課・平成十四、十六〜十九年）
『名作歌舞伎全集』第十三巻（東京創元新社・昭和四十四年）
『明治文学全集』第四十一巻（筑摩書房・昭和四十六年）
『明良洪範』（国書刊行会・明治四十五年）
河竹黙阿弥・河竹糸補修、河竹繁俊校訂編纂『黙阿弥全集』第十八巻（春陽堂・大正十四年）

**【演劇・文学全般についての論考】**

浅見淵『昭和文壇側面史』（講談社文芸文庫・平成八年）

井戸田総一郎『演劇場裏の詩人 森鷗外――若き日の演劇・劇場論を読む』（慶應義塾大学出版会・平成二十四年）
岩橋邦枝『評伝長谷川時雨』（講談社文芸文庫・平成十一年）
上原輝男・心意伝承研究会、児童の言語生態研究会編『曽我の雨・牛若の衣裳――心意伝承の残像』（上原多摩〈私家版〉・平成十八年）
尾形明子『女人芸術の世界――長谷川時雨とその周辺』（ドメス出版・昭和五十五年）
越智治雄『明治大正の劇文学――日本近代戯曲史への試み』（塙書房・昭和四十六年）
神山彰『近代演劇の来歴――歌舞伎の「一身二生」』（森話社・平成十八年）
神山彰『近代演劇の水脈――歌舞伎と新劇の間』（森話社・平成二十一年）
河竹登志夫『日本のハムレット』（南窓社・昭和四十七年）
稀音家義丸『長唄囈語』（邦楽の友社・平成二十七年）
森下真理「著書解説・著書目録」（長谷川仁・紅野敏郎編『長谷川時雨――人と生涯』〈ドメス出版・昭和五十七年〉所収）

【定期刊行物・論集等掲載論考】
青木繁『松竹』以後の関西劇界」（『歌舞伎　研究と批評』十六、歌舞伎学会・平成七年十二月）
石橋健一郎「誌上舞台鑑賞　寿曽我対面」（『国文学　解釈と教材の研究』平成十九年一月）
伊藤精彦「今の見物と昔の見物」（『中央演劇』昭和十一年七月）
伊藤痴遊「書生芝居の思ひ出」（『痴遊雑誌』二ー五、昭和十一年五月）
伊原敏郎「新富座の前身」（『歌舞伎研究』六、大正十五年十一月）
伊原青々園（敏郎）「守田勘弥と田村成義」（『芸術殿』昭和七年十月）

今尾哲也「櫓の興亡」(『日本芸能史　近世―近代』第六巻〈法政大学出版局・平成三年第二刷〉所収)
今岡謙太郎「江戸顔見世の『崩壊』に関するノート」(『歌舞伎　研究と批評』十九、歌舞伎学会・平成九年六月)
今岡謙太郎「明治十年代の黙阿弥――「四千両小判梅葉」を中心に」(『江戸文学』二十一、ぺりかん社・平成十一年十二月)
巌谷槇一「歌舞伎座物語」(『歌舞伎座』〈歌舞伎座出版部・昭和二十六年〉所収)
荏戸志亮「田村成義編『続々歌舞伎年代記』の稿本」(『図書館研究』大正十五年二月)
「大谷竹次郎・新春放談」きく人・利倉幸一(『演劇界』昭和三十年一月)
大日方純夫「芸能と権力」(羽賀祥二編『幕末維新論集十一　幕末維新の文化』〈吉川弘文館・平成十三年〉所収)
尾形明子「長谷川時雨の戯曲」(『悲劇喜劇』平成七年十一月)
尾崎久弥「鳥熊繁昌記」(『中央演劇』昭和十三年一月~十四年七月)
川添裕「勢州松坂　鳥屋熊吉(上)」(『歌舞伎　研究と批評』二十七、歌舞伎学会・平成十三年六月)
神田由築「明治期の道頓堀劇場の経営」(『大阪商業大学商業史博物館紀要』第十二号、平成二十三年十月)
菊池明「逍遙自筆『桐一葉』腹案筋書」(『日欧・日亜比較演劇総合研究プロジェクト　成果報告集』〈早稲田大学演劇博物館・平成二十年〉所収)
楠山正雄「菊五郎と吉右衛門と」(『早稲田文学』明治四十四年十月)
後藤隆基「演劇改良運動と川上音二郎の新演劇―『江戸城明渡』という問題領域」(神山彰編『交差する歌舞伎と新劇』〈森話社・平成二十八年〉所収)
小櫃万津男「大阪演劇改良会とその周辺」(『日本演劇学会紀要』八、昭和四十一年六月)
小櫃万津男『『京都演劇改良会』の研究」(『日本演劇学会紀要』十八、日本演劇学会・昭和五十四年)
斎藤多喜夫「横浜の劇場」(『横浜開港資料館紀要』第十号、平成四年三月)

桜井悦三郎「旅役者の話」(『演劇界』昭和二十七年九月)
鈴木陽子「座元九代目森田勘弥と帳元甲子屋藤七」(『聖心女子大学大学院論集』第十九集別冊、聖心女子大学・平成九年九月)
田村西男「各劇場の組織から狂言選定まで」(『新演芸』大正十年四月)
痴遊生(伊藤痴遊)「亡友の思ひ出」(『痴遊雑誌』一ー七、昭和十年十一月)
坪内逍遙「柿の蔕」(『芸術殿』昭和七年三月)
寺田詩麻「演劇博物館所蔵の『続々歌舞伎年代記』について」(『演劇研究』十九、早稲田大学演劇博物館・平成八年三月)
鳥越文蔵「近事申報」(『演劇博物館館報』六十六号、平成三年三月)
中村文也「横浜集　横浜の代言人」(『横浜学』第一号、「横浜学」を考える会・昭和六十三年)
服部幸雄『『鳥熊芝居』記録――本郷春木座興行年表のうち」(近代歌舞伎年表編纂室報『近代演劇文化』三、国立劇場近代歌舞伎年表編纂室・昭和五十二年八月)
林京平「資料『東京演劇会社設立願・定款』『創立及営業ノ見込』――改良劇場創立の事情」(『演劇研究』四、早稲田大学演劇博物館・昭和四十五年三月)
平山晋吉「『桐一葉』の初演」(『芸術殿』昭和七年二月)
古井戸秀夫「黙阿弥の徳川」(『国文学　解釈と教材の研究』平成十一年二月)
放下房主人「老出方の話」(『歌舞伎』昭和二年三~四月)
法月敏彦「関西における松竹会社の動向」(歌舞伎学会・平成七年十二月)
星野高「帝劇の時代――〈ヴァラエティ・シアター〉としての大正期帝国劇場」(神山彰編『商業演劇の光芒』〈森話社・平成二十六年〉所収)

南和男「天保改革と歌舞伎取り締り――三都と遠国奉行支配地を中心として」（西山松之助先生古稀記念会編『江戸の芸能と文化』〈吉川弘文館・昭和六十年〉所収）
藤田加奈子「句楽会ノート――長町市村座と玄文社と句集『もずのにへ』」（「游魚」Ｎｏ．６／２０１９〈西田書店・平成三十一年一月〉）
三宅周太郎「市村座の「四千両」」（『演劇新潮』大正十四年二月号）
脇田修「幕藩体制と女性」（『日本女性史　近世』第三巻〈東京大学出版会・昭和五十七年〉所収）
（匿名評）「めさまし草評」（『めさまし草』明治二十九年二月二十五日）

【その他】
足立重吉『代言人評判記』（秩山堂・明治十六年）
安達元之助『東京弁護士会史』（東京弁護士会事務所・昭和十年）
石井良助『江戸の刑罰』（中央公論社・昭和三十九年）
魚河岸百年編纂委員会『魚河岸百年』（日刊食料新聞社・昭和四十三年）
大町桂月「伯爵後藤象二郎」（『桂月全集』第七巻、興文社内桂月全集刊行会・大正十五年）
奥平昌洪『日本弁護士史』「代言人免許年度一覧」（初版大正三年、復刻は巌南堂書店・昭和四十六年）
尾村幸三郎『日本橋魚河岸物語』（青蛙房・昭和五十九年）
『京橋繁昌記』（元版は大正元年、『近代日本地誌叢書　東京篇　九』〈龍渓書舎・平成四年〉所収）
「現今有名一覧」（明治十六年十二月）
小林和子『株式会社の世紀――証券市場の百二十年』（日本経済評論社・平成七年）
子母澤寛『游侠奇談』（ちくま文庫・平成二十四年）

佐藤誠朗ほか『自由党員名簿　明治十七年五月現在』（明治史料研究連絡会・昭和三十年）
週刊朝日編『値段の明治・大正・昭和風俗史』（朝日新聞社・昭和五十七年第九刷）
瀧川政次郎『日本弁護士前史　公事宿の研究』前編「公事師・公事宿概説」（早稲田大学比較法研究所紀要第八号、昭和三十四年）
「東京横浜代言師一覧」（明治十六年六月）
中村文也『明治横浜代言人物語』（私家版・昭和五十六年）
日本弁護士連合会『日本弁護士沿革史』（日本弁護士連合会・昭和三十四年）
原胤昭・尾佐竹猛『江戸時代犯罪・刑罰事例集』「牢獄秘録」（復刻、柏書房・昭和五十七年）
藤岡屋由蔵・鈴木棠三、小池章太郎編『藤岡屋日記』第七巻（三一書房・平成二年）
三田村鳶魚・朝倉治彦編『捕物の話』（中公文庫・平成八年）
「明治二十二年一月代言人番付」（『日本法曹界人物事典』第七巻〈ゆまに書房・平成八年〉所収）
「二十三年一月代言人番付」（『弁護士百年』〈日本弁護士連合会・昭和五十一年〉所収）
「二十五年一月代言人番付」（東京弁護士会図書館蔵）
横倉辰次『与力・同心・目明しの生活』（増補版、雄山閣出版・平成六年）
横浜市『横浜市史』第二、第三上下巻（横浜市・昭和三十四〜三十八年）
横浜市会事務局編『横浜市会史』第一巻（横浜市会事務局・昭和五十八年）
横浜開港資料館編『市制施行と横浜の人びと——明治二十年代の横浜』（横浜開港資料館・昭和六十三年）
七十七銀行『七十七銀行百二十年史』（七十七銀行・平成十一年）

【番付に関する論考】
赤間亮・古井戸秀夫・和田修「江戸顔見世番付一覧」（『近世文芸　研究と評論』三十四〜三十六〈早稲田大学文学部神保研究室・昭和六十三年六月〜平成元年六月〉）
赤間亮「歌舞伎の『筋書本』に関する覚書――次世代の歌舞伎のために」（木村一信・奥村剋三編『世紀転換期の日本と世界　五　文化の変容と再生』〈法律文化社・平成八年〉所収）
池山晃「歌舞伎番付整理上の問題若干――近世後期上方役割番付の場合」（『演劇研究』十五、早稲田大学演劇博物館・平成三年三月）
池山晃「館蔵上方歌舞伎番付の目録に関する覚書」（『演劇研究』十七、早稲田大学演劇博物館・平成五年三月）
神楽岡幼子「江戸歌舞伎絵本番付考――安永期における展開」（『歌舞伎文化の享受と展開――観客と劇場の内外』〈八木書店・平成十四年〉所収）
加藤圭「歌舞伎『番付の語り』の変化――江戸寛政期を中心に」（『日本文学』四十八、日本文学協会・平成十一年九月）
河竹繁俊『歌舞伎作者の研究』（東京堂・昭和十五年）
倉橋正恵「大英博物館所蔵絵尽しコレクションについて」（『アート・リサーチ』十五、立命館大学アート・リサーチセンター・平成二十七年三月）
古井戸秀夫「横浜の芝居番付」（『横浜開港資料館紀要』第十号〈横浜開港資料館・平成四年三月〉所収）
須山章信・土田衞編『歌舞伎絵尽し年表』（桜楓社・昭和六十三年）
東京大学国文学研究室制作 CD-ROM『芝居番付　目録と影印』（長島弘明監修、池山晃・佐藤知乃編集、日本学術振興会・未来開拓学術研究推進事業「マルチメディア通信システムにおける多国語処理の研究」プロジェクト成果物・平成十二年）

『東京文化財研究所芸能部所蔵　芝居番付目録』（平成十五年）
『日本大学総合学術情報センター所蔵　ＤＶＤ版歌舞伎番付集成』（八木書店・平成十六年）
藤本百々子「大英図書館蔵　近代歌舞伎番付目録」（『演劇学論叢』十三、大阪大学文学部演劇学研究室・平成二十五年七月）
水田かや乃「『歌舞伎座掌本』と東明社」（『近松研究所紀要』二十四、園田学園女子大学近松研究所・平成二十四年十二月）
守随憲治・秋葉芳美共撰『歌舞伎図説　図録篇』（万葉閣・昭和六年）
矢内賢二『明治の歌舞伎と出版メディア』（ぺりかん社・平成二十三年）
横浜開港資料館編『横浜開港資料館所蔵　芝居番付目録』（平成三年）
早稲田大学演劇博物館特別資料目録『芝居番付　近世篇』一～四（平成四～六年）
早稲田大学演劇博物館特別資料目録『芝居番付　明治篇　東京横浜の部』上（八）・下（九）（平成十四～十五年）
早稲田大学演劇博物館編・赤間亮編著『図説　江戸の演劇書　歌舞伎篇』（八木書店・平成十五年）

# 索引

## か行

## さ行

## た行

## な行

## は行

## ま行

## や行

## ら行



## わ行

【著者】寺田詩麻（てらだ・しま）
龍谷大学文学部専任講師。
一九七二年、東京都生まれ。二〇〇三年、早稲田大学大学院文学研究科芸術学（演劇）専攻博士後期課程を単位取得満期退学。早稲田大学演劇博物館助手、同招聘研究員などを経て、二〇一七年より現職。博士（文学）。
主な共著に、『近代日本演劇の記憶と文化7　興行とパトロン』（森話社）、『歌舞伎登場人物事典』（白水社）などがある。

龍谷叢書48

明治《めいじ》・大正《たいしょう》　東京《とうきょう》の歌舞伎《かぶき》興行《こうぎょう》
——その「継続《けいぞく》」の軌跡《きせき》

二〇一九年六月二七日　初版発行

著者　寺田詩麻《てらだしま》

発行者　三浦衛
発行所　春風社 Shumpusha Publishing Co.,Ltd.
横浜市西区紅葉ヶ丘五三　横浜市教育会館三階
〈電話〉〇四五・二六一・三一六八　〈FAX〉〇四五・二六一・三一六九
〈振替〉〇〇二〇〇・一・三七五二四
http://www.shumpu.com　✉ info@shumpu.com

装丁　桂川潤
印刷・製本　シナノ書籍印刷株式会社
乱丁・落丁本は送料小社負担でお取り替えいたします。

ISBN 978-4-86110-631-6 C0074 ¥8000E